Contraste insuffisant

NF Z 43-120-14

LA PETITE SŒUR

PREMIÈRE PARTIE

I

Paris est sous la neige; depuis quinze jours elle couvre les toits et encombre les rues, — blanche en haut, noire en bas. Plusieurs fois elle a paru vouloir fondre et le dégel a commencé dans la journée sous l'influence du vent d'ouest, mais le froid a repris le soir avec le vent du nord, et de nouvelles couches de neige sont tombées, se tassant par-dessus les anciennes.

Depuis qu'il gèle, les ruisseaux n'ont jamais franchement coulé ; ils se sont parfois emplis d'une eau épaisse qui n'a pas pu prendre son cours ni être balayée à l'égout et cette eau les élargissant de plus en plus, s'est répandue jusqu'au milieu de la chaussée en une bouillie fangeuse qui, presque aussitôt, s'est solidifiée. Sous cette couche de glace, beaucoup de rues sont devenues impraticables, et là où les cantonniers de la ville ne jettent pas du sable, ce sont les cochers et les charretiers en détresse qui prennent eux-mêmes les cendres et les ordures ménagères accumulées devant les portes pour les répandre sous les pieds de leurs chevaux. Malgré le froid, de ces immondices, gâchées avec la neige en un mortier serré, se dégage une odeur surie. Les tuyaux de descente sont bouchés par un tampon de glace à leur orifice inférieur, et les eaux des toits et des plombs, suintant par les joints, se sont prises au dehors en longues chandelles qui, au ras des trottoirs, forment des tas jaunes.

Aux carrefours et aux endroits resserrés, quelques rares tombereaux travaillent tous les jours à enlever la neige, mais si lentement, qu'elle ne diminue guère. Il semble qu'ils ne soient là que pour faire acte de présence, et pour donner à ceux qui les chargent lentement, l'occasion de gagner quelques sous ; comme s'il était plus économique, pour une ville bien administrée, de nourrir ses pauvres que de les soigner à l'hôpital.

Les portes des boutiques sont soigneusement closes, et c'est seulement à travers un écran de ramages glacés, couvrant les vitres, qu'on voit ou plutôt qu'on ne voit pas les étalages des magasins.

D'ailleurs à quoi serviraient ces étalages ? Personne ne prend le temps de s'arrêter. Sur les trottoirs les gens passent aussi vite que, sur les chaussées, les voitures avancent lentement ; s'ils sont trop prudents ou trop maladroits pour courir, le souci de s'étaler leur coupe la curiosité ; on ne regarde qu'à ses pieds ; sur la neige raboteuse, quand elle n'est pas glissante, on marche avec des hésitations drôlatiques : les hommes piteux, les femmes ridicules dans leurs chaussons de Strasbourg, les pauvres diables courbés en deux dans leurs maigres vêtements, et si l'on s'arrête quelquefois pour échanger un mot entre gens de connaissance, c'est une lamentation :

— Quel temps !
— Encore nous n'avons pas à nous plaindre à Paris, mais à la campagne !

Et c'est de bonne foi qu'en trébuchant ou en glissant dans leurs rues empoisonnées, au milieu d'une ville qui n'est plus qu'un vaste dépotoir, ces honnêtes Parisiens plaignent les paysans, « ces malheureux paysans ne m'en parlez pas ! » réduits à vivre comme des animaux sauvages au milieu des champs et des bois tout blancs d'une neige immaculée, que le moindre rayon de soleil fait resplendir d'un éclat éblouissant.

Si partout la circulation est difficile pour les voitures, elle est à peu près impossible dans les rues en pente, où les chevaux glissent et s'abattent sur les genoux en montant, tout d'une pièce en descendant.

Cela est vrai surtout par les rues qui, de Paris, se dirigent vers Montmartre, et plus vrai encore pour celles qui, des anciens boulevards extérieurs, montent aux buttes.

Tandis qu'à la place Blanche les rues qui aboutissent à ce carrefour sont désertes, le boulevard est encombré de voitures qui se suivent péniblement, cheminant dans la neige tombée le matin; elles vont à la queue-leu-leu dans les ornières frayées sans essayer de se dépasser; c'est bien assez de garder son rang, et, pour ne pas le perdre, les chevaux, tout fumants, tirent à plein collier.

Cependant un coupé attelé de deux beaux chevaux, conduits par un cocher enveloppé de riches fourrures, apparaît dans la rue de Bruxelles; les chevaux arrivent au trot, la tête haute, et dans la neige qui craque, le fer des roues sonne avec un bruit clair. Mais, à la croisée du boulevard, cette allure tout à fait extraordinaire par un pareil temps se ralentit, et au bas de la montée de la rue Lepic, les chevaux s'arrêtent sans vouloir avancer; sous la couche de neige nouvellement tombée la chaussée n'est qu'une glace; ils glissent des quatre jambes et il faut l'adresse et la poigne du cocher pour les maintenir sur leurs pieds.

Ce coupé accourant de ce train, quand toutes les voitures n'avançaient que pas à pas, avait provoqué la curiosité des passants et des gamins qui jouaient sur les contre-allées du boulevard, transformées en champ de bataille et en glissades. On avait tourné la tête pour le regarder passer, et, quand il s'était arrêté, ne pouvant plus avancer, les balles de neige avaient cessé de voler en l'air, et les retranchements de neige aussi bien que les glissades avaient été abandonnés.

Et, parmi les gens qui s'étaient amassés de chaque côté de la rue, ç'avait été un chœur d'exclamations, de questions, d'encouragements moqueurs, de critiques.

Excités de la voix, des guides, du fouet les chevaux n'avançaient pas : ils patinaient sur place, se jetant à droite, à gauche ; ils glissaient, se cabraient ; trois tours de roue en avant, quatre en arrière, c'était tout ; les chevaux, impatients, rebutés creusaient des rayons sur la glace sans démarrer.

Dans la galerie des curieux, chacun disait son mot, donnait son conseil, faisait sa critique, tandis que les gamins poussaient des huées.

Le cocher, qui semblait être un personnage peu disposé à écouter les observations, ne répondait rien ; mais il lançait aux donneurs de conseils et aux moqueurs des regards méprisants ou furieux. Après plusieurs tentatives vaines pour enlever ses chevaux, il se tourna brusquement sur son siège, et se penchant vers la portière :

— Je ne vais pas casser les pattes à mes bêtes ! dit-il.

La personne à laquelle il s'adressait était une jeune femme, jolie, élégante, mais qui n'avait rien ni d'une grande dame, ni même d'une honnête bourgeoise, malgré la richesse de sa toilette et la bonne tenue de son équipage.

— C'est bien, dit-elle, je vais monter à pied, attendez-moi.

Elle descendit de son coupé ; mais elle n'était ni habillée, ni chaussée pour marcher : une robe longue en satin bleu Louise, des bottines de même étoffe que la robe, un grand manteau de martre du Canada. Lorsqu'au milieu de la chaussée elle mit les pieds dans la neige, où elle enfonça, elle eut un mouvement de répulsion ; cependant, relevant son manteau et sa robe tant bien que mal, elle gagna le trottoir, et là elle regarda autour d'elle, cherchant.

— L'avenue des Tilleuls, je vous prie ? demanda-t-elle à un curieux.

— La deuxième à droite, en montant.

— C'est loin ?

— Non, là-bas.
— Et le numéro 3 ?
— Au bout de l'avenue.

De nouveau elle leva les yeux vers la rue qui montait devant elle, raide et glissante.

Au moment même où elle regardait ainsi, se demandant si elle allait affronter cette montée, une femme qui descendait, marchant avec précaution, glissa sur un caniveau recouvert de neige et s'étala au milieu des rires et des cris des gamins.

Cela mit fin à son hésitation ; au lieu de monter la rue, elle la descendit et gagna sa voiture arrêtée au tournant du boulevard.

— Nous reviendrons au dégel, dit-elle.

II

L'avenue des Tilleuls, qui serait mieux nommée l'impasse des Tilleuls, ne compte pas encore aujourd'hui parmi les plus belles de Montmartre; mais alors elle était des plus modestes : deux maisons, un mur et des palissades, au fond une grille en fer la fermant.

L'une de ces maisons avait eu, au moment de sa construction, des prétentions à l'élégance, mais elle n'était plus qu'une bicoque suant la misère. Elle se composait d'un corps de bâtiment à trois étages avec deux ailes formant pignon sur l'impasse. Mais, malgré ses trois étages et ses deux ailes, elle n'avait rien d'important, ni rien de décent, ni rien d'élégant; elle se tenait, voilà tout, et c'était déjà beaucoup pour elle. En la regardant on se demandait pour quel usage elle avait pu être construite, et tout ce qu'on voyait était si bien en désaccord, qu'on ne trouvait pas de réponse à cette question. Pour le moment c'était une maison de location dont les trois étages étaient divisés en petits logements, en chambres et dont le rez-de-chaussée était occupé par un marchand de vin à la boutique peinte en rouge sang de bœuf : sur cette peinture on lisait : *Cuisine bourgeoise, vins et liqueurs, bouillon, bœuf*, et sur des écriteaux accrochés au vitrage de la porte et de l'unique fenêtre : « *Vin à 40 et à 50 centimes ; eau de seltz.* »

Ce n'était point par cette boutique qu'on entrait dans la maison, mais par une petite porte verte percée dans un mur bas et qui ouvrait sur une étroite cour.

Qui pouvait demeurer là ? En regardant les fenêtres on voyait tout de suite que les locataires ne se souciaient ni du soin, ni de la propreté : aux vitrages, des rideaux en cotonnade rouge ou verte décolorée ; sur les appuis, des chaussures usées, des savates, des pots ébréchés.

Seule, une de ces fenêtres, au troisième étage, sous le toit en tuiles, avait des rideaux en mousseline blanche, propres et bien repassés ; ils étaient relevés par des rubans bleus qui servaient d'embrasses et ils laissaient voir, d'un côté une petite cage avec un serin, de l'autre un magnifique chat angora blanc et gris.

Au terme d'octobre avant cet hiver-là, un monsieur, un vrai monsieur, à l'air distingué et jeune encore, malgré ses cinquante ans, élégamment vêtu ou tout au moins prétentieusement à la mode qui régnait vingt ans auparavant, était venu louer une chambre dans cette maison, à côté de cette coquette fenêtre.

Grand avait été l'étonnement du marchand de vin, qui faisait fonctions de concierge, en voyant ce monsieur visiter cette chambre avec soin et en discuter le prix :

— Est-ce que c'est pour monsieur ?

— Oui, un pied-à-terre, quand je viens à Paris, pour coucher seulement.

Et avec un denier à Dieu de quarante sous, il avait donné son nom : M. Passereau. Il n'y avait pas à aller aux renseignements ; il habitait la province, Orléans, et il venait à Paris très irrégulièrement pour ses affaires, quelquefois il y faisait de longs séjours ; quelquefois aussi il s'absentait pendant plusieurs mois ; la vie d'hôtel le fatiguait, et, pour une chambre qu'il habitait

ANGÉLIQUE

peu, il trouvait inutile de payer un gros loyer, — c'était de l'argent perdu.

Au bout de quelques jours, il était arrivé avec ses meubles, ou mieux son seul meuble : un lit, mais un beau lit en palissandre sculpté, qui révélait d'anciennes splendeurs et offrait une garantie plus que suffisante pour le terme de trois mois, qui était de vingt-sept francs cinquante.

Ce simple pied-à-terre était devenu une habitation définitive, que M. Passereau ne quittait tous les jours que vers une heure ou deux de l'après-midi pour descendre à Paris : sans doute c'était pendant l'été qu'il faisait ces longues absences dont il avait parlé.

Nulle part il n'est permis d'être mystérieux, et si l'on ne veut pas provoquer les bavardages des gens, il faut s'arranger pour se rendre inaperçu. Or, ce n'était pas le cas de M. Passereau. D'une stature imposante, la tête belle et forte, les épaules larges, la taille fine comme si elle était prise dans un corset, il marchait dégagé, le nez au vent, en se cambrant et en faisant sonner ses talons. C'eût été déjà bien assez dans une maison où l'on n'entendait guère traîner que des chaussons ou claquer des sabots ; mais ce n'était pas tout : il y avait la toilette, et elle était remarquable, telle que, quand on l'avait vue une fois, on en rêvait : un chapeau de soie de forme haute et à bords larges retroussés, posé légèrement sur l'oreille, une redingote bleue boutonnée et serrée, très serrée à la taille ; une cravate en satin garnie de dentelles ; un pantalon gris à sous-pieds fortement tendu par des bretelles ; enfin, pour les jours de froid, un long pardessus en étoffe de limousine doublé en velours noir formant retroussis au col et aux manches, qui étaient larges comme celles d'une robe d'avocat.

M. Passereau ! Ce nom ne disait rien et n'était pas pour satisfaire la curiosité. Il ne recevait pas de lettres. Personne ne venait le voir. Quand le marchand de vin, poussé par les voisins, l'avait questionné, ç'avait été inutilement. Quant aux locataires, qui avaient eu plus d'une fois envie d'engager la conversation avec lui en le rencontrant dans l'escalier, ils n'avaient jamais osé contenter leur envie. Il avait une manière de regarder les gens de haut qui vous tenait à distance ; avec cela, poli cependant, saluant tout le monde de la maison, les hommes d'un signe de tête, les femmes en soulevant son chapeau.

On avait interrogé sa blanchisseuse, mais elle n'avait pu dire que peu de chose, et ce peu de chose était plutôt de nature à faire travailler les imaginations qu'à les contenter. Ses chemises, en toile très belle, mais usée, avaient une marque extraordinaire qu'elle ne connaissait pas : deux lettres enlacées difficiles à distinguer, avec un dessin au-dessus ; ses mouchoirs et ses serviettes de toilette n'étaient pas marqués du tout. Les lettres enlacées et le dessin montrés à une brodeuse, avaient été reconnus pour un P et une M ; le dessin était une couronne de comte.

P. M., cela ne présentait pas de difficulté : Passereau, Michel, Marc, ou Martin ; mais la couronne de comte avait mis les cervelles à l'envers.

On avait discuté, disputé ; les plus sages avaient insinué que la brodeuse n'en savait peut-être pas autant qu'elle le prétendait, car enfin, on avait beau dire, un comte est un personnage.

Tout cela n'était-il pas extraordinairement mystérieux ?

Où allait-il de deux heures à minuit ?

On l'avait suivi, sinon pendant ce temps, — personne dans dans l'avenue des Tilleuls n'avait ce loisir, — au moins à sa sortie.

En descendant la rue Lepic il marchait vite comme s'il était pressé ou bien s'il craignait d'être vu ; mais arrivé à la rue Blanche qu'il prenait toujours, il ralentissait et se redressait ; les yeux à quinze pas devant lui, la poitrine portée en avant, la main gauche sur la hanche, il semblait qu'il se donnât en représentation. C'était ainsi qu'il suivait la rue Blanche, la Chaussée-d'Antin et arrivait sur le boulevard en jetant autour de lui des regards de plus en plus vainqueurs. Là il prenait évidemment possession de son domaine ; il était chez lui, dans son monde. De temps en temps il échangeait un salut de la main avec des passants qui le croisaient ou qui sortaient des grands restaurants. Toutes ces personnes avaient belle tournure. Aucune ne s'arrêtait pour lui parler. Au contraire toutes semblaient vouloir l'éviter comme si elles avaient peur de lui.

Arrivé à la rue Drouot il entrait dans une maison au-dessus de laquelle on lisait : « *Crédit financier*, » et il en ressortait presque aussitôt avec des lettres à la main qu'il lisait tout en marchant; c'était là évidemment qu'il se faisait adresser sa correspondance.

Il suivait les boulevards jusqu'à la Madeleine, et, par les Champs-Élysées, gagnait le bois de Boulogne.

Que faisait-il dans ses promenades? Où mangeait-il? Ce n'est pas un métier de se promener, ni un plaisir quand on se promène tous les jours.

On était arrivé à se dire qu'il pouvait bien être de la police.

Et après l'avoir dit comme une supposition en l'air qui ne s'appuyait pas sur grand'chose, on avait fini par le répéter sérieusement et le croire.

Cela avait rendu les voisins circonspects à son égard. On n'aime pas le contact de ces gens-là. Qui sait ce qui peut arriver? Même quand on n'a rien à leur cacher, on a peur.

Ç'avait été un nouveau sujet de conversation. On s'était soupçonné les uns les autres. Et par cela seul qu'il était suspect, tout le monde était devenu suspect autour de lui.

— Défions-nous.

Et l'on se défiait, sans savoir pourquoi ni de quoi.

III

Du mois d'octobre au mois de décembre il était ainsi sorti régulièrement tous les jours; mais quand le froid s'était fait rigoureux on ne l'avait plus vu descendre que vers quatre heures.

Où déjeunait-il? Sans doute il rapportait le soir ce qu'il lui fallait pour manger, car jamais il ne s'était rien fait servir de chez le marchand de vin; jamais la boulangère ne lui avait monté du pain; il ne devait pas rester à jeun jusqu'à trois ou quatre heures.

Cela ne s'accordait plus avec l'idée qu'il devait être un agent de police, car les agents de police roulent sur l'or comme chacun sait; et c'est même pour les payer qu'on augmente les impôts tous les ans.

En tout cas on avait été soulagé de penser qu'on n'avait rien à craindre de lui, et qu'il était plutôt un pauvre homme qu'un méchant homme.

Il y avait à peu près dix ou douze jours que Paris était sous la neige, lorsqu'on crut remarquer que M. Passereau ne sortait plus. Mais il y eut divergence sur ce point : était-il sorti? n'était-il pas sorti? De même il y eut divergence aussi sur cet autre : était-il ou n'était-il pas rentré?

Grand sujet de conversation, car enfin s'il était dans sa chambre, de quoi vivait-il? que mangeait-il? que buvait-il?

Il était peut-être malade? Peut-être était-il mort? On meurt de toutes les manières, naturellement ou volontairement. Il n'avait pas l'air heureux. S'il s'était suicidé? Le mieux serait peut-être de prévenir le commissaire. Au moins on saurait quelque chose. Oui, mais c'est si ennuyeux d'introduire la police dans une maison. On interroge tout le monde. Il y a un tas de questions bêtes.

La dernière chose précise qu'on savait de lui, c'était qu'il avait emprunté un timbre au marchand de vin pour affranchir une lettre et même le marchand de vin avait lu l'adresse de cette lettre : *Madame la baronne de Saint-Hubert, avenue Friedland, Paris.* Il avait porté lui-même la lettre à la boîte de la rue Lepic et il était rentré tout de suite. En allant comme en revenant il marchait tout doucement et sans faire sonner ses talons.

N'était-il pas étonnant qu'il eût emprunté un timbre, quand il aurait aussi bien pu l'acheter au débit de tabac où se trouve la boîte?

Enfin, depuis ce jour on ne l'avait pas revu.

On avait écouté à sa porte : on n'avait rien entendu.

Cela ne prouvait pas qu'il ne fût pas chez lui, surtout s'il était mort ; mais quand même il ne serait pas mort, il pouvait très bien n'avoir pas fait de bruit au moment où l'on écoutait à sa porte. La chambre qu'il occupait s'appuyant d'un côté sur la cage de l'escalier, il n'avait qu'un voisin ou plutôt qu'une voisine, et si quelqu'un avait dû entendre ce qui se passait chez lui, c'était elle, — une repriseuse, Mlle Angélique.

Par malheur pour la satisfaction de la curiosité générale, Mlle Angélique ne se mêlait pas aux conversations de ses voisines ; un mot de politesse en passant lorsqu'elle descendait, et c'était tout.

Mais on pouvait l'interroger. Si quelqu'un était en situation de savoir quelque chose, à coup sûr c'était elle : quand, du matin au soir, on travaille en reprises dans le neuf et dans le vieux, on ne fait pas de bruit ; on entend ce qui se passe autour de soi ; — ce n'était pas son serin qui pouvait l'étourdir ; — ce n'était pas non plus son chat Gros-Milord ; — quant à la société qu'elle recevait, elle n'avait pas pu davantage la distraire : jamais personne, si ce n'est les garçons de magasin qui lui apportaient les pièces d'étoffe dans lesquelles elle devait boucher un trou ou un accroc ; — tous les jours, même le dimanche, au travail, l'aiguille à la main.

N'y tenant plus, on décida de l'interroger et deux commères montèrent dans ce but au troisième étage mais, bien entendu, avant de frapper à la porte de Mlle Angélique, elles écoutèrent à celles de M. Passereau. Aucun bruit. Ça ne sentait pas le mort non plus.

Elles entrèrent chez la repriseuse. Celle-ci était au travail, devant une grande table sur laquelle était dépliée une pièce de cachemire noir : dessous se trouvaient empilées d'autres pièces d'étoffe.

Le mobilier de la chambre était d'une extrême simplicité, mais aussi d'une extrême propreté : le meuble en noyer si luisant, qu'il était assurément frotté tous les matins ; au lit, un couvre-pied en basin à ramages avec raies mates, et des rideaux en percale blanche ; sur la cheminée, un cartel en albâtre flanqué de deux pots de fausses fleurs gagnés à une loterie ; le carreau en couleur ciré. Par une porte vitrée entr'ouverte, on apercevait une petite cuisine dans laquelle un pot-au-feu, qui bouillait, dégageait une bonne odeur de soupe grasse. A la fenêtre se tenait le chat Gros-Milord, superbe de dignité, les pattes dans son manchon, et en face de lui, dans une cage, un serin qui sifflait en le regardant comme pour le charmer.

En voyant entrer ses voisines, Angélique s'était levée et elle se tenait debout devant elles, un peu surprise évidemment de cette visite. C'était une jeune femme de vingt-trois à vingt-quatre ans, de petite taille, mais bien prise ; la tête agréable plutôt que jolie, avec une physionomie douce, tendre et sérieuse ; la tenue soignée dans sa toilette des plus modestes, en flanelle bleue à pois noirs, avec un col et des manchettes en percale.

— Vous êtes surprise de nous voir ? dit l'une des voisines.

— Voilà ce que c'est, dit l'autre.

Et elles racontèrent les inquiétudes qu'on avait dans la maison sur le compte de M. Passereau, le locataire d'à côté. N'avait-elle rien entendu?

Rien de particulier. Quelquefois, la nuit, quand elle était éveillée, elle l'entendait rentrer. Le matin, vers midi, quand elle ouvrait sa fenêtre pour balayer sa chambre après déjeuner, elle l'entendait s'ébrouer, en se jetant des flots d'eau comme un oiseau qui se baigne. Mais en ces derniers temps elle n'avait rien entendu.

Les voisines durent se contenter de cela, ce qui n'était pas grand'chose. Mais avant de redescendre, elles recommandèrent de faire bonne garde et de bien écouter, car pour sûr il y avait là un mystère, peut-être un drame.

Angélique émit l'idée que l'on pouvait frapper à la porte de M. Passereau, mais les voisines la repoussèrent.

— S'il n'y a pas du nouveau demain, on préviendra le commissaire.

— Croyez-vous donc qu'il est mort?

— Dame! c'est possible.

Et elles racontèrent toutes sortes d'histoire de gens qu'on avait ainsi trouvés morts dans leur chambre, par accident, ou même assassinés.

Les voisines parties, Angélique écouta, mais sans rien entendre; tout en travaillant, de temps en temps elle prêta l'oreille. La nuit était venue et elle avait allumé sa lampe dont elle augmentait la lumière en la faisant passer à travers une boule d'eau. Le serin était muet. Et Gros-Milord, quittant la fenêtre, était venu s'enrouler autour de la lampe pour en recevoir la chaleur sur son ventre; il dormait là béatement, les yeux mi-clos, le nez en l'air, la tête enveloppée dans ses gros et larges favoris gris. Le silence s'était établi dans la maison; dans les rues voisines ne retentissait aucun bruit de voitures ou de pas; au loin grondait le ronflement sourd de Paris, au-dessus duquel planait une grande lueur rouge reflétée par la blancheur des toits.

Elle avait le cœur serré et, pensant à ce pauvre homme qui était malade, là, à côté, se mourant tout seul peut-être, elle faisait un triste retour sur elle-même.

Elle aussi elle était seule, sans parents, ayant perdu son père quand elle était enfant, sa mère depuis deux ans, et n'ayant que des oncles et des tantes en province, qu'elle connaissait à peine.

Qui s'occuperait d'elle si elle était malade?

Là-dessus se penchant, elle embrassa son chat.

— Ce n'est pas toi, mon Gros-Milord, toi qui est pourtant si bon.

Il était donc abandonné, le malheureux; il n'avait donc personne : ni enfants, ni parents, ni amis. Et s'il était dans cette chambre sans cheminée, comme il devait souffrir du froid, par ce temps dur. Du froid et de la faim aussi.

Cette idée empoisonna son dîner. Et quand elle eut mis son couvert, et l'assiette de Gros-Milord sur la petite table qui lui servait pour manger, elle resta un moment sans tremper sa cuiller dans sa soupe, dont cependant elle s'était fait fête à l'avance et qui sentait si bon.

Le pauvre malheureux !

IV

Elle avait l'habitude de se coucher à dix heures régulièrement, à moins de travail pressé.

Avant de se mettre au lit, elle écouta en se collant l'oreille au mur de son voisin. Elle n'entendit rien. Alors l'idée lui vint d'aller à sa porte. Mais elle n'osa pas : cela lui paraissait honteux d'écouter aux portes.

Elle se coucha et éteignit sa lampe, pour s'endormir tout de suite.

Mais elle ne s'endormait pas : l'idée de ce pauvre homme la hantait : elle le voyait dans sa chambre glacée, malade, mourant, sans pouvoir appeler au secours.

Comme elle suivait ces noires pensées, il lui sembla entendre un gémissement. Croyant qu'elle s'était endormie et qu'elle rêvait, elle s'assit pour mieux écouter.

Rien, pas de gémissements, pas d'autres bruits que les craquements de la neige sur le toit et les murmures sourds de la ville.

Elle s'était trompée; c'était une hallucination; elle n'avait qu'à dormir.

Mais elle ne dormit point; jamais elle n'avait eu moins sommeil; jamais elle n'avait été aussi nerveuse; le moindre bruit la faisait frissonner; elle avait peur; et en même temps elle se sentait tout émue, attristée, inquiète, comme si elle eût été en danger, sous le coup d'un malheur. Quand elle ouvrait les yeux, la lueur rouge qui s'élevait de Paris et emplissait le ciel l'épouvantait; quand elle les fermait, elle voyait des ombres fantastiques plus épouvantables encore.

Et toujours elle revenait à son voisin, ce malheureux homme.

Ne serait-elle pas responsable de sa mort, si elle ne faisait rien pour le secourir? n'était-elle pas coupable, le sachant là abandonné, de ne pas lui venir en aide?

Une fois que cette idée se fut emparée d'elle, elle ne la quitta plus, quelques efforts de volonté qu'elle fît pour la chasser; elle lui serra le cœur; elle s'empara de son esprit; elle ne pensa plus qu'à cela, et avec une intensité qui ne la laissait pas respirer.

Ç'avait été de la lâcheté de ne pas aller frapper à sa porte lorsque les voisines étaient montées la prévenir, alors elle avait cédé à leurs observations, à leur influence; elles étaient des femmes qui savaient la vie, tandis qu'elle ne savait rien.

Maintenant dans le silence et la solitude de la nuit elle n'était plus qu'en face de sa conscience; n'écouterait-elle pas sa voix qui lui parlait si haut, si fort?

Était-elle bien sûre de ne pas avoir entendu ce gémissement? il ne s'était pas répété; elle en était certaine, mais c'était peut-être parce que ce pauvre homme était trop faible.

Cette indécision était trop cruelle; elle ne respirait plus; l'oppression, l'anxiété l'étouffaient. N'y tenant plus, elle sauta à bas de son lit et ralluma sa lampe, l'obscurité l'affolait; mais, chose extraordinaire, la lumière ne la calma pas.

Elle devait aller à sa porte; il le fallait; c'était son devoir. Qui sait? ces avertissements, son anxiété c'étaient les ordres de la Providence peut-être; ce gémissement était une voix surnaturelle.

— QUI ÊTES-VOUS? DIT-IL EN RECULANT (P. 22).

Elle s'était habillée ; tenant sa lampe d'une main, elle sortit. Le corridor était sombre et silencieux ; saisie par une crainte vague, elle s'arrêta, mais ce ne fut qu'une courte hésitation : bravement elle alla jusqu'à la porte.

Cependant, avant de frapper, elle s'arrêta encore et écouta, retenant sa respiration. Elle n'entendit rien dans la chambre. Se décidant, elle frappa trois coups faiblement, mais distinctement.

Il se fit un craquement dans la chambre.

Elle frappa plus fort trois nouveaux coups, d'une main agitée par l'émotion. Alors une voix tremblante murmura quelques paroles qu'elle ne distingua pas très bien ; cependant elle crut entendre :

— C'est vous, baronne ?

Il était donc là... il était donc vivant ? Le courage lui revint.

— C'est moi, dit-elle ; si vous avez besoin de quelque chose, ouvrez.

Elle ne voulait pas dire son nom, qui ne signifiait pas grand'chose, mais par le ton elle espérait faire comprendre qu'elle venait en amie.

Il se fit au bout d'un certain temps un craquement plus fort, puis un bruit sourd comme si un corps lourd tombait sur le carreau.

Elle attendit : des pas qui semblaient hésitants traînaient dans la chambre en grattant ; elle entendit un souffle haletant coupé par des soupirs.

Un coup sourd retentit dans la porte, puis un frôlement sur le panneau de bois, celui d'une main qui cherchait, puis la clef résonna dans la serrure dont le pêne grinça.

Elle tenait sa lampe en avant, la main haute : la lumière éclaira un homme de grande taille enveloppé dans une sorte de houppelande doublée de velours noir, aux cheveux en désordre, à la face pâle et décolorée, qui vacillait sur ses jambes chancelantes.

— Qui êtes-vous ? dit-il en reculant.

— Votre voisine. J'ai cru vous entendre gémir, et je suis venue vous demander si vous n'aviez besoin de rien. Vous êtes malade, monsieur ?

Malade ! C'était mourant, c'était mort qu'elle aurait pu dire. Il tenait la porte d'une main crispée et son grand corps se penchait, tout ballant.

Comme elle allait entrer, il lâcha la porte et, faisant trois ou quatre pas en arrière, il s'affaissa défaillant sur son lit, le seul meuble de la chambre où l'on pût s'asseoir, car il n'y avait ni fauteuil, ni chaise : une malle seulement, un bassin en zinc, une grande cuvette, un broc, et, ce qui était caractéristique, sur l'appui de la fenêtre, tout un jeu de brosses en ivoire sculpté.

Elle n'avait point été élevée dans le luxe ni habituée aux superfluités de l'ameublement, mais ce qu'elle avait vu d'un rapide coup d'œil était si misérable, qu'elle se demandait comment on pouvait vivre là dedans.

— Vous avez besoin de quelque chose? dit-elle.

— J'ai soif.

Elle regarda autour d'elle et ne vit rien pour lui donner à boire : ni carafe, ni sucrier. En passant l'inspection de la chambre, elle aperçut des habits accrochés çà et là à des clous enfoncés dans le mur ; sur l'appui de la fenêtre, à côté des brosses, se trouvait un verre. Elle le prit et, ayant posé sa lampe sur la malle pour avoir ses deux mains libres, elle voulut verser dedans l'eau de la cruche. Rien ne coula ; l'eau était gelée, un gros glaçon sonnait contre le zinc.

— Je vais aller vous chercher de l'eau, dit-elle.

Et elle reprit sa lampe.

Mais en passant devant lui, en le regardant, elle le vit claquer des dents.

— Vous avez froid, dit-elle, il faut vous recoucher ; il gèle dur.

— Oui, murmura-t-il.

Elle fit quelques pas pour sortir ; mais, revenant à lui :

— Vous n'allez pas vous réchauffer dans votre lit, dit-elle, vous avez eu froid.

— J'ai froid ! oui, j'ai froid !

— Ça n'est pas étonnant, par ce temps rigoureux ; il faudrait venir dans ma chambre.

— Votre chambre?

— Vous n'avez que deux pas à faire.

Il soupira, comme s'il avait conscience que ces deux pas étaient quelque chose de terrible.

Elle avait été frappée de la façon dont il s'exprimait, répétant les mots mêmes dont elle se servait, comme s'il n'était pas capable d'en trouver d'autres lui-même, ou comme s'il avait besoin de se les répéter pour les comprendre. Était-il donc en enfance ou paralysé ?

— Je vous donnerai le bras, dit-elle ; vous trouverez du feu ; je vais le rallumer.

— Du feu !

Cette fois ce fut un soupir de soulagement et d'espoir qui s'échappa de ses lèvres entr'ouvertes.

— Et puis, du bouillon, cela vous serait peut-être meilleur que de l'eau ; j'ai du bouillon ; justement j'ai mis le pot-au-feu aujourd'hui.

Il fit un mouvement comme pour se lever vivement, les mains agitées par un tremblement d'impatience et d'impuissance.

Le voyant ainsi, elle se dit tout bas :

— C'est de faim qu'il se meurt !

Et vivement elle vint à lui pour le prendre par le bras.

Elle n'était pas forte, mais la pensée qu'elle pouvait arracher cet homme à la mort et être utile lui avait donné une énergie exaltée.

Elle le souleva vaillamment et lui passa le bras autour de la taille. Une fois qu'il fut debout il chancela, elle l'appuya sur son épaule et, presque le portant, elle le conduisit dans sa chambre.

Ce qui augmentait la difficulté, c'était l'obscurité, car ce n'était pas trop de ses deux bras pour le soutenir et elle n'avait pas pu prendre sa lampe ; elle allait donc à tâtons en s'appuyant à la muraille et sans le lâcher. Pour lui, il se laissait traîner sans rien faire pour s'aider.

V

Une fois dans sa chambre, elle l'assit dans un fauteuil, son unique fauteuil, un voltaire qu'elle avait longtemps désiré et dont elle se servait quelquefois le dimanche, quand elle se reposait l'après-midi en lisant. Cela fait, elle courut chercher sa lampe; puis, allant à son lit, elle en enleva la couverture de laine et elle enveloppa son malade dedans depuis les épaules jusqu'aux pieds.

Et vivement elle s'occupa à rallumer le poêle, qui ne tarda pas à ronfler.

— Prenez patience, dit-elle, je vais vous faire chauffer du bouillon.

Elle passa dans sa cuisine, en laissant la porte ouverte de manière à pouvoir le regarder.

Il était accroupi dans le fauteuil, ramassé, tassé sur lui-même comme on l'est quand on a froid; mais il y avait plus que du froid dans son état, une extrême faiblesse causée par le besoin à coup sûr.

A le voir ainsi elle se demandait s'il n'allait pas mourir, et cela l'empêchait de se hâter autant qu'elle aurait voulu; elle voyait mal, elle était d'une incroyable maladresse.

Cependant la braise fut vite allumée, et le bouillon ne tarda pas à être chaud.

Elle le lui apporta tout fumant, et comme il tremblait toujours, elle l'aida à approcher la tasse de sa bouche. Une fois qu'il eut trempé ses lèvres dans le bouillon, il ne les détacha plus du bol qu'il ne l'eût vidé.

Alors la chaleur intérieure, s'ajoutant à celle que lui communiquait le poêle, lui fit pousser un soupir de soulagement, long, profond comme s'il reprenait la vie.

— J'aurais peut-être dû y mettre du pain, dit-elle.
— Oui, murmura-t-il.
— Je vais faire chauffer une autre tasse de bouillon.

Pendant qu'elle courait de nouveau à sa cuisine, il s'allongea dans son fauteuil et, sortant ses mains de la couverture, il les posa sur le poêle en le caressant.

Elle lui apporta bien vite une seconde tasse qui, cette fois, contenait une vraie soupe.

Il la mangea avec la même avidité qu'il avait bu le bouillon.

— Vous êtes mieux, n'est-ce pas? demanda-t-elle.

Il lui tendit la main :

— Vous m'avez sauvé la vie.

Elle chercha des paroles pour traduire son émotion et, ne trouvant rien, elle se mit à sourire doucement.

Avec le ton de l'interrogation :

— Vous étiez malade?
— L'autre matin...

Il chercha :

— Quel jour sommes-nous aujourd'hui? demanda-t-il.
— Jeudi.
— Comment jeudi? C'est possible après tout; je n'aurai pas eu conscience du temps écoulé. Eh bien, lundi matin je me suis levé très faible après une nuit de fièvre. Je me suis senti malade. Et, incapable de marcher, n'ayant de forces que tout juste ce qu'il fallait pour porter une lettre à la poste, j'ai écrit à une personne de venir me voir; et, remonté dans cette

mansarde, je me suis couché. Sans doute la fièvre m'a repris et avec elle le délire, car je ne sais pas ce qui s'est passé. Sans vous je serais mort.

— C'est le bon Dieu qui m'a donné le courage d'aller frapper à votre porte.

— Vous saviez donc que j'étais dans ma chambre?

— Des voisines, inquiètes de ne pas vous voir, étaient venues me dire que vous étiez sans doute malade et me demander si je vous avais entendu. Je ne vous avais pas entendu. J'ai proposé de frapper, elles n'ont pas voulu.

— Parce que?

— Parce que... Mon Dieu, je peux bien vous répéter ce qu'elles ont dit : parce que vous n'êtes pas un homme avec qui on se familiarise.

— Ah! vraiment, ah! vraiment!

Et d'un ton satisfait, en se redressant, lui qui quelques instants auparavant pouvait à peine se soutenir, il répéta ces deux mots à plusieurs reprises.

— Quand elles ont été parties, j'ai écouté plus attentivement, mais sans rien entendre. Je me suis couchée. Une fois au lit, toutes sortes d'idées m'ont passé par la tête. Je me suis dit que c'était un crime de vous laisser mourir sans secours si vous étiez malade, là, à côté; que je serais responsable de votre mort. Et je me suis levée. Et j'ai frappé.

— Vous êtes un brave cœur, dit-il.

— Ce qu'une autre aurait été à ma place. Je n'ai rien fait qu'une autre n'aurait fait comme moi, et peut-être même mieux que moi, plus vite, plus à propos, sans hésitation. Voilà pourquoi je ne comprends pas que vous n'ayez pas appelé quand vous vous êtes senti malade, — moi ou une autre, — puisque vous ne me connaissiez pas; enfin, votre voisin ou votre voisine, celui ou celle qui était près de vous. Si ce qui vous est arrivé m'était arrivé à moi, je n'aurais pas hésité, j'aurais cogné au mur. Je me serais dit : « Il y a là, de l'autre côté, quelqu'un qui ne demandera pas mieux que de me venir en aide et qui même en sera peut-être heureux. » Le monde n'est pas si méchant; il n'y a pas besoin de connaître les gens pour leur tendre la main, quand ils sont malheureux et qu'ils ont besoin de nous.

— Vous croyez?

— Il me semble; mais je ne sais pas la vie. C'est comme ça que je sens.

Le bouillon et la soupe avaient produit un effet réconfortant auquel s'étaient ajoutés la douce température de la chambre, la chaleur du poêle qu'il tenait entre ses mains et entre ses jambes, le bien-être de sa position dans ce fauteuil, et encore et surtout la sympathie, l'intérêt qu'il inspirait et qu'on lui témoignait.

— C'est vraiment une belle chose que le dévouement, dit-il.

— C'est si naturel; mais de ma part il n'y a eu aucun dévouement. J'ai été à vous parce que vous aviez besoin de moi, comme vous seriez venu à moi si j'avais eu besoin de vous.

— Certainement.

Puis tout de suite, comme si elle ne voulait pas rester sur cette idée, mais en la suivant néanmoins malgré elle :

— Si vous preniez une autre tasse de bouillon? dit-elle.

— Non, je vous remercie. Je la prendrais avec plaisir, mais je craindrais qu'après... cette abstinence elle ne me fît mal. Elle pourrait me donner un nouvel accès de fièvre. Demain matin, si vous voulez. Ce soir je ne veux pas abuser de votre hospitalité; vous devez avoir besoin de dormir.

— Attendez encore un peu; je vais vous faire chauffer une bouteille d'eau, cela vous empêchera de trouver votre lit aussi froid.

Elle passa dans la cuisine, et pendant que l'eau chauffait, à deux ou trois reprises elle regarda dans la chambre pour voir comment il était et si le mieux continuait.

Il s'était encore approché du poêle pour emmagasiner de la chaleur, et ayant soulevé l'abat-jour de la lampe, il regardait autour de lui avec une expression de physionomie qu'elle ne comprenait pas bien : c'était à croire qu'il estimait son mobilier, mais c'était là une idée si ridicule, qu'elle ne s'y arrêta pas.

Elle revint bientôt avec une bouteille de grès enveloppée dans un linge. Cependant elle ne crut pas avoir encore assez fait; et comme il allait déposer sur le fauteuil la couverture dans laquelle elle l'avait enveloppé :

— Emportez-la, je vous prie, dit-elle, je n'en ai pas besoin; j'ai mon chat Gros-Milord, que je mettrai sur mes pieds.

Il ne fit aucune façon pour accepter, et ayant roulé la couverture autour de la bouteille, il se prépara à sortir.

— Effectivement, dit-il, cela tient très chaud un chat; bonsoir, mademoiselle.

— Ne fermez pas votre porte à clef, je vous porterai votre bouillon demain matin.

Elle lui prit le bras pour le conduire jusqu'à sa porte.

Elle avait pensé un moment à aller elle-même mettre cette bouteille d'eau chaude dans le lit, mais elle n'avait pas osé, retenue par un sentiment de discrétion et de réserve. Il lui semblait que maintenant qu'il avait recouvré la connaissance, il ne pouvait que souffrir qu'on entrât dans sa chambre et qu'on fût témoin de sa détresse.

Évidemment ce n'était pas un homme qui avait toujours vécu dans la misère. Il avait été quelqu'un dans le monde. Il n'y avait qu'à le voir une fois pour en être sûr. Il avait de la dignité, de la fierté. Elle devait veiller à ne pas l'humilier. Ce qu'il venait de répondre était un indice.

Puisqu'il avait la force de porter cette bouteille et de marcher, il valait mieux le laisser libre. Dans l'état où il se trouvait maintenant, il se tirerait d'affaire tout seul.

VI

Bien qu'elle se fût couchée tard et qu'elle n'eût pas très bien dormi, — Gros-Milord ne pouvant pas étendre sa chaleur d'une façon aussi complète qu'une couverture de laine, Angélique était levée avant le jour.

Elle commença par aller écouter à la porte de son voisin; puis n'ayant rien entendu, elle revint chez elle, et après avoir allumé le feu de son fourneau, elle se mit à faire son ménage vivement, mais avec soin, la fenêtre grande ouverte.

Quand elle eut fini, elle alluma son poêle, et toutes choses étant ainsi en état, elle alla de nouveau à la porte du voisin.

Il dormait toujours.

La maison était éveillée; par la cage de l'escalier montait un brouhaha dans lequel se confondaient les bruits qui sortaient de chaque logement par les portes entr'ouvertes.

Angélique aperçut une de ses voisines qui, la veille, était venue la voir.

— Il était malade, dit-elle à mi-voix.
— Qu'est-ce qu'il avait?
— Je ne sais pas. Il avait eu un accès de fièvre.
— Et aujourd'hui?
— Je ne l'ai pas encore vu.
— Il a une belle chance que vous soyez sa voisine.
— Vous sortez, n'est-ce pas? Si vous vouliez me rapporter deux livres de gîte à la noix, avec des carottes et des navets, ça m'obligerait.

Et elle tira trois francs de sa poche; en ne sortant pas, elle serait là quand il s'éveillerait, et dès le matin elle pourrait mettre en train un autre pot-au-feu.

Rentrée dans sa chambre, elle s'installa devant la table et, comme tous les jours, elle reprit son travail, l'oreille attentive au plus petit bruit qui viendrait de la chambre de son voisin, de façon à pouvoir lui tenir sa soupe prête pour quand il se réveillerait. Elle avait réfléchi et elle s'était arrêtée à ce parti; si vraiment il craignait qu'elle entrât chez lui, il viendrait chez elle aussitôt qu'il serait éveillé, s'il ne venait pas, c'est que les idées de susceptibilité qu'elle lui avait supposées n'étaient pas justes, et alors elle entrerait chez lui.

Mais le temps s'écoula sans qu'elle entendît rien; ce fut seulement vers dix heures qu'un accès de toux lui apprit qu'il venait de se réveiller. Après avoir attendu un moment, ne le voyant pas arriver, elle jeta dans le bouillon, tenu au chaud sur le poêle, quelques tranches de pain coupées à l'avance, et elle lui porta cette soupe. Depuis la veille elle avait beaucoup réfléchi à la situation de son voisin, et elle était arrivée à cette conviction que s'il avait commencé par être malade, ce dont il souffrait présentement, c'était de faim, de froid et qu'il serait mort dans sa chambre si elle n'avait pas eu l'inspiration providentielle d'aller frapper à sa porte. Quoi de meilleur contre la faim et le froid qu'une bonne soupe grasse bien chaude, au moins pour commencer?

Celle de la nuit avait produit un effet salutaire : l'homme qu'elle trouva assis sur son lit ne ressemblait en rien au moribond qu'elle avait soutenu, qu'elle avait porté la veille

— Je crois que vous êtes mieux, dit-elle avec joie.

— Un peu, j'ai bien dormi.

— Alors mangez vite et vous irez tout à fait bien après.

Et tandis qu'il mangeait vite comme elle le lui avait recommandé, et même plus vite, elle continuait, mais sans regarder autour d'elle :

— Quand on a été malade et qu'on commence à se rétablir, on a grand'faim. Cette soupe ne compte guère, aussi j'espère que vous voudrez bien partager mon déjeuner. Vous trouverez une chambre chaude et cela vous vaudra mieux que de sortir. Le temps se met au dégel; les rues doivent être impraticables. C'est très froid la neige fondante.

Elle entassait toutes ces raisons justificatives de son invitation les unes après les autres pour vaincre les hésitations de son malade; mais elles n'étaient vraiment que pour elle, car, pour lui, il ne paraissait pas du tout disposé à un refus.

— J'accepte... cordialement, dit-il, comme vous m'offrez.

— Quand voulez-vous déjeuner?

— Mais quand vous voudrez... Tout de suite. J'ai très soif.

— Le temps de mettre la table.

Vivement elle revint dans sa chambre pour dresser le couvert. Elle ne pouvait pas lui servir à déjeuner sur le poêle, comme dans la nuit elle lui avait servi son bouillon. Ouvrant son armoire à linge, elle en tira deux serviettes, et en étendit une en guise de nappe sur la toile cirée. Dans un tiroir elle atteignit quatre fourchettes en argent qui ne sortaient jamais de leur boîte où elles s'étaient brunies. Elle les frotta pour leur rendre leur éclat, et les mit sur la serviette bien blanche. Dans un étui elle prit aussi un verre en cristal gravé, et le mit à la place qu'elle destinait à son hôte. Ainsi dressé, son couvert avait un air de propreté qui la réjouit. Il pourrait manger de bon cœur.

Lui-même fut prompt à s'habiller, et elle ne tarda pas à le voir entrer vêtu de sa longue houppelande doublée de velours.

Son premier regard fut pour la table, sur laquelle se trouvait un morceau de bouilli froid flanqué d'un côté d'une boîte de sardines et de l'autre d'un pot de moutarde.

— Ah! du bœuf! dit-il.

— Vous ne l'aimez pas? s'écria-t-elle avec une confusion inquiète.

— Aujourd'hui j'aime tout... La faim d'un convalescent.

Elle allait l'engager à s'asseoir, mais il avait déjà pris le fauteuil et il s'était installé de façon à prendre la meilleure place et accaparer le poêle. Comme Gros-Milord le gênait, il le poussa.

— Va donc, va donc.

Sans rien oser dire, Angélique le regardait, stupéfaite.

— Le chat sera aussi bien ailleurs, dit-il.

Puis, sans autre explication, il se mit à couper le bœuf.

— Asseyez-vous donc, dit-il.

Et en même temps il lui mit dans son assiette le premier morceau qu'il venait de couper, celui qui était desséché et noirci pour être resté à l'air depuis la veille. Quant à lui, il se servit le second, qui était légèrement rosé et persillé de petites veines blanches graisseuses.

Puis il prit les sardines et en mit deux sur son assiette; alors, les lui tendant :

— C'est excellent avec le bœuf, dit-il.

— Je les préfère avant ou après, répondit-elle.

— Non, non, prenez-les avec, cela vaut mieux.

Sans attendre, il lui en mit deux sur son assiette.

— Laissez-vous faire, je m'y connais.

Elle se laissa faire en effet, mais ce ne fut pas sans une certaine surprise. Comme il se mettait facilement à son aise, comme il parlait vite en maître. Où donc ses voisines avaient-elles vu qu'il avait une manière de regarder les gens de haut qui vous tenait à distance ? Après tout, cela pouvait être vrai, et si maintenant il se montrait tout autre, c'était sans doute sous l'influence d'un sentiment de reconnaissance émue. Il était heureux du peu qu'elle avait pu faire pour lui, et il voulait le lui bien marquer. Cela était d'un bon cœur.

En réfléchissant ainsi elle le regardait. Elle n'avait jamais vu personne manger avec cette aisance : il avait une manière de tenir sa serviette et de s'essuyer les lèvres après avoir bu qui lui paraissait l'élégance même ; il est vrai qu'elle ne savait pas au juste ce que c'était que l'élégance ; mais, enfin, c'était très bien. Et aussi son attitude ; et encore sa façon de couper sa viande, de se verser à boire. C'était comme cela qu'on mangeait au Théâtre-Français.

dans le *Duc Job*, qu'elle avait vu avec sa mère, et qui était un des meilleurs souvenirs de sa jeunesse.

Assurément, quand on mangeait ainsi, quand on avait ces manières, on était un personnage. Elle connaissait l'histoire de la marque des chemises surmontée d'une couronne de comte; sans doute, c'était un vrai comte. Il avait eu des malheurs, et il était venu avenue des Tilleuls pour y cacher sa misère et y vivre avec économie. Il n'y avait point vécu. Sans elle il serait mort de faim. Quelle aventure! Pour son imagination, quel mystère intéressant et touchant! C'était un personnage de roman. Elle avait lu quelques romans romanesques, et, comme cela arrive, pour ceux qui lisant peu, restent longtemps sous l'influence de leur lecture, elle en avait été vivement frappée; pendant ses longues journées solitaires, tout en tirant l'aiguille, elle se les était rappelés, elle se les était contés en les arrangeant au gré de ses idées et de sa fantaisie; récompensant les bons, punissant les méchants; ressuscitant les morts pour les marier. Mais jamais elle n'avait cru qu'elle verrait un héros de roman. Et voilà justement que ce voisin en était un.

On disait dans la maison qu'il avait cinquante ans, et c'était même cela qui, pour beaucoup, l'avait décidée à le recevoir chez elle; car à ses yeux et selon ses idées, un homme de cinquante ans était vieux, bien vieux, très vieux, un vieillard, et elle n'avait rien à craindre d'un vieillard. Certainement si elle l'avait entendu gémir, elle ne se serait pas demandé quel âge il avait avant d'aller à son secours; mais certainement aussi elle ne l'aurait point reçu comme elle le recevait si elle n'avait point cru qu'il était un vieillard.

Eh bien, il n'en était point un. Il s'en fallait de beaucoup. Il n'avait pas cinquante ans.

A la vérité son teint était pâle, ses lèvres étaient décolorées, ses joues étaient creuses, mais c'était là l'effet de la maladie, de la souffrance, des privations longtemps supportées, non celui de l'âge.

On n'est pas vieux quand on a une double rangée de dents blanches, solides, intactes comme celles qu'il montrait en mangeant. On n'est pas un vieillard avec ces cheveux drus et noirs, avec cette attitude souple et droite, avec cette taille bien prise, avec cette prestance superbe. Et cette main aux doigts allongés, à la peau molle et lisse, aux ongles transparents et rosés, ce n'était pas non plus celle d'un vieillard bien certainement, mais la plus belle à coup sûr qu'elle eût jamais vue, — celle d'un grand personnage.

Si elle avait pu se livrer ainsi à cet examen et suivre ses pensées librement, c'est que son malade, tout à sa faim, ne s'occupait qu'à manger et n'avait d'yeux que pour son assiette; il dévorait, il coupait la viande, il brisait son pain, il se versait à boire et n'était nullement à ce qui se passait autour de lui.

Mais il vint un moment où, après avoir englouti ses sardines et sa première tranche de bœuf suivie d'une seconde, il s'arrêta un peu pour respirer; et alors il promena un regard de curiosité par toute la chambre.

La veille il avait mal vu cet intérieur: l'abat-jour posé sur la lampe laissait des parties de la chambre entièrement dans l'ombre, et lui-même, dans l'état de faiblesse où il se trouvait, voyait mal et confusément toutes choses; tandis que maintenant la force lui était revenue et il faisait jour.

— Mais c'est très gentil ici, dit-il.

Elle sourit à ce compliment, tout heureuse.

— C'est coquet, surtout c'est d'une propreté admirable qui doit vous donner bien de la peine.

Elle n'osa pas répondre, car elle avait toujours été très timide, et elle se sentait en ce moment pleine de confusion, heureuse il est vrai, mais si embarrassée qu'elle n'osait parler, certaine que, si elle disait quelque chose, ce serait une sottise ou une niaiserie, en tout cas pas du tout ce qu'il convenait de dire.

— Vous travaillez? demanda-t-il.

— Du matin au soir, et même souvent une bonne partie de la nuit.

Il regarda la table sur laquelle étaient dépliées des pièces d'étoffes, pour se rendre compte du métier qu'elle exerçait.

— Je suis repriseuse, dit Angélique.

— C'est un bon métier?

— Ça été un très bon métier, mais il n'est plus aujourd'hui ce qu'il était il y a quelques années.

— Enfin on y gagne?

— Oh! oui, quand on y est habile, quand on a de bons yeux et surtout quand on n'a pas peur du travail.

De nouveau il passa l'inspection de la chambre, s'arrêtant à l'armoire à glace, qu'il avait vue pleine de linge quand Angélique l'avait ouverte pour atteindre des petites cuillers.

— Voilà la preuve que vous êtes habile, dit-il.

— J'ai de bons yeux et puis l'ouvrage ne m'effraye pas.

— C'est vous qui avez acheté ce mobilier?

— Mon Dieu, oui, avec mes économies.

— Et elles y ont toutes passé?

— Oh! non, mais ce qui leur a fait le plus grand trou ç'a été la maladie de ma mère.

— Vous avez des parents à soutenir?

— J'ai eu ma mère à soigner, maintenant je n'ai plus personne.

Elle prononça ces derniers mots d'une voix émue et avec un soupir.

— Pardonnez-moi de vous avoir rappelé des souvenirs attristants; rien n'est plus douloureux que de n'avoir personne qui vous aime.

Il dit cela la main sur le cœur, d'un ton grave.

— Je ne serais pas juste si je disais que je n'ai personne qui m'aime : j'ai des amis de ma mère qui sont restés les miens, qui pensent à moi comme je pense à eux et qui font ce qu'ils peuvent pour m'être agréable.

Disant cela, elle se leva de table, presque gaiement, et, allant à l'armoire à glace qu'elle ouvrit de nouveau, elle en tira un pot de confiture couvert de papier et le servit sur la table.

— Voici une preuve de leur bon souvenir, dit-elle, un pot de confitures d'abricot de leur récolte. Ils habitent Asnières, depuis qu'ils sont retirés des affaires, et ils ont un jardin. Vous voyez.

Elle lui montra le papier de la couverture sur lequel on lisait en forme de dédicace.

« *Confitures d'abricots.*

« *Les arbres cultivés par moi;*

« *Les confitures faites par ma femme;*

« *Offertes à notre amie Angélique Godart.*

« Limonnier. »

— Limonnier, c'est leur nom, dit-elle en continuant; ils étaient les meilleurs amis de ma mère. Comme je n'ai pas l'habitude de manger du dessert et que je ne suis pas sortie ce matin, je n'en aurais pas à vous offrir : nous allons entamer ces confitures, j'en ai deux pots.

— Justement je les aime beaucoup, les confitures d'abricot.

— Je ne peux pas les servir pour une meilleure occasion.

Elle lui passa une cuiller, et il prit bien à peu près la moitié du pot; pour elle, elle se fit une petite tartine sur laquelle elle étendit une mince couche de confiture qu'elle gratta avec soin, de façon à la ménager.

— Excellentes, dit-il. Et vous avez eu la douleur de perdre madame votre mère?

— Il y a deux ans, après une maladie de dix-huit mois. Nous vivions ensemble naturellement, et il m'a fallu la soigner tout en travaillant, car je ne pouvais pas laisser ma clientèle m'échapper; et puis il fallait vivre. Ç'a été un terrible moment.

Elle s'arrêta, la voix voilée par l'émotion; puis elle reprit :

— Elle a été pour moi la meilleure des mères; nous ne nous étions jamais quittées; elle m'a appris mon métier, car après la mort de mon père, que j'ai perdu quand je n'étais encore qu'une petite fille, il a fallu que je me mette à l'ouvrage. Je l'ai aidée d'abord, puis, quand sa vue est devenue mauvaise, car nos yeux s'usent vite à nous autres, c'est moi qui ai pris sa place et elle qui m'a aidée dans ce qui n'était pas difficile; nous travaillions ensemble, et depuis mon enfance je ne me rappelle pas un jour où je n'aie travaillé, même le dimanche, au moins jusqu'à deux heures de l'après-midi. Cela fait paraître la promenade meilleure. Je vous assure qu'on n'est pas difficile.

Le déjeuner était arrivé à sa fin.

— Quand j'avais ma mère, dit-elle, c'était elle qui s'occupait du ménage pendant que je travaillais, cela me faisait gagner du temps; mais maintenant il faut que je fasse tout; aussi, si vous le voulez bien, je vais débarrasser la table.

Il fit mine de se lever.

— Pourquoi vous dérangez-vous? demanda-t-elle.

— Mais pour me retirer.

— Comment vous retirer! dans votre chambre où il n'y a pas de cheminée, cela n'est pas possible; par ce temps de dégel vous ne pouvez pas non plus sortir, restez donc auprès du poêle; vous ne me gênerez pas du tout pour travailler. Si vous vous ennuyez vous pourrez lire; je vais mettre ma bibliothèque à votre disposition. Dame! elle n'est pas riche, ma bibliothèque.

Disant cela elle ouvrit un petit placard pris dans le mur. On y voyait quelques volumes au dos usé, et surtout des feuilletons coupés au bas des journaux et cousus ensemble.

— Voulez-vous *Robinson*, demanda-t-elle, *Paul et Virginie*, les *Trois mousquetaires*, ou bien la *Géographie de Malte-Brun*? Enfin vous choisirez.

La table desservie, elle se remit à son ouvrage, c'est-à-dire à faire des reprises dans une pièce de mérinos noir.

Pour lui, assis dans le fauteuil, le poêle entre ses jambes, il la regardait d'un air encourageant:

— Quelle brave fille vous êtes, dit-il en forme de compliment.

— Pourquoi donc?

— Vous travaillez ainsi toujours sans vous ennuyer ni vous désespérer, et toujours seule!

— Seule! oh! mais non!

— Ah!

— J'ai Gros-Milord, et c'est un bon ami celui-là. Nous ne nous quittons pas. Je parle avec lui, il me répond; je l'aime, il m'aime. N'est-ce pas, Gros-Milord?

Et elle embrassa le chat, qui était venu s'établir confortablement sur la pièce d'étoffe, le nez tourné vers celui qui, au déjeuner l'avait chassé de sa place; de là il l'examinait en ennemi, et quand il fermait les yeux c'était pour les rouvrir bien vite avec des roulements de pupille qui montraient son inquiétude; d'ailleurs il restait les oreilles toujours tendues aux aguets.

— Cependant, il y a une chose qui doit vous attrister, continuat-il, c'est de travailler ainsi toujours dans le noir? moi, rien qu'à vous regarder, cela me donne des idées lugubres.

— Vraiment! Eh bien, je vais laisser là cette pièce noire et prendre une pièce blanche; je ne veux pas vous attrister; c'est mauvais pour un convalescent.

— Mais cette pièce noire? fit-il.

— Je la finirai ce soir, quand vous serez couché. Cela ne fait rien ; j'ai de bons yeux, Dieu merci.

Soit que ce changement du blanc au noir l'eût égayé, soit que la digestion de son déjeuner, après un long jeûne, et la douce chaleur du poêle après de cruelles journées de froid, le missent de belle humeur, il continua de bavarder gaiement, ne paraissant plus avoir pour unique souci de prendre des renseignements sur « celle qui l'avait sauvé » ; cependant il lui adressa encore une question.

— Sortirez-vous aujourd'hui ?

— Sans doute, pour aller chercher notre dîner ; car vous dînez avec moi.

— Je vous serais alors reconnaissant de me remettre une lettre à la poste ; j'avais demandé à une personne de venir me voir, maintenant cette visite est inutile.

Elle lui donna ce qu'il fallait pour écrire ; quand il eut écrit cette lettre, il la lui remit.

— Vous voudrez bien l'affranchir, n'est-ce pas ?

— Oh ! assurément.

Ce fut seulement dans la rue qu'elle lut l'adresse : « Madame la baronne de Saint-Hubert, avenue Friedland. »

VII

La baronne de Saint-Hubert ne vint pas; mais deux jours après un domestique apporta une lettre qu'il remit au concierge et dans laquelle la main la moins exercée pouvait sentir au toucher le papier soyeux d'un ou deux billets de banque. Il y en avait deux en effet de cent francs chacun, et en plus une lettre :

« Mon cher comte, vous trouverez dix louis sous cette enve-
« loppe; je suis peinée de ne pouvoir pas faire mieux. Eh quoi!
« vous en êtes là, mon pauvre ami, vous, le comte de Mussidan,
« l'héritier de la vieille mademoiselle de Puylaurens qui, dans son
« château de Cordes, vous fait cependant des économies! Et vos
« fils, que deviennent-ils dans cette débâcle? Sébastien serait-il
« ambassadeur, Frédéric sera-t-il évêque? Et pourrez-vous, comme
« vous en aviez l'espérance, aller de l'un à l'autre dans vos dépla-
« cements et villégiature, de chez l'ambassadeur de Madrid chez

« l'évêque d'Aire ou de Marseille. Mais aussi, mon cher, quand un
« homme comme vous se marie, comment va-t-il épouser une
« écuyère! Je pense que vos fils sont toujours en pension chez le
« vénérable abbé Quentin; j'espère vous rencontrer un jour aux
« Champs-Élysées, quand vous vous promènerez avec eux.

« Croyez-moi votre affectionnée et dévouée

« Baronne DE SAINT-HUBERT. »

Les premiers louis prélevés sur ces deux cents francs servirent à payer une demi-douzaine de chemises dont M. de Mussidan avait grand besoin. N'était-il pas triste qu'un homme bâti comme lui, avec un torse qui eût fait l'admiration d'un statuaire, en fût réduit à tenir toujours sa redingote boutonnée sans pouvoir montrer le plastron de sa chemise en développant sa poitrine? C'était pour que cette humiliation cessât qu'il avait décidé cette acquisition. Et c'était pour que les chemises fussent dignes du torse admirable sur lequel elles devaient bomber qu'il les avait prises en toile de Hollande. Ce n'était pas sa faute s'il était condamné par la nature à ne porter que de belles choses. Ne serait-ce pas se montrer ingrat envers la Providence que de ne pas décorer comme il convenait un de ses ouvrages les mieux réussis.

C'était encore en obéissant à une pensée de gratitude envers la Providence qu'il s'était acheté d'élégantes bottines chez le meilleur cordonnier de Paris. Ne serait-ce pas un péché de laisser des pieds comme les siens, des pieds fins et cambrés, des pieds de race, se déformer dans des chaussures avachies? C'est dans les œuvres les plus parfaites de la création qu'on apprend à révérer leur auteur.

Les chemises et les bottines payées, car depuis longtemps il n'achetait plus rien à crédit, il lui restait deux louis. Alors la première pensée qui lui vint naturellement, spontanément, comme tout ce qui nous est inspiré par un élan de cœur, fut qu'il devait les employer à faire un cadeau à cette petite femme qui l'avait secouru.

Elle avait été très bien pour lui, pleine d'attention, de délicatesse, de discrétion, et il était ainsi fait qu'on ne lui avait jamais rendu service sans qu'il s'en montrât reconnaissant et sans qu'il tînt à affirmer hautement, à prouver sa reconnaissance. Sans doute, cela lui avait plus d'une fois coûté cher. Mais quoi, il était ainsi : on ne réforme pas plus son cœur que sa jambe ou son torse ; il était ainsi ; ni l'âge, ni l'expérience ne le changeraient. Il lui restait deux louis, toute sa fortune ; ils seraient pour elle.

Certainement, comme disent les gens d'une classe inférieure, il ne s'en faisait pas accroire, et si quelqu'un se rendait justice c'était lui ; si quelqu'un se voyait avec ses défauts et ses travers, c'était lui. Oui, il avait des travers ; oui, il avait des défauts ; il n'avait pas besoin qu'on les lui signalât, il était le premier à les voir et à les reconnaître ; ils lui avaient coûté assez cher pour cela. Mais il avait aussi des qualités, et sérieuses et solides, qu'il voyait et qu'il connaissait tout aussi bien. Il n'était pas assez enfant pour les énumérer dans le but seul de s'en vanter ; aussi était-ce sans le moindre mouvement d'orgueil qu'il se disait qu'il était bon et généreux.

Cette ouvrière avait fait quelque chose pour lui ; son cœur exigeait qu'il fît quelque chose pour elle.

Un autre, à sa place, penserait à garder ces deux louis qui lui étaient tombés du ciel, ou, poussé par le besoin, ne songerait qu'à les employer à son usage personnel ; mais pour lui, Dieu merci, il était au-dessus de ces bas calculs. Son cadeau fait, il n'aurait plus le sou. Eh bien, après ? Ce ne serait pas la première fois que cela lui arriverait. Et puis, la satisfaction de s'être montré généreux, de s'être fait juger par cette pauvre fille ce qu'il était vraiment, ne valait-elle pas quelques pièces de monnaie dans sa poche, et même quelques louis ?

Mais quel cadeau pouvait-il bien lui faire ?

Cela méritait d'être examiné et pesé. Il avait été un temps heureux où il lui était permis de donner pour le plaisir de donner, en se disant que si le cadeau qu'il offrait ne plaisait pas il en ferait un autre. Mais alors il était riche, l'argent glissait entre ses doigts. Maintenant il avait deux louis ; il fallait qu'il ne se trompât point.

Que pourrait lui être agréable, à cette petite ?

Pour résoudre cette question, il faudrait qu'il connût mieux qu'il ne les connaissait ses goûts, ses idées, ses besoins, et aussi qu'il sût mieux qu'il ne le savait ce qu'elle avait et ce qui lui manquait.

Cependant, telle qu'il l'avait vue, il était bien certain que c'était une personne de goûts simples. Elle ne serait pas sensible à une chose de toilette. Elle ne le serait pas davantage à du brillant et du clinquant. Elle était sérieuse. Et puis ce qui était caractéristique, et dans l'espèce plus important, elle aussi elle avait de la bonté, de la générosité. Sans doute c'était une bonté et une générosité instinctives qui ne ressemblaient pas aux sentiments qui étaient en lui; cependant il devait compter avec.

Dans ces conditions, il semblait donc qu'il fallait lui faire un plaisir qu'elle pût partager. Il serait plus doux, plus complet pour elle.

Si elle voulait le partager avec quelqu'un, évidemment ce serait avec lui.

Alors il se trouvait obligé à consulter son propre goût et à se demander ce qui en ce moment pouvait lui faire plaisir; c'était la logique qui le voulait.

Or, après les privations qu'il avait supportées depuis plusieurs mois; d'autre part, en pensant à la saison où ils étaient, il se trouvait que ce qui, en ce moment, pouvait lui faire le plus grand plaisir, ce serait un bon pâté de foie gras. Jamais il n'avait laissé passer la fin de décembre ou le commencement de janvier sans manger un bon pâté arrivant de Strasbourg, dans sa fraîcheur, au moment où il a toute sa saveur. Assurément elle serait sensible à un pareil cadeau; il la toucherait.

Il n'était pas homme à balancer une résolution; lorsqu'il en avait arrêté une, il l'exécutait aussitôt.

Ce fut tout superbe et triomphant, en se redressant, la tête haute, qu'il entra chez Chevet, où il n'avait pas pu se montrer depuis longtemps, et que de sa voix sonore il demanda si on avait un bon pâté à lui donner.

— En voici un, monsieur le comte.

Que ce titre, qu'il n'entendait maintenant que bien rarement, fut agréable à son oreille!

— Où faut-il l'envoyer à monsieur le comte?

— Merci, j'ai ma voiture; je l'emporte.

Il n'avait pas sa voiture, mais avec la monnaie qu'on lui rendait il pouvait en prendre une, ce qu'il fit pour n'être pas reconnu dans les rues de Paris, un paquet à la main.

Il ne fut pas moins superbe en entrant dans la chambre d'Angélique, son pâté sous le bras gauche.

Une satisfaction orgueilleuse éclairait si naïvement son visage qu'en le voyant s'arrêter dans le cadre de la porte, Angélique, après l'avoir observé un court instant, s'écria :

— Il vient de vous arriver quelque chose d'heureux, n'est-ce pas ?

— Oui, mon enfant : le plus vif plaisir que puisse éprouver un galant homme.

— Quel bonheur !

— Celui de faire plaisir.

Après avoir posé son pâté sur la table et s'être débarrassé de son pardessus, il s'assit carrément dans le fauteuil, sa place ordinaire, et étendit la main en avant comme pour commencer un discours. Mais à ce moment Gros-Milord, qui avait sauté sur la table, vint sentir le pâté ; il reçut aussitôt une petite tape qui le fit redescendre vivement.

— Il faut être doux avec les bêtes, dit M. de Mussidan, mais enfin pas jusqu'à s'en laisser importuner.

Puis il reprit son idée :

— Mon enfant, vous m'avez rendu un grand service ; je ne veux pas vous le payer : au contraire je veux vous le devoir toujours ; mais je veux au moins vous montrer que j'en suis reconnaissant. Si des événements dont j'attends la réalisation s'étaient accomplis, rien ne m'eût été plus facile que de faire cette preuve noblement, d'une manière digne de vous et de moi. Mais les temps sont difficiles et cette réalisation est encore retardée, pour peu de temps j'espère ; enfin elle l'est. Dans ces conditions j'ai fait, non ce que j'aurais voulu, mais ce que j'ai pu.

— Il fallait ne rien faire.

— Il le fallait pour moi. J'ai cherché ce qui pouvait vous être agréable, dans un cercle bien restreint malheureusement, et je me suis dit : « Qu'est-ce qui va être bien contente si je lui apporte pour dîner un bon pâté de foie gras, un bon pâté de Strasbourg ? »

— Comme je suis touchée de votre attention ! s'écria-t-elle avec une voix tremblante d'émotion.

— Et du pâté. Il faut en être heureuse aussi du pâté.

— Oh ! j'en suis heureuse ! Seulement je n'en ai jamais mangé.

— C'était bien ce que je pensais, s'écria-t-il en caressant ses longs favoris, je me disais : « Sans moi, elle n'en aurait jamais mangé. »

Il pressa le dîner; il avait hâte de se mettre à table et de faire les honneurs de son pâté.

Lorsque vint le moment de l'entamer, il demanda un verre plein d'eau et une cuiller.

— Voulez-vous du sucre? dit-elle.

— Non, vous allez voir.

En effet, elle le vit tremper la cuiller dans l'eau avant de l'enfoncer dans le pâté, et cela l'étonna beaucoup; mais elle se garda bien de lâcher une nouvelle bêtise : le sucre lui avait suffi.

— Eh bien? demanda-t-il quand elle eut mangé la première bouchée.

— C'est meilleur que des rillettes.

Il était trop galant homme pour laisser voir combien cette comparaison le suffoquait. Des rillettes!

— Je n'en ai jamais mangé, dit-il avec dignité

Elle comprit qu'elle avait encore dit une bêtise

— JE N'EN AI JAMAIS MANGÉ, DIT-IL AVEC DIGNITÉ. — (P. 46.)

VIII

Que M. de Mussidan eût sa poche pleine ou vide, il ne s'inquiétait que de sa dépense présente; jamais il ne prenait souci de celle du lendemain. Qu'il eût ce qu'il fallait pour payer aujourd'hui, cela lui suffisait; plus tard comme plus tard : on verrait; il pouvait arriver tant de choses!

Ses chemises, ses bottines et son pâté payés, il arriva qu'il se trouva sans le sou le 1ᵉʳ janvier. C'était là un incident auquel il était habitué; mais, ce jour-là, il devait faire sortir ses deux fils, les promener, leur offrir à dîner, et la situation devenait embarrassante.

Un autre, à sa place, se fût tiré de cette situation en contant son embarras à sa voisine, et celle-ci eût certainement été heureuse de lui prêter ce qu'il lui fallait; elle avait des économies : cela ne l'eût pas gênée. Mais il était lui, il n'était pas un autre. Il avait sa dignité, sa fierté qu'il faisait passer avant tout; il était comte de Mussidan.

Le 1er janvier, après un déjeuner matinal avec sa voisine, il la quitta pour se rendre rue du Cherche-Midi : peut-être rentrerait-il pour dîner, peut-être ne rentrerait-il point; il avait des obligations à remplir et n'était point son maître. Il la priait donc de ne pas l'attendre. Elle eût bien voulu cependant avoir une certitude, de façon à pouvoir rester à dîner à Asnières avec les Limonnier, au cas où il ne rentrerait point; mais elle n'osa pas parler de cela, elle reviendrait vers six heures, après avoir fait une simple visite à ses amis.

De Montmartre à la rue du Cherche-Midi, la course est longue; mais elle n'était pas pour effrayer un bon marcheur comme lui. Justement le temps était beau, il faisait une journée d'hiver sèche et claire, et c'était un plaisir de s'en aller par les rues enfin nettoyées, plus propres qu'elles ne l'avaient été depuis longtemps. Sans penser à la légèreté de son porte-monnaie, il s'avançait d'un pas régulier, la tête haute, la poitrine effacée, la canne sur l'épaule, la main gauche sur la hanche droite, rejetant en arrière le pan de son pardessus, de façon à en bien montrer la doublure. Et devant ce bel homme à la noble prestance, qui semblait avoir pris possession du trottoir, les nombreux passants qui se hâtaient « d'aller remplir leurs obligations » lui faisaient place, — ce qu'il trouvait tout naturel et convenable. Un homme comme lui! Il n'y avait que pour les femmes qu'il se dérangeait, et il le faisait galamment.

C'était une institution modèle que celle de l'abbé Quentin et qui n'admettait qu'un nombre limité d'élèves; tout le monde n'y était point reçu, et certainement on y eût refusé les fils du comte de Mussidan, le viveur déchu. Si on les avait acceptés, c'était parce qu'ils étaient les neveux de la pieuse mademoiselle de Puylaurens, — personne aussi recommandable par sa naissance que par ses vertus. — Bien que M. de Mussidan sentit parfaitement que cet abbé Quentin, qu'il aimait peu d'ailleurs, — un cuistre, — n'avait pas pour lui l'estime à laquelle il croyait avoir droit, il lui témoignait cependant la plus grande déférence: jamais il ne venait rue du Cherche-Midi sans commencer par lui faire sa visite, et ce n'eût pas été en un pareil jour qu'il eût manqué à ce devoir de politesse.

— Et mes fils, monsieur l'abbé, en êtes-vous plus content?

— Moins encore, monsieur le comte.

— Voilà qui est pénible pour un père, et cependant, la dernière fois que je les ai vus, je leur ai adressé un discours qui devait produire son effet; si vous l'aviez entendu, vous en auriez été content.

— Sébastien ne pense qu'à s'attifer, se pommader; Frédéric a toujours des cartes ou des dés dans ses poches, quelque surveillance qu'on exerce. Tous deux sont aussi cancres l'un que l'autre; ils ne font rien, rien, rien.

— Voilà qui est particulier.

— N'était ma considération et mon respect pour mademoiselle de Puylaurens, je les lui rendrais. Mais aussi elle les gâte trop, malgré ce que je lui dis. Ne vient-elle pas encore de leur envoyer pour leurs étrennes cent francs à chacun! Sébastien va gaspiller son argent en cravates, en gants, en savons; Frédéric va le jouer n'importe comment, quand ce ne serait qu'aux billes.

— Il ne faut pas que cela soit, monsieur l'abbé; moi leur père, je me charge de l'empêcher; faites-les appeler, je vous prie.

Ils ne tardèrent pas à arriver : c'étaient deux beaux garçons, l'un de quatorze ans, l'autre de treize ans, qui tous deux ressemblaient à leur père d'une façon frappante.

— J'en apprends de belles sur vous, dit M. de Mussidan après leur avoir tendu la main et en retroussant les larges manches de sa limousine comme un avocat qui commence son discours. Vous ne travaillez pas, vous n'apprenez rien, et, au lieu de vous préparer à soutenir l'honneur de votre nom, vous ne pensez : toi, Sébastien, qu'à des futilités de toilette; toi, Frédéric, qu'au jeu. Est-ce que Guillaume de Puylaurens, un de vos ancêtres, serait devenu ambassadeur de Raymond VII à la cour de Rome, en 1245, s'il n'avait pas acquis un savoir que peu d'hommes de son époque possédaient? Est-ce que Sébastien de Mussidan, évêque d'Albi, aurait été au quatorzième siècle une des lumières de la chrétienté s'il ne s'était pas donné entièrement à l'étude?

Les deux enfants chuchotèrent quelques mots que M. de Mussidan n'entendit pas.

— Que dites-vous? demanda-t-il. Allons, répétez-le, je le veux.

— Que je n'ai pas envie de devenir évêque, dit Sébastien.

— J'entends que tous deux vous deveniez des hommes, et c'est de mon devoir d'agir pour que cela soit. Votre tante vous gâte, elle vous perd en vous comblant de cadeaux qui vous distraient. Elle vient de vous envoyer cent francs pour vos étrennes. Il est mauvais, il est imprudent qu'une aussi grosse somme reste entre vos mains. Vous n'aurez pas d'autre idée que de la dépenser ; remettez-la-moi.

D'un même mouvement les deux enfants firent trois pas en arrière.

— Je vous la rendrai, louis par louis, quand vous l'aurez mérité par votre bonne conduite et votre travail. Allons, cet argent, je l'exige.

Les enfants hésitèrent, et il passa dans leurs yeux comme un éclair de révolte, mais, sous les regards de leur père et ceux de l'abbé Quentin, ils finirent par céder et tendre l'un et l'autre, en rechignant, le billet de banque qu'ils avaient reçu le matin même, et sur lequel ils avaient déjà échafaudé tant de projets.

Dans la rue ils marchèrent devant leur père sans lui dire un mot.

— C'est parce que je vous ai pris votre argent que vous êtes de mauvaise humeur? dit M. de Mussidan au bout d'un certain temps.

— Oui.

— Croyez-vous donc que je veux vous le confisquer? Je veux qu'il ne vous empêche pas de travailler, voilà tout. Et, pour cela, le mieux est de le dépenser... Voici ce que je vous propose : nous allons prendre une voiture et nous irons au bois de Boulogne.

— Il n'y aura personne au Bois aujourd'hui, dit Sébastien, qui paraissait connaître les usages du monde.

— Il y aura les étrangers : les Anglais, les Américains, les Allemands, les Russes, tous ceux qui ne fêtent pas le jour de l'an le 1ᵉʳ janvier, et ils sont nombreux. Après cette journée de promenade, nous irons dîner au café Anglais, à la Maison-d'Or, chez Vachette, où vous voudrez.

— A la Maison-d'Or, dit Sébastien, c'est plus chic.

— Voici une voiture, dit Frédéric.

— Un fiacre. Ah! non, répondit Sébastien. Es-tu bête!

Ce fut une affaire de trouver une voiture qui ne fût pas un fiacre. En fiacre, l'héritier de Sébastien de Mussidan, qui fut une des lumières de la chrétienté! Enfin, après une longue attente chez Brion, on en obtint une digne du père et du fils.

La promenade au Bois fit oublier aux enfants leur mauvaise humeur et leurs regrets; le dîner, qui fut plantureux et exquis, les égaya tout à fait.

— Vous êtes-vous bien amusés? dit M. de Mussidan en les ramenant le soir.

IX

C'était sans qu'ils en eussent parlé entre eux, sans invitation aucune, sans acceptation que l'habitude s'était trouvée prise que M. de Mussidan déjeunât et dinât tous les jours chez sa voisine.

Tous les soirs, après dîner, elle lui posait la même question :

— Que voulez-vous pour demain?

Et tous les soirs il lui faisait la même réponse :

— Peu de chose, un rien.

— Mais je vous en prie.

— Non, ce que vous voudrez.

A son grand regret elle n'en pouvait pas tirer davantage.

Il avait la prétention de pousser sur ce point la discrétion jusqu'à l'extrême; ce ne serait pas lui qui entraînerait cette brave fille dans des dépenses inutiles. Sans doute la cuisine simple et plus que primitive qu'elle faisait : le pot-au-feu, un bifteck, une côtelette, un morceau de foie sauté, un lapin à la casserolle, n'était pas pour lui plaire ; mais il se fût fait un cas de conscience de le lui dire : cela n'eût pas été d'un galant homme. « Ce que vous voudrez ; peu de chose, un rien. »

Et c'était toujours de belle humeur qu'il mangeait ce peu de chose, même quand il le trouvait exécrable. N'est-ce pas par ces petits côtés de la politesse que s'affirme le mieux l'honnête homme ?

Lui dire que sa côtelette était coriace, que son lapin sentait le graillon, trouver le vin sur, allons donc ! Au contraire, il s'appliquait à tout louer : excellente, la côtelette, tendre et succulente, aussi bien cuite que bien choisie ; délicieux, le lapin ; comment donc se procurait-elle d'aussi bon vin ?

De même il s'appliquait à égayer ses repas et à les assaisonner d'un aimable entrain. Il en était de la conversation de la brave fille comme de sa cuisine : un peu simple, un peu bien primitive. Il devait se mettre à sa portée, tout en la relevant un peu. Ce n'était pas sa faute : elle n'avait rien appris, elle n'avait rien vu ; heureusement le fond était bon ; il ne lui manquait que d'être cultivé. Elle avait du bon sens, de l'intelligence ; elle faisait tout ce qu'elle pouvait pour comprendre.

En cela il ne se trompait pas, non seulement pour comprendre, mais encore pour sourire, pour s'émouvoir, pour applaudir, pour montrer combien elle était touchée et reconnaissante de ce qu'il faisait pour elle.

Elle sentait bien que c'était par politesse, par générosité qu'il trouvait sa côtelette tendre et son vin excellent ; elle sentait bien aussi que c'était pour elle qu'il soutenait ainsi la conversation, variant les sujets et les choisissant toujours de façon à l'intéresser.

Et tandis qu'il parlait, elle oubliait souvent de manger, le regardant, l'admirant, aussi touchée de ce qu'il disait que de la façon dont il le disait.

Il savait donc tout ? il avait donc tout vu, les pays, les choses et les hommes ? Qu'il racontât une histoire se passant en Égypte, en Russie, en Amérique, il y avait été. Le roi Louis-Philippe, il l'avait connu ; l'empereur Napoléon III, il avait été son ami à Londres quand celui-ci n'était que le prince Louis ; il avait monté un cheval qui lui avait été donné par une impératrice ; des comédiens comme Lafont, comme Bressant, lui avaient demandé ses conseils pour s'habiller; Horace Vernet l'avait mis dans plusieurs de ses tableaux; Dubufe avait fait son portrait.

Là-dessus il avait des histoires intarissables qu'il racontait avec une verve amusante et dans lesquelles il remplissait toujours le premier rôle : — On lui avait demandé? — Il avait répondu. — Au moment décisif il était intervenu d'une façon presque miraculeuse, et ce qu'il y avait d'admirable c'est que jamais on ne pouvait le soupçonner d'arranger les choses à son avantage. Évidemment ce qu'il racontait il l'avait vu, ou il l'avait fait : cela sautait aux yeux; cela s'imposait pour elle, qui ne pensait pas à se demander ce qu'on avait pu ajouter après coup à ces récits pour les rendre plus saisissants et surtout... plus vrais.

Quel homme était-il donc, cet ami d'un roi, d'un empereur, d'une impératrice, ce modèle des grands comédiens, cet inspirateur des grands peintres?

Elle restait devant lui bouche béante, non seulement par admiration, mais encore par prudence, n'osant point parler elle-même, de peur de dire quelque niaiserie, ou de lâcher quelque grosse ignorance.

Et cependant souvent il lui semblait qu'elle pourrait répondre, comme si elle comprenait, comme si son esprit s'ouvrait à des idées auxquelles elle serait restée étrangère jusqu'à ce jour.

Mais elle ne devait pas ainsi se fier à son intelligence; c'était parce qu'il parlait bien, c'était parce qu'il descendait jusqu'à elle, et non parce qu'elle s'élevait jusqu'à lui, qu'elle comprenait.

Comme elles étaient remplies, ces heures des repas et de la causerie! comme elles lui suggéraient des sujets de pensées, de rêveries, de souvenirs, quand elle restait seule dans la journée, tandis qu'il faisait sa promenade ordinaire, ou le soir quand il s'allait coucher et qu'elle continuait son travail.

Quel changement dans sa vie! Comme le présent ressemblait peu au passé!

Depuis la mort de sa mère, elle était restée seule, n'ayant personne dans son intimité, personne avec qui s'entretenir, à qui confier ses tristesses ou ses joies. Certainement, ses vieux amis, les Limonnier, étaient bons pour son cœur. Elle était heureuse quand elle pouvait les voir; elle savait qu'elle pouvait compter sur eux, sur leur affection, sur leur dévouement. Mais dans leur conversation, c'était toujours le même ordre d'idées qui défilait, et ces idées ne tournaient que dans un cercle étroit, absolument personnel. Pour eux n'existaient que les gens qu'ils connaissaient. C'était un événement considérable, dont ils parlaient pendant plusieurs mois, que le déménagement de madame Durand; et la mort de M. Lucas, quelle affaire! et le mariage de mademoiselle Lerouge, qui aurait cru cela! Il y avait aussi la gelée, et puis la sécheresse et les inondations.

N'était-il pas curieux que ce qui s'était passé en Égypte ou en Turquie bien des années auparavant la touchât plus que ce qui venait d'arriver rue des Abbesses? N'était-il pas extraordinaire que des idées générales eussent plus d'intérêt pour elle que celles qui s'appliquaient à des choses qui lui étaient familières? Il y avait là comme une initiation à des pensées nouvelles, comme une introduction dans un monde inconnu, qu'elle avait plus d'une fois vaguement pressenti, mais sans le voir jamais.

Ce n'était pas uniquement l'esprit qui s'éveillait en elle à des idées nouvelles, c'était encore la femme qui entrait dans un ordre de sentiments jusque-là ignorés.

Jamais il ne l'abordait sans lui adresser un mot aimable et gracieux; chaque jour il avait un compliment nouveau, et si bien dit, qu'elle ne pouvait qu'en être touchée sans s'en effaroucher jamais : tantôt à propos de ses cheveux dont il louait la finesse, tantôt à propos de son regard dont il admirait la douce expression, tantôt à propos de sa robe qui lui allait bien et la montrait tout à son avantage. Quelquefois il lui rapportait des violettes. Ce n'était qu'un bouquet d'un sou, mais il avait une façon de l'offrir qui en faisait le plus beau bouquet du monde.

Il n'eût pas eu certainement d'autres manières avec ces belles femmes, ces belles dames du monde dont il lui parlait souvent; il n'eût pas été plus aimable, plus gracieux pour elles; il ne les eût pas traitées avec plus de galanterie.

De tous les sujets qu'il abordait dans leurs entretiens, c'était celui-là qui la remuait le plus profondément. Comme elle l'écoutait lorsqu'il lui expliquait comment les femmes savaient plaire! comme elle était attentive et réfléchie lorsqu'il lui disait que la femme n'était pas faite pour travailler, mais pour charmer!

— Et comment charment-elles?

C'était la question qu'elle lui répétait toujours.

Alors il le lui expliquait ou plutôt il racontait des histoires; il citait des faits, des exemples qui l'expliquaient d'une façon autrement saisissante, autrement vivante qu'il n'aurait pu le faire par de froides déductions.

Et pendant qu'il parlait, elle le regardait, oubliant de travailler, baissant les yeux aussitôt qu'il relevait les siens. Si elle avait osé, elle l'aurait interrogé pour en apprendre davantage; mais quand il se taisait, elle restait muette, réfléchissant, tirant son aiguille plus lentement.

X

Dans cette vie nouvelle, si différente du passé, toute remplie, toute heureuse pour elle, deux points cependant la peinaient.

Une autre n'en eût point été touchée, ne les eût peut-être même pas remarqués; mais quand on vit seule, sans parents, n'ayant pour amis que deux braves gens qui n'occupent ni votre pensée, ni votre cœur, ou du moins qui les occupent assez peu pour qu'on ne se sente pas tiré de soi-même, les moindres choses prennent une importance exagérée.

Quoi qu'elle fît pour ne pas le voir, quoi qu'elle se dît, il était évident que son voisin ne traitait pas Gros-Milord en ami, ni le serin non plus; et elle eût été si heureuse qu'ils fussent ses amis !

Ils avaient été les siens, à elle, pendant les mauvais jours; et ce qu'elle avait eu de bon, c'était eux qui le lui avaient donné : le serin, par ses chansons, Gros-Milord par ses caresses. Que de journées mélancoliques avaient été égayées par le tapage de cet oiseau sautillant, sifflant, toujours en mouvement dans sa cage ! Que de pensées tristes avaient été chassées par les caresses du chat ! Fût-elle restée avec tant de résignation dans sa chambre si elle ne les avait point eus près d'elle. Pour les heureux de ce monde les bêtes sont des bêtes qu'on prend, qu'on repousse selon la fantaisie du moment, pour les abandonnés, elles sont des camarades.

Mais lui ne les voyait pas ainsi : quand il parlait, si le serin se mettait à siffler il s'interrompait aussitôt d'un air agacé ; si la chanson continuait, il se levait d'un mouvement de mauvaise humeur en s'écriant :

— C'est assourdissant, on ne s'entend par parler.

Et il s'en allait se promener, fâché, par la ville.

Il n'y avait pas de danger que Gros-Milord lui sautât sur les genoux, les bêtes ne sont pas si sottes que ça ; mais souvent, au beau milieu d'une histoire personnelle dans laquelle il était question du prince Louis ou d'une noble dame, tout à coup il sautait sur sa maîtresse et, avec un ronron bruyant, des coups de tête, des ondulations de l'échine, des tassements de pattes, il la distrayait.

Aussitôt l'agacement reparaissait, et si elle ne chassait pas le chat, c'était le conteur qui quittait la place, intenable pour lui, dès lors qu'elle ne lui appartenait pas exclusivement.

— Quel tyran, cet animal ! disait-il en partant.

Pour le serin, elle eut l'idée de le mettre dans la cuisine, et, comme dans ce trou noir le soleil ne paraissait jamais, l'oiseau y restait tranquille sans bouger et sans siffler. Aussitôt le voisin parti pour sa promenade ordinaire, elle sortait le prisonnier de son cachot et le réinstallait en belle place au soleil, au coin de la fenêtre, en lui disant des paroles de nourrice. Réchauffé par le soleil, rassuré par la voix qu'il connaissait, l'oiseau chantait gaiement jusqu'au moment où, le voisin pouvant rentrer, on le réintégrait dans la cuisine.

Mais il ne pouvait pas en être ainsi avec Gros-Milord, qui était un personnage volontaire, habitué à être traité avec égard. Si on l'avait enfermé dans la cuisine, il aurait si bien miaulé, si bien gratté à la porte, que ce tapage aurait été plus gênant encore que son ronron.

Elle avait essayé de mettre le chat bien avec le voisin, et, de même, elle avait essayé aussi de mettre le voisin bien avec le chat; mais elle n'avait réussi ni d'un côté ni de l'autre. Tous deux se traitaient en ennemis. Le voisin appelait le chat : « Vilaine bête. » Le chat n'adressait aucune injure au voisin, mais aussitôt que que celui-ci entrait, il allait se mettre dans un coin, sous une chaise ou sur l'armoire à glace, et là, en sûreté, il le regardait avec des yeux mi-clos que, de temps en temps, il fermait sournoisement quand on se tournait de son côté : « Moi, je ne pense pas à vous, je dors. »

Comment tout cela finirait-il? C'était pour elle un sujet de véritable inquiétude.

D'ordinaire, Gros-Milord cédait la place qu'il occupait au moment même où il voyait entrer son rival; mais parfois aussi, soit qu'il fût surpris dans son sommeil, soit qu'il fût ce jour-là d'humeur belliqueuse, il s'arc-boutait sur ses quatre pattes en faisant le gros dos, le poil hérissé, grognant et crachant.

— Voyez donc la vilaine bête, disait le rival, il me crache à la figure. Et vous le laissez faire?

Certes, non, elle ne le laissait pas faire : elle le prenait dans ses bras en s'efforçant de le calmer.

— Il ne manque plus que vous le caressiez.

Un matin qu'il arrivait pour déjeuner, il trouva Gros-Milord installé sur la table où le couvert était déjà mis. Il avait cela en horreur et en dégoût. Il voulut le chasser.

— A bas! à bas!

Mais au lieu de sauter à bas, le chat se hérissa en montrant les dents.

Angélique étant occupée dans la cuisine, il ne put pas l'appeler pour qu'elle renvoyât son chat et voulut le chasser lui-même en lui donnant une tape. Il la donna, en effet. Mais à cette tape et avant qu'il eût retiré sa main, le chat répondit par un coup de griffe qui déchira la peau.

Angélique entrait à ce moment même; elle vit lancer le coup de patte et presque aussitôt la main égratignée.

— Vous voyez, vous voyez! dit-il en présentant sa main.

— Ah! mon Dieu! Je vais vous laver la main.

— Je vais la laver moi-même.

Et, indigné, il sortit; elle le suivit; il lui ferma sa porte au nez

Rentrée chez elle, désolée de cette bataille entre ses deux amis, elle prépara une phrase pour quand il reviendrait.

Mais il ne revint pas, et quand elle alla à sa porte pour lui dire que le déjeuner refroidissait, elle ne trouva personne. Il était parti, vraiment parti, car son chapeau n'était plus là.

Pour la première fois elle gronda Gros-Milord :

— Qu'est-ce que tu as fait? qu'est-ce que tu as fait? Le méchant !

Cela ne la calma pas. Elle ne put pas manger; et elle se remit au travail sans avoir déjeuné, tristement, cherchant comment les réconcilier, tout en pensant à sa phrase d'excuses et la perfectionnant pour la bien dire quand il rentrerait.

Mais ce ne fut pas lui qui entra. Comme elle avait entendu des bruits de pas sur le palier et qu'elle avait couru ouvrir sa porte, elle trouva devant elle ses amis, M. et Mme Limonnier, qui arrivaient d'Asnières pour la voir.

Comme toujours, ils étaient pleins d'histoires, et il fut longuement question de M. Durand, de M. Lucas et de Mlle Lerouge, sans oublier la neige et le dégel.

— Figurez-vous, ma bonne petite, que je voulais vous apporter des pommes, dit Mme Limonnier; j'en avais mis de côté pour vous; les souris nous ont tout mangé; elles entrent même dans les armoires.

— Nous en sommes *infectés*, dit M. Limonnier, qui avait un riche répertoire de locutions particulières, en inventant quelques-unes et s'appropriant avec un véritable génie celles qu'il entendait.

— Tels que vous nous voyez, continua Mme Limonnier, nous cherchons un chat. Mais nous sommes bien embarrassés : un jeune ne prendra pas nos souris, et un qui ne serait pas jeune aura sans doute de mauvaises habitudes...

— Il nous en faudrait un comme Gros-Milord, dit M. Limonnier.

Ce fut un éclair pour Angélique. Si elle leur prêtait Gros-Milord pour quelques jours. Pendant ce temps sa mauvaise humeur s'apaiserait. M. Passereau n'était pas homme à garder sa rancune. Gros-Milord était trop bon pour rester fâché. Et puis, chez les Limonnier, il serait très bien soigné, Gros-Milord, bien nourri, bien couché, il aurait le jardin pour se promener, des arbres pour faire ses griffes, du chiendent à manger. Puisqu'ils étaient dévorés par les souris, il n'y avait donc pas de chats dans le voisinage, partant pas de bataille à craindre. Elle était certaine de le retrouver en bon état. Dans ce petit voyage il n'y aurait que le chagrin de la séparation pour lui et pour elle ; mais il semblait que, dans les circonstances présentes, le mieux était de se résigner à ce chagrin.

— Si vous voulez, dit-elle, je peux vous prêter Gros-Milord.

— Nous prêter Gros-Milord !

Cela était si extraordinaire que tout d'abord ils ne voulurent pas croire la chose possible ; puis quand ils se furent rendus à l'évidence, ils n'osèrent pas accepter !

Enfin il fut convenu qu'elle conduirait le chat à Asnières le lendemain, qui était un dimanche, et qu'elle l'installerait elle-même.

— Alors à demain, dit M. Limonnier ; si je ne vous revois pas, portez-vous bien.

C'était encore là une de ses locutions familières à laquelle il ajouta cette autre, qu'il affectionnait :

— Je voudrais avoir autant de pièces de cent sous que je dormirai bien cette nuit. Mille-z-amitiés.

XI

Cependant, cette intimité du monsieur du troisième avec la repriseuse, faisait jaser les locataires de la maison, surtout les femmes qui, parfois, sur le passage d'Angélique, lançaient des allusions.

Ces femmes étaient aussi bêtes que méchantes, ou plutôt elles n'étaient que bêtes ; elles ne savaient pas. Elles la jugeaient d'après elles-mêmes, comme elles jugeaient M. Passereau d'après les hommes qu'elles connaissaient.

Elles ne l'avaient donc jamais regardé, jamais vu ! Est-ce qu'avec son grand air, sa tournure de vainqueur, ses manières distinguées, il pouvait penser à une femme comme elle, une pauvre fille, une ouvrière, lui qui avait vécu avec les grandes dames !

Qu'elle pensât à lui, elle ; qu'elle se dît qu'une femme devait être heureuse de l'aimer et d'être aimée par lui ; qu'elle le vît beau, intelligent, instruit, amusant, aimable, spirituel, enjoué, plein d'entrain ; qu'elle lui trouvât du prestige, qu'elle l'admirât, cela était tout naturel. Elle le connaissait, et bien certainement c'était un homme supérieur; elle n'avait pas besoin de savoir sa vie pour en être convaincue. Cette supériorité était éclatante, elle s'imposait; il n'y avait qu'à le regarder, il n'y avait qu'à l'écouter.

S'il lui donnait des conseils pour la rendre plus agréable; s'il essayait de l'élever jusqu'à lui, s'il était sensible à ce qu'elle pouvait devenir, il voyait donc en elle une femme.

Et pourquoi non?

D'autres qui ne valaient pas plus qu'elle s'étaient bien mariées et même avaient fait de beaux mariages. Elle avait, à propos de ces beaux mariages, entendu des histoires racontées par les Limonnier qui prouvaient que des hommes dans de grandes situations avaient épousé des filles qui n'étaient pas plus qu'elle. Il n'était pas dans sa nature d'être fière d'elle, ni même d'en être contente; mais enfin, il lui semblait que, pour le cœur, le dévouement, la tendresse, elle était l'égale de toutes. Cela, elle le sentait, elle en était sûre. Plus qu'une autre elle pourrait rendre heureux celui qu'elle aimerait et qui l'aimerait. Tel qu'elle le voyait et croyait le bien connaître, il devait être sensible à ces qualités de cœur.

Pour être venu se réfugier avenue des Tilleuls, pour avoir failli mourir de faim, abandonné par tous, il fallait qu'il eût éprouvé de grands malheurs; dans cette situation, ne serait-ce pas pour lui une joie en même temps qu'une consolation de se sentir aimé?

Si en ce moment encore il était jeune, il devait vieillir plus vite qu'elle, puisqu'il avait le double de son âge; devenu vieux, vraiment vieux, ne serait-ce pas un soutien d'avoir près de lui une femme jeune encore? Elle l'aimerait, elle le soignerait; ainsi elle serait pour lui femme et fille à la fois.

Elle n'avait pas à espérer que jamais dans sa vie elle pût retrouver un mari comme celui-là. Qui viendrait la chercher dans cette chambre où elle travaillerait jusqu'à sa mort? Elle n'avait pas de relations, elle ne connaissait personne. Ce ne serait pas avec son caractère, ses habitudes, avec sa timidité qu'elle irait à la chasse d'un mari. Qu'il s'en présentât un par hasard, ce qui n'était pas encore arrivé, ce ne serait qu'un homme de la même condition qu'elle. Peut-être un ouvrier ivrogne, comme il y en avait plus d'un dans la maison, qui la battrait, qui boirait ce qu'elle gagnerait, qui la laisserait mourir de misère, elle et ses enfants ; ou bien, si on mettait les choses au mieux, s'il n'était pas ivrogne, s'il travaillait, qui ne l'associerait qu'à une existence grossière.

Tandis que, s'il la prenait pour femme, il l'élèverait jusqu'à lui. N'avait-elle pas déjà des idées, des espérances, des ambitions morales depuis qu'elle le connaissait, qu'il avait développées ou fait naître ; et s'élever, monter plus haut, devenir meilleure, n'est-ce pas le but qu'on doit se proposer ? Déjà, grâce à lui, elle s'était élevée, bien peu à la vérité, mais enfin un peu ; qu'elle ne l'épousât pas, il faudrait qu'elle en restât là et même qu'elle redescendît.

Ce n'était pas pour rien faire qu'elle caressait cette espérance ; bien au contraire, elle travaillerait, elle serait heureuse de travailler pour lui.

Si jamais, dans un jour éloigné, cet héritage dont il avait plusieurs fois parlé vaguement et sans dire quel il serait, lui arrivait, généreux comme il était, il aurait plaisir à le partager avec elle. Elle avait déjà vu qu'il était de ceux qui disent : « Quoi de meilleur que de faire le bonheur de ceux qu'on aime ? »

Ainsi elle raisonnait quand elle était toute seule, le jour pendant qu'il se promenait, la nuit quand elle s'éveillait, et longuement elle suivait ses rêveries.

Mais ce n'était pas sans résistance qu'elle s'y abandonnait. N'était-ce pas folie qu'une jeune fille de sa condition pensât faire un pareil mariage ?

Si elle avait eu son père, si elle avait eu sa mère, elle les aurait consultés. Elle n'avait que ses amis Limonnier ; elle s'adresserait à eux.

XII

Depuis que Gros-Milord était à Asnières, Angélique allait tous les dimanches, entre le déjeuner et le dîner, voir ses amis, embrasser son chat, le consoler elle-même; elle profiterait de sa prochaine visite pour consulter ses amis et leur soumettre ses scrupules.

Il était de bon conseil, M. Limonnier, sérieux, réfléchi, prudent, ne faisant rien sans avoir auparavant pesé le pour et le contre, ne disant rien sans avoir tourné sept fois sa langue avant d'ouvrir la bouche. Cela était bien gênant quelquefois, au moins dans la conversation; mais, pour ce qu'elle attendait de lui, cela ne pouvait être qu'excellent. Quant à Mme Limonnier, beaucoup plus alerte d'esprit et de parole, elle était fine et savait voir bien des choses qui restaient inaperçues pour son mari, occupé à réfléchir ou à peser ce qu'il ne devait pas dire.

Sa résolution prise, elle balança toute la semaine les moyens de la mettre à exécution ; elle prépara ses phrases, elle se les récita ; et, le dimanche suivant, elle partit bien décidée. Elle dirait ceci, elle répondrait cela ; en somme, rien n'était plus honnête ; mais une fois arrivée à Asnières son courage l'abandonna et elle revint sans avoir rien dit du tout, furieuse contre elle-même, honteuse de sa timidité, de sa lâcheté.

Le dimanche d'après, elle fut plus brave ; mais sa bravoure n'alla pas jusqu'à s'expliquer clairement. Aussi fallut-il longtemps pour que M. Limonnier la comprît, et encore n'en fût-il jamais venu à bout sans l'aide de sa femme.

— Est-ce que vous penseriez à vous marier? demanda Mme Limonnier.

— Vous, Angélique! s'écria M. Limonnier, vous n'êtes donc pas heureuse comme vous êtes : seule chez vous, faisant vos quatre volontés, ne dépendant de personne.

Puis tout à coup il s'arrêta et elle le vit remuer la mâchoire sans prononcer un seul mot ; sans doute il tournait sept fois sa langue avant de lâcher quelque imprudence.

Elle expliqua que les choses n'en étaient pas à ce point ; mais un monsieur très bien semblait avoir des intentions sur elle, et au cas où il la demanderait, ce qui pourrait arriver et aussi ne pas arriver, elle désirait avoir leur opinion pour ne pas être seule juge d'une aussi grave affaire.

— Comment est-il? demanda Mme Limonnier.

— Vous avez vu ses papiers? dit M. Limonnier, qui était plus sensible au côté affaire qu'au côté sentiment et qui savait par tradition que, dans les mariages, les papiers tiennent toujours une place considérable.

— Nous n'en sommes pas là.

— Mon enfant, permettez-moi de vous dire qu'en fait de mariage, il faut bien se garder d'une *impatience nubile,* — nubile était là pour fébrile, c'était encore une de ses locutions familières ; — le mieux est de commencer par les papiers. Au reste, c'est comme ça que les choses se sont passées entre Aglaé et moi ; elle échantillonnait des tapisseries pour Sajou, j'étais dessinateur chez Brassac. Nous nous convenions bien, n'est-ce pas? Nous étions assortis. Eh bien, nous avons commencé par les papiers, et vous voyez que nous nous en sommes bien trouvés.

Plus pratique et moins convaincue de l'utilité des papiers, Mme Limonnier dit qu'avant de répondre il fallait le connaître. Ils ne l'avaient pas vu. Que faisait-il? quel âge avait-il? gagnait-il bien sa vie?

Elle répondit sur tous ces points et en glissant, mais en convenant cependant qu'il était juste qu'ils le vissent.

— Sortez-vous avec lui? demanda madame Limonnier.

— Nous ne sommes jamais sortis ensemble.

— Ne pouvez-vous pas sortir? En faisant une promenade ici, vous entreriez. Connaît-il Gros-Milord?

— Oui.

— Eh bien, il entrerait voir Gros-Milord... Quand il s'agit de mariage, on a toujours des prétextes de ce genre-là.

A l'appui de cette parole profonde, le mari raconta trois histoires confirmatives, et comme Angélique avait Gros-Milord sur ses genoux, elle les écouta patiemment.

Il fut convenu qu'elle tâcherait que cette visite eût lieu le dimanche suivant :

— Venez un peu tard, dit M. Limonnier; nous vous retiendrons à dîner.

— C'est que...

— Les amis des amis sont des amis.

— Je n'oserai jamais.

— Mais quoi, mais quoi, ce n'est pas le filleul du pape.

Ce fut une affaire pour Angélique d'arranger cette visite à Asnières. Quelle raison mettre en avant?

Elle n'en trouva qu'une : Gros-Milord, et encore le samedi seulement.

— N'auriez-vous pas plaisir à voir Gros-Milord? demanda-t-elle timidement, le cœur ému, avec un tremblement dans la voix que n'expliquait pas la simplicité de cette question.

Gros-Milord! Il n'y pensait guère; cependant, par politesse, pour faire plaisir à cette brave fille autant que pour se débarrasser d'une question insignifiante, il répondit :

— Mais certainement, mais comment donc! Ce pauvre Gros-Milord, il va bien?

— Le temps est superbe : est-ce que cela vous contrarierait de faire votre promenade demain du côté d'Asnières; je vous accompagnerais, si vous vouliez bien, et, en passant, nous pourrions entrer chez mes amis Limonnier.

Quelle singulière idée elle avait là ! Certes, oui, cela le contrarierait de faire le lendemain sa promenade du côté d'Asnières ; au moins cela l'ennuyait. Est-ce qu'un homme comme lui se promène à Asnières, un pays de canotiers, de comédiens ! Cependant, ne voulant pas la fâcher, il accepta. Justement parce que c'était un pays de canotiers et de comédiens, il ne rencontrerait là personne de connaissance.

Le lendemain, ils partirent donc pour Asnières. C'avait été un souci pour lui de savoir comment elle serait habillée. Pas mal, vraiment : un chapeau de velours noir, un manteau en drap ; elle n'avait pas trop l'air d'une ouvrière.

Mais, ce qui n'était pas correct, c'était la maison des Limonnier, au fond d'une ruelle, des barreaux verts, une chaumière dite landaise, un Amour en terre cuite jouant de la flûte, cela était dur à accepter.

Dure aussi se trouva Mme Limonnier : son bonnet à fleurs, sa robe de soie noire et sa chaîne d'or autour du cou.

Plus dur encore fut M. Limonnier lui-même, qui, à son grand regret, ne put se lever pour présenter *ses hommages à la compagnie*, parce qu'il s'était donné un coup à la *renoncule* du genou.

Il fallut un moment, à M. Passereau, pour comprendre que cette renoncule du genou était la rotule et plus longtemps encore pour se remettre de la suffocation qu'il avait éprouvée. Aussi, quand M. Limonnier lui demanda de rester à dîner « sans façon », il refusa. Ce fut seulement quand Mme Limonnier parla d'une poularde du Mans, que sa belle-sœur lui avait envoyée, qu'il accepta. Comment refuser de prendre sa part d'une bête qui avait obtenu une médaille d'argent ? C'était une sorte de jugement d'appel qu'on lui demandait.

La poularde, qui était bien rôtie, à la broche, pas au four, le mit de belle humeur et lui fit oublier la *renoncule*.

Pour Angélique, elle était rayonnante, et à deux reprises, sous prétexte d'aider Mme Limonnier, elle alla rejoindre celle-ci dans la cuisine pour lui demander comment elle le trouvait.

— Mais très bien.

LE MÉNAGE LIMONNIER (p. 74.)

— N'est-ce pas?

— Seulement ce n'est pas un jeune homme.

— Qu'est-ce que ça fait ?

Quand elles rentrèrent dans la salle à manger, elles le trouvèrent l'air ébahi : M. Limonnier venait de lui poser une question devant laquelle il restait coi.

— Quelle est la sainte qui n'a pas besoin de jarretières ? demanda-t-il à Angélique en lui renvoyant la question.

Elle ne fut pas embarrassée, la connaissant depuis vingt ans, cette sainte ; mais M. Limonnier ne lui permit pas de répondre.

— Faut pas la lui dire, Angélique.

— Puisque je donne ma langue aux chiens !

— Eh bien, monsieur, apprenez, vous qui me paraissez savoir bien des choses, que c'est sainte Sébastienne.

— Ah ! vraiment ! je veux bien, c'est possible.

— Comment, c'est possible ! Ses-bas-se-tiennent.

— Je vous en prie, un peu de foie de cette excellente poularde ? dit M. Passereau.

Ce ne fut pas trop de ce foie pour faire passer la sainte.

Angélique eût voulu interroger le mari comme elle avait interrogé la femme, mais cela fut impossible. M. Limonnier ne lâcha son convive qu'à la porte après lui avoir dit : *Mille-z-amitiés*.

— Vous voyez, dit Angélique, lorsqu'ils furent seuls sur la route de la station, que ce sont de bien bons amis pour moi.

— Oh! sans doute. Cependant *Mille-z-amitiés* c'est beaucoup.

XIII

Angélique ne put pas attendre huit jours pour retourner à Asnières et connaître le sentiment de ses amis; dès le lendemain, aussitôt après que M. Passereau fut descendu à Paris, elle se mit en route; il lui fallait une heure pour aller, une heure pour revenir, une demi-heure pour causer, en tout deux heures et demie, qu'elle rattraperait le soir en veillant plus tard.

Elle trouva ses amis chez eux, M. Limonnier la jambe étendue sur une chaise, à cause de *sa renoncule*.

— Comment, vous voilà?

— Je n'ai pas pu vous parler hier; je viens savoir aujourd'hui ce que vous en pensez.

— Justement, Aglaé et moi, nous n'avons fait que de nous entretenir de lui et de vous depuis hier.

— Alors? Votre impression, je vous en prie, toute franche; vous m'obligerez. Ce que vous pensez.

Cependant, malgré cet appel à la franchise, elle était tremblante d'anxiété.

— Il est très bien.

— Vous trouvez?

— Très bien; c'est un homme comme il faut, ça se voit de suite; à la façon dont il m'a adressé la parole, j'ai vu qu'il se connaissait en hommes et qu'il avait l'usage du monde. Nous ne nous trompons pas là-dessus. Belle tenue, de la prestance, jolie fourchette.

A chaque mot, elle relevait la tête en rayonnant.

— Il est un peu âgé?

— Mais non.

— Si, il l'est; mais pour vous, qui êtes sérieuse, qui n'avez jamais été jeune, j'entends de caractère, ce n'est pas un défaut. Sous tous ces rapports, notre impression est donc bonne; mais, d'un autre côté, je crains... Faut-il le dire?

— Je vous en prie.

— Je crains qu'il ne soit pas intelligent.

— Pas intelligent! Lui!

— Vous avez vu, il n'a pas pu nommer la sainte qui n'a pas de jarretières.

— Mais...

— Vous me direz que cela n'est pas grave. Moi, mon avis est que pour qu'un ménage aille bien il faut que le mari ait de l'entrain, de la gaieté, de l'esprit, en un mot, qu'il soit un homme de société. Maintenant, peut-être est-il cela; il aura été intimidé, c'est possible. Pour moi, avant de le juger plus à fond, j'aurais besoin de le revoir, de l'interroger, sans qu'il s'en aperçoive, bien entendu, de l'étudier; c'est comme pour ses capacités, je ne les vois pas. A quoi est-il propre? que peut-il faire? quelle est sa position? quel est son avoir? Sans doute, il viendra nous faire visite: nous verrons alors.

Elle partit là-dessus enchantée, mais en chemin elle trouva qu'une simple visite ne serait pas suffisante; et après avoir longtemps cherché, elle s'arrêta à mieux :

— Je pense que vous voudrez rendre à mes amis Limonnier leur politesse, dit-elle à son voisin.

— Mais sans doute, sans doute, un jour ou l'autre.

— Moi aussi; seulement ici cela ne m'est pas facile; alors j'ai pensé à une partie de campagne que nous organiserions ensemble, et à laquelle nous les inviterions; le temps est doux, on peut déjà aller à la campagne; pas dîner, mais déjeuner. Cela vous déplairait-il?
— Heu!
— J'aime tant la campagne.
— Où diable voulez-vous aller?
— Mais je n'ai pas d'idées, à Robinson, à Joinville, à l'île Saint-Denis.
— Je ne connais pas ces pays-là.
— C'est très joli.

Il était sincère en disant qu'il ne connaissait pas ces pays-là; ce fut justement pour cette raison qu'il accepta Joinville. S'il n'y avait jamais été, c'est que personne n'y allait.

Mais il ne l'accepta que d'assez mauvaise grâce, d'abord parce qu'une promenade avec ces gens-là n'avait rien pour lui plaire; ensuite parce qu'elle le mettait dans l'embarras. Si modeste que dût être une partie de plaisir, elle coûtait toujours quelque chose, et en ce moment toute dépense lui était interdite. Il est vrai que la question de la dépense ne l'arrêtait jamais; on verrait; d'ailleurs ce serait une affaire à régler avec elle plus tard, puisqu'elle était de moitié dans l'invitation.

Ce qu'il vit en arrivant le dimanche, à midi, à la gare du chemin de fer de Vincennes, qui était le lieu de rendez-vous fixé pour le départ, ce fut un porte-monnaie qu'Angélique lui tendit timidement.

— Voulez-vous me permettre de vous demander d'organiser notre partie de plaisir, dit-elle, de commander partout, de payer; moi je n'y entends rien : tout ce que je désire, c'est que cela soit bien.

Le porte-monnaie était assez pesant; quand il put l'ouvrir pour prendre les billets, il vit qu'il contenait quatre pièces de cinq francs en argent et environ une douzaine de francs en monnaie.

Trente francs pour une partie de plaisir qui devait « être bien », c'était maigre; cependant en manœuvrant adroitement, cela serait peut-être assez; un déjeuner ne devait pas coûter cher à Joinville. En tous cas, la satisfaction d'être tiré d'embarras était assez vive pour l'emporter sur cet ennui. En somme, il avait trente francs dans sa poche, et c'était lui qui commandait, qui payait.

Cela le mit de belle humeur et lui fit accepter les Limonnier gaiement. Au lieu de les traiter en gens ennuyeux, on pouvait les regarder comme des êtres drolatiques, comme des comiques; c'était simplement un autre point de vue.

Et ce fut à ce point de vue, en effet, qu'il se plaça, si bien qu'en chemin de fer M. Limonnier donna plus d'un coup de coude à sa femme : — « Est-ce que vraiment il était peu intelligent. »

Mais, en s'asseyant à une table de la *Tête noire*, il redevint sérieux il fallait être attentif au menu et ne pas se laisser entraîner à des dépenses dangereuses. A chaque mets que nommait le garçon, qui semblait vouloir pousser à la consommation, Angélique faisait des signes affirmatifs, désireuse évidemment d'offrir à ses invités tout ce qu'on leur proposait.

— Une bonne friture, une andouillette grillée, une tranche de jambon, une tête de veau vinaigrette, des rognons sautés, un châteaubriand aux pommes, un bon château; avec cela une omelette fines herbes, une salade aux œufs; pour dessert...

Mais M. Passereau interrompit ces litanies et, du ton d'un homme qui sait commander, il ordonna un déjeuner beaucoup plus simple, sans avoir égard aux coups d'œil qu'Angélique lui adressait et aux airs de pitié du garçon. A vue de nez, ce menu devait lui laisser une certaine somme pour le retour.

Mais, au début du déjeuner, il eut une émotion : M. Limonnier ne mettait pas d'eau dans son vin et buvait sec. Comment ne s'était-il pas rappelé cela? Il eût été plus circonspect encore dans son menu. Il se garda d'imiter cette prodigalité et but aussi clair que possible.

Il faisait une belle journée printanière, et des fenêtres de la salle dans laquelle on les avait servis, on voyait au loin les prairies et les berges herbues de la Marne, toutes verdoyantes sous les rayons du soleil; sur la rivière passaient des équipes de canotiers qui s'entraînaient pour les prochaines régates qui allaient bientôt commencer.

— Nous allons nous promener sur l'eau, dit Angélique.

— Nous promener sur l'eau! s'écria-t-il, ne sommes-nous pas bien ici? nous dominons le paysage, nous n'avons pas froid.

Mais cette idée ayant été accueillie avec empressement, il dut se résigner : après tout, cela ne devait pas coûter cher, une heure de bateau.

Il n'en fut pas quitte pour une heure : les femmes voulurent ramer; en arrivant en vue du viaduc de Nogent, elles voulurent aller jusque-là pour juger de l'écho sous la voûte; puis il fallut faire le tour de l'île. Quand ils revinrent au garage ils avaient trois heures de bateau.

Il fallut payer : M. Passereau avait sorti son argent du porte-monnaie et l'avait mis dans sa poche; son compte fut facile à faire du bout des doigts : il lui restait trois francs et quelques sous, c'était plus qu'il en fallait pour prendre les billets de chemin de fer : il était sauvé.

Mais il avait compté sans la fraîcheur du soir; Angélique ne voulut pas que madame Limonnier, qui avait eu froid, rentrât à Paris sans s'être réchauffée.

— M. Passereau va nous offrir un grog.

Il était impossible de dire non, et cependant il fallait garder deux francs quarante pour le chemin de fer. Si madame Limonnier seule acceptait un grog les choses s'arrangeaient encore. Mais M. Limonnier n'était pas homme à donner sa part aux autres. Mais Angélique aussi avait froid. Tout était perdu.

— Garçon, quatre grogs, dit-il bravement.

Son parti était pris.

— Ah çà! dit-il en sortant du café, j'espère bien que nous n'allons pas prendre le chemin de fer. Voyez comme le temps est beau. La lune se lève. Il y a des bois là-bas. C'est un plaisir de marcher.

Cette proposition désespérée fut acceptée.

— Au reste, dit Angélique, si madame Limonnier est fatiguée nous prendrons le chemin de fer à Nogent ou à Fontenay.

Mais à Nogent, mais à Fontenay, M. Passereau célébra avec tant d'enthousiasme le plaisir de la promenade à travers le bois qu'il ne put pas être question de chemin de fer. Il était étourdissant, il parlait, il riait, il faisait rire, il racontait des histoires, il donnait le bras à Mme Limonnier et à Angélique.

— Bast! la nuit!

Et M. Limonnier se disait tout bas :

— Il est intelligent, il est intelligent.

A Vincennes, Angélique proposa sérieusement de prendre l'omnibus.

— Gâter une si belle journée en la finissant en omnibus, s'écria-t-il, jamais!

Et il entraîna, il remorqua les deux femmes.

— Pourquoi donc avez-vous tenu tant à nous faire revenir à pied? dit Angélique lorsqu'ils furent seuls.

Pour toute réponse, il fouilla dans sa poche et montra les vingt-deux sous qui lui restaient.

— Et le porte-monnaie? dit-elle.

— Il est vide; vous voyez.

Elle le prit et, ouvrant le fermoir d'une petite poche, elle montra un louis.

Il se frappa la tête :

— Ah! mes pauvres jambes, s'écria-t-il, je les sens maintenant.

ET IL ENTRAINA, IL REMORQUA LES DEUX FEMMES (Page 82.)

XIV

Ce n'était pas seulement à Angélique qu'on montrait que tout le monde, dans la maison, savait à quoi s'en tenir sur son intimité avec son voisin ; le voisin lui-même recevait des avertissements du même genre ; mais comme il avait un port de tête qui tenait les gens à distance, on les lui adressait moins directs et moins précis, n'attendant pour continuer qu'un mot de lui, — qu'il ne disait pas d'ailleurs.

Pourquoi ces gens se permettaient-ils de lui parler ainsi ? est-ce qu'il leur demandait quelque chose ?

Il n'avait pas besoin de leurs observations pour savoir ce que valait Angélique, il la connaissait mieux qu'eux sans doute.

Bonne personne, oui, elle l'était. C'était même cette qualité, la bonté, que tout d'abord il avait remarquée en elle : elle avait été bonne, très bonne pour lui. Elle l'avait bien soigné ; elle avait eu des attentions, des délicatesses, un dévouement qui affirmaient ses qualités de cœur, et même pour les petites choses de la vie quotidienne, il était évident qu'on pouvait compter sur elle.

C'était cela qui l'avait frappé, — bonne fille; mais quand l'habitude avait effacé ce qu'il y avait de répulsif, pour un homme tel que lui, dans ce mot : une ouvrière, il s'était aperçu que comme femme elle était même très bien, un peu âgée seulement, un peu effacée aussi, un peu terne, manquant de brillant, d'entrain, d'enlevé.

Mais on ne peut pas tout avoir, et elle avait des dents étincelantes et des lèvres roses, des yeux tendres. Enfin, quelque chose de frais et de sain, assez extraordinaire chez une Parisienne enfermée.

Et puis il sentait qu'il avait produit sur elle une impression profonde, une sorte de coup de foudre, ce qui ne l'étonnait pas du tout, d'ailleurs, car il était habitué à cela.

Il ne lui avait pas fallu longtemps pour voir combien cette impression était vive : à la façon dont elle l'écoutait, aux regards qu'elle attachait sur lui, à l'émotion qu'elle manifestait lorsqu'il était en retard, aux attentions, aux prévenances qu'elle avait, à la crainte qu'elle montrait de lui déplaire, on voyait que c'était une fille au cœur touché.

C'était une conquête qu'il devait à ses grandes manières. De temps en temps, le désir le prenait de l'écraser par son titre, en lui jetant, dans les oreilles, ce nom de Mussidan.

D'avance, il jouissait de sa surprise, de sa confusion. Il la voyait rougir, s'anéantir presque, lorsqu'après l'aveu qu'il attendait et qui ne devait pas tarder à se produire, qu'il provoquerait même, il se draperait majestueusement dans ses quartiers de noblesse.

Un soir, la scène eut lieu, telle qu'il l'avait rêvée, sinon arrangée d'avance ; l'aveu qu'il voulait, il le provoqua, et comme cet aveu était accompagné de larmes, un peu de honte et beaucoup d'émotion :

— Pourquoi pleurer, mon enfant? dit-il, ce n'est pas le pauvre M. Passereau que vous aimez, c'est le comte de Mussidan.

Et comme elle le regardait, plus éplorée encore :

— Ce nom que je vous livre, dit-il, vous montre l'estime que j'ai pour vous, mais il ne faudra le répéter à personne.

Il ne s'en était pas tenu à ce nom et à ce titre; il avait expliqué ce qu'étaient les Mussidan; puis il avait parlé des Puylaurens, ses ancêtres maternels, représentés actuellement par une vieille fille fort riche, habitant le Tarn dont il était l'héritier; enfin il avait nommé aussi ses deux fils : Sébastien et Frédéric, mais sans dire un mot de la mère de ses enfants et des grands succès qu'elle avait obtenus dans tous les cirques de l'Europe et de l'Amérique, — ce qui était bien inutile.

Si, après avoir appris tout cela, cette généalogie et cette illustration, elle n'était pas heureuse et fière d'aimer un homme tel que lui, c'est qu'elle était vraiment bien difficile.

C'était désespérée qu'elle était.

Simple Passereau, il était déjà effrayant pour elle; mais comte de Mussidan, combien l'était-il plus encore. Descendant d'un évêque et d'un ambassadeur, héritier certain d'une grande fortune, père de deux fils qui occupaient l'un et l'autre un haut rang dans la diplomatie et le clergé; tout cela n'était pas pour la rassurer. A vrai dire, il n'y avait pas là de quoi la stupéfier, elle avait toujours cru qu'il était un personnage; mais dans ses rêveries comme elle était restée loin de la vérité! Comte de Mussidan!

Passereau, il la prenait pour femme; elle eût cru lui faire injure d'en douter. Mais comte de Mussidan ne pouvait-il pas éprouver des difficultés du côté de sa famille à faire d'elle une comtesse? Il devait les rencontrer, ces difficultés. Elle comtesse! c'était absurde; elle n'avait pas besoin qu'on le lui dît, elle le sentait bien. Est-ce qu'elle avait rien de ce qui fait les comtesses.

Avec une pareille préoccupation il ne pouvait pas lui venir à la pensée de parler la première de mariage, ni directement, ni même par des allusions plus ou moins adroites. Ce serait lui, qui dans sa loyauté, aborderait sûrement ce sujet. Elle n'aurait qu'à attendre.

Ainsi elle allait d'un extrême à l'autre, se disant un jour avec désespoir : « Est-ce qu'une pauvre fille, comme moi, peut être comtesse de Mussidan! » et le lendemain se disant avec confiance : « Il n'est pas possible qu'il ne me prenne pas pour sa femme! »

Et elle attendait, tâchant de deviner dans quelles dispositions il était, l'examinant à la dérobée, l'étudiant, notant ce qu'il disait pour le comparer à ce qu'il avait déjà dit, et n'arrivant à rien de précis, ne s'arrêtant à rien : c'était ce qui était en elle qu'elle lisait, non ce qui était en lui.

Si encore il l'avait aidée, un tout petit peu aidée; mais non : il se montrait avec elle, ce qu'il avait toujours été depuis qu'elle le connaissait : bienveillant, affectueux, la traitant avec une sorte d'affabilité protectrice, ne lui parlant qu'avec douceur; mais aussi restant toujours digne et imposant. A ses anciennes habitudes il n'avait apporté qu'un changement : comme autrefois, il s'en allait tous les jours dans l'après-midi faire sa promenade sur les boulevards et aux Champs-Élysées; et en plus, le soir, après dîner, il sortait de nouveau pour lire les journaux dans un café de la place Pigalle. Elle eût été heureuse que, comme aux premiers temps de leur intimité, il restât près d'elle à causer pendant qu'elle travaillait en l'écoutant; mais une fois il avait manifesté le regret de ne pas savoir ce qui se passait et de ne pas se retremper, comme autrefois, pendant quelques heures dans ce qu'il appelait un milieu intelligent; et le lendemain elle l'avait elle-même prié de se donner ce plaisir d'aller passer un instant au café; et pour que cela fût possible, elle lui avait mis chaque jour quelque argent dans sa poche : les hommes ont d'autres idées, d'autres besoins, d'autres plaisirs que les femmes; et elle ne voulait pas que par elle il eût à souffrir si peu que ce fût, — au moins en un pareil sujet.

Il ne parlait point; le mot qu'elle attendait il ne le disait pas; et elle ne lui en voulait point, ne comprenant que trop la force des raisons qui lui fermaient la bouche : c'était une juste fierté, le respect de son nom, l'honneur de sa famille, l'intérêt de ses enfants.

Un dimanche matin, jour de sortie de ses fils, il lui demanda, avant de partir pour aller les chercher, comment elle comptait employer sa journée : le temps était mauvais et la pluie, qui durait depuis la veille, paraissait devoir ne pas cesser.

— J'irai à Asnières, dit-elle, voir mes amis.

— Est-ce que vous rentrerez de bonne heure ?

— Je rentrerai quand vous voudrez; je peux même ne pas sortir si cela vous est agréable.

— Ne pas sortir, non; je ne vous ai jamais demandé cela; mais enfin pouvez-vous être rentrée vers quatre heures.

— Très facilement, si cela vous est agréable.

— Ce qui me serait agréable, ce serait de rentrer dîner avec vous; il m'est pénible, très pénible, d'être privé tous les mois de ce plaisir, parce que je dois passer la journée avec mes fils.

C'était là une bien douce parole pour elle; il la préférait à ses fils; mais elle ne pouvait rien répondre.

— Plusieurs fois, continua-t-il, j'ai pensé à vous les amener; si je vous les amenais aujourd'hui après avoir passé notre journée au Louvre; il fait mauvais temps. Avez-vous à dîner?

— J'aurai le dîner que vous voudrez.

— Quelque chose de solide tout simplement : un gigot avec un plat de légumes; les gaillards ont bon appétit.

— Je serai là quand vous rentrerez; à six heures le dîner sera prêt.

— C'est entendu. Voilà qui s'arrange parfaitement. Depuis longtemps déjà je vous les aurais fait connaître si je n'avais été embarrassé par la misère de mon intérieur qu'il était inutile de leur montrer; mais maintenant que vous avez rendu ma chambre plus décente par les quelques meubles que vous avez mis dedans, je n'ai plus les mêmes raisons de les tenir éloignés. A tantôt.

Elle resta tout heureuse. L'idée ne lui était pas venue que ce père ne lui amenait ses fils que parce qu'il n'en savait que faire dans la soirée, et aussi parce que c'étaient des gaillards de trop grand appétit qu'il n'était pas agréable de conduire au restaurant quand on n'avait pas le porte-monnaie garni. Elle n'avait vu qu'une chose : il lui amenait ses fils comme il les aurait amenés à leur belle-mère; c'était une preuve d'estime qu'il lui donnait, il la faisait de sa famille. De là au mariage, il n'y avait plus beaucoup de pas à franchir. Elle se ferait aimer de ses enfants; elle serait bonne, elle serait tendre pour eux; elle remplacerait leur mère; et plus tard ils aimeraient leur petit frère ou leur petite sœur.

Si elle ne se fit pas aimer dès ce soir-là, ce ne fut pas de sa faute. Non seulement il y eut un gigot et un plat de légumes pour dîner, mais encore des sardines, du saucisson de Lyon, de la salade, un moka, des confitures, les fameuses « confitures offertes à notre amie Angélique », des petits gâteaux, des fruits secs, du café, du noyau donné par les Limonnier : un vrai festin.

Le dessert qu'ils ne mangèrent point, elle le fourra dans leurs poches.

A Sébastien, elle offrit pour se faire une cravate un ruban dont il avait paru avoir envie.

A Frédéric, elle donna un jeu de dominos, enfermé dans une jolie boîte en bois de Spa qu'elle gardait comme un souvenir de sa mère.

M. de Mussidan voulut s'opposer à ce cadeau.

— Il ne faut pas encourager les vices de ce garçon, dit-il, il est joueur comme les cartes; vous le ferez punir.

— Je ne jouerai pas avec ces dominos, dit Frédéric, qui s'empressa de les mettre dans sa poche.

Le mois suivant Sébastien et Frédéric furent les premiers à demander à leur père de les amener chez lui.

En arrivant, Frédéric voulut se mettre à jouer au piquet, et comme Angélique, qui n'était pas forte, perdit coup sur coup, il fut le garçon le plus heureux du monde quand il empocha les douze sous qu'il avait gagnés.

Pendant ce temps, Sébastien alla se faire recouper les cheveux rue des Abbesses, parce que le perruquier qui les avait coupés la veille, à la pension, les avait massacrés, disait-il.

— Des échelles, d'horribles échelles.

En réalité, il voulait se faire nettoyer la tête à l'eau athénienne. Quand il revint, les cheveux pommadés, il sentait tous les parfums d'une boutique de coiffeur bien garnie.

Cependant il gardait un air préoccupé qui inquiéta Angélique. Est-ce qu'il s'ennuyait? Elle l'attira dans l'embrasure de la fenêtre pour le confesser. Alors il avoua ce qui le chagrinait : c'était que son père ne voulait pas lui donner un costume complet pour ses jours de sortie :

— Vous comprenez combien c'est ridicule pour un jeune homme comme moi de se promener le dimanche, sur les boulevards ou aux Champs-Élysées, en potache. Tout le monde vous regarde, et comme on sent qu'on a l'air serin, on est encore plus grotesque; tandis qu'avec un veston court un peu arrondi, un gilet à châle, un pantalon tombant bien sur le pied, avec cela une canne, on est très chic.

Elle lui promit que, pour sa prochaine sortie, il aurait ce costume complet.

Le soir, ce fut Frédéric qui se montra préoccupé ; interrogé par elle, il lui avoua qu'il avait perdu trois francs aux dominos avec un de ses camarades, et qu'il n'osait les demander à son père.

Elle les lui donna en promettant de n'en rien dire.

Ils partirent enchantés, et comme ils marchaient devant leur père, ils déclarèrent d'un commun accord que c'était une bonne fille.

XV

C'était l'habitude que, tous les ans, Sébastien et Frédéric allassent passer leurs grandes vacances à Cordes, dans le Tarn, chez leur tante.

Ils avaient là six ou sept semaines de vie en plein air et de plaisirs, d'amusements que leur tante s'ingéniait à leur varier chaque jour; ne négligeant rien [pour leur être agréable, leur prouvant sa tendresse de mille manières, sa sollicitude, son affection vraiment maternelles.

Pour bien des raisons M. de Mussidan était satisfait de ces voyages.

D'abord ils le débarrassaient de ses fils, dont il n'aurait su que faire pendant ces deux mois. Comment les amuser? comment les loger?

Puis, au retour, ils lui donnaient des nouvelles précises de la santé de cette tante à héritage, qui lui permettaient de contrôler celles qu'un clerc de notaire de Cordes lui envoyait périodiquement le 1ᵉʳ et le 15 de chaque mois, et en plus toutes les fois qu'il y avait besoin. Il avait fait un traité avec ce clerc de notaire, un petit homme mystérieux qu'on croyait prêtre défroqué, nommé Ceydoux, et celui-ci, moyennant un tantième sur la succession de Mˡˡᵉ de Puylaurens, payable seulement à l'ouverture de cette succession, s'était engagé à tenir le neveu au courant de tout ce qui arrivait à la tante en bien ou en mal. C'était un journal que ces lettres, tenu avec une régularité méticuleuse et qui n'omettait rien d'essentiel : 1ᵉʳ janvier, Mˡˡᵉ X... enrhumée; 2, le docteur Azéma lui fait des visites, ne trouve pas son état grave; 3, prend médecine : 45 grammes d'huile de ricin; 4, est très entourée par le vicaire, M. Cabrol, les sœurs Sainte-Eulalie et Sainte-Scolastique; 5, fait appeler son notaire : de l'enquête à laquelle on s'est livré dans l'étude de celui-ci il résulte qu'il n'a pas été question de dispositions testamentaires, mais seulement de comptes avec divers; 6, convalescence; 7, idem; 8, première sortie, assiste à la messe. Tous les quinze jours M. de Mussidan était donc renseigné par lettre affranchie, et il pouvait ainsi calculer si le moment qu'il attendait avec tant d'impatience approchait ou reculait. Mais enfin il était bien aise que ce journal, un peu sec dans sa monotonie, fût complété par des détails plus vivants, et, ces détails, Sébastien et Frédéric, après un séjour de deux mois à Cordes, les lui donnaient tels qu'il les voulait.

La maladie ordinaire de Mˡˡᵉ de Puylaurens était le rhume qu'elle avait presque continuellement, aussi bien en été qu'en hiver; et les interrogations qu'il leur adressait portaient généralement sur les résultats que ces rhumes répétés devaient, selon lui, produire chez une personne de cinquante-cinq ans qui ne mangeait guère et dormait peu.

A sa question : — « Comment se trouve votre tante? » les enfants répondaient toujours : « Très bien ! »

Mais ne s'en tenant pas là, il précisait sur les points caractéristiques, ceux qui l'intéressaient.

— Est-ce qu'elle faisait des excursions avec vous, votre tante, pendant votre séjour à Luchon?

— Toujours; au lac d'Oo, à la vallée du Lys, au Portillon.

— Je ne parle pas des grandes excursions en voiture, mais des petites à pied.

— Elle est venue avec nous à la tour de Castelviel, à la chapelle de Saint-Aventin.

— Elle peut monter?

— En allant doucement, oui.

— Est-ce qu'elle souffre beaucoup en montant?

— Elle s'arrête souvent pour prendre sa respiration.

— Tousse-t-elle souvent?

— Le soir, oui, après dîner.

— A-t-elle souvent la voix couverte?

— Quelquefois, quand elle a longtemps parlé.

— A-t-elle les mains chaudes?

— Très chaudes.

— A-t-elle maigri?

— Elle est toujours maigre.

— Est-elle plus maigre cette année qu'elle ne l'était l'année dernière?

Et ainsi longuement sur tout et à propos de tout.

De leurs réponses, qui confirmaient la lettre de son clerc de notaire, il avait conclu cette année-là qu'elle ne passerait pas l'hiver, sans se rappeler que l'année précédente il avait émis la même prédiction, et aussi deux ans auparavant. Il attendait son héritage, elle devait mourir; elle était coupable d'un véritable vol envers lui en vivant encore.

Il était si bien sûr de cette mort prochaine, très prochaine, et de son entrée en possession de son héritage, qu'il avait choisi l'hôtel qu'il habiterait. L'âge des folies était passé pour lui, et cet hôtel n'avait rien de luxueux, simplement élégant et décent, rue Galilée, entre l'avenue d'Iéna et les Champs-Élysées; il en avait surveillé la construction et même il avait plusieurs fois pressé l'entrepreneur qui le bâtissait pour le vendre et qui, en l'entendant parler de ses projets, avait cru avoir affaire à un acquéreur sérieux; il avait donné ses idées pour la décoration des salons du rez-de-chaussée et aussi l'installation des écuries.

De même il avait visité tous les carrossiers du quartier des Champs-Élysées pour choisir celui qui décidément aurait l'honneur de lui fournir ses voitures, car pour cela il tenait à une correction irréprochable, il voulait ce qui se fait de mieux à Paris; on ne se trompe jamais sur le goût et l'éducation d'un homme en les jugeant d'après sa voiture, ses chevaux et ses gens.

Au milieu de ses projets bâtis, croyait-il, sur la réalité, il fut tout surpris un jour de trouver rue Drouot, au Crédit financier, une lettre de son clerc de notaire lui annonçant que Mlle de Puylaurens venait de quitter Cordes pour se rendre à Paris, accompagnée de son valet de chambre, le fidèle Buvat. Pourquoi entreprenait-elle ce voyage? On n'en savait rien à Cordes. Mais on supposait que c'était pour consulter un médecin parisien, sa santé étant de plus en plus affaiblie; et ce qui donnait une certaine vraisemblance à cette idée, c'était une brouille qui avait éclaté en ces derniers temps entre Mlle de Puylaurens et son médecin, qui voulait l'empêcher de se livrer à ses pratiques ordinaires de dévotion trop rigoureuses et trop fatigantes pour une malade.

Cette supposition du correspondant de Cordes flattait trop bien les espérances de M. de Mussidan pour qu'il ne l'acceptât pas sans chercher d'autre explication à ce voyage. C'était une consultation qu'elle venait demander aux médecins de Paris; quelle niaiserie! Quand elle consulterait la France entière, cela ne prolongerait pas sa vie d'une heure. Au contraire, cela l'abrégerait sans doute : ces médecins allaient vouloir lui imposer quelque médication nouvelle qui la tuerait infailliblement. Est-ce qu'elle pouvait vivre? elle était usée.

Il ne s'était donc pas inquiété de ce voyage de sa tante à Paris, n'ayant qu'un regret, celui de ne pas la voir pour juger par lui-même de son état et se fixer une date à peu près certaine pour son deuil, car il porterait le deuil de la chère tante, et avec plaisir; mais, bien entendu, sans supprimer la doublure de sa limousine, — qui était une sorte de signature.

Il avait reçu cette lettre depuis quatre jours, quand Angélique lui annonça qu'en son absence il était venu un singulier client lui apporter un cachemire à réparer. Le cachemire était fort beau et il y avait pour cent francs de réparations à faire dessus.

— Eh bien, tant mieux, dit-il d'un air maussade, car rien ne lui était plus désagréable que d'entendre parler de travail; cela le blessait, l'humiliait.

Ce qui avait surpris Angélique, ce n'avait pas été la visite de ce client inconnu qui n'avait pas voulu dire qui l'envoyait, mais sa curiosité, ses questions sur ce qu'elle gagnait, sur ce qu'elle faisait, sur sa vie, sur sa famille.

— Et sur moi?

— Il ne m'a pas parlé de vous.

— Et comment se nomme-t-il, ce monsieur?

— M. Nicole.

— Où demeure-t-il?

— Il ne m'a pas donné son adresse, il viendra chercher lui-même son châle.

— Quel homme est-ce?

— Quarante ans, l'air d'un homme d'Église, un sacristain.

Jamais M. de Mussidan ne recevait de lettres avenue des Tilleuls; deux jours après cet entretien, le marchand de vin l'appela pour lui en remettre une adressée à M. Passereau.

Très étonné, il l'ouvrit :

« Mlle de Puylaurens désire avoir un entretien avec M. le comte de Mussidan; elle sera chez elle, *Hôtel du Bon Lafontaine*, vendredi et samedi, de quatre à six heures. »

Que pouvait-elle lui vouloir?

Se réconcilier avec lui peut-être!

Si cela était, il faudrait qu'elle commençât par lui faire des excuses : de vraies excuses.

XVI

Parmi les hôtels de Paris, celui du *Bon La Fontaine,* qui se trouve rue de Grenelle-Saint-Germain, occupe un rang à part. Là, pas plus d'étrangers tapageurs que de pauvres diables honteux. Une clientèle de prêtres et surtout de gens pieux de la province aux manières discrètes, aux toilettes effacées, aux habitudes régulières. On s'y lève de bonne heure pour assister aux messes du matin à Saint-Sulpice, et l'on s'y couche tôt. Pas de bruit dans les corridors; on y marche doucement, à pas glissés.

Quand M. de Mussidan, le vendredi à quatre heures, s'y présenta, la canne sur l'épaule, le poing sur la hanche, le chapeau sur l'oreille, avec ses airs de vainqueur, il fit sensation dans le personnel, bien plus habitué aux gens qui rasent les murs et baissent la tête en tendant le dos, qu'à ceux qui crèvent les plafonds et font sonner leurs bottes.

L'appartement de mademoiselle de Puylaurens était au **premier** étage. Dans l'antichambre se tenait un petit homme aussi large que haut, à moitié bossu, au visage rasé, aux cheveux plats, vêtu d'une longue redingote marron tombant jusqu'à la cheville : M. Buvat, depuis trente ans au service de mademoiselle de Puylaurens, et par son zèle, son dévouement, sa probité, devenu un personnage important.

Mais, malgré l'influence que ce personnage, avec qui tout le monde comptait, exerçait sur sa maîtresse, M. de Mussidan n'était pas un homme à ne pas le traiter en domestique ; d'ailleurs il avait pour sa petite taille et sa difformité le plus parfait mépris, — un avorton à ses yeux.

— Votre maîtresse est chez elle? demanda-t-il avec hauteur.

— Mademoiselle attend monsieur le comte.

Et Buvat, ayant ouvert la porte, annonça :

— M. le comte de Mussidan !

Une personne très longue, très maigre, très pâle, enveloppée dans un châle et dans des dentelles, une bouillotte sous les pieds, était assise au coin de la cheminée devant le feu, presque dans le feu ; sa figure aux joues creuses et aux yeux brillants exprimait la souffrance et surtout un air de fierté native unie à une extrême bonté acquise ; elle lisait sans lunettes, mais en le tenant au bout du bras à distance, un livre de piété.

De la main elle fit signe à M. de Mussidan de s'asseoir en face d'elle à l'autre coin de la cheminée.

Il s'était avancé jusqu'à trois pas d'elle, noblement, la tête haute ; là il s'arrêta et, les deux talons réunis, la pointe des pieds en dehors, il s'inclina cérémonieusement en faisant décrire à son chapeau ramené sur son cœur une courbe pleine de majesté.

— Comment vous portez-vous, ma tante?

Dans sa bouche ce n'était pas là une simple parole de politesse, mais d'impatiente curiosité. Combien il regrettait qu'elle ne lui tendît plus la main, il aurait vu si elle était chaude cette main amaigrie.

Et tout en s'asseyant il regardait sa tante : elle avait pâli ; elle était plus essoufflée. Allons, décidément Ceydoux ne l'avait pas trompé ; depuis deux ans qu'il ne l'avait vue, le mal avait fait des progrès ; tous les médecins de la faculté de Paris ne la prolongeraient pas. La pauvre femme, il fallait être bon avec elle et oublier les justes griefs qu'il avait dans le cœur. Si elle voulait se réconcilier avec lui avant de mourir et l'entretenir de son testament, il ne lui garderait pas rancune, et ce qu'elle demanderait il le lui promettrait. Après tout elle était la sœur de sa mère; il n'exigerait pas des excuses trop pénibles pour elle.

Mais il n'eut pas le temps d'écouter ces bons sentiments, dans lesquels il se serait complu volontiers, mademoiselle de Puylaurens venait de prendre la parole :

— Notre parenté, ma qualité de sœur de votre mère me permettraient d'invoquer certains droits; je n'en ferai rien cependant, et dans notre entretien je tâcherai qu'il ne soit question que de l'affaire que j'ai à traiter avec vous.

M. de Mussidan s'inclina avec une politesse légèrement ironique, en homme qui se dit : « Tout cela m'est égal : voyons cette affaire. »

Elle continua :

— Bien que nous ayons rompu toutes relations, vous ne m'êtes pas devenu étranger. Je vous ai suivi, et une personne de confiance a été chargée de me tenir au courant de ce que vous faisiez... de ce qui vous arrivait. C'est ainsi que j'ai su que vous aviez été vous loger avenue des Tilleuls, et c'est ainsi que j'ai su que vous n'aviez pas honte de vivre de l'argent que gagne, au point d'en vieillir à force de travail, une jeune ouvrière qui, disons le mot, vous a recueilli.

M. de Mussidan se trouva assez surpris, mais il ne répondit rien : il n'était pas un jeune neveu qui comparait devant sa vieille tante; il avait bien le droit de faire ce que bon lui semblait, peut-être.

— J'ai fait prendre des renseignements sur cette personne, poursuivit mademoiselle de Puylaurens; avant de vous connaître c'était une honnête fille, sur ce point il y a unanimité, et je pense que vous l'admettez comme tout le monde.

— Plus que tout le monde; mais en quoi cela, je vous prie, se rapporte-t-il à l'affaire que vous avez à traiter avec moi?

— Vous allez voir. Avant tout il importait d'établir que cette jeune fille était honnête, ce qui est fait; maintenant nous allons arriver à cette affaire, après toutefois que je vous aurai dit comment j'ai été amenée à vous la proposer. Vous savez combien tendrement j'ai aimé ma sœur, votre mère. Cet amour, je l'ai reporté sur vous, et pendant plusieurs années vous avez été un fils pour moi; je me croyais votre mère. Ces sentiments ont changé; il est inutile que nous revenions sur les causes de ce changement. Mais les sentiments d'affection maternelle que j'avais éprouvés pour vous ne sont pas morts, ils se sont reportés sur vos enfants, qui étaient le sang de ma sœur et qui ne devaient pas souffrir de... je ne voudrais rien dire de désagréable pour vous.

— Parlez en toute liberté, je vous prie, dit-il avec une parfaite indifférence.

— ..... Enfin ces enfants ne devaient pas souffrir de nos dissentiments. Autant qu'il a été en moi, ils n'en ont pas souffert et je crois que j'ai été, je crois que je suis une grand'mère pour eux. Vous, comment avez-vous compris et pratiqué la paternité?

— Permettez-moi de vous dire que je ne relève que de ma conscience.

— Vous vous trompez, vous relevez aussi de Dieu, qui vous voit et vous juge.

Jusque-là elle avait parlé lentement, d'une voix faible, en s'arrêtant après chaque phrase pour respirer, mais ces derniers mots, elle les prononça avec énergie, la tête haute, la main levée, et, en la voyant ainsi, M. de Mussidan se demanda avec inquiétude si, sous cette apparence débile, il ne restait pas encore plus de force qu'on ne lui avait dit et qu'il ne croyait.

Elle continua :

— D'ailleurs je suis surprise que vous invoquiez votre conscience. Ce n'est pas elle assurément qui vous a inspiré l'idée de conduire vos fils chez cette jeune fille.

— Ils vous ont dit?

— Ils m'ont dit qu'elle avait été très bonne pour eux et qu'elle s'était ingéniée à leur être agréable; mais il ne s'agit pas de cela, bien que sa manière d'être avec eux ait influé sur ma résolution; il ne s'agit pas d'elle, il s'agit de vous. Ce n'est pas elle qui a été chercher vos enfants; c'est vous qui les avez menés chez elle! Cela vous a paru la chose la plus simple du monde, la plus naturelle.

Vous ne saviez qu'en faire ; comment les amuser pendant leurs sorties, comment leur donner à dîner? Vous vous êtes débarrassé de ce souci sur cette pauvre fille qui a pris votre place. Et vous n'avez pas senti ce qu'il y avait de coupable...

— Permettez...

— De honteux dans cette conduite. Ce n'est pas pour vous le faire sentir que je parle ainsi, mais pour que vous compreniez combien cruellement je l'ai senti, moi qui leur tiens lieu de mère. Et vous n'avez même pas eu l'idée de vous demander ce qu'ils penseraient, comment ils vous jugeraient; quelle influence cet exemple pouvait exercer sur eux, à l'heure présente, dans leur conscience, plus tard dans leur vie même, dans leur avenir.

Elle fit une pause, et comme il ne répondait rien, elle reprit :

— Moi j'ai eu ce souci. Et c'est pour cela qu'après avoir fait prendre des renseignements sur cette jeune personne et acquis la preuve qu'elle est une honnête fille, — ce que vous avez reconnu vous-même d'ailleurs, — je vous ai appelé pour vous dire que vous deviez l'épouser.

M. de Mussidan resta un moment abasourdi, en homme qui ne comprend rien à ce qu'on vient de lui dire et qui se demande s'il a ou n'a pas entendu; puis, tout à coup, se renversant sur le dos de sa chaise, il se mit à rire aux éclats :

— Moi, s'écria-t-il, moi, comte de Mussidan, épouser Angélique !

— Parfaitement.

— Ah ! c'est trop drôle, laissez-moi rire.

Et il s'abandonna à son rire qui n'avait rien de forcé : c'était de la meilleure foi du monde qu'il trouvait extrêmement comique l'idée de vouloir le marier. Fallait-il que cette vieille fille fût de sa province ! Ah ! la pauvre femme, comme elle était ridicule et niaise !

Mademoiselle de Puylaurens assista, impassible, à cet accès d'hilarité; ce fut seulement lorsqu'elle vit que M. de Mussidan commençait à se calmer qu'elle continua :

— Je ne m'imaginais pas qu'une simple affaire pouvait être si drôle, dit-elle.

— Une simple affaire !

— Avez-vous donc cru que je vous demandais d'épouser cette jeune personne au nom de la morale et de notre sainte religion? Cela eût été drôle pour vous peut-être, mais je ne l'ai pas fait; et même j'ai évité de m'appuyer sur des idées et des croyances qui ne sont plus les vôtres. J'ai voulu me renfermer dans ce qui était affaire, et voilà pourquoi je ne comprends pas cette hilarité.

— En quoi mon mariage avec une fille qui n'a rien serait-il une affaire ?

— En cela qu'en considération de ce mariage, je vous assurerais certains avantages qui, pour un homme qui n'a rien, seraient justement une affaire.

Sur ce mot, M. de Mussidan, qui avait pris ses grands airs d'indifférence et de gouaillerie, se fit attentif.

— Je vous écoute, dit-il.

Mademoiselle de Puylaurens continua :

— Dans la situation précaire où vous vous trouvez, il ne pe pas me venir à l'idée de vous demander de vous marier, sans penser en même temps à assurer la vie matérielle de votre femme et des enfants que vous pourrez avoir. Mais, d'autre part, avec les habitudes que je vous connais et les expériences que j'ai faites plusieurs fois, il ne peut pas non plus me venir à l'idée de mettre à votre disposition un capital quelconque, que vous gaspillerez en quelques mois, peut-être en quelques jours. Voici donc l'affaire que je vous propose en vue de ce mariage : vous prenez un appartement décent dont je paye le loyer ; vous choisissez un mobilier que je paye aussi ; je vous remets une certaine somme pour vos premiers besoins et je vous sers une pension mensuelle de trois cents francs, que vous touchez par quinzaine ; enfin, plus tard, je me chargerai de l'établissement de vos enfants, si vous en avez.

A mesure qu'elle parlait, M. de Mussidan, tout d'abord souriant, s'était rembruni, et peu à peu son visage avait exprimé la déception et la colère.

— C'est une raillerie ! s'écria-t-il.

— Rien n'est plus sérieux.

— Et vous avez cru que j'accepterais un pareil marché, moi ?

— Et pourquoi ne l'accepteriez-vous pas ? Vous ne pourriez avoir qu'une raison, et elle ne vaut rien, je vais vous l'expliquer. Cette raison vous serait inspirée par l'espérance d'être bientôt en possession de ma fortune. Je sais que vous vous êtes vanté d'être mon héritier dans un délai prochain, et même que vous entretenez des gens à Cordes pour vous tenir au courant de mon état de santé. Dans ces conditions, vous imaginant que vous auriez bientôt ma fortune entière, vous pourriez trouver que c'est une raillerie de ma part de vous proposer une pension dont vous n'auriez bientôt plus besoin, et même que votre main droite payerait à votre main gauche. Eh bien, si vous refusez le marché que je vous offre en raisonnant ainsi, vous avez tort. Jamais, vous entendez bien, jamais vous n'hériterez de moi.

— Mais vous ferez ce que vous voudrez.

— Pourquoi vous laisserais-je ma fortune? Pour que vous la gaspilliez follement comme vous avez gaspillé celle de votre père et celle de votre mère. Pourquoi, je vous le demande.

— Simplement parce que je suis le chef de notre famille.

— Chef de notre famille, vous! Vous ne l'avez jamais été, — jamais pour rien de bon, jamais pour rien d'utile; vous ne le serez pas maintenant pour mon héritage. Une fortune qui fondrait entre vos mains en quelques années. Rayez donc cela de vos espérances : elle ira à vos enfants, à tous vos enfants.

Elle appuya sur ces derniers mots : « Tous vos enfants », et elle y mit une intention évidente; mais, suffoqué par la surprise et l'indignation, M. de Mussidan n'était sensible qu'à une seule chose : ce qu'elle lui avait dit : « Jamais vous n'hériterez de moi. » Et ce qu'il y avait de grave dans ces quatre ou cinq mots qui lui résonnaient dans les oreilles, c'est que sa tante ne revenait pas sur ce qu'elle avait dit. Il ne le savait que trop bien. Lors de la dernière rupture, elle lui avait dit que désormais il n'avait rien à attendre d'elle, et elle lui avait tenu parole, même alors qu'il était mourant de faim. La pension qu'elle lui proposait maintenant, ce n'était pas à lui qu'elle l'offrait, c'était à celle qu'elle voulait lui faire épouser. Cette pensée l'exaspéra.

— Moi, épouser une ouvrière! s'écria-t-il.

— Une ouvrière vaut bien une écuyère, sans doute. Lors de votre premier mariage, vous n'avez pas eu ces scrupules, et avec la juste fierté d'un gentilhomme, vous ne vous êtes pas écrié : « Moi épouser une écuyère! » Vous l'avez prise pour femme cette écuyère, vous lui avez donné votre nom, vous en avez fait la mère de vos enfants. Et cependant vous n'aviez pas cinquante ans alors, et vous étiez — au moins pour le monde — dans une autre situation que maintenant. Pourquoi seriez-vous plus difficile que vous ne l'avez été? Il y a certaines gens qui sont nés pour épouser des femmes d'une condition au-dessous de la leur, et vous êtes de ces gens-là.

Il leva la tête d'un geste noble et hautain :

— Il y a des gens qui ne s'abaissent jamais.

— Comme vous voudrez ! Si cela est, vous n'avez pas à craindre d'épouser une ouvrière alors ; vous l'élèverez jusqu'à vous. Mais ce sont là des considérations que je ne veux pas traiter avec vous, je vous l'ai dit. Je reviens à l'affaire dont vous ne paraissez pas avoir saisi tous les avantages.

Mais avant d'expliquer ces avantages, que M. de Mussidan n'avait pas saisis, elle sonna, et son valet de chambre entrant presque aussitôt, lui apporta une tasse pleine d'un liquide fumant, une tisane sans doute. Elle y versa un sirop, et, après avoir bu quelques gorgées qui éclaircirent sa voix fatiguée, elle poursuivit :

— Il y a longtemps que je suis partagée sur le point de savoir si vous êtes capable ou incapable de calculer. Il y a des jours où vous paraissez calculer très bien et où vous vous montrez véritablement habile dans l'art de veiller à vos intérêts. Il y en a d'autres, au contraire, où vous semblez ne pas calculer du tout. Cela tient peut-être à ce que vous voyez ce qui vous touche immédiatement, et non ce qui est encore éloigné. Si vous étiez en ce moment dans un de vos bons jours, vous comprendriez que vos deux fils, qui seront mes héritiers, ne sont plus des petits enfants : Sébastien n'a plus que trois ans à attendre avant l'âge où les enfants ont la jouissance de leurs biens, et Frédéric quatre ans.

Elle acheva de vider sa tasse, et comme M. de Mussidan, les yeux fixés sur le feu, paraissait réfléchir, elle poursuivit :

— Dans les jours où vous comptez bien, vous avez dû faire le calcul du temps que vous me donnez à vivre. Pas beaucoup, n'est-ce pas ? Mais je ne suis peut-être pas aussi malade que vous croyez. Et même pour ne pas vous tromper, je dois vous dire que je ne me sens pas près de mourir. Mais enfin, admettons que comme tous les malades je me fais illusion et que je suis condamnée, est-ce dans deux ans, est-ce dans trois ans que je mourrai ? Nul ne peut le savoir, n'est-ce pas ? Mettons trois ans. C'est juste le moment où Sébastien atteint ses dix-huit ans ; vous n'avez donc aucun droit de jouissance sur la part lui revenant. Vous n'en avez un que sur la part de Frédéric; mais, comme Frédéric a alors dix-sept ans, vous ne jouissez du revenu de sa part que pendant un an. Quelle misère! S'il vous vient un enfant de ce mariage, qui sera aussi mon héritier, pour un tiers, combien n'avez-vous pas de temps devant vous, pour jouir de cette part de ma fortune? C'est cinquante mille francs de rente environ, sur lesquels vous pouvez compter, car vous devez bien penser que mes précautions seront prises pour que vous n'entamiez pas le capital. Mais, si vous n'acceptez pas cette condition irrévocable du mariage, qui est une réparation nécessaire, à mes yeux, tout ce que je possède reviendra à vos deux fils qui, soyez-en sûrs, seront majeurs quand je mourrai, car je ne suis pas aussi malade que vous avez l'air de le croire. D'ailleurs, prenez votre temps. Je resterai à Paris jusqu'à mercredi prochain, et je serai chez moi tous les jours, à partir de cinq heures. Je vous demande seulement de ne pas venir dimanche, je ferai sortir mes neveux.

Elle sonna.

— Reconduisez M. le comte, dit-elle à son valet de chambre.

M. de Mussidan salua sans dire un mot, et sortit la tête moins haute, avec un air moins superbe que lorsqu'il était entré.

Ce n'était pas dans son habitude de se laisser troubler ou démonter, mais il avait été si bien surpris par cette proposition, et surtout par les raisons que Mlle de Puylaurens avait déduites pour la lui expliquer, qu'il ne retrouva pas son chemin pour descendre. Il fallut qu'un domestique le lui indiquât; et encore n'entendit-il guère ce qu'on lui disait.

XVII

Ce fut dans la rue seulement qu'il releva la tête en pensant qu'on pouvait le regarder; lui, abattu, jamais.

Pourtant le coup était rude, bien fait pour écraser les plus robustes. Déshérité! privé de cette fortune qui était déjà sienne et dont il avait déjà réglé l'emploi! Il fallait renoncer à son hôtel de la rue Galilée, renoncer aussi au coupé qu'il avait choisi chez Binder, renoncer aux... à tout. Ruiné, il était ruiné.

Sans doute ce n'était pas la première fois que cela lui arrivait; mais au moins il avait joui des deux fortunes qui avaient fondu dans ses mains, tandis que celle-là lui échappait au moment même où il allait la saisir.

A cette pensée, il brandit sa canne par un geste si furieux, qu'un gamin qui passait près de lui se jeta de côté, effrayé, croyant la recevoir sur le dos.

Quelle femme! Comment une Puylaurens pouvait-elle penser

si mesquinement, si bourgeoisement! C'était la dévotion qui lui avait rétréci les idées; voilà où la religion conduit quand ses ministres ne se recrutent plus que dans les classes inférieures. Il est vrai qu'elle ne les avait jamais eues ni hautes, ni larges, et déjà elle était la misérable femme de maintenant quand, avant leur dernière rupture, elle l'avait obligé à aller toucher tous les matins cent sous chez un marchand d'objets de piété de la rue Saint-Sulpice, qui ne les lui remettait que contre signature sur un registre numéroté. Lui, un Mussidan! Il les avait acceptés, ces cent sous, parce qu'il en avait besoin pour le pain quotidien, mais avec quelle humiliation et quelle haine! Chaque paraphe dont il accompagnait sa signature était un coup de poignard qu'il lançait à cette Puylaurens dégénérée, chaque point qu'il appliquait sur l'i de son nom une menace; si elle s'était fait présenter le registre elle aurait pu lire entre les lignes.

Bientôt sa fureur tourna. Comment avait-elle su tout ce qui concernait Angélique? Il fallait que celle-ci eût parlé.

Eh bien, ce serait elle qui payerait. Il allait lui dire son fait. Il allait la chasser. Une fille de son espèce se plaindre quand il l'avait tirée de sa crasse pour l'élever jusqu'à lui! Une fille qui lui devait tout. Voilà ce que c'est que d'être trop bon, la faiblesse devient de la duperie. C'était une leçon. Et il n'aimait pas les leçons, ah! mais non, non.

Et de sa canne il frappait le trottoir à coups rhythmés.

Il parcourut ainsi à pas pressés une partie du chemin qui va de la rue de Grenelle à Montmartre, et, devant cet homme de haute taille, à la large carrure, qui marchait violemment d'un air furibond, on s'écartait, lui laissant la place.

Mais en arrivant au boulevard il ralentit son allure et frappa moins rudement l'asphalte: la violence même de sa course avait usé sa colère.

Certainement Angélique avait été maladroite de se plaindre, si elle s'était plainte, cela était incontestable.

Certainement Mlle de Puylaurens ne méritait pas d'autre réponse que le mépris.

Mais enfin ce n'était pas à Angélique, ce n'était pas à Mlle de Puylaurens qu'il devait penser, c'était à lui; il était trop bon, comme toujours, de s'inquiéter des autres.

La colère est une chose, la raison en est une autre. La colère lui disait de faire payer à Angélique sa maladresse et de se venger de Mlle de Puylaurens par le mépris; mais d'un autre côté la raison commençait à lui murmurer certaines paroles auxquelles il devait prêter l'oreille.

Cela pouvait être vrai ce qu'avait dit Mlle de Puylaurens, et même elle n'avait sans doute répété que l'opinion des médecins : encore trois ans et plus peut-être à vivre; mais si cela était, il ne jouirait donc pas de l'usufruit de la fortune de ses fils?

Elle savait calculer, la vieille fille, la vieille coquine, et manier assez bien les chiffres pour jongler avec.

Il ralentit encore sa marche et au lieu de rentrer directement, il prit la rue Notre-Dame-de-Lorette; il fallait réfléchir et ne pas se laisser entraîner par un premier mouvement qui pouvait être dangereux.

Quelques mois d'usufruit! Il ne s'était pas fait à cette idée qui ne s'était jamais présentée à son esprit. Et cependant cela était possible, il fallait le reconnaître. Non seulement cette fortune lui échappait, ce qu'il n'avait jamais admis, mais encore il pouvait en perdre la jouissance légale, puisque la loi a été assez bête pour permettre à des gamins de dix-huit ans d'entrer en possession de leurs revenus, au détriment de leur père et de leur mère injustement dépouillés.

Laisserait-il un pareil vol se réaliser?

Un seul moyen de l'empêcher : le mariage.

Il était arrivé à la rue Pigalle : il ne la prit pas; il ne pouvait pas rentrer encore; il fallait qu'il s'habituât à cette idée qui, au premier abord, le suffoquait : faire d'Angélique sa femme.

Après tout ce serait une bonne action : elle l'aimait si tendrement, si passionnément, la pauvre fille.

Mais cette idée n'eut pas plus tôt effleuré son esprit qu'il voulut la chasser. C'était son faible, les bonnes actions. A combien de fautes l'avaient-elles entraîné! combien de sottises lui avaient-elles fait commettre! C'était par bonté qu'il s'était ruiné, par bonté qu'il s'était déjà marié.

Mais il eut beau vouloir l'écarter, elle revint toujours, elle s'imposa; elle le domina.

Elle serait si heureuse! Quelle joie! quel triomphe pour elle!

Que ne ferait-elle pas pour le payer du bonheur qu'il lui donnerait! que ne serait-elle pas pour lui !

Pendant une demi-heure il arpenta le boulevard, allant de la place Moncey à la place Pigalle ; puis à la fin il se décida à rentrer: sa résolution était prise.

La table était mise et depuis près d'une heure Angélique l'attendait pour dîner.

— Savez-vous d'où je viens? dit-il en se débarrassant de son chapeau et de son pardessus.

Elle le regarda sans répondre.

Il continua :

— Je viens de chez ma tante, Mlle de Puylaurens. Et savez-vous ce que j'ai fait? Je me suis fâché avec elle.

— Mon Dieu !

— A jamais fâché, sans retour possible; si bien fâché, qu'elle me déshérite.

Elle le regarda avec des yeux pleins de douleur et de crainte.

— Est-ce à cause de moi? demanda-t-elle.

— Justement, c'est-à-dire que ce n'est pas absolument à cause de vous, mais enfin vous avez dans cette rupture une part, une très large part.

— Il ne faut pas que cela soit, je ne le veux pas; cela ne peut pas être. J'irai la trouver ; je lui expliquerai ; s'il le faut, nous nous séparerons. Vous coûter votre fortune, moi, jamais.

— C'est inutile ; votre démarche ne produirait rien. Je vous la défends d'ailleurs ; elle m'a dit que je ne serais pas son héritier, et je ne le serai jamais.

Angélique tomba écrasée sur une chaise.

Il continua :

— Ne vous désolez pas ; il y a pour vous du bon dans ce malheur.

Elle ne comprit pas.

— Pour moi? Mais il ne s'agit pas de moi : il s'agit de vous, de votre fortune.

— Vous savez que c'est cette fortune précisément qui jusqu'à ce jour, m'a empêché de céder à votre désir... et au mien; si je ne vous ai pas encore donné mon nom, c'est que j'en ai été empêché par cet héritage, que je ne pouvais pas, que je ne devais pas sacrifier.

Il fit une pause et la regarda; elle était toujours sur sa chaise, le visage tourné vers lui, l'écoutant, mais ne le comprenant pas, certainement.

Pourquoi lui parlait-il de mariage à propos de cet héritage? elle ne voyait aucun rapport là-dedans.

— Aujourd'hui, continua-t-il, cet empêchement n'existe plus; je n'ai plus à craindre de sacrifier cet héritage, puisque je suis déshérité.

Elle s'était soulevée à demi, tremblante, commençant à comprendre, mais n'osant pas croire ce qu'elle comprenait : un rêve, la folie, elle avait déjà été si cruellement frappée dans sa foi.

— Pourquoi ne pas vous fier à mes paroles? dit-il. Ne savez-vous pas que je suis un galant homme? Je n'étais pas libre, je le suis; rien maintenant ne peut m'empêcher de faire mon devoir : dans un mois vous serez comtesse de Mussidan.

Elle se jeta à genoux devant lui et l'embrassant de ses deux bras :

— Soyez béni! dit-elle.

Il la releva :

— C'est bien, dit-il, vous avez toute votre vie pour me prouver votre reconnaissance.

XVIII

Bien que M. de Mussidan ne fût ni timide ni embarrassé, il n'avait pas voulu retourner chez Mlle de Puylaurens ; il s'était contenté de faire connaître sa résolution à celle-ci par un mot aussi sec que possible. Il n'avait pas à la ménager, cette vieille coquine.

A ce mot, Mlle de Puylaurens avait répondu par une note d'affaires :

« Mlle de Puylaurens s'engage :

« 1° A servir jusqu'au jour de sa mort une rente annuelle de trois mille six cents francs au profit de M. le comte de Mussidan, ladite rente payable par termes de cent cinquante francs les 1er et 15 de chaque mois, en l'étude de Me Le Genest de la Crochardière, notaire. Ces payements n'auront lieu qu'aux mains de M. de Mussidan, et sur sa signature donnée par lui en l'étude du notaire ;

« 2° A acquitter tous les trois mois le terme du loyer de M. de Mussidan, à condition que ce loyer ne dépassera pas mille francs par an et qu'il sera payé par les soins de M⁰ Le Genest de la Crochardière au propriétaire ou au concierge de la maison habitée par M. de Mussidan;

« 3° A acquitter jusqu'à concurrence de dix mille francs les factures de meubles et d'objets mobiliers dont M. de Mussidan peut avoir besoin pour garnir l'appartement dont il est parlé dans le paragraphe précédent;

« 4° Enfin à mettre à la disposition de M. de Mussidan une somme de cinq mille francs qu'il pourra toucher chez M⁰ Le Genest de la Crochardière le jour même de la célébration de son mariage à la mairie, et sur le vu du bulletin de célébration. »

En lisant le premier paragraphe, qui disait que les payements de la rente annuelle se feraient en l'étude de M⁰ Le Genest de la Crochardière, et contre reçu signé, M. de Mussidan avait agité avec colère le papier qu'il lisait; au dernier paragraphe, « sur le vu du bulletin de la célébration du mariage », il l'avait froissé dans ses mains crispées et l'avait jeté par terre.

Le traiter ainsi, lui! Cette défiance n'était-elle pas la plus mortifiante des injures? Et cette parcimonie n'était-elle pas vraiment misérable : un loyer de mille francs, un mobilier de dix mille francs? Il y avait là une intention si manifeste de le maintenir dans une médiocrité infâme que son indignation éclatait malgré lui. Quelle chute, des cent cinquante mille francs de rente sur lesquels il comptait, à ce piètre arrangement!

Cependant, après quelques instants d'abandon, il avait ramassé la note de Mlle de Puylaurens, et lentement il s'était appliqué à la remettre en état. Cette vieille fille était folle, voilà tout; on ne se fâche pas avec les fous. Et comme les plis du papier ne voulaient pas s'effacer sous sa main, il l'avait placé entre les pages mouillées d'un livre sur lequel il avait entassé d'autres livres, presque toute la bibliothèque d'Angélique. Après tout, ce chiffon de papier valait plus de quatre mille francs de rente et un capital de quinze mille francs.

Une fois qu'il avait pris une résolution, il l'exécutait coûte que coûte. Il s'était donc aussitôt occupé de réunir les pièces néces-

M. DE MUSSIDAN.

saires à la célébration de son mariage. C'était un pas à sauter et il ne gagnerait rien à en retarder le moment.

Ce fut une cruelle humiliation que lui apportèrent les pièces relatives à la filiation de sa femme future : Angélique Godard, fille de François Godard, artiste musicien, et de Marie Blanc, lingère. Si encore elle avait eu des ancêtres, si petits qu'ils eussent été ! Mais non : un musicien, une lingère.

Il avait dû s'occuper aussi de trouver un appartement ; mais dès là qu'il n'avait pas son hôtel de la rue de Galilée et que son loyer ne devait pas dépasser mille francs, que lui importait ? Il en avait arrêté un au cinquième étage d'une maison de la place Dancour, qui avait l'avantage d'offrir une belle vue sur Paris.

— Vous aurez en face de bons voisins, lui avait dit le concierge, des musiciens : le père chef d'orchestre en province, la mère élevant six enfants, qui tous travaillent la musique : l'un le violon, une autre la harpe, un autre le piano. Ils sont bien connus, les Gueswiller, des Alsaciens.

Mais il ne connaissait pas ce nom-là, et il lui était bien indifférent que ces gens fussent ou ne fussent pas musiciens, pour les relations qu'il aurait avec eux.

Le logement arrêté, il l'avait meublé, et contrairement à ce qui se fait ordinairement, il n'avait adressé qu'une seule recommandation au tapissier : « Avant tout du goût ; je ne tiens pas à la solidité. » Si peu solide que fût ce mobilier, il durerait toujours plus de trois ans, la tante assurément serait morte, c'est-à-dire qu'on vendrait ce mobilier plus que modeste pour le remplacer par un autre digne de la situation que créerait cette mort.

Quelque chose de beaucoup plus grave que tout cela pour lui, c'était le choix des témoins de son mariage.

Pour les siens il n'était pas embarrassé, il prendrait des étrangers ayant de grands noms, sinon de grandes situations : un Italien, le prince Mazzazoli, et un Espagnol, le marquis d'Arlanzon, aide de camp d'un prince en disponibilité qu'une révolution avait envoyé en France, où il attendait qu'une révolution le rappelât en Espagne. Il n'avait pas rompu toutes relations avec ces étrangers ; presque tous les jours il rencontrait le prince Mazzazoli aux Champs-Élysées et échangeait avec lui un salut ou un mot ; de temps en temps il allait chez le marquis d'Arlanzon. Ni l'un ni l'autre de ces étrangers ne connaissaient le vrai de sa situation, ils ne pourraient pas refuser d'être ses témoins, et leurs noms mis dans les journaux, avec leurs titres et l'énumération des ordres dont ils étaient décorés, produirait bel effet.

Mais pour les témoins de sa femme, « de la comtesse, » il n'en était pas ainsi ; il ne pouvait pas lui prendre ses témoins parmi les étrangers qu'il connaissait, et ceux qui étaient indiqués par la parenté ou les relations, ceux qu'elle voulait, un de ses oncles, professeur de musique à Lille, et M. Limonnier, n'étaient vraiment pas des gens qu'on pouvait avouer : un croque-notes et *Mille-z-amitiés* en compagnie du prince Mazzazoli et du marquis d'Arlanzon ! la honte serait pour lui.

Enfin, ne pouvant pas l'éviter, il s'efforça de l'atténuer au moins autant que possible, et pour cela il ne trouva rien de mieux que de noyer le croque-notes et *Mille-z-amitiés*. S'il n'avait à sa table que ses quatre témoins, ceux de la comtesse occuperaient fatalement une certaine place ; au contraire, s'il avait un certain nombre de convives, ils seraient effacés. Sur les cinq mille francs que Mlle de Puylaurens mettait à sa disposition pour son mariage, une grosse part fut attribuée au déjeuner qu'il offrait à la *Maison Dorée*, et à ce déjeuner il invita cinq ou six autres étrangers qu valaient le prince Mazzazoli et le marquis d'Arlanzon.

Chaque nom nouveau était une inquiétude pour Angélique, qui eût voulu se marier discrètement, simplement, comme il convenait, croyait-elle, à une fille qui était dans sa position. Le prince Mazzazoli, le marquis d'Arlanzon, c'était déjà terrible pour elle ; mais le comte Vanackère-Vanackère, le baron Kanitz, le comte Algardi, don Cristobal de Yarritu n'étaient-ils pas vraiment effrayants ? Que dirait-elle à tous ces personnages ? Quelle figure ferait-elle devant eux ?

Mais ce qui était plus effrayant encore, c'était la responsabilité dont il la chargeait.

— Surtout veillez à ce que votre oncle et M. Limonnier ne lâchent pas de sottises ; stylez-les ; tâchez qu'ils ne parlent pas.

Pouvait-elle leur faire cette injure ? pouvait-elle leur dire de ne pas parler ?

A la mairie, il eut des sujets de satisfaction : en lisant les noms des témoins le greffier bredouilla ceux de Joseph-Isodore

Limonnier et de Alexis Godart, tandis qu'il insista longuement sur ceux du prince Mazzazoli et du marquis d'Arlanzon, les seuls qu'on entendit distinctement avec les titres et les décorations qui les accompagnaient.

A table, les deux témoins de « la comtesse » se tinrent convenablement; seul, M. Limonnier lâcha une bêtise comme on lui offrait des fruits :

— Merci, dit-il, je ne prends jamais de *cruautés*.

Mais il n'y eut que M. de Mussidan qui comprit, les étrangers si Français qu'ils fussent devenus, n'étant guère en état de distinguer *cruautés* de *crudités*.

Le déjeuner fut donc très gai, très animé, très bruyant, si bruyant même que d'honnêtes bourgeois qui occupaient un cabinet voisin se plaignirent de ne pas s'entendre parler ; ils étaient là pour une affaire et non pour leur plaisir ; parmi eux se trouvait le notaire Le Genest de la Crochardière.

— Nos voisins ne pourraient-ils pas être moins bruyants, dit-il au maître d'hôtel ; qui donc est là ?

— C'est un grand seigneur, M. le comte de Mussidan ; il a commandé un déjeuner à cent francs par tête, et il y a des extras.

Un an après ce mariage, M. de Mussidan était père d'une fille qu'on nomma Geneviève : et cette enfant lui assurait une partie des revenus de la vieille Mlle de Puylaurens pendant de longues années.

DEUXIÈME PARTIE

I

Contrairement aux espérances de M. de Mussidan, contrairement aux pronostics du clerc de notaire de Cordes, contrairement aux probabilités, Mlle de Puylaurens n'était pas encore morte. Elle était toujours la meilleure cliente du docteur Azéma et du pharmacien Sénégas; chaque fois que les gens de Cordes la voyaient monter la côte pour aller à la messe, ils se disaient qu'elle ne la redescendrait peut-être pas; il y avait des paysans qui mettaient leur argent de côté pour acheter un morceau de ses terres lorsqu'on les vendrait après sa mort, mais enfin elle ne mourait point.

La première année qui avait suivi son mariage s'était écoulée sans que M. de Mussidan se plaignît. Sans doute, il était humiliant pour lui de s'en aller le 1ᵉʳ et le 15 de chaque mois toucher sa rente (qu'il appelait une indemnité) chez Mᵉ Le Genest de la Crochardière; et cette humiliation était encore aggravée par cela que ce notaire, au lieu de lui offrir convenablement cette indemnité, la lui faisait payer par un caissier, au milieu d'un tas de clercs au regard curieux et au sourire moqueur. Sans doute, il était pénible de monter tous les jours cinq étages. Sans doute il était triste de demeurer à Montmartre au lieu d'habiter les Champs-Élysées. Sans doute il était lamentable de se promener dans la boue ou dans la poussière, au lieu d'aller au Bois, dans un coupé correctement attelé. Sans doute, il était pitoyable de n'avoir que dix francs à dépenser par jour au lieu d'en avoir cinq cents. Sans doute, il fallait des trésors d'abnégation et de patience pour se résigner à n'être qu'un pauvre diable, quand on pourrait, quand on devrait être une des personnalités les plus en vue du monde parisien. Mais enfin il avait donné trois ans à vivre à cette coquine, et il ne serait pas généreux à lui de les reprendre. C'était trois années à passer, cruelles, terribles, éternelles, mais ce serait les allonger encore que de se laisser aller à l'impatience. Il fallait attendre. Il fallait supporter son malheur avec dignité, et quand les lettres de Ceydoux arrivaient annonçant quelque nouveau rhume ou quelque complication nouvelle dans l'état « de la vieille coquine », ne pas permettre à l'espérance d'ouvrir trop tôt ses ailes. On verrait. Du calme. De l'impassibilité. C'est le propre de l'homme fort de ne pas plus se laisser exalter par la bonne fortune que de se laisser abattre par la mauvaise. Et il était un homme fort.

Mais, malgré cette force, à la fin de la deuxième année il avait commencé à ne plus pouvoir s'enfermer dans son impassibilité. Qu'elle ne fût pas encore morte, il n'y avait rien à dire, l'échéance fixée n'était pas arrivée; mais au moins devrait-elle être tout à fait mourante. Et justement Ceydoux n'annonçait aucune aggravation sérieuse dans son état : faible, oui, plus faible, mais non moribonde.

Elle se moquait donc de lui? Les médecins étaient donc des ânes bâtés!

Non seulement cette attente, se prolongeant ainsi, devenait de jour en jour, d'heure en heure plus exaspérante, mais encore elle traînait à sa suite des ennuis de toute sorte.

Ce n'était pas avec trois cent francs par mois qu'un homme comme lui pouvait faire face à ses dépenses, et bien qu'il les appliquât exclusivement à son usage personnel, Angélique gagnant assez avec son travail pour subvenir aux besoins du ménage, il avait fait quelques dettes. Qu'importait? N'était-il pas sûr de pouvoir les payer le jour, jour prochain, où il jouirait du revenu total de la fortune dont hériteraient ses enfants? N'est-ce pas de la folie, de la pure folie, de s'imposer les plus dures privations aujourd'hui, quand on est certain d'avoir demain cent cinquante mille francs de rente? C'étaient là des dettes criardes d'autant plus ennuyeuses qu'elles étaient misérables. Plus les créanciers sont petits, plus ils sont hargneux. Peut-être cela tient-il à ce qu'ils ont plus que d'autres besoin de ce qui leur est dû; mais c'était là une considération indifférente pour lui, il n'était sensible qu'à une chose : leurs exigences, leurs criailleries, les querelles qu'ils venaient lui faire jusque chez lui.

D'autre part, le tapissier qui lui avait fourni son mobilier n'avait que trop fidèlement suivi ses instructions : du goût, pas de solidité; le crin végétal, employé à la place du crin naturel, s'était aplati et mis en pelotes; la cretonne du meuble était déjà usée par places.

La troisième année avait commencé; elle s'était écoulée. Allait-il donc en être réduit à payer ses créanciers avec l'argent de sa rente? Faudrait-il donc qu'il se privât de ses cigares de la Havane et qu'il les remplaçât par des cigares de la Régie? Subirait-il l'humiliation de ne donner que cinq sous de pourboire comme un bourgeois crasseux, aux cochers qui le ramenaient les jours de pluie!

Comme ses meubles, ses vêtements montraient la corde; hélas! le velours de sa limousine était tout lustré, son chapeau était rougi; il faisait des économies sur ses gants. Cela ne pouvait pas durer davantage.

Et cependant cela se prolongeait, le temps s'écoulait, les jours, les semaines, les mois; elle ne mourait point.

Il avait toujours été calme, mais maintenant c'était avec une vraie fièvre d'angoisse qu'il attendait, le 1er et le 15, le bulletin de

Ceydoux. Ce Ceydoux ne se trompait-il pas? ne le trompait-il pas? Un clerc de notaire. Il aurait fallu un homme à l'esprit perspicace, au coup d'œil sûr, un homme comme lui qui, tout de suite, aurait su à quoi s'en tenir. Ah! s'il pouvait la voir; mais malheureusement elle ne venait pas à Paris.

Cette idée s'empara si bien de lui, l'obséda si souvent, qu'il trouva qu'il devait s'en débarrasser en la réalisant. Pourquoi ne ferait-il pas le voyage de Cordes? Ce n'était pas une affaire. Il lui serait facile de voir sa tante sans qu'elle le vît elle-même, et, d'après l'impression qu'il emporterait, il arrangerait sa vie, qui ne pouvait pas rester plus longtemps livrée aux expédients.

Si le voyage n'était pas une affaire, le prix du voyage en était une : il fallait cent soixante francs pour l'aller et le retour, et il ne touchait que cent cinquante francs à la fois. Reporter une quinzaine sur l'autre était impossible. Il n'avait qu'un moyen : demander ce qui lui manquait à sa femme; ce qu'il fit.

— Vous me rendrez cette justice, ma chère amie, que jusqu'à ce jour, si grands que fussent mes embarras, j'ai eu la délicatesse de ne jamais vous parler de choses d'argent. Vous travaillez, vous faites ce que pouvez, et vous disposez de l'argent que vous gagnez comme bon vous semble.

— Je l'emploie pour la maison.

— Pour la maison, pour votre fille, pour vous, pour vos toilettes, pour vos fantaisies, pour vos plaisirs, comme vous voulez; rien n'est plus juste. Mais une circonstance se présente où j'aurais besoin d'une centaine de francs. Et si je vous en parle, c'est qu'il s'agit d'une dépense qui doit vous profiter, à vous et à votre fille : un voyage à Cordes pour surveiller l'héritage de ma tante. C'est très urgent. Vous devez avoir de l'argent, quelques petites économies.

— J'ai mis de côté trente francs pour acheter un manteau à Geneviève.

— Un manteau à Geneviève! Ah! je ne la vois pas du tout en manteau. Elle est bien plus gentille avec sa petite pèlerine. Le manteau peut donc attendre que vous ayez mis de nouveau de l'argent de côté. Seulement trente francs ne font pas les cent qu'il me faut.

— Je n'en ai pas davantage.

— Je pense bien. Mais Geneviève n'a plus besoin du hochet que Mlle de Puylaurens lui a envoyé. C'est très mauvais les hochets en métal pour un enfant de cet âge; d'autre part elle ne se sert pas encore de la tasse en argent qu'elle a reçue cette année. Si vous portiez cela au mont-de-piété, vous auriez bien cent francs.

Elle eut effectivement cent francs, et il les prit avec les trente francs du manteau, de sorte qu'il partit pour Cordes plus riche qu'il n'avait espéré, ce qui lui permit d'abréger la longueur du chemin en fumant quelques bons cigares.

Il ne lui convenait pas d'entrer à Cordes en misérable; pour s'y rendre de la station de Vindrac, il prit une voiture particulière.

Cordes est une petite ville bâtie au sommet d'un monticule en forme de cône, qu'elle couvre de ses vieilles maisons et de ses remparts qui datent du treizième siècle, — un mont Saint-Michel en plaine. — C'était au bas de ce monticule que se trouvait le château de Mlle de Puylaurens, dans la vallée de Cérou; et c'était de là qu'elle partait tous les matins pour aller entendre la messe dans l'église qui couronne la ville.

M. de Mussidan, qui connaissait cette habitude, s'était arrangé de façon à arriver en temps pour la voir passer; et pour n'être pas vu lui-même, il s'était embusqué dans l'ombre de la porte des Houlmets, par où elle devait arriver.

Son attente n'avait pas été longue. Au moment où, dans le clocher, commençait à sonner la messe, il avait entendu un faible bruit de grelots qui s'était vite rapproché, et bientôt sous la voûte, en plein cintre de la porte, il avait vu paraître une petite voiture basse, traînée par une belle mule enguirlandée de pompons rouges. C'était Mlle de Puylaurens qui conduisait elle-même sa mule, et sur le siège de derrière se tenait le fidèle Buvat.

Mais M. de Mussidan n'avait d'yeux que pour sa tante : il croyait la trouver à peu près morte, et elle lui apparaissait exactement dans le même état où il l'avait vue à l'*Hôtel du Bon Lafontaine*, aussi pâle, aussi maigre, aussi faible, mais ni plus pâle, ni plus maigre, ni plus faible.

Elle avait ralenti l'allure de sa mule sous la voûte; mais, la porte passée, la mule fit sonner ses grelots et reprit le trot d'un pied assuré sans glisser sur les larges dalles qui pavent la rue montueuse.

Aussitôt que la voiture était entrée dans l'ombre et la fraîcheur, Buvat avait posé sur les épaules de sa maîtresse un manteau qu'il tenait prêt.

II

M. de Mussidan était revenu à Paris dans un état de fureur violente, car ce qu'il avait appris en déjeunant avec Ceydoux et les quelques personnes de Cordes qu'il avait pu interroger, n'avait fait que confirmer ce qu'il avait vu : elle n'était pas mourante; elle pouvait s'éteindre subitement ou après une courte maladie, mais elle pouvait très bien aussi vivre encore pendant plusieurs années; c'était l'opinion de son médecin, M. Azéma.

Mais alors c'était une infamie, une indignité, elle l'avait trompé; elle l'avait volé. Pourquoi lui avait-elle parlé de trois ans comme d'un maximum? Il lui avait alors paru terriblement éloigné, ce maximum, et voilà que maintenant on ne fixait même plus de date : quelques années? Combien? Cinq, dix peut-être.

Est-ce qu'il se serait marié s'il avait cru qu'elle ne devait pas mourir? C'était là qu'était l'infamie de cette vieille coquine, qui avait employé des manœuvres frauduleuses, pour l'amener au mariage. Car c'était bien une manœuvre frauduleuse, une tromperie, une escroquerie que d'avoir fait miroiter à ses yeux l'espérance de la jouissance légale d'un héritage chimérique. Est-ce que la loi ne punit pas d'un emprisonnement de cinq ans ceux qui emploient des manœuvres frauduleuses pour faire naître l'espérance d'un succès, d'un accident ou de tout événement problématique? C'était bien là le cas de cette coquine qui avait fait naître en lui l'espérance qu'elle mourrait dans un délai de trois ans, et qui ne mourait pas; elle les avait méritées, ces cinq années d'emprisonnement et même plus.

Voleuse! La sœur de sa mère une voleuse, quelle honte pour lui! Et elle allait à la messe! Et elle affichait une ardente dévotion! Il avait vu bien des caractères vicieux dans son existence, mais jamais rien de si vil, de si bas, et certes s'il était un homme indulgent au monde, c'était lui.

Il voyait maintenant, il comprenait pourquoi elle avait tant tenu à le marier : c'était tout simplement par avarice, pour économiser son argent. Quel naïf il avait été de ne pas deviner cela! Mais aussi comment s'imaginer, quand on était un galant homme, que cette femme infernale ferait ce calcul diabolique : Mon neveu est ruiné; par respect humain, je suis obligée de lui assurer une situation digne de lui, digne de sa naissance, de son éducation, de son élégance, de sa distinction, et cela me coûtera cher. Tâchons de l'amoindrir, et plus il sera bas, moins il me coûtera cher.

Voilà comment elle l'avait marié en faisant tourner devant lui le miroir de l'héritage. Ayant pour femme une ouvrière, il n'avait pas de rang à tenir, il était obligé de la cacher, de se cacher lui-même, et avec une aumône on se débarrassait de lui.

Sans doute il aurait dû soupçonner cela; mais, si triste que fût son état présent, il ne pouvait pas ne pas éprouver un mouvement de satisfaction et de fierté à se dire qu'un pareil calcul n'avait même pas effleuré son esprit; il fallait les dures leçons de l'expérience et de la réalité pour le croire possible.

Un autre à sa place voyant comme il avait été trompé, aurait planté là femme et enfant; mais lui n'était pas homme à faire payer les innocents pour les coupables, et il s'était résigné à supporter son martyre.

Il continuerait d'être bon et généreux pour cette femme et cette enfant.

Digne ; il ne se plaindrait pas.

Et cependant, si quelqu'un pouvait accuser les hommes et la destinée, c'était lui.

A son âge, avec sa tournure, avec ses facultés, son nom, en être réduit à vivre à Montmartre, au cinquième étage, n'ayant pour compagnie qu'une femme qui travaillait et une enfant qui faisait du tapage ! Ne pas oser donner son adresse ! Ne pouvoir recevoir personne chez soi ! S'asseoir devant une table sans nappe, manger des mirotons ou des grillades à la poêle ! Se servir soi-même !

S'éclairer au pétrole !

Dans son intérieur même il ne trouvait pas tout le bonheur, c'est-à-dire toute l'affection, toute la tendresse, tout le dévouement auxquels il avait droit, et cette femme qu'il avait faite sienne, cette ouvrière qu'il avait tirée de son humble condition, ne lui payait pas en reconnaissance le grand honneur qu'il lui avait accordé en l'élevant jusqu'à lui. Sans doute elle était attentive à lui plaire, prévenante, empressée, douce, soumise ; tout ce qu'elle savait lui être agréable elle le faisait. Mais elle n'était plus ce qu'il l'avait vue pendant la première année de leur liaison. A la naissance de l'enfant il s'était opéré en elle un changement qu'il n'avait pas remarqué tout d'abord, mais qui à la longue était devenu frappant. Elle ne s'occupait plus de lui exclusivement, elle n'avait plus d'yeux que pour lui ; maintenant elle était toujours à s'occuper de cette petite, à la regarder dans de longues contemplations, à la caresser, à l'embrasser, à la pomponner. Et c'étaient des admirations, des adulations sans fin :

« Que tu es belle, ma mignonne ! quelle jolie petite bouche ! Comme ta peau est douce ! comme tes yeux sont tendres ! Et tes menottes ! et tes petons roses ! »

Les litanies. Quel besoin avait-elle qu'on lui parlât ainsi, cette petite ? Elle n'y comprenait rien. Pourquoi sa femme ne lui disait-elle pas tout cela à lui ? Il ne tenait pas certainement à ce qu'on remarquât, tout au moins à ce qu'on dît qu'il avait ceci ou cela beau ; il savait ce qu'il était et ce qu'il valait mieux que personne, avec ses qualités et ses défauts, car il avait des défauts, comme tout le monde, qui n'étaient pas graves cependant, puisqu'il ne s'en était pas corrigé ; mais enfin s'il ne voulait pas qu'on le comblât de compliments, il tenait à ce qu'on ne parût pas le dédaigner. Il n'y avait aucune jalousie là-dedans, un homme comme lui n'était pas jaloux ; simplement le sentiment et la dignité de ce qui lui était dû.

Il était assez intelligent peut-être pour connaître la vie, et son âge, aussi bien que ses relations, lui avaient permis de l'observer. Maintes fois dans le monde il avait vu des jeunes femmes qui, avant la naissance d'un enfant, adoraient leur mari et qui, du jour où elles étaient mères avaient préféré l'enfant au mari. Combien avait-il vu de ménages où, à partir de ce moment, le mari n'avait plus été rien et où l'enfant avait été tout.

Eh bien, il ne voulait pas qu'il en fût ainsi chez lui, il ne lui convenait pas que l'enfant prît sa place : lui et l'enfant, et non pas l'enfant et lui. Cela était juste sans doute ; mais plus juste pour lui que pour tout autre, eu égard à la situation dans laquelle il avait été prendre cette femme pour en faire une comtesse de Mussidan.

Elle ne mesurait donc pas les degrés qu'il lui avait fait franchir, — de Godart à Mussidan !

En tous cas, si elle en avait conscience, il n'y paraissait guère, non seulement dans son intérieur, mais encore dans ses relations.

N'avait-elle pas eu la fantaisie de se lier avec les gens logés au même étage qu'eux, ces musiciens, ces Gueswiller, dont la porte faisait face à la leur !

Sous prétexte que Geneviève ne pouvait pas vivre toujours seule et qu'elle avait besoin de jouer avec des camarades de son âge, la comtesse, pendant qu'il était absent, bien entendu, et sans lui en avoir préalablement demandé la permission, avait fait commerce d'amitié avec ces Alsaciens, oubliant son titre et son rang.

Toutes les fois que le temps le permettait, Geneviève s'établissait sur le balcon qui était commun aux deux locataires, tandis que le dernier enfant de Mme Gueswiller, une petite fille nommée Odile, du même âge que Geneviève, s'établissait de l'autre côté, et séparées par une grille, elles restaient là en face l'une de l'autre, bavardant et jouant : on habillait ses poupées, on les parait, et à travers les barreaux on les faisait s'embrasser quand elles s'étaient fâchées par jalousie.

A table, Geneviève faisait deux parts de ce qu'on lui servait de bon : une pour elle, une pour son amie et, le repas fini, elle courait au balcon pour appeler Odile, à moins que ce ne fût celle-ci qui, arrivée la première, ne l'appelât pour partager avec elle ce qu'elle avait mis aussi de côté.

C'était une vraie boîte à musique que cet appartement des Alsaciens, et il y avait là dedans un tas d'enfants, des filles : Sophie, Augusta, Salomé; des garçons : Lutan, Florent, qui toute la journée jouaient d'un instrument quelconque; les filles, du piano, de la harpe et du violoncelle; les fils, du violon, du cor ou de la trompette.

Toute la journée c'était une assourdissante cacophonie. Dès le matin, les gammes commençaient; chacun dans sa chambre, s'était mis au travail, et excepté pendant les heures des cours du Conservatoire, tous ces instruments faisaient rage jusqu'à une heure avancée dans la soirée, les pianos, la harpe, le cor, les violons, le violoncelle.

Les parquets tremblaient, les vitres vibraient dans les châssis des fenêtres : c'était à devenir fou et à prendre la musique en horreur.

Et cependant ce n'était pas ce qui arrivait pour Geneviève : alors même que ce n'était pas pour être en compagnie de sa petite camarade, elle restait sur le balcon à écouter ce qu'on jouait, et souvent le soir elle fredonnait le thème des sonates de Haydn ou de Mozart qu'elle avait entendues dans la journée, les nocturnes de Field, les variations de Dusseck.

Cela était indifférent à M. de Mussidan, il ne lui déplaisait point que sa fille montrât des dispositions pour la musique; elle était douée, voilà tout; mais ce qui ne lui était pas indifférent, ce qui lui déplaisait, c'était les relations forcées que cela établissait avec ces croque-notes; ce qui l'humiliait, c'était que Mme Gueswiller l'arrêtât dans la rue quand elle le rencontrait. Elle revenait du Conservatoire suivie de ses filles, et, pour économiser des pas inutiles, elle rapportait ses provisions de ménage, des choux, des salades, des carottes, un lapin, son panier était plein à crever; et avec ses cheveux jaunes mal peignés, son châle rouge mis de travers, ses souliers fatigués, la robe pleine de poussière ou de boue, ce n'était pas une femme qu'un homme comme lui pouvait aborder décemment.

III

Aux dégoûts de cette existence vide et monotone qu'il traînait misérablement, étaient venus se joindre des ennuis d'une autre sorte, — ceux que ses fils lui avaient causés.

En quittant le pensionnat de l'abbé Quentin, Frédéric était entré au séminaire d'Albi, et Sébastien, qui avait échoué à son examen du baccalauréat, avait été placé par Mlle de Puylaurens sous la direction d'un professeur particulier qui devait lui faire rattraper le temps perdu. Cela ne s'était pas fait sans difficultés : Frédéric ne voulait pas entrer au séminaire ; il n'avait aucune vocation pour la prêtrise, Albi ne lui convenait pas. De son côté, Sébastien ne voulait pas de professeur particulier ; il n'en avait pas besoin, il travaillerait mieux tout seul ; qu'on le fît attacher d'abord au ministère des affaires étrangères, les diplômes viendraient ensuite.

Mais M. de Mussidan n'avait pas toléré ces idées de résistance ;

il était intervenu, et vigoureusement, comme son devoir de père l'y obligeait.

A Sébastien il avait fait comprendre que lorsqu'on a été cancre pendant ses premières années d'études on doit, coûte que coûte, songer à l'avenir; ce n'était pas par la petite porte qu'il devait entrer au ministère des affaires étrangères, mais par la grande; et puis, un précepteur, cela pose bien un jeune homme aux yeux du monde, et en réalité cela ne gêne en rien.

Avec Frédéric c'était des arguments du même genre qu'il avait employés. Il serait évêque, cardinal, pape peut-être; pourquoi pas? A la vérité on ne prenait plus les papes parmi les Français; mais quand on trouverait dans le sacré collège un Mussidan, cela pourrait changer la routine.

Ils avaient cédé.

Il avait alors éprouvé de ce côté un moment de tranquillité, et même une certaine satisfaction.

Mais cette satisfaction n'avait pas eu une bien longue durée.

Un jour, Ceydoux lui avait écrit qu'on racontait des choses terribles sur le compte de Frédéric, qui s'était sauvé du séminaire d'Albi, sans qu'on sût au juste ce qu'il était devenu.

Le fidèle Buvat s'était mis à sa poursuite, muni d'une grosse somme pour le ramener; mais jusqu'à ce jour il n'avait pas pu le rejoindre. Aussi Mlle de Puylaurens était-elle dans un violent état de désespoir : elle avait bâti tant d'espérances sur ce garçon! Cependant elle ne disait rien, elle ne se plaignait pas de lui, et même elle dissimulait l'aggravation de son état pour qu'on ne pût pas en soupçonner la cause. Elle espérait cacher cette escapade et réintégrer son petit-neveu au séminaire quand Buvat l'aurait rejoint.

Ce n'avait point été au séminaire d'Albi que Frédéric avait été réintégré, mais à celui de Saint-Nicolas, à Paris, où sa fugue était ignorée. Et c'avait été à Saint-Nicolas que M. de Mussidan avait été le tancer d'importance.

Mais l'intervention paternelle n'avait produit aucun effet : Frédéric s'était sauvé de Saint-Nicolas comme il s'était sauvé d'Albi. De nouveau Buvat, muni de billets de banque et de chèques, s'était mis à sa poursuite en France, en Allemagne, en Espagne, en Italie, partout où l'on joue, non pour le ramener au séminaire, Mlle de Puylaurens était trop sincèrement pieuse pour vouloir faire prêtre un garçon de ce caractère, mais pour payer ses dettes et le tirer des situations honteuses ou misérables dans lesquelles il se trouvait.

En même temps que Frédéric perdait l'argent de sa tante au jeu, Sébastien le dépensait en chevaux, en voitures, en objets de luxe de toutes sortes. Lui aussi comptait sur l'héritage de la tante de Cordes, lui aussi avait arrangé les dates où il devait entrer en possession de sa fortune, et à l'échéance de ces dates il s'était trouvé lourdement endetté. Une première fois Buvat était venu régler ces grosses dettes, puis une seconde, puis une troisième, puis une quatrième, la somme qu'il devait apporter augmentant à chaque voyage.

Il était ainsi arrivé une heure où Sébastien n'avait rien dû à son frère, et où Frédéric n'avait rien dû à Sébastien : tous deux étaient égaux devant le désespoir de leur tante qui, lasse de payer et d'engloutir des sommes considérables qui ne servaient à rien, avait pris à leur égard les mêmes mesures qu'à l'égard de leur père : c'est-à-dire que Me Le Genest de la Crochardière avait été chargé de leur payer, de quinze jours en quinze jours, une petite pension, juste ce qu'il fallait pour qu'il ne mourussent pas de faim et pour qu'ils fussent obligés de la compléter par un gain dû à leur travail, — cent francs par mois.

En voyant quelle route prenaient ses fils, M. de Mussidan avait cru que Mlle de Puylaurens, qui les aimait si tendrement, mourrait de chagrin. A l'âge qu'elle avait atteint, faible comme elle l'était, enfiévrée par la colère, désespérée par les déceptions, ulcérée par la perte de son argent, il semblait qu'elle devait mourir. Cela était naturel. Cela semblait obligé. Et, pour lui c'était une consolation aux déceptions que ses fils lui causaient. Sans doute il n'était pas sottement sévère, il comprenait que des jeunes gens devaient s'amuser, mais pas jusqu'à compromettre leur avenir : ses fils devaient être ambassadeur et évêque, il avait arrangé cela : « Mon fils l'ambassadeur, mon fils l'évêque, » cela le complétait; et il ne pouvait pas s'habituer à l'idée qu'il en fût autrement. Cependant Mlle de Puylaurens n'était pas morte. Ceydoux avait raconté les crises par lesquelles elle avait passé; tout le monde croyait qu'elle n'en avait plus que pour quelques jours, quelques heures ; le médecin ne la quittait plus, le curé l'avait administrée, et toujours elle était revenue à la vie.

Les premières fois, M. de Mussidan n'avait rien compris à cette résistance extraordinaire ; peu à peu la lumière s'était faite dans son esprit : cette vieille fille n'avait pas de cœur, ni fierté, ni dignité, rien. Est-ce que, si elle avait eu du cœur, elle n'aurait pas été écrasée sous sa responsabilité ? Est-ce que, si elle avait été vraiment pieuse, elle n'aurait pas senti la main de Dieu s'appesantir sur elle ? A qui la faute dans ce qui arrivait ? A elle, à elle seule. Est-ce que, si elle n'avait pas gâté ces enfants follement, bêtement ; est-ce que, si, par ses dons maladroits d'argent elle ne les avait pas pervertis, ce qui arrivait se serait produit jamais ? Elevés par lui, ils auraient reçu une éducation virile ; près de lui, ils auraient puisé des leçons pratiques et ils seraient devenus des hommes.

Quelle douleur pour un père de voir la chute de ces malheureux enfants ! Comme il y avait loin de la réalité à l'avenir qu'il avait voulu, qu'il avait préparé pour eux : l'ambassade pour Sébastien, l'évêché pour Frédéric !

Ce n'était pas avec la misérable pension que leur servait cette coquine qu'ils pouvaient vivre ; et, dans la position où il se trouvait, il n'avait rien pu pour eux. A l'ambassade, à l'évêché, il les eût poussés, s'employant pour eux de tout cœur ; mais, pour les positions subalternes auxquelles leur chute les condamnait, il n'avait pas pu les appuyer, et, à son grand chagrin, il avait dû les abandonner.

C'était ainsi que Sébastien, toujours élégant, plein de distinction, noble des pieds à la tête, malgré sa dégringolade, avait dû entrer comme employé chez Faugerolles, le couturier, l'habilleur du grand monde parisien. Pas même introducteur des ambassadeurs, mais simplement introducteur des belles mondaines auprès du célèbre Faugerolles, qui avait la lâcheté de l'appeler « mon cher vicomte » et la bassesse de ne payer cette familiarité que cent cinquante francs par mois.

Pour cette misérable somme, Sébastien devait se tenir dans le premier salon de son couturier et recevoir, avec ses grandes manières, chaque femme qui arrivait pour commander ou essayer ses robes, la faire patienter, la calmer quand elle se fâchait. Quelle vie, mon Dieu !

De son côté, Frédéric n'était pas plus heureux. Comme son frère, il avait dû demander au travail de compléter ses cent francs de pension, et il était entré comme croupier au service d'un entrepreneur de cercle qui donnait à jouer l'été dans les Pyrénées, l'hiver à Nice, un ancien lutteur célèbre en sa jeunesse dans toutes les arènes du Midi, — Barthelasse, Marius Barthelasse, de Cavaillon, qui se contentait de faire tomber maintenant dans sa cagnotte l'argent des joueurs naïfs. Fier aussi, celui-là, d'avoir un vicomte à son service, bien que son ambition fût d'avoir pour chef de partie un ancien ministre.

— Et j'en aurai un, disait-il. Le Cercle des étrangers a bien un ancien ambassadeur, j'aurai mon ministre en y mettant le prix ; il n'aura pas besoin de tenir les cartes, pourvu qu'il se promène noblement dans mes salons cela suffira : — Est-ce que c'est M... qui a été ambassadeur à Madrid ? — Justement.

IV

Cependant Geneviève avait grandi.

C'était maintenant une petite fille de dix ans, mignonne, jolie, à l'air recueilli, avec quelque chose de réservé et de mélancolique qui se trouve assez fréquemment chez les enfants à qui a manqué l'expansion. A son père elle avait pris la pureté des traits, la finesse, l'élégance des formes ; à sa mère, la douceur de la physionomie, la tendresse du regard, la simplicité des manières. En tout une charmante enfant au visage gracieux, avec un nez droit, une bouche petite, aux lèvres régulièrement arquées, des grands yeux profonds, un front pur couronné d'une épaisse chevelure blonde frisée.

Adorée par sa mère, qui était en admiration devant elle, elle n'avait fait que ce qui lui plaisait depuis qu'elle était en âge de vouloir, et ce qui lui avait plu c'avait été de jouer avec sa voisine, la petite Odile, ou bien de rester dans les plis de la jupe de mère, à regarder celle-ci travailler, sans bouger.

Un jour, quand elle avait ses sept ans, son père, qui la traitait plutôt en petite bête gâtée qu'en enfant, avait parlé de l'envoyer à une pension des environs où elle apprendrait à lire.

— Il faut aimer ses enfants pour eux et non pour soi, avait-il dit d'un ton grave; on a des devoirs envers eux.

Mais, le père parti, l'enfant avait si bien pleuré, que la mère, qui tout d'abord n'avait rien osé répondre, s'était laissé attendrir.

— Qu'est-ce qu'il veut que j'apprenne à la pension, papa?

— A lire, à compter, à écrire, tout ce qu'on enseigne aux petites filles.

— Pourquoi ne me l'enseignes-tu pas, toi, maman?

— Je ne suis pas une savante.

— Tu sais lire, compter, écrire, tu es assez savante; tu verrais comme j'apprendrais bien avec toi; je ferais tout ce que tu me dirais; Odile ne va pas à la pension.

— Ses sœurs la font travailler.

— On travaille bien mieux avec sa maman qu'avec ses sœurs. Je t'en prie.

La mère ne savait rien refuser à son enfant; mais, d'autre part, la femme n'osait pas résister à la volonté de son mari; elle s'était trouvée dans un terrible embarras. Pour en sortir, elle avait tâché de fléchir cette volonté; mais, aux premiers mots, M. de Mussidan s'était fâché.

— Je ne veux pas qu'on m'accuse de négliger mes devoirs envers mes enfants; elle ira en pension, je le veux.

Il avait fallu dire ce « je le veux » à l'enfant, qui n'avait répondu que par un torrent de larmes et qui, la nuit, avait poussé des petits cris en dormant.

Le matin, elle s'était trouvée malade, douleurs de tête violentes, fièvre, pupilles dilatées; impossibilité de supporter la lumière.

On avait fait venir un médecin qui, après l'avoir examinée, avait interrogé les parents.

— Est-ce que cette enfant a éprouvé une vive contrariété?

— Aucune, avait répondu M. de Mussidan, c'est l'enfant la plus heureuse qui soit au monde.

Mais la mère avait raconté l'histoire de la pension.

— Si vous tenez à l'envoyer en pension, avait dit le médecin, attendez un peu; elle me paraît dans un état de surexcitation qui demande des ménagements.

— Craignez-vous donc quelque chose de grave? s'écria M. de Mussidan.

— De grave, non, au moins pour le moment; mais il pourrait survenir des accidents du côté des méninges, et nous devons veiller à les écarter.

— Une méningite!

— Je ne dis pas qu'elle soit menacée d'une méningite, mais enfin c'est une enfant qu'il faut surveiller, qu'il faut ménager.

— Elle sera ménagée, elle n'ira pas en pension. Une méningite, ma fille!

Une méningite, sa fille! S'exposer à la perdre. Mais il l'aimait, cette petite bête! C'était sur elle qu'il avait arrangé sa vie. Était-il donc possible qu'elle mourût avant Mlle de Puylaurens!

Elle n'avait donc pas été mise en pension; c'avait été sous la direction de sa mère qu'elle avait appris à lire, à écrire, à compter, et très vite appris avec une grande facilité, surtout avec une extrême docilité.

Quand sa mère l'approuvait pour une leçon bien sue ou une fable récitée sans faute, la petite se mettait à rire avec malice :

— Est-ce que je l'aurais mieux apprise en pension? disait-elle.

C'avait été un grand chagrin pour Mme de Mussidan de n'être pas savante, comme elle disait, et de ne pouvoir enseigner à son enfant que le peu qu'elle savait, — et ce n'était pas grand'chose. — Sans doute elle aurait pu s'adresser à son mari pour le prier de la guider et même pour lui demander de la suppléer dans ce qu'elle ignorait; mais elle n'osait pas. Jamais il n'avait paru s'intéresser à ce que faisait l'enfant, et souvent même, quand elle apprenait sa leçon dans un coin en la marmottant, il l'avait envoyée sur le balcon en lui disant qu'elle l'ennuyait.

Assurément elle était trop jeune encore pour qu'il s'occupât d'elle et se mît à sa portée; cela n'était possible que pour un esprit simple, et non pour une intelligence supérieure comme la sienne. Plus tard, il l'élèverait jusqu'à lui, quand elle serait en état de le comprendre. Ce qui l'avait surtout peinée, c'avait été de ne pas pouvoir faire travailler la musique à Geneviève, qui, de ce côté était véritablement douée.

— Ah! si j'avais une fille comme la vôtre! disait souvent Mme Gueswiller qui s'amusait à faire chanter à la petite les airs qu'elle avait entendus en écoutant sur le balcon.

Précisément parce qu'elle n'avait rien appris, Mme de Mussidan aurait voulu que que sa fille apprît tout : le français, l'anglais, l'italien, la peinture, la musique. Elle s'imaginait que plus une femme sait de choses, plus elle est parfaite. Il ne fallait pas que sa fille souffrît auprès de son mari comme elle-même souffrait auprès du sien ; il fallait qu'elle fût digne de lui, qu'elle le comprît, qu'elle lui plût, qu'elle se fît aimer, qu'ils n'eussent qu'un même esprit comme un même cœur.

Chez les Gueswiller, on ne vivait absolument que pour la musique ; non seulement du matin au soir on faisait de la musique, mais encore, quand on n'en faisait point en jouant de quelque instrument, on en parlait. Pour la mère, pour le père quand il venait une fois par an, pour les fils, pour les filles, il n'y avait pas d'autre chose au monde que la musique, pas d'autre travail, pas d'autre plaisir : le français, la grammaire, l'écriture, à quoi bon ? à quoi cela peut-il servir ?

Le solfège d'Italie, la méthode de celui-ci, les exercices de celui-là, à la bonne heure ! La petite Odile avait été mise à ce régime et, dès quatre ans, on l'avait campée devant un piano ; il fallait qu'elle fît comme ses frères et sœurs : à quatre ans, Mozart avait du talent.

A dire vrai, Odile aurait mieux aimé jouer à la poupée sur le balcon avec son amie Geneviève que de travailler son piano ; mais, sur la question du travail Mme Gueswiller, véritable pion de cette nombreuse famille, était inexorable, on n'avait le droit de s'amuser qu'après qu'on avait fait une demi-heure ou une heure de travail « par-dessus le marché ». Ne pouvant pas jouer avec sa camarade, Odile appelait Geneviève pour que celle-ci assistât à sa leçon, qui lui était donnée par sa sœur aînée ; et, tant que la leçon durait, Geneviève restait debout à côté du piano, immobile, silencieuse, recueillie, regardant tantôt la musique, tantôt les doigts de son amie courant sur les touches, le plus souvent ne regardant rien du tout, absorbée en elle-même. Puis, la leçon finie, au lieu de se mettre à courir avec Odile qui ne demandait qu'à secouer ses jambes engourdies, elle disait à Sophie, la sœur aînée :

— Joue-moi quelque chose.

— Que veux-tu que je te joue?

Alors elle indiquait le morceau qu'elle voulait entendre; seulement, au lieu d'en donner le titre qu'elle ne savait pas, elle en chantait un passage, celui qui l'avait frappée, pendant qu'elle l'avait entendu étudier.

— Surtout n'accroche pas, disait-elle.

— Comment, que je n'accroche pas?

— Tu sais à ce passage, — elle le chantait, — si tu savais comme tu me donnes des émotions quand tu en arrives là ! Que papa me parle, que maman m'explique quelque chose, je n'entends que toi ; quand l'endroit dangereux approche, je me dis : « Elle va accrocher. » Comme je suis contente quand tu le passes bien ! mais quel chagrin quand tu verses !

Quand M. de Mussidan avait, avec les dix mille francs de Mlle de Puylaurens, meublé son appartement, il avait acheté un piano, non pour en jouer lui-même, mais parce que cela complétait un ameublement. Rentrée près de sa mère, Geneviève ouvrait ce piano et, posant ses mains sur le clavier, elle cherchait à reproduire ce qu'elle avait vu faire et ce qu'elle avait entendu, ou simplement elle cherchait des combinaisons de sons, des successions de tierces qui lui plaisaient à l'oreille.

A assister aux leçons d'Odile, à écouter de son balcon les autres enfants travailler, elle avait si bien exercé son oreille, qu'elle savait reconnaître en quel ton ils jouaient et par quels tons ils passaient.

De même pour les petits marchands qui venaient sur la place, elle les désignait à sa mère par une appellation musicale.

— Maman, c'est la marchande de légumes qui crie en *do*.

C'était cela qui faisait dire à Mme Gueswiller :

— Si j'avais une fille comme la vôtre !

Et c'était cela aussi qui faisait dire à Sophie, donnant la leçon à Odile :

— Si tu étais douée comme Geneviève, c'est cela qui serait amusant de te faire travailler !

De là à vouloir faire travailler Geneviève, qui pousserait peut-être Odile par l'émulation, il n'y avait pas loin ; ce pas avait été franchi et les deux petites filles avaient travaillé ensemble.

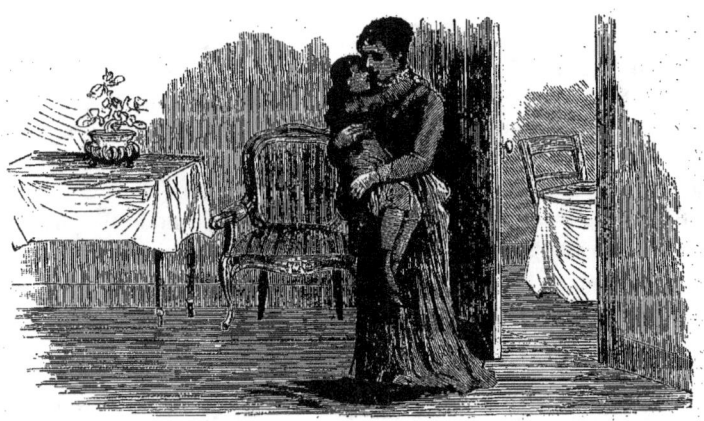

V

Ç'avait été un grand point pour Mme de Mussidan d'empêcher sa fille d'aller en pension; mais il y en avait eu un autre qui, à mesure que la petite se rapprochait de ses dix ans, l'avait de plus en plus préoccupée.

C'était à dix ans, en effet, que Mlle de Puylaurens voulait se charger de sa petite-nièce pour la faire instruire dans un couvent de son choix, et rien n'indiquait qu'elle eût renoncé à ce projet.

Bien qu'elle n'écrivît jamais à M. de Mussidan, bien qu'elle ne répondît même plus aux lettres que Sébastien et Frédéric continuaient de lui adresser à chaque instant pour lui demander un secours dont ils avaient absolument besoin sous peine du déshonneur et peut-être de la mort, elle n'avait pas cessé de donner des marques d'intérêt à Geneviève qui prouvaient qu'elle pensait à elle : au 1er janvier, des étrennes : une pièce d'argenterie à l'usage d'un enfant, un bijou; à sa fête, un cadeau, bien que cette fête suivit de près le 1ᵉʳ janvier; à l'anniversaire de sa naissance, un autre cadeau; enfin, de temps en temps et sans date fixe, des envois de toutes sortes : un agneau aux environs de Pâques; dans l'été, des fruits : prunes, raisins; dans l'hiver, des marrons avec une caisse de vin de Cayssaguet.

Puisque Mˡˡᵉ de Puylaurens pensait si souvent à Geneviève, n'était-il pas à supposer qu'elle n'oublierait pas son engagement? Cela paraissait d'autant plus vraisemblable que, fâchée avec ses neveux, elle devait vouloir reporter sur sa nièce son affection et ses espérances.

Bien souvent Mᵐᵉ de Mussidan avait agité la question de savoir s'il était ou n'était pas de l'intérêt de Geneviève que cet engagement fût exécuté, pesant le pour et le contre.

Sans doute Geneviève recevrait dans le couvent où sa tante voulait la placer une instruction qu'on ne pouvait pas lui donner dans la famille; mais cela était-il le meilleur pour elle? Ses frères avaient reçu chez l'abbé Quentin l'instruction la plus soignée et la plus brillante : à quoi cela leur avait-il servi? N'eût-il pas mieux valu pour eux qu'ils eussent été élevés dans des habitudes d'ordre et de régularité?

D'un autre côté et en admettant que cette éducation du couvent fût bonne pour elle, on devait se demander comment elle accepterait la vie de couvent. Si déjà elle avait été malade lorsqu'il avait été question de la mettre en pension tout simplement quelques heures par jour, que se passerait-il lorsqu'il s'agirait d'une véritable séparation? Était-il sage, était-il prudent de l'exposer à un pareil danger?

C'était cela qu'elle devait examiner et peser, et cela seul, en mettant le reste de côté.

Dans une aussi grave circonstance elle ne devait avoir souci que de sa fille, de son intérêt, de son bonheur, de sa santé, de son avenir, en écartant les autres et elle-même.

Il ne s'agissait pas de Mˡˡᵉ de Puylaurens et de la satisfaction ou de la déception qu'elle éprouverait à avoir ou à n'avoir pas sa nièce, et il ne s'agissait pas non plus des résultats que cette satisfaction ou cette déception pourrait exercer sur son testament; Dieu merci elle n'avait pas gagné la maladie des Mussidan, cette terrible manie de l'héritage qui les avait affolés et paralysés.

De même il ne s'agissait pas non plus de la douleur qui l'accablerait en se séparant de son enfant, qui était sa vie même; elle l'aimait assez, cette enfant, pour se sacrifier à son bonheur.

Il ne s'agissait que de Geneviève.

Longtemps elle hésita, d'autant plus tourmentée qu'elle ne pouvait parler à personne de ses angoisses, décidée à laisser partir sa fille quand elle la voyait dans une période de bonne santé, décidée au contraire à la garder près d'elle quand elle la voyait un peu pâle ou qu'elle lui trouvait le plus léger bobo. Que deviendrait-elle? qui la soignerait? qui la surveillerait? Il n'y avait pas que son état physique à surveiller en elle, il y avait son état moral, et avec une nature tendre comme la sienne, un cœur sensible, un caractère impressionnable comme les siens, cela était autrement grave.

Alors elle se disait que si Mlle de Puylaurens avait été une parente ordinaire, sans sa grande fortune, une tante à elle, par exemple, elle n'aurait pas eu toutes ces hésitations et qu'elle aurait très nettement refusé de lui donner sa fille. Si elle balançait ainsi, c'était donc que cette fortune la corrompait. N'était-ce pas lâche et misérable? Les leçons, les exemples qu'elle avait sous les yeux étaient donc sans influence sur elle?

Cependant, quoi qu'elle se dit et répétât tantôt dans un sens, tantôt dans un autre, les choses auraient peut-être traîné longtemps ainsi sans qu'elle s'arrêtât à un parti, si un jour, en rentrant de sa promenade, M. de Mussidan n'était pas monté tenant une lettre à la main.

— Savez-vous de qui est cette lettre que je viens de recevoir? dit-il d'un ton furieux.

Comment l'aurait-elle su? Elle ne répondit pas.

— De Mlle de Puylaurens. Savez-vous ce qu'elle me dit?

Elle avait pour habitude d'être d'une extrême prudence avec son mari, ne sachant jamais si elle n'allait pas le contrarier. Elle ne répondit rien, et comme Geneviève allait de çà de là, elle lui fit signe de rester tranquille pour ne pas agacer son père.

— Elle me demande Geneviève. Au reste, la lettre est trop curieuse pour que vous ne la lisiez pas.

Et il se mit à la lire lui-même.

« Mlle de Puylaurens rappelle à M. le comte de Mussidan qu'elle
« a pris l'engagement de faire élever la petite Geneviève quand
« celle-ci aurait atteint sa dixième année. Le moment est venu
« de remplir cet engagement. En conséquence, Mlle de Puylaurens
« se rendra à Paris à la fin du mois prochain afin de prendre sa
« petite-nièce et de la ramener à Cordes avec elle. Son intention,
« en effet, est de faire élever l'enfant sous ses yeux par une insti-
« tutrice particulière. »

— Que pensez-vous de cela ? s'écria-t-il.

Mais elle était bien trop profondément émue pour trouver un mot à répondre. Lui prendre sa fille ! L'emmener à Cordes ! Elle n'entendait que cela. Elle n'était sensible qu'à cela, et aussi à l'étreinte nerveuse de sa fille qui, en écoutant la lecture de cette lettre, était venue à sa mère et, lui ayant pris la main, la lui serrait passionnément, comme pour lui dire :

— Je te tiens, tu ne m'abandonneras pas ; on ne m'enlèvera pas.

— N'est-ce pas prodigieux ! continua-t-il, pas un mot de moi. Cette vieille fille est un monstre d'égoïsme. Quel horrible défaut ! Est-ce qu'elle s'imagine que ma fille lui appartient ? Ma fille est à moi. Et puis qu'est-ce que c'est que cette institutrice particulière ? quelle éducation donnera-t-elle à ma fille ? Je n'en sais rien, moi. Pas un mot de moi !

Au milieu des éclats de voix de M. de Mussidan, ce qu'on entendait à peu près distinctement, c'était moi, toujours moi, rien que moi.

Mais elles n'écoutaient pas : de leurs mains jointes elles s'étreignaient, et dans leur esprit, dans leur cœur il n'y avait qu'une pensée : le départ.

Il fallut se mettre à table cependant.

Et comme ni la mère ni la fille ne mangeaient, M. de Mussidan se fâcha :

— Je mange bien, moi ! moi à qui l'on fait l'injure ; mangez donc. Allez-vous exciter ma colère par votre mauvaise humeur ?

Mme de Mussidan fit semblant de manger, mais Geneviève n'avait pas la docilité voulue de sa mère.

— Je n'ai pas faim, dit-elle.

— Pourquoi n'as-tu pas faim?

— Parce que je ne veux pas partir.

— Tu ne veux pas? C'est à moi de vouloir, non à vous, mademoiselle. Mangez. Qu'est-ce que c'est que cette petite bête !

Mais au lieu de manger elle fondit en larmes en se jetant sur sa mère.

Alors il s'écria :

— Quelle vie que la mienne ! Je ne peux même pas dîner en paix ; faites taire votre fille, madame, ou je quitte la table. Voulez-vous donc me donner une mauvaise digestion ?

Mais ce ne fut pas lui qui quitta la table, ce fut Mme de Mussidan qui enleva Geneviève qu'elle ne pouvait pas calmer.

Elle la porta dans sa chambre et la déshabilla pour la coucher, l'embrassant, lui disant de douces paroles.

— Promets-moi que je ne partirai pas, disait l'enfant, promets-le-moi, maman.

Et en répétant sans s'arrêter ce mot « maman » elle ne cessait de pleurer et de sangloter, ne voulant pas lâcher le cou de sa mère.

— Il faut que je parle à ton père, disait celle-ci.

— Promets-moi d'abord, tu lui parleras ensuite ; tu vois bien qu'il est fâché contre notre tante.

Que M. de Mussidan fût fâché aujourd'hui contre Mlle de Puylaurens, cela ne signifiait pas que demain il ne céderait pas à sa demande. Chez lui, la question de l'héritage dominait tout, et elle ne pouvait pas savoir s'il ne considérerait pas le séjour de Geneviève auprès de Mlle de Puylaurens comme favorable à la réalisation de ses espérances; dans ce cas, il faudrait que Geneviève allât à Cordes, dût-il la conduire lui-même. Sans qu'il eût jamais daigné s'expliquer avec elle, il ne lui avait pas fallu bien longtemps pour deviner quelles étaient ses espérances : jouir du revenu de la fortune que Mlle de Puylaurens laisserait à Geneviève. Si Geneviève allait à Cordes et faisait la conquête de sa tante, comme cela était probable, celle-ci ne l'avantagerait-elle pas dans son testament, au détriment de ses neveux Sébastien et Frédéric, qui lui avaient causé tant de chagrin ? Si ces avantages avaient lieu, la part de Geneviève se trouverait grossie d'autant et par conséquent ses revenus, dont son père espérait jouir, grossiraient aussi. Quelle influence un pareil calcul ne pouvait-elle pas exercer sur sa détermination ?

Cependant, si peu rassurée qu'elle fût en présence d'une pareille situation, il fallut qu'elle fît à sa fille la promesse que celle-ci implorait si désespérément :

— Promets-moi, maman.

VI

Elle avait promis.

Mais comment tenir sa promesse, comment retenir Geneviève, dans le cas où M. de Mussidan voudrait qu'elle partît?

Si elle avait été effrayée à la pensée qu'on pouvait lui prendre sa fille pour la mettre dans un couvent de Paris, c'est-à-dire près d'elle et dans des conditions où il lui serait possible de la voir souvent, combien plus encore l'était-elle devant cette menace immédiate qu'on allait la lui prendre pour l'emmener à Cordes, où elle ne la verrait plus!

Il fallait qu'elle trouvât un moyen; il le fallait pour elle, il le fallait pour l'enfant.

Le soir, au lieu de se coucher à l'heure ordinaire, elle prétexta un travail pressé et resta seule, pour réfléchir, pour chercher. Ç'avait été toujours son habitude, lorsqu'elle était préoccupée, de suivre sa pensée en poussant son aiguille; sous sa lampe dans le silence de la nuit, elle était plus libre, elle pouvait mieux s'absorber dans son sujet.

Ce qu'il fallait, c'était quelque chose qui touchât son mari, et ils n'étaient pas communs, les moyens qui agissaient sur lui.

Jamais elle ne s'était dit qu'il était un égoïste, mais elle savait qu'il ne se déterminait que par des raisons qui mettaient son intérêt personnel en jeu; c'était donc une de ces raisons qu'elle devait faire valoir auprès de lui.

Qu'il crût que le séjour de sa fille près de Mlle de Puylaurens pouvait compromettre son héritage, et bien certainement il ne la laisserait point aller à Cordes.

Mais comment l'amener à croire cela?

Qui lui eût dit quelques années auparavant, qu'un jour viendrait où elle oserait faire croire quelque chose à ce mari si haut placé au-dessus d'elle! Cependant la maternité lui avait donné ce courage en l'habituant à faire passer la mère avant la femme.

Le lendemain matin, pendant que son mari s'habillait, — ce qui était pour lui une occupation aussi longue que sérieuse, elle s'enhardit à lui parler de la lettre de Mlle de Puylaurens, et, bien qu'elle n'eût jamais étudié les lois de la rhétorique, elle employa le procédé qui consiste à se concilier tout d'abord la bienveillance de son interlocuteur :

— Plus je réfléchis à cette lettre de Mlle de Puylaurens, dit-elle, plus je la trouve inexplicable.

— Dites abominable! Dites impardonnable!

— Mlle de Puylaurens est votre tante.

— Sans doute, sans doute.

Si M. de Mussidan ne se gênait guère pour appeler sa tante sorcière, coquine, voleuse, il n'aurait pas toléré que d'autres que lui se permissent de parler d'elle peu révérencieusement; elle était de sa famille, « sa tante », et, à ce titre, elle avait droit au respect... des autres.

— Comment peut-elle disposer ainsi de votre fille, continua Mme de Mussidan, sans savoir si votre intention est de la lui confier?

— Cette vieille coquine se croit tout permis.

— Certainement le séjour à la campagne serait favorable à Geneviève.

— Si vous voulez m'influencer pour que je l'envoie à Cordes, je vous avertis que vous pouvez faire l'économie de vos discours ; je sais ce qui convient ou ne convient pas à ma fille, peut-être.

— Je veux si peu que vous envoyiez Geneviève à Cordes, que je me dis que son séjour auprès de Mlle de Puylaurens pourrait être dangereux.

— En quoi, je vous prie ?

Quand son mari l'interrogeait sur ce ton, elle avait l'habitude de se dérober : elle ne savait pas ; c'était une idée en l'air ; rien de sérieux ; mais dans le cas présent il fallait faire tête : elle se raidit contre son émotion, s'efforçant de rester calme.

— Vous comptez que Geneviève sera l'héritière de sa tante, n'est-ce pas ? demanda-t-elle.

— Assurément.

— Vous aussi vous aviez la qualité d'héritier de Mlle de Puylaurens, et cependant vous n'hériterez pas d'elle.

— Parce qu'elle me déshérite.

— Elle vous déshérite parce que vous l'avez fâchée.

— Parce que c'est la coquine la plus vicieuse qui soit au monde, la plus orgueilleuse, la plus sottement infatuée d'elle-même, la plus injuste, la plus acariâtre.

— Assurément les torts sont de son côté.

— Dites qu'en cette circonstance elle a été abominable, — comme toujours d'ailleurs.

— C'est précisément là ce qui m'inquiète en pensant au séjour de Geneviève près d'elle.

— Je ne crois pas qu'elle pousserait la méchanceté jusqu'à faire souffrir une enfant ; elle ne manque pas d'une certaine bonté ; la façon dont elle se conduit avec moi ne m'empêchera pas de lui rendre justice.

— Je ne veux pas dire qu'elle ferait souffrir Geneviève, mais simplement qu'elle peut la prendre en grippe.

— Geneviève sait se faire aimer.

— Est-ce suffisant avec Mlle de Puylaurens ? Il me semble que si elle devait aimer quelqu'un, et l'aimer passionnément c'était vous ; et cependant elle s'est fâchée avec vous, fâchée à ce point qu'elle vous déshérite.

— Geneviève n'est qu'une enfant.

— Il me semble que c'est là justement qu'est le danger. Si elle était plus grande, plus raisonnable, on pourrait lui faire comprendre l'intérêt qu'il y a pour elle à ménager sa tante ; mais comment parler de cela à une enfant de son âge. Remarquez que si vous décidez de l'envoyer à Cordes...

— Je n'ai pas parlé de cela.

— Je dis que si vous décidiez de l'envoyer à Cordes, elle y arriverait assez mal disposée. Vous savez comme elle nous aime ; elle serait désespérée de nous quitter, et dans ces dispositions il se pourrait qu'elle accusât sa tante d'être la cause de cette séparation.

— Eh bien ?

— Eh bien, cela pourrait être dangereux, car si elle n'est pas aimable avec sa tante, celle-ci peut la prendre en grippe. Vous savez combien Geneviève est impressionnable : si elle ne se sent pas aimée, si on n'est pas doux et tendre avec elle, au lieu de se livrer, elle se tiendra sur la réserve, et Mlle de Puylaurens, qui est peut-être exigeante...

— Dites qu'elle est d'une exigence féroce.

— Mlle de Puylaurens la trouvera insupportable ; il pourra survenir des difficultés entre elles ; et une fois que les choses auront pris cette voie, qui sait jusqu'où elles iront ; qui sait si un jour Mlle de Puylaurens ne vous rendra pas votre fille ; qui sait si alors elle ne la déshéritera pas ? Elle vous a bien déshérité, vous.

— Et si, au lieu de la prendre en aversion, elle la prend en affection ?

— Sans doute cela est possible, quoique cela ne paraisse pas probable, étant donné le caractère de Mlle de Puylaurens d'une part, exigeante et dure, et celui de Geneviève de l'autre, timide et tendre. Mais si ce que vous dites arrivait, cela ne changerait en rien la situation de Geneviève, qui ne deviendrait pas l'héritière de sa tante plus qu'elle ne l'est en ce moment, car vous vous croyez sûr, n'est-ce pas, que dans sa colère contre vos fils elle les déshéritera comme elle vous a vous-même déshérité, c'est-à-dire qu'au lieu de leur laisser une part de sa fortune, elle ne leur laissera qu'une rente viagère.

— Cela me paraît probable pour ne pas dire certain.

— La situation de Geneviève est donc celle-ci : si elle gagne l'affection de sa tante, son héritage reste ce qu'il est présentement ; si, au contraire, elle ne gagne pas cette affection, cet héritage peut être entièrement perdu pour elle. Dans ces conditions il me semble que c'est courir gros jeu de l'envoyer à Cordes ; je vois ce qu'elle peut perdre, et je ne vois pas ce qu'elle peut gagner. Elle a des chances contre elle et elle n'en a pas pour elle.

— Et si Mlle de Puylaurens se fâche de ne pas l'avoir.

— Ce serait contre vous qu'elle se fâcherait, contre moi ; ce ne pourrait pas être contre Geneviève. Ce n'est pas Geneviève qui veut aller ou ne pas aller à Cordes ; c'est nous qui l'envoyons ou qui la retenons. C'est donc contre nous, contre nous seuls, que peut se tourner la colère de Mlle de Puylaurens. Et nous, que nous importe ? Vos rapports avec elle ne nous engagent pas à faire quelque chose qui lui soit agréable, n'est-ce pas ?

— Certes, non !

— Elle ne peut pas être plus fâchée contre vous qu'elle ne l'est ; elle ne peut pas vous déshériter davantage. Vous n'avez donc pas à la ménager.

— Où voyez-vous que je la veux ménager ?

— Je ne dis pas cela, mais seulement que les sentiments qu'elle peut éprouver à votre égard vous sont indifférents ?

— Absolument.

— Moi, je ne compte pas. Nous n'avons donc à nous préoccuper que de ceux qu'elle peut éprouver à l'égard de Geneviève ; et il me semble que notre refus de lui donner notre fille ne peut que l'attendrir pour cette pauvre enfant, victime de la dureté de ses parents.

Il la regarda un moment :

— Savez-vous que ce n'est vraiment pas mal raisonné, dit-il.

— Une mère a de ces raisonnements-là.

Mais elle se tut aussitôt, ayant peur d'en avoir déjà trop dit. Elle savait comme il se blessait facilement lorsqu'elle montrait mal à propos sa tendresse pour sa fille. Et ce n'était pas le moment de se fâcher.

Elle avait obtenu un succès inespéré : elle s'était fait écouter sans qu'il se moquât d'elle ou la rembarrât, et il lui semblait qu'elle n'avait pas trop mal expliqué ce qu'elle voulait dire. Plusieurs fois elle avait vu qu'elle avait touché juste ; il réfléchirait.

Le mieux était de le laisser à ses réflexions.

Un mot qu'il lui dit augmenta encore son espérance.

— Je suis vraiment surpris que dans cette affaire vous ayez été si sensible à la question d'intérêt et si peu à la question de dignité, cela ne vous émeut pas, vous, la dignité.

VII

Dès là que l'envoi de Geneviève à Cordes était une question de dignité, Mme de Mussidan était tranquille : sa fille ne partirait pas.

Elle rentra souriante dans la pièce où Geneviève l'attendait tremblante et anxieuse, car sans que sa mère lui eût rien dit, elle avait compris ce qui se passait dans la chambre de son père.

— Qu'a dit papa? demanda l'enfant.

— Il n'a rien dit, mais il y a bon espoir.

Elle se jeta sur sa mère et passionnément elle l'embrassa :

— Oh! maman, maman!

Puis tout de suite, pensant à son père :

— Je vais l'embrasser; je suis si heureuse.

Mais sa mère la retint; depuis dix ans elle avait étudié son mari et elle savait que ce n'était pas ainsi qu'il fallait s'y prendre avec lui, de cette façon simple et spontanée. Que Geneviève se montrât à lui dans son ivresse de joie, et tout de suite il s'inquiéterait de cette joie. Pourquoi était-elle si heureuse? De là à chercher s'il n'y avait pas eu accord entre la fille et la mère, il n'y avait qu'un pas. Il ne pouvait pas supporter ces sortes d'accord; c'était avec lui qu'on devait s'entendre, non avec d'autres; c'était à lui qu'on devait s'adresser, à lui seul. Et puis ce qu'il ne pouvait pas supporter non plus, c'était que ceux qui lui appartenaient fussent heureux d'une joie qu'il ne leur aurait pas donnée lui-même; c'était pour lui qu'on devait être affligé, par lui qu'on devait se réjouir.

— Il ne faut pas montrer cette joie à ton père, dit-elle.

Geneviève regarda sa mère avec des yeux étonnés, mais sans oser l'interroger cependant.

— Ah! dit-elle tristement.

— Ce n'est pas le moment.

— Cela ne lui ferait donc pas plaisir de voir combien je suis heureuse de ne pas aller à Cordes?

C'était là une terrible question d'enfant à laquelle il fallait répondre sans hésiter.

— Écoute-moi bien et tâche de me comprendre.

— C'est papa que je ne comprends pas quelquefois; mais toi, je te comprends toujours.

— Eh bien! ma mignonne, comprends que nous avons de grandes obligations envers ta tante de Cordes.

— Quelles obligations?

— Nous ne sommes pas riches, et c'est elle qui nous permet de vivre.

— C'est toi qui nous fais vivre; c'est avec l'argent que tu gagnes que nous vivons; sans cela tu ne travaillerais pas tant.

— Ce n'est rien la vie de la maison. En dehors de cela, il y a d'autres dépenses : celles de ton père... et bien d'autres encore. C'est à ces dépenses-là que Mlle de Puylaurens subvient.

— Quelles dépenses a-t-il papa, puisqu'il mange ici?

— Tu comprendras cela plus tard; pour le moment, tu n'as qu'une chose à comprendre : c'est que nous sommes les obligés de ta tante, et que, pour lui refuser ce qu'elle désire, il faut que ton père fasse un grand effort de volonté.

— Il l'appelle toujours vieille coquine.

C'était là aussi une terrible réflexion et qui montrait quel travail se faisait dans l'esprit de l'enfant.

— Quand ton père est fâché, il se laisse entraîner par la colère; il dit alors tout ce qui lui passe par l'esprit, mais cela ne l'empêche pas d'aimer ceux dont il parle. Malgré ses fâcheries contre sa tante, il l'aime cependant; cela le peine donc de lui refuser ce qu'elle demande, il ne le fait que par tendresse pour toi. C'est pour cela que ce n'est pas le moment de lui montrer ta joie; quand il t'annoncera que tu ne vas pas à Cordes, tu pourras le remercier; alors il sera heureux de la joie qu'il t'aura donnée.

— C'est toi qui me la donnes, c'est à toi que j'ai demandé de ne pas aller à Cordes.

— Et c'est ton père qui décidera que tu n'y vas pas, c'est donc lui qu'il faut remercier; tu lui donneras la satisfaction de t'avoir fait plaisir; tant qu'il ne te parlera pas tu ne dois rien dire, ni rien laisser paraître.

Il ne tarda pas à parler.

— Tu serais contente de ne pas aller à Cordes? dit-il un matin à sa fille.

— Oh! papa.

— Qu'est-ce que tu me dirais?

— Je vous embrasserais de tout mon cœur.

Puis, pendant qu'elle l'embrassait, il se tourna vers sa femme :

— Voilà la lettre que j'écris à Mlle de Puylaurens.

Et il lut :

« J'ai l'honneur de présenter mes hommages à Mlle de Puy-
« laurens et de lui faire savoir qu'un père n'accepte pas une
« proposition comme la sienne. J'aurais pu confier ma fille à une
« parente chez laquelle j'aurais eu la certitude qu'elle trouverait
« de l'affection et de la tendresse, et où elle pourrait entendre
« parler de son père. Mais puisque ce père ne paraît pas exister
« pour cette parente, il garde sa fille. »

Il avait détaché chaque mot de manière à en faire sentir toute l'importance; quand il fut arrivé au bout de sa lecture, il prit un temps :

— Eh bien! dit-il, comment trouvez-vous cela?

C'était mal, très mal qu'elle trouvait cela ou tout au moins il lui semblait que ce n'était pas du tout ce qu'il fallait répondre. Mais comment dire cela? D'ailleurs, ne se trompait-elle pas? C'était lui sans doute qui avait raison. Un homme comme lui, un homme de sa naissance et de son éducation, qui avait vu le monde où il avait occupé un haut rang, savait mieux qu'une pauvre femme comme elle ce qu'il convenait d'écrire dans une pareille circonstance. N'était-ce pas une maladresse de sa part de vouloir le juger? Et cependant elle sentait que si elle avait écrit cette lettre, elle n'aurait point parlé ainsi. Mais comment risquer une critique? D'ailleurs, si la forme n'était pas ce qu'elle avait voulu, le fond, au contraire, était ce qu'elle avait demandé : on refusait Geneviève à Mlle de Puylaurens, c'était là l'essentiel.

Qu'importait le reste?

Comme elle n'avait pas répondu, il insista :

— Trouvez-vous donc que je n'ai pas été assez raide?

— Oh! si.

— C'est un plaisir de traiter les gens comme ils le méritent, surtout quand on n'a pas besoin d'eux.

Mais il se trompait en s'imaginant qu'il n'avait plus besoin de Mlle de Puylaurens; la réponse de celle-ci le lui montra.

Ce fut en son absence qu'arriva cette réponse que le concierge remit à Mme de Mussidan. Quand celle-ci reconnut la longue écriture de Mlle de Puylaurens et vit le timbre de Cordes, elle eut un pressentiment : si Mlle de Puylaurens écrivait, c'était assurément pour insister. Quels moyens employait-elle? quelles propositions faisait-elle? Il allait donc falloir soutenir une nouvelle lutte pour retenir Geneviève. Comme elle eût voulu savoir ce que disait cette lettre! Mais si son mari décachetait les lettres qu'elle recevait, elle ne décachetait pas les lettres de son mari et même elle ne les lisait pas. Il fallait attendre et préparer sa défense sans connaître le terrain sur lequel la lutte allait être portée.

La lettre avait été mise en belle place; quand M. de Mussidan rentra elle lui sauta aux yeux.

— Ah! une lettre de Cordes, dit-il. Est-ce que la vieille coquine s'excuserait?

Et, prenant les ciseaux, il coupa un côté de l'enveloppe.

Si c'étaient des excuses, comme il le supposait, elles étaient courtes ; la lettre ne contenait que quelques lignes.

Il lut haut :

« Puisque M. de Mussidan peut se charger de l'éducation de sa
« fille et la continuer comme il convient, c'est qu'il a certaine-
« ment des ressources que Mlle de Puylaurens ne connaissait pas
« quand elle a consenti une pension qu'elle croyait indispensa-
« ble. Cette pension, devenant désormais inutile, sera supprimée
« à partir du mois prochain. »

Mme de Mussidan écoutait, tout en continuant de travailler ; mais si son mari l'avait regardée, il aurait vu qu'elle tirait son aiguille d'une main tremblante. Pour Geneviève, sans se douter que c'était son sort qui allait se décider, elle écoutait, ne comprenant pas ce que son père lisait.

Jamais Mme de Mussidan ne se permettait de parler la première, et avant d'émettre une opinion, elle attendait que son mari la lui eût demandée. Encore n'osait-elle pas toujours dire ce qu'elle pensait. Mais en ce moment il ne s'agissait pas de se montrer femme respectueuse, il fallait être mère intelligente ; il fallait prévenir l'impression que cette lecture allait produire dans l'esprit de son mari, et autant que possible diriger la résolution qu'elle allait inspirer.

— Quelle infamie ! s'écria-t-elle.

— Dites que c'est une basse vengeance.

— Comme Mlle de Puylaurens vous connaît peu ! Comment peut-elle s'imaginer que vous allez céder à cette menace ? Un homme comme vous !

— C'est une misérable coquine.

— Croire que vous allez lui vendre notre fille, car ce serait la vendre que de la lui confier en échange de cette pension qu'elle vous rendrait.

— Vous voyez quelle femme c'est. Avouez que vous me jugiez quelquefois injuste envers elle.

— Je ne la connaissais pas.

— Et vous aimiez mieux m'accuser d'injustice que de croire à ce que je vous disais.

— C'était si fort !
— Cela n'est-il pas plus fort que tout !
— Et maintenant qu'allez-vous faire ?

Il croisa ses bras sur sa large poitrine, et relevant la tête en secouant sa chevelure grise :

— Comment ! ce que je vais faire ? Vous me le demandez ! Vous imaginez-vous que je suis un homme qui cède à la menace ? Croyez-vous que je me détermine par des raisons d'intérêt personnel ? Suis-je un homme d'argent ? C'est vous, vous, qui me demandez ce que je vais faire ; moi, un Mussidan !

Elle n'avait plus rien à dire : il avait pris la voie qu'elle voulait ; cependant elle ajouta encore un mot :

— Si vous n'écriviez pas tout de suite, vous pourriez réfléchir.

— Réfléchir à quoi ? pour quoi ? Pour revenir sur ma résolution ? Est-ce cela que vous voulez dire ? Vous n'êtes... qu'une pauvre femme.

VIII

Oui, elle était une pauvre femme, en tout, pour tout, elle le sentait, elle le voyait, mais non pour sa fille cependant.

C'était même à ses yeux un sujet d'étonnement que, lorsqu'il s'agissait de sa fille, elle n'était plus la même femme ; elle avait du courage, de la volonté, de l'initiative, presque de l'intelligence; elle osait avoir d'autres idées que son mari, résister à ce qu'il voulait, l'amener à faire ce qu'elle voulait elle-même ou ce que Geneviève désirait.

La réponse que M. de Mussidan avait faite à Mlle de Puylaurens, mise par elle à la poste le soir même, elle ne s'était pas endormie dans une paresseuse sécurité. C'était bien que cette réponse eût été écrite dans un moment de colère indignée. Mais ce n'était pas tout ; il fallait maintenant que, la colère passée, il ne revînt pas sur cette fière réponse.

C'était le propre de M. de Mussidan de ne jamais penser à son intérêt, ni de ne jamais s'occuper des questions d'argent lorsqu'il voulait une chose ; sous l'influence d'un désir, il ne voyait que la satisfaction de ce désir et sa réalisation immédiate, coûte que coûte, le reste n'existait pas ; aujourd'hui, tout de suite, cela seul comptait. Mais le lendemain la réflexion arrivait et avec elle le souci de l'intérêt personnel. Exaspéré par la lettre de sa tante et sous le coup de la colère, il n'avait pas pensé à la suppression de « son indemnité » ; mais le jour où cette indemnité viendrait à lui manquer, que se passerait-il ?

Il n'était pas difficile de deviner que Mlle de Puylaurens n'avait supprimé la pension qu'elle servait à M. de Mussidan que pour obliger celui-ci à capituler par la famine ; la première chose à faire était donc d'empêcher que cette famine se produisît.

Si elle avait pu travailler davantage et ajouter ses nuits à ses journées déjà si longues, elle eût sans se plaindre accepté ce surcroît de fatigue ; elle était née pour travailler, et travailler pour sa fille, ce serait un plaisir. Mais cela était impossible ; elle faisait déjà plus que force. Prendre encore quelques heures sur son sommeil, ce serait mourir à la peine, et elle ne voulait pas mourir. Que deviendrait Geneviève ? On l'élèverait comme avaient été élevés Sébastien et Frédéric.

Et cependant il fallait qu'elle trouvât, n'importe comment, à remplacer cette indemnité dont son mari, bien certainement, ne se passerait pas longtemps.

Deux ans auparavant, elle avait perdu une tante, qui vivait à Lille avec un frère aîné, le musicien, qui avait été témoin à son mariage. C'était une vieille fille simple et bonne et qui s'était consacrée à son frère qu'elle n'avait jamais quitté, sa servante, sa mère et sa sœur tout à la fois. A ce métier, elle n'avait pas fait sa fortune. Cependant à sa mort, elle avait laissé un petit avoir consistant surtout en objets mobiliers, meubles, linge, et aussi en une part de propriété indivise dans un petit jardin situé aux environs de la ville, où ils allaient passer les dimanches de la belle saison. Soit oubli, soit respect pour la loi d'héritage, cette vieille fille n'avait pas fait de testament en faveur de son frère, de sorte que, lorsqu'elle était morte, celui-ci s'était trouvé obligé à partager ce qu'elle laissait avec sa nièce « madame la comtesse de Mussidan ». Grand embarras pour lui, car ayant

GENEVIÈVE.

toujours vécu dans une étroite communauté avec sa sœur, il était assez difficile de distinguer ce qui appartenait à l'un ou à l'autre, et surtout de partager le jardin, — une languette de terre de soixante mètres de long sur dix de large, et à laquelle on ne pouvait accéder que d'un seul bout. Il avait écrit son embarras à sa nièce. A ce moment celle-ci était dans une situation qui lui permettait d'obéir à ses sentiments d'affection et de pitié pour ce pauvre homme si rudement frappé : « l'indemnité » de Mlle de Puylaurens était exactement payée ; elle-même gagnait assez pour subvenir aux besoins de son ménage ; elle avait donc répondu à son oncle de ne pas se tourmenter et de continuer à vivre comme il avait toujours vécu, sans rien vendre de son mobilier, sans vendre son jardin ; le jour où il aurait de l'argent, il lui tiendrait compte de ce qu'elle avait à recueillir dans cette succession, — là-dessus elle s'en rapportait à sa délicatesse.

Mais si, à ce moment, elle avait pu ne pas exiger ce qui lui était dû, les circonstances n'étaient plus les mêmes ; elle avait besoin de sa part d'héritage, et elle l'avait demandée en expliquant à son oncle quelle était sa situation.

La réponse ne s'était pas fait attendre.

« Ma chère nièce,

« Vous avez eu tort de supposer que je pouvais me fâcher de
« votre demande : elle est trop légitime pour me surprendre ou
« me peiner en quoi que ce soit ; d'ailleurs la façon dont vous
« avez agi avec moi après la mort de ma pauvre sœur a prouvé
« une fois pour toutes combien vous étiez délicate dans vos rela-
« tions de famille. Ce n'est pas maintenant que je vais vous sus-
« pecter.

« Ceci dit, j'arrive à votre demande. J'aurais voulu tout de
« suite vous envoyer ce que je vous dois ; et pour cela j'ai fait
« estimer ce que ma sœur a laissé en meubles et en linge, ainsi
« que notre jardin ; j'ai pris pour cela des gens en qui vous pou-
« vez avoir toute confiance, croyez-le bien. De cette estimation, il
« résulte que le mobilier et le linge valent trois mille francs, et
« que le jardin vaut deux mille francs ; la succession de ma sœur
« s'élève donc à cinq mille francs, c'est-à-dire que la part qui vous
« revient est de deux mille cinq cents francs.

« Je vous avoue que je n'ai pas ces deux mille cinq cents
« francs. Nous ne faisons pas beaucoup d'économies, nous autres
« pauvres professeurs de musique de la province. J'en avais cepen-
« dant quelques-unes, mais la longue maladie et la mort de ma
« sœur les ont dévorées. Il m'est donc impossible de verser immé-
« diatement la somme que je vous dois, soit en totalité, soit par
« gros acomptes.

« Ce que je vous propose, c'est de vous envoyer jusqu'à ma
« complète libération cent cinquante francs tous les mois.

« Ne craignez rien ; si vous acceptez cet arrangement, je le
« tiendrai. Voici comment je m'y prendrai : après la mort de
« ma sœur, ne voulant rien changer à mes habitudes, qui avaient
« été les siennes, j'ai confié le soin de mon ménage à une vieille
« bonne, et depuis j'ai continué de vivre comme j'ai toujours
« vécu. Mais il est certain que je puis très bien me passer de cette
« bonne et manger au restaurant, ce qui me permettra d'économi-
« ser au moins cent francs par mois. J'en gagne trois cents ; avec
« quelques autres économies sur mille choses, je peux arriver à
« prélever sur ces trois cents francs, cent cinquante francs. Si vous
« le voulez bien, je vous les enverrai le premier de chaque mois ;
« de sorte que, dans le délai d'un an et demi, je me trouverai
« quitte de ce que je vous dois, capital et intérêt.

« Encore un coup, ma chère nièce, je regrette de ne pouvoir
« pas vous verser en une fois la somme entière, mais je fais tout
« ce que je peux, croyez-le.

« Dites-moi si cet arrangement vous convient ; et si votre
« réponse est, comme je l'espère, une acceptation, vous recevrez
« aussitôt mon premier payement.

« Présentez mes hommages à M. le comte de Mussidan, embras-
« sez ma petite nièce pour son vieil oncle, et croyez à mes senti-
« ments affectueux. »

Un pareil arrangement n'avait que des avantages pour elle, puisqu'il ne mettait pas aux mains de son mari une grosse somme qui pourrait être dépensée d'un coup. Mais comment celui-ci l'accepterait-il ? Elle ne pouvait pas le lui cacher, car il ne recevrait pas cent cinquante francs tous les mois sans demander d'où ils venaient.

Quand il rentra elle lui tendit la lettre.

— Qu'est-ce que c'est que ça ?

— Une lettre de mon oncle de Lille ; je lui ai écrit...

— Sans m'en parler?

Elle continua comme si elle n'avait pas entendu cette observation.

— Et voici sa réponse.

— Est-ce que cela m'intéresse ?

— Il s'agit du règlement de la succession de ma tante.

Alors il prit la lettre et la lut.

— Comment! s'écria-t-il, il vous était dû près de trois mille francs par votre oncle et vous ne m'en aviez rien dit !

— Je ne savais pas ce que valait réellement cet héritage et je croyais qu'il n'avait pas d'importance.

— Trois mille francs !

— Et puis il me semblait que, n'ayant pas absolument besoin de cette somme, nous pouvions ne pas tourmenter mon oncle.

— Ce n'est pas tourmenter les gens que de leur réclamer ce qu'ils doivent; nous n'étions pas en situation de faire des cadeaux à votre oncle.

— Ce n'était pas un cadeau, cela serait revenu un jour à Geneviève avec ce qu'il lui laissera, car elle sera son héritière.

— Le bel héritage, ma foi, je vous engage à en parler !

— Je n'en ai jamais parlé.

— Enfin voici un bonhomme qui en prend vraiment bien à son aise avec nous : cent cinquante francs par mois.

— Il ne peut pas faire plus.

— Je vous demande pardon, il pourrait faire plus; pourquoi ne vend-il pas les vieux meubles de sa sœur?

— Il les aime... pour le souvenir.

— Pourquoi ne vend-il pas son jardin? Soixante mètres de long, dix de large; on ne se promène pas là-dedans; je suis sûr qu'il y perd son temps à piocher la terre; c'est une rage chez les gens qui travaillent toute la semaine d'aller ainsi se fatiguer à des niaiseries le dimanche.

Cependant après avoir exhalé son mécontentement, il finit par dire qu'il approuvait cet arrangement.

— C'est toujours cent cinquante francs, dit-il; maintenant il faudra me trouver les cent cinquante autres qui manquent pour former les trois cents francs nécessaires à ma dépense mensuelle; j'y suis habitué, je ne peux pas la réduire.

IX

Mᵐᵉ de Mussidan n'était pas la seule à ne pas vouloir que Geneviève allât chez Mˡˡᵉ de Puylaurens, Sébastien et Frédéric ne le voulaient pas plus qu'elle.

Quand ils avaient eu connaissance de la proposition de leur tante de prendre Geneviève chez elle, ils avaient poussé les hauts cris : « Ils ne supporteraient pas cela ; ce serait un vol. »

Bien qu'ils fussent fâchés avec leur tante, ou plutôt que leur tante fût fâchée avec eux, ils n'admettaient pas du tout l'idée qu'elle pouvait les déshériter ; chez eux aussi le principe d'héritage était article de foi ; ils étaient de par la loi les héritiers possibles de leur tante, donc la fortune de celle-ci leur appartenait ; qu'ils eussent consenti à la partager avec leur petite sœur, c'était déjà très beau, car enfin, après avoir possédé chacun la moitié de cette fortune, en être réduit à n'en avoir qu'un tiers était une déception cruelle ; mais que maintenant Geneviève allât à Cordes, s'insinuât dans les bonnes grâces de la tante tombée en enfance, la séduisît, la circonvînt, et se fît par testament instituer légataire universelle, c'est ce qu'ils ne permettraient pas; ils avaient des droits, ils les feraient valoir.

Quand ils avaient parlé de ces droits à leur père, celui-ci s'était emporté et les avait envoyés promener.

— Il n'y a qu'un héritier de Mlle de Puylaurens, c'est moi.

— Puisque vous êtes fâché avec elle.

— Et vous autres, n'êtes-vous point fâchés aussi?

— Cela n'empêche pas que nous soyons ses petits-neveux.

— Comme ma rupture avec elle n'empêche pas que je sois son neveu; le père passe avant les enfants peut-être.

— Elle a dit que vous n'hériteriez jamais d'elle.

— Ce que dit une folle n'a pas de valeur aux yeux de la loi, et à sa mort ce sera une question à vider que de savoir si son testament est ou n'est pas nul; s'il n'y a pas de testament, c'est moi qui hérite, ce n'est pas vous.

— Et s'il y a un testament en faveur de Geneviève, c'est elle qui hérite; voilà ce que nous ne voulons pas.

Mais avec leur belle-mère ils s'étaient mieux entendus.

Quand ils lui avaient dit qu'ils s'opposaient au départ de leur sœur pour Cordes, elle leur avait répondu qu'elle ne désirait pas ce départ plus qu'eux.

— Si Geneviève va à Cordes, vous lui en voudrez, n'est-ce pas? avait-elle dit.

— Mortellement, dit Frédéric.

— Puisque nous n'y allons pas, elle ne doit pas y aller plus que nous, s'écria Sébastien.

— Je pense comme vous là-dessus; ce que je souhaite c'est que vous restiez bien avec Geneviève, que vous la traitiez en sœur, et je sens qu'il n'en serait pas ainsi si elle allait à Cordes.

— Certes non.

— D'autre part je ne désire pas du tout qu'elle soit avantagée par sa tante à votre détriment; je trouve qu'une fortune d'un million, c'est bien assez pour elle.

— Je le pense, dit Sébastien.

— C'est un beau rêve, continua Frédéric.

Elle eut l'air de ne pas comprendre tout ce qu'il y avait de reproches et d'envie dans ces deux exclamations, et elle continua, allant droit à son but :

— Tâchez donc d'empêcher votre père de la laisser partir, je vous promets que je serai avec vous. Mais si vous voulez réussir, ne le contrariez pas, ne le fâchez pas; ce serait le plus sûr moyen de la faire partir; tâchez plutôt de le persuader qu'il a intérêt à ce qu'elle reste à Paris.

La réponse de leur père à Mlle de Puylaurens leur avait rendu un peu de tranquillité; mais la suppression de « l'indemnité » les inquiéta. Si on coupait les vivres à leur père, tiendrait-il bon jusqu'au bout? Chaque fois qu'ils le voyaient, ils l'excitaient contre Mlle de Puylaurens; et c'était alors un accord parfait entre le père et les deux fils pour traiter, comme elle le méritait, « cette vieille coquine » qui ne mourait point.

Mais il aurait fallu plus que des paroles, ils le sentaient.

Ils le sentirent mieux encore quand ils virent leur père réduit aux cent cinquante francs de Lille au lieu des trois cents qu'il recevait de Cordes, avant la rupture avec Mlle de Puylaurens.

Dans ces conditions, ce qu'il aurait fallu ç'aurait été compléter ce qui manquait pour arriver aux trois cents francs, et certainement ce n'eût pas été un mauvais placement, quand même ils auraient dû le tirer de leurs poches; mais par malheur elles étaient trouées, ces poches, et avec la meilleure volonté du monde, ils n'en pouvaient rien tirer.

Tous deux connaissaient leur père et ne se faisaient aucune illusion sur ce qui arriverait quand il aurait besoin de cent francs.

— Il enverra la petite sœur à Cordes.

— Ce qui est à craindre, c'est que la tante ne négocie la cession de la petite; pour qu'elle ait supprimé les trois cents francs, il faut qu'elle soit enragée du désir d'avoir un enfant à élever, à aimer, un désir de vieille fille; un jour ou l'autre, demain peut-être, notre père ou Ceydoux s'en aviseront, un arrangement sera vite conclu : tant en sus de l'indemnité, et...

— ...Nous serons fichus.

— Précisément.

— Quelle idée aussi de se toquer de cette petite.

— Sans la connaître.

— C'est là ce qui est humain : sans doute le besoin de jouer à la poupée.

— Si encore c'était une peste ; mais avec ses yeux tendres, son parler doux, ses manières timides, c'est une enjôleuse.

— Trouvons un moyen pour que la petite sœur soit indispensable à notre père.

Ils cherchèrent.

Mais c'était le diable à trouver : d'un côté, une petite fille de dix à onze ans ; de l'autre, un homme qui ne faisait rien que de se promener, que de se montrer dans Paris. Si encore il avait été saltimbanque, il aurait pu la faire travailler devant « l'honorable société » ; s'il avait été paralysé, il aurait pu se faire pousser par elle dans un fauteuil roulant ; ou bien, si elle avait été un « phénomène vivant » on aurait pu la louer. Mais non, au lieu d'être un phénomène, elle était comme tous les enfants, plus jolie même que la plupart des enfants.

A quoi était-elle propre ? Plus tard on verrait ; mais pour le moment il fallait attendre.

Un incident était venu leur prouver qu'au lieu d'attendre, ils devaient au contraire se hâter.

Un soir, en sortant de chez son couturier, Sébastien avait trouvé son frère qui l'attendait sous la grande porte.

— Sais-tu quelle visite j'ai reçue ce matin ?

— Peut-être la même que j'ai reçue ce soir.

— Mon père.

— Qui avait besoin de cent francs pour demain.

— Tu vois !

— Tu vois !

— Je vois que nous sommes à la veille d'assister au départ de la petite sœur pour Cordes.

— Je crois que j'ai un moyen, dit Sébastien. N'as-tu pas entendu parler d'Altaras, qui est second régisseur de la Porte-Saint-Martin. J'ai fait sa connaissance. Il paraît qu'on va monter une pièce à son théâtre, dans laquelle il y a un rôle d'enfant, une pièce sur laquelle on compte ; trois cents représentations au moins. On cherche l'enfant...

— Tu voudrais...

— Je voudrais faire engager la petite ; tu comprends que si

notre père est sûr de trois cents représentations à vingt francs par soirée, il n'aura pas l'idée de laisser partir la petite pour Cordes ; vingt francs par jour pendant un an, cela vaut mieux que tous les arrangements qu'il pourrait conclure avec la tante.

X

Il fut convenu entre Sébastien et le régisseur de la Porte-Saint-Martin qu'ils iraient à Montmartre pour examiner Geneviève et voir de quoi elle était capable.

— Elle est très intelligente, avait dit Sébastien, elle comprend tout.

— Ce n'est pas comprendre qu'il faut, c'est rendre.

— Et puis elle est très gentille.

— Ça c'est quelque chose.

Ancien troisième rôle en province, Altaras n'avait jamais été qu'un mauvais comédien, mais c'était un excellent régisseur qui faisait très bien dire aux autres ce qu'il ne pouvait pas dire lui-même.

— Sait-elle une scène quelconque? avait-il demandé.

— Je ne crois pas, mais elle sait des fables qu'elle dit dans la perfection.

— Enfin, nous verrons.

— Il est bien entendu que nous ne parlerons à mon père que si vous jugez qu'on peut l'engager, il faut ménager sa fierté ; vous comprenez, un homme de son nom.

Altaras parut ne pas du tout comprendre qu'un homme de ce nom pût souffrir qu'on lui parlât de sa fille pour l'engager à la Porte-Saint-Martin, tandis qu'il ne tolérerait point qu'on lui en parlât pour ne point l'engager ; mais il ne fit pas tout haut ses réflexions ; c'était un philosophe qui comprenait toutes les faiblesses.

Quand les deux frères arrivèrent à Montmartre en compagnie d'Altaras, ils trouvèrent Geneviève occupée à travailler son piano dans le salon ; M. de Mussidan achevait sa toilette dans sa chambre, et Mᵐᵉ de Mussidan, comme toujours, travaillait dans la salle à manger, enfermée afin de ne pouvoir pas être surprise par les personnes qui venaient quelquefois voir son mari le matin, — ce qui eût été tout à fait déshonorant pour lui.

— Je vais prévenir mon père, dit Sébastien.

Et il laissa Altaras et Frédéric avec Geneviève.

— Voulez-vous continuer devant nous, mademoiselle ? demanda Altaras.

— Si vous voulez, monsieur.

— Qu'est-ce que vous étudiez ?

— La cinquième sonate de Mozart.

Et elle se remit au piano simplement, comme si elle avait été seule.

— Elle a un vrai talent, dit Altaras, qui avait chanté les deuxièmes basses et qui était quelque peu musicien.

— Elle a peu travaillé jusqu'à présent ; mais elle est née musicienne.

— Comme elle est gracieuse au piano ! C'est un plaisir de voir ses petits doigts courir sur le clavier.

M. de Mussidan, en entrant, interrompit cet éloge ; ce fut du haut de sa grandeur et avec un certain dédain qu'il regarda cet homme au visage rasé.

— Mon fils m'a dit, monsieur, que vous désiriez entendre ma petite fille, dont on vous a parlé, vous réciter une fable ; je suis tout disposé à vous faire ce plaisir : asseyez-vous, je vous prie.

Altaras était habitué à la majesté des rois de théâtre, il fut cependant frappé de la façon dont cela fut joué.

— Veux-tu nous dire le *Loup et l'Agneau ?* demanda Sébastien.

— Si vous voulez, répondit Geneviève, quittant le piano et venant au milieu du salon.

— Donnez toute votre voix, mademoiselle, dit Altaras, qui l'examinait attentivement des pieds à la tête et, au lieu de s'asseoir, tournait autour d'elle avec une curiosité toute franche.

— Vous allez la troubler, dit Frédéric.

— Mais non, cela ne me trouble pas du tout, dit Geneviève.

— Bon, ça, très bon ! dit Altaras s'asseyant, commencez.

— Surtout, ne fais pas la bête, dit M. de Mussidan.

Sans répondre, elle commença :

> Un agneau se désaltérait
> Dans le courant d'une onde pure.
> Un loup survient à jeun qui cherchait aventure
> Et que la faim en ces lieux attirait.

— Vous voyez comme elle dit le récit, interrompit Sébastien.

— Avec une justesse extraordinaire, de l'intelligence, de la grâce, et une petite voix claire qui porte bien, répondit Altaras ; c'est parfait.

— Attention ! continua Sébastien, s'adressant à sa sœur ; maintenant, nous allons jouer la scène du loup et de l'agneau. Tu es l'agneau et moi je suis le loup, cet animal plein de rage qui vient de te surprendre au bord de l'onde pure.

Et, grossissant sa voix, il récita :

> Qui te rend si hardi de troubler mon breuvage ?
> Tu seras châtié de ta témérité.

Aussitôt Geneviève, d'un air timide et doux, en vrai agneau, répliqua :

> — Sire, que Votre Majesté
> Ne se mette pas en colère ;
> Mais plutôt qu'elle considère
> Que je me vas désaltérant

> Dans le courant
> Plus de vingt pas au-dessous d'elle,
> Et que, par conséquent, en aucune façon,
> Je ne puis troubler sa boisson.

— Bravo! interrompit Altaras en applaudissant; c'est très bien! très bien!

— A moi, dit Sébastien :

> Tu la troubles...
> Et je sais que de moi tu médis l'an passé.

Attentive à la réplique, Geneviève répondit avec innocence :

> — Comment l'aurais-je fait si je n'étais pas né!
> ... Je tète encore ma mère.

Sébastien s'écria :

> — Si ce n'est toi, c'est donc ton frère.

Ouvrant ses grands yeux limpides et le regardant avec un sourire assuré, elle dit :

> Je n'en ai point.

Alors entrant en fureur, Sébastien s'écria :

> C'est donc quelqu'un des tiens ;
> Car vous ne m'épargnez guère,
> Vous, vos bergers, et vos chiens.
> On me l'a dit : il faut que je me venge.

Là-dessus il se jeta sur elle, la prit dans ses bras et l'emporta « au fond des forêts pour la manger : »

Altaras applaudissait bruyamment et criait :

— Tous! tous!

Quand Sébastien revint du vestibule tenant sa sœur par la main, le régisseur précisa son approbation.

— C'est la nature même que cette enfant. Pas une mauvaise intonation, pas un geste faux. Qu'est-ce qui lui a donné des leçons?

LA FABLE DU LOUP ET L'AGNEAU (P. 179.)

« Sire, que Votre Majesté
Ne se mette pas en colère; »

— Personne, dit M. de Mussidan.

— Maman, dit Geneviève, c'est avec maman que je travaille.

— C'est-à-dire que sa mère lui fait réciter ses fables, continua M. de Mussidan, mais sans lui montrer comment il faut les dire.

— Je comprends, elle les dit avec sa nature, et c'est là ce qu'il y a de remarquable en elle, elle a le don.

— Voulez-vous qu'elle vous chante quelque chose? demanda Sébastien, très satisfait de la tournure que prenait l'examen.

— Volontiers ; seulement pas un morceau d'opéra ; j'aimerais mieux une chanson, quelque chose de gai ou de sentimental, où puisse se montrer le caractère, vous comprenez ?

— Chante ta branle, dit M. de Mussidan.

Elle se mit au piano, et s'accompagnant, elle chanta :

> Pour qui coudez-vous,
> Ma p'tite brunette,
> Pour qui coudez-vous?
> — Monsieur, c'é pour vous.
> Coudez-y donc bin,
> Ma p'tite brunette,
> Coudez-y donc bin
> Dans tieu linge fin.

Elle faisait gracieusement valoir l'air, qui était vif et enlevé, et c'était avec gentillesse qu'elle disait les paroles, mais sans appuyer.

— Charmant! s'écria Altaras ; elle ferait crouler une salle ; elle a même la mesure, c'est très curieux.

— Elle est bonne musicienne, dit M. de Mussidan.

— Oh! ça, je m'en fiche ; je veux dire qu'elle a de la mesure dans l'expression, ce qui est autrement intéressant.

Puis s'adressant à M. de Mussidan personnellement :

— J'ai déjà vu un enfant qui valait presque votre fille, monsieur le comte ; c'était un petit garçon avec qui j'ai joué la comédie à Bordeaux ; il avait été élevé à Venise sur une terrasse, sans jamais descendre dans la ville, sans camarades, sans frères ni sœurs. Arrivé à Bordeaux avec ses parents, on lui donna un rôle, par hasard, parce qu'on ne trouvait pas d'autre enfant ; il le joua si bien qu'on monta plusieurs pièces exprès pour lui. Depuis...

Il allait dire : « Depuis il est mort » : mais il se retint à temps ;

il n'était point sot, et il avait senti que son histoire n'avait pas besoin de cette conclusion ; ce n'était pas le lieu.

Mais ce souvenir l'avait jusqu'à un certain point attendri, et c'était avec émotion qu'il regardait Geneviève, ou tout au moins avec les signes qui, au théâtre, sont censés représenter l'attendrissement : les sourcils relevés obliquement, les coins de la bouche abaissés, le front plissé, le pied droit battant le tapis, la main levée à la hauteur du menton et tremblant.

Après un court moment donné à cette expansion sympathique, il appela Geneviève près de lui d'un signe de main et, la regardant dans les yeux :

— Cela vous gêne-t-il de vous coucher tard, mon enfant ? demanda-t-il avec plus de curiosité que d'intérêt.

— Je ne sais pas, je ne me suis jamais couchée tard ; c'est maman qui se couche tard. Je voudrais bien veiller avec elle, mais elle ne me l'a jamais permis ; à neuf heures, dodo.

— Vous n'allez donc pas au théâtre quelquefois?

— Jamais je n'y ai été.

— Vous n'aimez pas le théâtre?

— Oh ! si je l'aimerais bien ; cela me fait quelquefois envie de regarder de notre balcon les gens qui font queue, en bas, le dimanche et le lundi ; il faut qu'ils aient joliment envie d'entrer pour arriver de si bonne heure ; il y en a qui apportent des tabourets pour s'asseoir en attendant, et ils ont l'air si heureux quand les bureaux s'ouvrent !

— Eh bien ! je vous offrirai des places dans un théâtre plus grand et plus beau que celui de Montmartre.

— Ah ! quel bonheur ! C'est maman qui va être contente ; elle a été une fois au théâtre ; elle a vu le *Duc Job*.

— C'est bien, interrompit M. de Mussidan, que ces bavardages gênaient.

Cet homme à face rasée n'avait pas besoin de savoir que la comtesse de Mussidan n'avait été au théâtre qu'une fois dans sa vie ; c'était ridicule. Cependant il crut devoir expliquer pourquoi la comtesse n'allait pas au théâtre :

— Depuis son enfance, cette petite a toujours eu besoin de soins, dit-il, d'une tendre surveillance, et sa mère ne la quitte pas.

Mais cette explication, qui pouvait sauvegarder la dignité de

M. de Mussidan, ne faisait pas l'affaire de Sébastien, qui ne voulait pas qu'Altaras pût croire que Geneviève était si faible que cela.

— Vous savez, dit-il, c'est là une inquiétude de mère qui pousse les choses à l'extrême : en réalité la petite est solide. Tenez, voyez.

Et il releva les manches de l'enfant pour montrer ses bras.

— Vous pouvez tâter, c'est ferme.

Mais Altaras n'usa pas de la permission, il s'était tourné vers M. de Mussidan.

— Monsieur le comte, j'aurais une affaire à vous proposer, et s'il vous plaisait de descendre au café du Théâtre, nous pourrions causer librement.

XI.

M. de Mussidan avait été tout d'abord suffoqué par cette invitation ; ce comédien en prenait vraiment à son aise avec lui, mais le mot affaire était, en fin de compte, celui qui avait surnagé ; une affaire à lui proposer, il n'était pas en situation de refuser une affaire d'où qu'elle vînt ; il fallait voir.

D'ailleurs il fut satisfait des égards qu'Altaras lui témoigna en descendant l'escalier et en l'introduisant dans le café du théâtre, on lui rendait ce qui lui était dû.

— Il n'y avait que quelques personnes dans le café, des bourgeois qui lisaient les journaux, et à une table du fond, trois hommes : à leurs attitudes étudiées, à leur façon de parler et surtout d'écouter, on les reconnaissait tout de suite pour des comédiens.

En voyant entrer Altaras, ils lui adressèrent un signe de main qui était un bonjour amical, mais celui-ci le leur rendit d'assez mauvaise grâce, en homme qui n'était point flatté de cette rencontre.

— D'anciens camarades, dit-il à mi-voix, de pauvres diables qui n'ont pas eu de chance et qui sont venus échouer à Montmartre : extrême jeunesse ou extrême vieillesse, voilà ce qu'on rencontre ici ; ceux qui ne sont pas encore et ceux qui ne sont plus ; c'est ainsi que Delafosse, qui a tenu les grands rôles dans les pièces de Victor Hugo à côté de Frédérick Lemaître et de Lockroy est venu finir à Montmartre.

M. de Mussidan écoutait cette explication d'un air indifférent. Que lui importait les comédiens qui ne sont pas encore ou ceux qui ne sont plus ? d'ailleurs, ce n'était pas là un sujet qui pouvait lui être agréable : les vieilles gloires qui viennent s'éteindre à Montmartre.

— Heureusement, continuait Altaras, on n'a pas toujours la mauvaise chance au théâtre, on a quelquefois la bonne de faire fortune, sans parler de la réputation, des applaudissements, de la gloire. Vous me direz qu'il faut pour cela le talent, et c'est parfaitement juste. Aussi, quand on a le talent, quand on est doué, il n'y a pas de plus belle carrière que la carrière dramatique surtout, pour les femmes qui arrivent jeunes, de sorte qu'elles ont la joie de pouvoir associer leurs parents à leur fortune. Justement vous avez une enfant qui est douée. Positivement, elle m'a émerveillé.

— Ma fille sera une riche héritière, et elle porte un des plus beaux noms de France, dit M. de Mussidan avec noblesse.

Altaras salua en mettant sa main sur son cœur et avec une longue inclinaison de tête :

— Le nom, cela c'est vrai, dit-il, il est à elle dès maintenant et personne ne peut le lui enlever ; mais l'héritage ? Si vous me le permettez, je vous dirai mon opinion sur les héritages ; on les attend toujours, ils n'arrivent jamais.

Il fit une pause ; puis jugeant que ce préambule était assez long et que le moment de risquer sa proposition était venu, il la risqua :

— Que diriez-vous si je vous proposais un engagement avantageux pour votre fille ?

— Ma fille !

— Beaucoup de talent ou, ce qui est mieux encore, le don ; — un avenir splendide, Rachel enfant.

— Ma fille comédienne !

— Mario était marquis et cela ne l'a pas empêché, monsieur le comte, de se faire chanteur.

— Un Italien.

— Justement, en sa qualité d'Italien il savait compter, et il a trouvé que deux cent cinquante mille francs étaient bons à gagner.

— Il suffit, monsieur, toute parole que vous ajouteriez serait une injure.

Altaras se tourna du côté de Sébastien et le regarda d'un air de reproche qui se comprenait facilement :

— Si c'est pour cela que vous m'avez amené, disait-il, ce n'était pas la peine de me déranger.

Sébastien et Frédéric virent que le moment était venu pour eux d'intervenir ; d'ailleurs maintenant que le premier mot avait été prononcé cela leur était plus facile.

— On n'entre pas au théâtre sous son nom, dit Sébastien.

— Une enfant passe inaperçue, dit Frédéric.

M. de Mussidan se renversant en arrière, laissa tomber un regard de haut sur ses fils :

— De quoi vous mêlez-vous, je vous prie ?

Altaras jugea qu'il était de trop dans cette scène de famille, et que le mieux, pour lui, était maintenant d'aller serrer la main de ses camarades.

Il se leva :

— Un mot à dire à l'un de mes camarades, vous permettez ?

Et il s'en alla sans se retourner, les laissant s'arranger comme ils pourraient ; il avait grand désir d'engager cette petite qui sûrement lui ferait honneur, mais il n'était pas d'humeur à endurer les rebuffades de ce « vieux portrait de mes aïeux » ; il était vraiment drôle avec ses mines de capitan, mais de loin.

— Qui de vous a eu l'idée de cet engagement? demanda M. de Mussidan en examinant ses fils avec le regard sévère et scrutateur d'un juge d'instruction.

— C'est moi, dit Sébastien.

— Ah ! c'est vous, monsieur.

— Vous m'aviez entretenu de vos embarras d'argent, et n'ayant pas pu faire ce que vous me demandiez, je cherchais comment vous venir en aide.

— Vraiment, dit M. de Mussidan en l'examinant avec une certaine surprise.

— N'est-ce pas tout naturel? c'est alors que l'idée de faire engager Geneviève à la Porte-Saint-Martin m'est venue. Altaras m'avait parlé d'une pièce pour laquelle il fallait une petite fille très intelligente, j'ai pensé à Geneviève.

— Et à moi, monsieur? vous n'avez pas pensé à moi?

— Au contraire.

— A notre nom.

— J'ai pensé surtout à la fâcheuse situation dans laquelle vous vous trouvez. Cette pièce se jouera au moins trois cents fois et je suis certain qu'en s'y prenant un peu adroitement, on obtiendra du directeur d'Altaras vingt francs par soirée, peut-être plus même. Vingt francs multipliés par trois cents, c'est six mille francs.

— Ah !

— Voilà mon calcul : j'ai cru que si cruel que fût pour vous cet engagement de Geneviève au théâtre, vous céderiez à la nécessité.

— En réalité personne ne saurait son vrai nom, dit Frédéric.

— Ce ne serait pas vous qui la conduiriez au théâtre, continua Sébastien.

— Cela ne serait pas bien pénible pour elle.

— C'est-à-dire que ce serait un plaisir.

— Elle a besoin de distractions.

— Cela lui serait un bon exercice.

— N'est-il pas juste qu'un enfant travaille pour ses parents?

— Moi, si je pouvais vous être utile, je ne laisserais pas ce plaisir à la petite sœur.

— D'ailleurs, il n'est pas du tout prouvé qu'elle ira jusqu'au bout des trois cents représentations.

— Ma tante peut mourir.

— En attendant, Geneviève vous sauve.

Ils se renvoyaient ainsi la balle sans lui laisser toucher terre, vivement la réplique du frère aîné s'enchaînait à celle du frère cadet; jamais deux fils n'avaient montré pareille sollicitude pour leur père : quels bons cœurs !

— Vous êtes de braves garçons, dit M. de Mussidan.

— Nous faisons ce que nous pouvons, regrettant seulement de ne pouvoir pas faire plus.

Sur ce mot, Sébastien se leva et alla chercher Altaras, qui restait les deux mains appuyées sur la table de ses camarades. Quand il vit venir Sébastien il se redressa :

— Où en sommes-nous? demanda-t-il.

— Le plus dur est fait; il n'y a qu'à l'amener à prononcer tout haut le oui qu'il a déjà dit tout bas.

— Nous allons lui arracher cela sans douleur.

— Ne parlez pas d'argent, insistez sur la gloire.

— Bon, je vais la lui faire au père noble.

Et instantanément il transforma sa physionomie et ses manières : la tête de trois quarts, le menton allongé, les bras arrondis, le pouce dans la poche de son gilet, et sur le visage l'air attendri.

— Eh bien, monsieur le comte, dit-il d'une voix mouillée, j'espère que vous avez réfléchi ; malgré la répugnance que vous éprouvez à laisser cette charmante enfant entrer au théâtre, vous avez pesé la responsabilité que vous assumiez en empêchant l'éclosion de ce grand talent, un très grand talent ; car douée comme elle l'est, ce sera un grand talent, un très grand talent; et, plus tard, quand elle aura acquis un nom glorieux et qu'elle sera en âge de comprendre, soyez sûr qu'elle vous bénira pour le sacrifice que vous vous serez imposé.

— Il sera cruel.

— Cela est certain; mais il faut aimer ses enfants pour eux, non pour soi.

— Hélas !

— Demain j'aurai l'honneur de vous revoir pour discuter les conditions matérielles de cette affaire.

XII

M. de Mussidan n'avait pas l'habitude de consulter « la comtesse »; quand il voulait faire quelque chose : « J'ai décidé que... Vous vous arrangerez pour que... » étaient les formes de langage qu'il employait avec elle.

Quand il rentra après son entretien avec Altaras, il la trouva très inquiète. Sans entendre ce qui s'était dit dans le salon, elle avait su par Geneviève ce qui s'était passé.

— J'ai joué la fable du *Loup et de l'Agneau* devant le monsieur qui était avec Sébastien et Frédéric, et puis j'ai chanté une ronde : « *Pour qui coudez-vous ?* » Le monsieur a dit que c'était très bien et que je ferais crouler une salle.

— Quel est ce monsieur?

— Je ne sais pas; je ne l'ai jamais vu; il a la figure rasée et les joues bleues; il marche comme ça.

Et elle imita la marche théâtrale d'Altaras, le buste porté en avant, les jambes écartées, les bras arrondis.

— Il ressemble aux acteurs de notre théâtre; il m'a dit qu'il me ferait aller dans un théâtre bien plus beau que celui de Montmartre.

— Sais-tu où ton père est parti?

— Le monsieur aux joues bleues lui a dit : « J'aurais une affaire à vous proposer; s'il vous plaisait de descendre au café du Théâtre, nous pourrions causer librement. » Et ils son partis ensemble, avec Sébastien et Frédéric.

Une affaire! Quelle affaire ce monsieur aux joues bleues, qui avait tout l'air d'un comédien, pouvait-il avoir à proposer à son mari? Comment Sébastien et Frédéric se trouvaient-ils mêlés à cette affaire? Pourquoi avait-on fait jouer une fable à Geneviève? Pourquoi lui avait-on fait chanter une ronde? Il y avait là toute une série de questions qui l'angoissaient d'autant plus qu'elle avait remarqué combien son mari avait été tourmenté en ces derniers temps. Que voulait-il?

— Va étudier ton piano, dit-il à sa fille en entrant dans la salle à manger où sa femme travaillait, et tape fort, il faut que je t'entende tout le temps.

Elle sortit en jetant à sa mère un regard inquiet :

— Tu me diras, maman.

Au lieu de s'asseoir il alla à la fenêtre et se mit à tambouriner sur les vitres.

Elle attendait tremblante.

Enfin il prit la parole, car malgré son émotion et son désir de savoir, elle n'osait l'interroger :

— J'ai décidé, dit-il, que Geneviève allait entrer au théâtre de la Porte-Saint-Martin, pour jouer un rôle dans une pièce nouvelle.

Elle n'eut pas la force de retenir un cri :

— Ma fille!

Il la regarda avec autorité, en homme qui impose sa volonté sans permettre qu'on la discute; puis, certain de l'avoir dominée parce qu'elle se recueillait avant de répondre, il crut devoir expliquer sa résolution :

— Geneviève est une petite fille intelligente; elle a le don du théâtre; nous serions fous, dans la situation où nous sommes, de ne pas tirer parti de ce don; c'est aux enfants de travailler pour leurs parents.

Bien qu'elle voulût être prudente, car jamais elle n'avait traversé crise plus grave, elle ne put pas retenir une exclamation qui couvrit le bruit du piano, car, obéissant à son père, Geneviève s'était mise au travail et, gaiement, brillamment, elle enlevait l'ouverture du *Barbier*.

— Que signifie ce cri?

— La surprise... murmura-t-elle.

— La surprise est pour moi. Avez-vous donc imaginé que nous devions nous réduire à la misère quand nous pouvons nous en tirer avec les heureuses dispositions de cette petite? On m'offre vingt francs par jour pendant trois cents représentations; c'est une certaine somme, cela, et qui me permet de sortir de mes embarras; je serais un sot de ne pas les accepter.

Ces explications lui avaient permis de réfléchir et de se rendre compte de la gravité du danger qui menaçait sa fille : une fois encore il fallait qu'elle la sauvât.

Dans la détresse où il se trouvait, les vingt francs par jour l'avaient ébloui; il n'avait vu que la cessation de sa misère. Si on lui montrait ce qu'il avait oublié, assurément il comprendrait tout de suite que cette idée n'était pas réalisable, et certainement il regretterait de l'avoir accueillie un court instant; il n'y avait qu'un mot à lui dire.

— Sans doute je n'aurais pas éprouvé cette surprise si votre fille avait porté un autre nom, mais une Mussidan...

— C'est vous qui me rappelez mon nom, voilà qui est curieux.

— Celui de votre fille.

La riposte était si juste qu'il se fâcha.

— Vous me répondez, il me semble, s'écria-t-il. Ma fille, ma fille! C'est justement parce qu'il s'agit de ma fille que je fais d'elle ce que bon me semble. Et ce qui me semble bon présentement, c'est qu'elle me gagne l'argent dont j'ai besoin. Croyez-vous pas qu'elle portera mon nom au théâtre! Elle en prendra un, le premier venu : le vôtre, par exemple.

— Cela ne fera pas qu'elle ne soit plus une Mussidan.

— Assez; je ne veux pas de discussions; j'ai décidé qu'elle

entrerait au théâtre, elle y entrera. D'ailleurs elle a besoin de distraction, cela lui sera un bon exercice.

Les arguments de Sébastien et de Frédéric étaient restés dans sa mémoire et il les faisait siens.

D'ordinaire, quand il lui imposait silence, elle se taisait aussitôt respectueusement sans oser jamais répliquer; mais ce n'était pas le cas en ce moment : elle devait défendre sa fille, et puisque l'invocation à l'honneur du nom n'avait pas suffi, il fallait qu'elle trouvât un autre moyen. Mais lequel? Elle n'était pas la femme de l'improvisation. Il lui aurait fallu du temps, de la réflexion pour chercher, pour combiner quelque chose qui le touchât sans le fâcher. Mais ce temps, elle ne l'avait pas; il fallait qu'elle répondît tout de suite, troublée, affolée comme elle l'était par cette terrible nouvelle qui éclatait comme un coup de foudre. Si encore elle avait pu suivre ses idées; mais non, elle était bouleversée par les regards furieux qu'il attachait sur elle, en même temps qu'elle était distraite par le piano de Geneviève : la pauvre petite qui jouait gaiement cette musique rieuse et qui, dans quelques jours, allait être jetée au théâtre, exposée à toutes les fatigues, à tous les dangers. Assurément, il n'avait pas pensé à cela, il n'y avait qu'à lui en dire un mot pour que son cœur paternel s'émût.

— Vous parlez de distraction, s'écria-t-elle, vous croyez que l'exercice lui sera bon. Mais est-ce donc un exercice salutaire que de jouer la comédie enfermée dans un théâtre, exposée au froid, au chaud? Est-ce donc une distraction pour un enfant de son âge, de répéter tous les soirs la même chose, de sept heures à minuit, et cela pendant trois cent jours, sans repos. Pensez à la fatigue. Vous savez bien qu'elle n'est pas forte. Pourra-t-elle résister aux fatigues, aux émotions de ce métier? Si elle tombe malade dans un mois, dans quinze jours, au lieu d'alléger vos embarras, comme vous l'espérez, cela les aggravera, sans parler de la peine que cela vous fera de voir souffrir cette chère petite qui vous aime tant!

— Est-ce ma faute si elle est si chétive?

Elle resta étourdie sous le coup. Elle lui parlait de la santé de cette enfant, sa fille à lui aussi bien qu'à elle, de sa tendresse filiale, et il lui répondait par cette accusation. Mais ce n'était pas d'elle qu'il s'agissait; ce n'était pas elle qu'il fallait défendre, c'était Geneviève. Ne la sauverait-elle donc pas? Ah! quelle misérable mère elle était, de ne rien pouvoir, de ne rien trouver! Il y a des mères qui arrachent leur enfant à la mort par leur courage, un trait du cœur ou de l'esprit, et elle ne faisait rien, elle restait là, lâchement, désarmée, gémissant, se désespérant.

Il allait sortir, et par la porte qu'il venait d'entr'ouvrir arrivait plus distincte la musique du *Barbier* qui, dans sa gaieté sautillante, semblait être une ironie; d'un geste éperdu elle le retint. Puisqu'il n'avait voulu entendre ni la voix de l'honneur nobiliaire ni celle de la tendresse paternelle, peut-être serait-il sensible à celle de l'intérêt personnel.

— Certainement, s'écria-t-elle, vous ne croyez pas que les fatigues de cette vie de théâtre feront du mal à Geneviève; certainement vous espérez qu'on ne saura pas dans le monde que vous êtes le père de la petite fille qui joue la comédie à la Porte-Saint-Martin; mais il y aura quelqu'un qui apprendra sûrement que la comédienne de la Porte-Saint-Martin est Geneviève de Mussidan : ce quelqu'un c'est Mlle de Puylaurens. Eh bien, croyez-vous, que quand elle aura appris cela, elle consentira, elle si pieuse, si rigide pour tout ce qui touche aux choses de la religion, croyez-vous qu'elle consentira à laisser sa fortune à une comédienne, à une excommuniée?

— Et qui le lui dira?

— Qu'importe! Ce qu'il y a de sûr, c'est qu'on le lui dira soit directement, soit indirectement. Je ne sais qui vous a inspiré cette idée de mettre Geneviève au théâtre, et je ne veux accuser personne; mais si cette idée ne vous est pas venue, — et je ne crois pas qu'elle vous soit venue, — elle est trop contraire à vos principes, aussi bien qu'elle l'est à votre tendresse paternelle; je dis que si cette idée, au lieu de vous venir naturellement, vous a été inspirée par quelqu'un, vous devez chercher si ce quelqu'un n'a pas intérêt à ce que Geneviève soit déshéritée par sa tante.

En parlant, l'espérance lui était venue, car ce moyen, dont elle n'avait entrevu tout d'abord la portée que confusément, lui paraissait de plus en plus solide à mesure qu'elle le développait.

Aux premiers mots, il avait haussé les épaules; mais quand elle se tut, il resta assez longtemps silencieux.

— Certainement, dit-il enfin, je ne veux pas le malheur de cette enfant, et si cela peut la faire déshériter, ce serait son malheur. Je réfléchirai.

Quand il fut sorti, elle courut au salon et, embrassant sa fille passionnément :

— C'est maintenant que tu peux jouer, dit-elle. Joue gaiement.

XIII

Cependant Mme de Mussidan ne s'endormit pas dans son triomphe; c'était beaucoup d'avoir arraché Geneviève au théâtre, mais ce n'était pas tout.

L'idée de théâtre en effet n'était qu'une conséquence des dispositions morales de M. de Mussidan et de sa situation matérielle; c'était là qu'était le danger qui pouvait éclater de nouveau, si de nouveau se présentait une occasion où l'enfant pourrait, comme elle le devait, travailler pour ses parents.

Dans son besoin de ne pas accuser son mari, le père de sa fille, l'homme qu'elle avait tant aimé, tant admiré, elle ne voulait pas qu'il fût responsable de cette idée de mettre Geneviève au théâtre. C'était Sébastien, c'était Frédéric, c'était quelque diabolique personnage, leur ami et leur conseil qui avait inventé cette infernale combinaison du théâtre. « Votre père a besoin d'argent, il ne reculera devant rien pour s'en procurer, inspirez-lui l'idée de faire de votre petite sœur une comédienne, et votre tante, indignée, la déshéritera; par cela seul vous recouvrerez l'héritage que vous avez perdu. »

Tel avait été leur calcul bien certainement, elle le devinait comme si elle les avait entendus; maintenant quel serait celui qu'ils inventeraient pour remplacer leur combinaison de la Porte-Saint-Martin?

Comme elle réfléchissait à cela, et surtout aux moyens à trouver pour préserver son mari des tentations qu'ils ne manqueraient pas de faire luire à ses yeux, tirant son aiguille fiévreusement et machinalement, plus par habitude que par volonté, elle vit entrer sa voisine, Mme Gueswiller, à qui Geneviève avait ouvert la porte.

Elles n'avaient pas l'habitude de se visiter l'une l'autre, ayant assez à faire chacune chez soi pour n'avoir pas le temps de voisiner : Mme de Mussidan, son travail qui leur donnait le pain quotidien à elle, à sa fille, à son mari; Mme Gueswiller, son ménage, les chambres de ses enfants, leur linge à entretenir, leurs chaussures à nettoyer, leurs vêtements à coudre ou à repriser, la cuisine, sans compter sa surveillance pour que chacun ne perdît pas une minute, et ses sorties pour accompagner ses filles au Conservatoire, où, pendant les classes, elle ravaudait des bas et des chaussettes dont elle avait toujours ses poches pleines. C'était seulement dans l'escalier, lorsqu'elles se rencontraient, qu'elles échangeaient quelques mots rapides en montant, sans flâner, ou bien sur le balcon, quand toutes deux, en même temps, éprouvaient le besoin de respirer un peu ou de s'étirer les bras.

C'était donc une affaire qu'une visite de Mme Gueswiller.

— Voici ce que c'est, dit celle-ci en s'asseyant, je viens vous demander Geneviève pour demain pendant deux heures. Un service que vous pouvez me rendre : je voudrais faire entendre Odile et Geneviève, dans leur sonate à quatre mains, à Mme Raphélis. Vous savez ce qu'elle est pour mes filles : une providence. Elle leur donne des leçons sans avoir jamais voulu rien accepter de nous, et toutes les fois qu'on leur fait des passe-droit au Conservatoire, elle prend leur défense aussi bien auprès des autres professeurs ses collègues, qu'auprès du directeur qu'elle ne craint pas, grâce à la belle situation de fortune de son mari. Une femme qui pourrait vivre de ses rentes, mener grand train, et qui continue à faire sa classe, rien que par amour de la musique, c'est beau ! Sophie et Salomé lui ont souvent parlé de Geneviève, de ses dispositions extraordinaires, de son talent si curieux chez quelqu'un qui n'a jamais sérieusement travaillé, et elle désire l'entendre avec Odile. Je sais bien qu'elle écrasera ma pauvre petite Odile, qui n'est pas douée comme elle ; mais cela ne fait rien, je n'ai rien à refuser à Mme Raphélis.

— Et moi je n'ai rien à vous refuser, ma chère madame Gueswiller.

— Ne vous inquiétez pas de la toilette : avec ses beaux cheveux blonds nattés, sa jolie figure intéressante, elle sera toujours très bien ; et puis Mme Raphélis n'est pas une femme à s'occuper de ces niaiseries de la toilette. C'est une personne tout à fait supérieure : le talent et la bonté, le meilleur professeur-femme du Conservatoire. Je suis sûre que si vous vouliez faire de votre fille une artiste, elle se chargerait d'elle volontiers, et par amour de l'art tout simplement, sans rien vous faire payer ; mais avec son grand héritage Geneviève n'a pas besoin de travailler sérieusement ; elle en saura toujours assez pour son plaisir.

— A quel âge peut-on gagner de l'argent ?

— Il n'y a pas d'âge ; une enfant qui aurait beaucoup de talent gagnerait ce qu'elle voudrait. Le petit Dotto qui joue si merveilleusement du violon, gagnait vingt ou vingt-cinq mille francs par ans à douze ans. Si Odile avait été douée comme l'est Geneviève, elle gagnerait aujourd'hui dix mille francs. Voilà comment tout n'est pas pour le mieux en ce monde ; c'est celle qui n'en a pas besoin qui est douée.

Mme de Mussidan réfléchit un moment, et comme si elle se parlait à elle-même :

— Personne plus que Geneviève n'aurait besoin de gagner de l'argent.

— Comment cela ? Est-ce que la tante du Midi veut la déshériter ?

Mme de Mussidan n'avait pas de confidents et ce n'était point son habitude de raconter ses affaires à sa voisine ; elle vivait discrètement au contraire, gardant pour elle ses espérances aussi bien que ses craintes; ne s'épanchant que quand elle voyait ses vieux amis d'Asnières, les Limonnier; mais, dans le cas présent, il pouvait être utile qu'elle consultât Mme Gueswiller.

— Il n'est pas question que sa tante la déshérite; mais en attendant que cet héritage lui arrive, ce qui peut être long encore, nous aurions besoin qu'elle nous vînt en aide en travaillant. Ce n'est pas seulement pour la musique qu'elle a des dispositions, c'est aussi pour le théâtre; de sorte qu'on nous a fait des propositions pour qu'elle joue à la Porte-Saint-Martin dans une pièce où elle aurait un grand rôle.

— Geneviève comédienne !

— Justement, c'est ce que nous nous sommes dit. Vous comprenez que M. de Mussidan ne peut pas accepter que sa fille monte sur un théâtre. Aussi, malgré les grands avantages qui nous étaient faits, avons-nous refusé. Et cependant, je vous l'ai dit, nous sommes dans un moment difficile. Mais jouer du piano n'est pas jouer la comédie; cela n'est pas déshonorant.

— Au contraire !

— C'est ce qu'il me semble. Aussi, dans le cas où Mme Raphélis voudrait bien se charger de Geneviève, je crois que j'amènerais M. de Mussidan à la lui confier; ce qu'il faudrait, ce serait qu'elle pût gagner de l'argent aussi vite que possible.

— Je crois qu'elle pourrait effectivement en gagner; seulement si Mme Raphélis accepte de la prendre pour son élève, il faudra vous garder de lui parler d'argent; elle ne comprendrait pas cela. Si elle se charge de Geneviève, ce ne sera pas pour que la petite gagne de l'argent, mais pour faire d'elle une artiste, une grande artiste. Si un professeur donne son temps, sa peine, son talent à une élève, ce n'est pas tout à fait pour l'élève, c'est aussi pour lui-même, pour sa propre réputation, pour que l'élève le défende et le fasse triompher dans les concours, pour qu'il soit plus tard le représentant de ses idées et de son talent, pour qu'il le continue; et tout cela, vous comprenez, n'a aucun rapport avec l'argent.

— Mais nous, ce qu'il nous faut, c'est de l'argent.

— Enfin je tâcherai d'arranger cela pour le mieux avec Mme Raphélis; l'essentiel est que Geneviève se distingue demain; si Mme Raphélis s'enthousiasme pour elle, tout est possible.

— Si vous rencontrez M. de Mussidan, ne lui parlez de rien avant que je l'aie préparé.

Mme de Mussidan eût voulu accompagner sa fille le lendemain, non seulement parce que c'était la première fois qu'elle la laissait sortir, mais encore pour être là pendant cette épreuve qui pouvait décider de sa vie, pour l'encourager, la soutenir d'un mot ou d'un regard. Mais cet encouragement, elle dut se contenter de le lui donner le matin en l'habillant et en la faisant aussi belle qu'il lui était possible avec la pauvre toilette qu'elle avait elle-même arrangée dans sa nuit de travail, car elle n'avait pas cru que les cheveux blonds nattés seraient suffisants, et comme l'enfant n'avait rien ou presque rien, il avait fallu lui improviser un col, des manchettes, lui rafistoler une robe et un chapeau. Si adroite qu'elle fût de ses mains et si ingénieuse que fût sa sollicitude maternelle, elle n'avait pu cependant l'habiller complètement elle-même des pieds à la tête et elle avait dû lui acheter des bottines. Par malheur, elle n'avait pas pu aller jusqu'aux bottines de cuir qui étaient trop chères, et elle avait dû se contenter de bottines de coutil qui coûtaient meilleur marché. « Pourvu qu'il ne plût pas pendant qu'elle se rendrait chez Mme Raphélis ! » Et c'avait été des recommandations sur la manière de marcher en ne posant que la pointe des pieds à terre.

— Sois tranquille, maman, répéta Geneviève, qui ne s'était jamais vue si belle, je marcherai bien, je jouerai bien. Je suis si contente !

Et elle se penchait en avant, avançant le bout des pieds pour admirer ses bottines neuves.

M. de Mussidan avait été consulté sur cette visite de sa fille chez Mme Raphélis, et il avait bien voulu l'autoriser pour obliger « ces pauvres gens d'en face », comme il appelait les Gueswiller. Mais en donnant ce consentement par pure bienveillance il n'avait pas prévu que cette visite entraînerait à tant de tracas et à tant de frais.

— La belle affaire vraiment ! dit-il. Pour aller chez une croque-notes faut-il tant de cérémonie ? Certainement vous êtes libre de dépenser comme bon vous semble l'argent que vous gagnez ; mais enfin, il me semble que dans la situation où nous sommes vous auriez pu faire des économies.

Quelle angoisse pendant les trois heures que Geneviève fut absente ; enfin la sonnette retentit. C'était Geneviève qui avait monté l'escalier en courant :

— Mme Raphélis veut bien me donner des leçons, dit-elle à mots entrecoupés et en haletant.

Mme Gueswiller arrivait elle-même :

— Elle a joué comme un ange.

XIV

Le premier trouble de joie s'étant un peu calmé, Mme Gueswiller avait expliqué les propositions de Mme Raphélis : Elle se chargeait de Geneviève, et dès le lendemain les leçons commençaient ; au mois d'octobre elle la faisait entrer au Conservatoire, dans sa classe, et si l'enfant travaillait bien, si les dispositions qui étaient en elle se développaient, comme il était probable, dès le mois d'août elle concourrait. Obtiendrait-elle le prix? Personne ne pouvait le dire ni le promettre. Mais c'était possible. Ce qu'il fallait, c'est qu'elle concourût cette année même et qu'elle séduisît le jury autant par le mérite de son exécution que par le charme de sa jeunesse. C'était une épreuve à risquer. Le talent, le vrai, sérieux, viendrait plus tard.

Mme de Mussidan se montra surprise de cette distinction qu'elle ne comprenait pas.

— Geneviève n'aura donc pas de talent? demanda-t-elle.

— Elle aura un certain talent, assez pour étonner les amateurs, et cela suffit pour gagner de l'argent; seulement, si elle veut être une artiste pour les artistes, elle aura encore à travailler, et joliment. Mais ça, c'est l'avenir, nous n'avons qu'à nous occuper du présent.

Pour Mme de Mussidan, ce qu'elle avait à faire dans le présent, c'était d'obtenir que son mari consentît à cet arrangement.

Si, dès le lendemain, Geneviève avait dû gagner quelques centaines de francs par mois, son acceptation eût été certaine. Mais ce n'était pas dès le lendemain que l'enfant pouvait travailler pour ses parents. Ce ne serait que dans quelques mois, dans quelques années peut-être, et cela changeait tout à fait la situation. Que lui importait ce qui arriverait dans quelques années! Il savait bien, il était sûr qu'à ce moment il jouirait de la fortune de Mlle de Puylaurens. Ce qu'il fallait pour lui, c'était le moyen d'attendre jusque-là sans trop souffrir, c'est-à-dire sans en être réduit aux cent cinquante francs qui lui venaient de Lille tous les mois. Assurément, tant qu'il n'aurait pas l'équivalent de l'indemnité que sa tante lui avait supprimée, il s'inquiéterait, il chercherait, et toutes les combinaisons qui pourraient « amener la petite à travailler pour ses parents », il les accepterait. Ce qu'il fallait donc pour qu'il voulût bien attendre le moment où Geneviève, ayant obtenu son prix, gagnerait de l'argent, c'était une combinaison qui doublât les cent cinquante francs qu'il touchait déjà, et lui procurât ainsi les trois cents auxquels il s'était habitué.

Dans cet ordre d'idées elle n'avait qu'une chose à faire, qui était de s'adresser à son oncle, et de lui demander un nouvel effort : au lieu de prendre un an et demi pour se libérer par fractions de cent cinquante francs, qu'il prît neuf mois avec des termes de trois cents francs, et elle était sauvée; dans neuf mois Geneviève, qui aurait sans doute obtenu son prix, gagnerait quelques milliers de francs par an, et il ne pourrait plus être question de la lancer dans des aventures plus ou moins périlleuses.

Elle lui avait écrit dans ce sens en lui exposant franchement sa situation : pour que sa fille pût devenir la grande musicienne que ses dispositions naturelles promettaient, ils avaient besoin de trois cents francs par mois au lieu de cent cinquante; pouvait-il les leur envoyer? Elle s'adressait à lui en désespoir de cause, et le service qu'elle lui demandait était le plus grand qu'il pût leur rendre.

Le troisième jour après avoir envoyé sa lettre, elle avait reçu une réponse :

« Ma chère nièce,

« Je ne saurais vous dire combien je suis heureux d'apprendre
« que ma petite-nièce affirme de grandes dispositions pour la
« musique, car par là elle montre qu'elle est bien de notre
« famille; à l'exception de vous, ma chère Angélique, nous avons
« tous été musiciens de père en fils, aussi loin que nous pouvons
« remonter. Notre bisaïeul était carillonneur à Bruges, notre
« grand-père, maître de chapelle de l'évêque de Spire; notre père,
« chef d'orchestre du théâtre de Metz, et c'est pour moi un senti-
« ment de douce fierté de voir que votre fille nous continue; sous
« la direction de Mme Raphélis, qui est une femme de grand talent,
« elle ne peut pas manquer de devenir une musicienne qui nous
« fera honneur.

« Vous comprenez, n'est-ce pas, que dans ces conditions je ne
« peux vous répondre que conformément à votre désir, et comme
« parent, et comme artiste.

« Si, dans ma carrière déjà longue, je n'ai pas su mettre de
« l'argent de côté, ce qui, j'en conviens, est une grande faute, j'ai
« pu au moins acquérir ce qui vaut mieux souvent que la fortune,
« l'estime et l'amitié de ceux avec qui j'ai vécu. Dans mon
« embarras pour vous satisfaire, je me suis adressé à quelques-
« uns de ces amis, et bien que je n'aie jamais voulu jusqu'à ce
« jour contracter une dette, si petite qu'elle fût, je leur ai
« demandé de me prêter cent cinquante francs par mois, afin de
« parfaire les trois cents francs qui vous sont nécessaires, et je n'ai
« pas été refusé.

« Le mois prochain, vous recevrez vos trois cents francs pour
« continuer ainsi jusqu'à ma libération.

« Si, lorsque je me serai acquitté, quelques centaines de francs
« vous sont encore utiles pour achever l'instruction musicale de
« ma petite-nièce, ne vous gênez pas, je vous prie, pour me les
« demander; ce me sera un plaisir de les mettre à votre disposi-
« tion et de contribuer ainsi, pour une faible part, au développe-

« ment du talent de cette chère petite, que je vous charge d'em-
« brasser pour moi.

« Présentez mes hommages à M. le comte de Mussidan qui
« doit être heureux et fier d'avoir une fille aussi bien douée, et
« pour vous, ma chère Angélique, croyez à mes sentiments
« dévoués.

« J. Godart. »

Cette lettre lui mit des larmes aux yeux. Pourquoi donc
M. de Mussidan disait-il toujours que le monde était peuplé
d'égoïstes et de méchants? Cette lettre n'était-elle pas celle d'un
brave homme? Et Mme Gueswiller n'était-elle pas aussi une bonne
femme? Et Mme Raphélis? Comme il avait dû souffrir pour s'être
ainsi laissé aigrir?

Maintenant elle pouvait lui soumettre la proposition de
Mme Raphélis : le jour où l'argent de Lille cesserait d'arriver, celui
que gagnerait Geneviève le remplacerait : il pouvait donc laisser
Geneviève travailler tranquillement la musique sans chercher d'autres combinaisons.

Cependant ce ne fut pas de Mme Raphélis qu'elle lui parla tout
d'abord, ce fut de la lettre de l'oncle de Lille.

— Voilà un particulier qui ne se gêne vraiment pas avec nous.
Comment, il pouvait emprunter pour se libérer de ce qu'il nous
doit et il ne l'a pas fait.

— Il le fait maintenant.

— Maintenant, la belle affaire!

— L'affaire a cela de bon au moins qu'elle permet d'attendre
que Geneviève gagne de l'argent, ce qui pourrait arriver bientôt si
vous vouliez accepter les propositions de Mme Raphélis.

— Quelles propositions? De quel droit cette Mme Raphélis, que
je ne connais pas, se permet-elle de m'adresser des propositions
par votre entremise, au lieu de me les faire directement comme il
convient?

Elle expliqua de quoi il s'agissait :

— Et quel est le prix de ses leçons, à cette Mme Raphélis?

— Elle ne les ferait pas payer.

— Comment! elle ne les ferait pas payer?

— Le prix de ses leçons est de quarante francs l'heure, et elle sait bien que nous ne pouvons pas dépenser quarante francs tous les jours.

— Comment elle sait bien! Et qui lui a dit que moi, comte de Mussidan, je ne pouvais pas dépenser quarante francs par jour? C'est cette Alsacienne, n'est-ce pas? Dites que c'est elle, et je la chasse de chez moi.

Elle se garda bien de rien dire; au reste cela était inutile, il était parti pour parler seul, sans rien écouter.

— Est-ce que vous vous imaginez par exemple, que je vais accepter que cette Mme Raphélis que je ne connais pas me fasse cadeau de ses leçons! Quand un Mussidan reçoit un cadeau, il en rend deux. Vous ne sentez pas cela, vous; dans votre condition, on n'est pas sensible à ces choses.

Il fallait répondre, sinon à ce qui lui était personnel, au moins à ce qui touchait Mme Raphélis.

— Ce n'est pas un cadeau que Mme Raphélis veut nous faire. Si elle nous rend service, de son côté Geneviève peut lui être utile. Quand un professeur donne son temps et sa peine à un élève, ce n'est pas tout à fait pour l'élève, c'est aussi pour lui-même, pour sa propre réputation, pour que l'élève le défende et le fasse triompher dans les concours.

Elle croyait que cette explication, qui était celle que Mme Gueswiller lui avait donnée, serait suffisante, mais elle se trompait.

— Je comprends, s'écria-t-il, nous y voilà; on veut exploiter ma fille. On a vu qu'elle avait du talent, un talent assez grand pour en tirer parti, et cette Mme Raphélis, dont je me méfiais d'ailleurs, sans trop savoir pourquoi, mais d'instinct, veut se servir d'elle pour gagner des médailles : élève de Mme Raphélis, cela fait bien. Et vous n'avez pas vu cela, vous? On vous a parlé d'art, de dévouement à l'art, et vous avez cru ce qu'on vous a dit. Sans moi vous auriez livré votre fille. Heureusement je suis là. Je vais l'aller trouver, cette Mme Raphélis, et m'expliquer avec elle. Si c'est un cadeau qu'elle veut me faire, je vais lui dire que je n'en veux pas et que je lui payerai ses leçons... plus tard. S'il s'agit d'une exploitation de ma fille... nous verrons à nous entendre; il ne faut pas être dupe en ce monde, c'est bête.

Elle eut un moment de découragement et de défaillance.

— Où demeure cette Mme Raphélis?

— Je ne sais; je le demanderai à Mme Gueswiller.

M. de Mussidan eut le temps de se calmer; après tout, on pouvait essayer.

XV

Cet essai commença et se continua sans que M. de Mussidan parût savoir que sa fille allait au Conservatoire trois fois par semaine, et les autres jours chez Mme Raphélis.

Après réflexion il s'était dit que le mieux était qu'il en fût ainsi : comme il pourrait toujours payer les leçons de Mme Raphélis quand Mlle de Puylaurens mourrait, il n'était pas nécessaire qu'il s'engageât à ce payement d'une façon précise ; et, d'autre part, comme il n'avait aucun intérêt à traiter dès maintenant la question d'exploitation de l'élève par le professeur, le jour où cette exploitation se produirait il interviendrait, et alors il n'aurait que plus d'autorité pour faire valoir ses droits de père de famille ; l'argent de Lille lui permettait d'attendre et de continuer l'existence qu'il menait depuis dix ans. Sans doute ce n'était pas celle qu'il aurait voulue et qu'il avait espérée. Mais enfin, il pouvait tous les jours descendre à Paris, se montrer là où se réunit le monde, visiter quelques amis où il avait la satisfaction d'entendre un valet jeter à pleine voix son nom et son titre ; enfin, le soir, s'étaler dans toute la grâce de sa noble prestance sur les divans de son café, en frappant du plat de sa belle main sa cuisse allongée, tandis que d'une voix sonore il expliquait à ceux qui voulaient bien l'écouter ce qu'était la grande vie vingt ans auparavant, racontant ce qu'il avait fait, répétant ce qu'il avait dit. Ah ! ce n'était pas comme aujourd'hui. Cela ne le gênait en rien que sa fille travaillât ; le matin, pendant qu'il dormait encore, elle s'en allait, accompagnée de sa mère, au Conservatoire, ou chez Mme Raphélis ; après déjeuner, quand elle se mettait au piano, il sortait pour faire sa promenade habituelle, et le soir, quand il revenait de son café, elle était couchée et depuis une heure ou deux déjà endormie.

— Nous verrons bien, répétait-il, il faut essayer.

Mais si cela n'avait apporté aucun changement dans sa vie, par contre cela en avait apporté un considérable dans celle de Geneviève. Il ne s'agissait plus d'étudier un morceau pour le plaisir. Il s'agissait de travailler sans repos de midi à sept heures, non des morceaux plus ou moins amusants, mais des exercices aussi fatigants que fastidieux qui n'ont d'intérêt qu'au point de vue du mécanisme et de l'exécution et qui découragent tant d'élèves. Il ne s'agissait plus maintenant de prendre son temps pour se reposer quand ses bras endoloris refusaient de continuer ; si intense que fût cette douleur de l'avant-bras que connaissent tous les pianistes, il fallait persévérer après quelques secondes d'arrêt seulement sans s'abandonner aux défaillances qui lui noyaient le cœur.

— Ah ! maman ! s'écriait-elle quelquefois.

Alors sa mère venait à elle pour l'encourager en l'embrassant.

— J'ai les bras cassés, disait-elle.

— Cela n'est rien, répondait la mère, tu sais que Mme Raphélis t'a dit qu'il faut ça, et que tout le monde passait par là.

— Oui, une heure je veux bien, mais six heures, mais sept heures.

— Avec une heure tu n'arriverais jamais, et il faut que tu arrives cette année ; il le faut pour ton père et pour moi. Travaille quand même tes exercices du quatrième doigt.

— Oui, maman.

Et ses petits doigts recommençaient à répéter sur le clavier la même note pendant une heure.

C'était la lassitude seule qui lui arrachait parfois ces quelques cris de douleur, et jamais elle ne se plaignait de trop travailler.

— Je sais bien, disait-elle, qu'il faut que je me dépêche.

Et alors, s'interrompant un moment, elle faisait des projets pour le jour où elle gagnerait de l'argent.

— D'abord, toi, tu ne travailleras plus ; tu me conduiras dans des concerts. Tu auras une belle robe, nous irons en voiture. Le dimanche nous nous promènerons depuis le matin jusqu'au soir à la campagne, et nous prendrons Odile avec nous ; elle sera si contente d'aller à la campagne ! elle est si fatiguée !

Mais c'était le plus souvent pendant le trajet de Montmartre au Conservatoire ou en revenant à Montmartre qu'elle arrangeait leur avenir avec cette audace enfantine que rien n'arrête et qui met à la place de la réalité qu'elle ignore, la féerie qui la charme.

— Tu verras, tu verras.

Que de choses on verrait ; elle n'avait jamais fini de les énumérer ou de les montrer quand elle arrivait au Conservatoire. Alors, au lieu de continuer à trottiner à côté de sa mère en bavardant, elle prenait un air grave, et la petite fille devenait une jeune fille qui sait qu'on la regarde. Et en effet on la regardait réellement, car on lui avait inventé une sorte de légende connue de tous. — C'était un enfant-prodige, — l'élève préférée de Mme Raphélis, qui voulait avoir la première médaille avec cette petite. — Il n'y avait pas à s'exterminer le tempérament cette année-là, le prix était donné à l'avance ; on choisirait le morceau de concours de façon à ce que ses petites mains pussent l'exécuter ; le jury serait gagné et Mlle de Mussidan passerait sur le corps de tout le monde. — Et si elle méritait vraiment le prix ? — Une gamine !

Et quand cette gamine entrait dans la cour où allaient et venaient les élèves, elle produisait toujours un mouvement de curiosité. Parmi les élèves des classes de déclamation lyrique ou de déclamation dramatique, on la regardait pour la regarder, sans malveillance comme sans envie. Ce n'était pas une rivale :

une petite bête intéressante, voilà tout. Il en était de même chez les élèves des classes de composition idéale, de violon, de contrebasse, de flûte ou de trompette à coulisse. Mais avec les élèves des classes de piano il en était tout autrement, et c'était pour la critiquer qu'on l'examinait.

Que ne pouvait-on la manger des yeux, la faire rentrer sous terre, cette voleuse de médailles ! Chez les petites comme chez les grandes, le sentiment était le même ; et il n'y avait pas que les élèves qui la regardaient avec ces méchants yeux, les mères étaient encore plus enragées. Mais ce n'était pas à Geneviève qu'elles adressaient leurs coups d'œil haineux où leurs propos méprisants, c'était à Mme de Mussidan ; c'était sur elle qu'elles exerçaient leur langue et leur esprit. Sur son passage s'élevait toujours un murmure dont elle n'entendait pas distinctement les paroles ; mais dont elle ne comprenait que trop bien la musique. Qu'on la rencontrât dans un corridor ou un escalier, et on la toisait des pieds à la tête, s'écartant d'elle avec dégoût ou la frôlant avec insolence. — Vous n'avez pas la prétention de prendre partout la première place, peut-être ? — Après vous, madame, s'il en reste. — Quand Mme Raphélis adressait un compliment à Geneviève on la faisait responsable de cette injustice ; quand, au lieu d'une approbation, c'était une réprimande, c'était à elle que s'adressaient les sourires moqueurs. — Pas si forte que ça la gamine. — On s'était trompé sur son compte. — Elle baissait. — Elle n'aurait pas le prix.

Et alors ces jours-là on daignait lui adresser la parole directement.

— Est-ce qu'elle n'est pas malade, votre petite ?
— Mais non.
— Vous en êtes sûre ?
— Sans doute...
— C'est étonnant : elle est toute pâle ; elle n'a pas d'énergie, elle travaille peut-être trop.
— Pas plus que d'habitude.
— A la longue on se fatigue, surtout quand on est si jeune ; et puis on dit que les enfants qui ont des dispositions si extraordinaires sont toujours fragiles ; il faut les mener en douceur.

Et on lui racontait des histoires terribles d'enfants qui avaient été surmenés; ils ne s'étaient rétablis que par le repos.

— Je sais bien que c'est une année de perdue quand on arrête un enfant, mais enfin il vaut encore mieux perdre la médaille que de perdre la santé. La médaille, on la retrouve l'année suivante; la santé, on ne la retrouve pas !

C'étaient les mères de celles qui devaient quitter le Conservatoire à la fin de cette même année qui parlaient ainsi. Quant à celles qui avaient encore du temps devant elles, leur langage était différent et leur calcul aussi. Si cette gamine devait avoir le prix, qu'elle l'obtînt tout de suite : on serait débarrassé d'elle l'année suivante.

Si ces propos attristaient la mère, les réprimandes de Mme Raphélis, si légères qu'elles fussent, bouleversaient la fille. Alors, à ses élans d'espérance succédaient des heures d'accablement et de défaillance.

Ce n'était plus en trottinant auprès de sa mère, le nez au vent, gaie, souriante, bavarde, qu'elle remontait à Montmartre; c'était en marchant tristement, la tête basse, silencieuse, se faisant traîner, en répétant seulement de temps en temps :

— Je ne pourrai jamais.

— Mais si, ma chérie.

— Non, maman, je suis trop petite, j'ai les doigts trop petits.

Et elle montrait sa main toute mignonne, aux doigts allongés, amincis en fuseau avec de gracieuses fossettes.

— Et puis ce n'est pas seulement la main qui me manque, c'est le poignet, c'est l'avant-bras, c'est la force. Qu'est-ce que tu veux que je fasse, si le morceau de concours est un morceau de force ? Et puis il y en a qui ont tant de talent.

Elle nommait celles qui avaient tant de talent avec une justice parfaite, leur rendant ce qui leur était dû; des grandes filles qui avaient presque le double de son âge, qui travaillaient depuis dix ans et qui savaient tout ce qui s'apprend.

— Comment veux-tu que je lutte contre elles, moi qui ne sais rien !

Elle baissait la voix :

— Car c'est vrai, maman, je ne sais rien; **quand je suis**

214 LA PETITE SŒUR

toute seule, je crois que je sais quelque chose; mais quand, en classe, je les vois, je les entends, je sens que je ne sais rien.

— Si tu n'étais pas en état de concourir, crois-tu que Mme Raphélis te présenterait comme son élève?

— Oh! Mme Raphélis! il y a des moments où je l'étonne, et puis il y en a d'autres où je la décourage, je vois bien cela. Ah! si papa n'avait pas besoin que je lui gagne de l'argent cette année!

— Il ne faut pas lui faire de la peine.

— Non, maman... ni à toi.

XVI

C'était par sympathie, par besoin d'obliger, par amitié, que Mme Gueswiller s'était employée auprès de Mme Raphélis pour que celle-ci voulût bien prendre Geneviève comme élève; mais c'était aussi, jusqu'à un certain point, par intérêt personnel, dans l'espérance que les progrès de Geneviève hâteraient ceux d'Odile.

Tout d'abord, quand Geneviève avait commencé la musique, c'avait été Odile, qui moitié en jouant, moitié sérieusement, lui avait donné les premières leçons; mais l'élève avait bien vite laissé son professeur en arrière, et Sophie, la sœur aînée, avait dû prendre la place de la petite Odile.

C'était une enfant intelligente pourtant, que la petite Odile, mais qui ne se mettait au piano qu'à son corps défendant. Aimait-elle la musique? ne l'aimait-elle point? On n'en savait rien; par cette excellente raison qu'on ne l'avait jamais interrogée sur ce point qui, pour les Gueswiller, ne pouvait pas être mis en discussion. Pour eux, tout le monde aimait la musique, comme tout le monde respire; on respire plus ou moins bien, on a des poumons plus ou moins bons, voilà tout. Odile semblait n'avoir que de médiocres poumons, l'exercice les fortifierait, et alors elle respirerait comme ses frères et sœurs.

Justement l'exercice avec Geneviève, si richement douée de ce côté, lui serait bon ; et quand les deux enfants avaient commencé à travailler ensemble, ce calcul s'était trouvé excellent : Odile, tant bien que mal, avait suivi sa camarade jusqu'au jour où celle-ci, trop forte, l'avait laissée en arrière, à une courte distance d'abord, mais qui bien vite s'était terriblement allongée.

Faire donner des leçons à Geneviève par Mme Raphélis n'était pas précisément le meilleur moyen à prendre pour abréger cette distance, puisque les dispositions naturelles de Geneviève allaient, grâce à ses leçons, se transformer vite en talent acquis. Aussi n'était-ce pas cela que Mme Gueswiller avait cherché. Ce qu'elle avait espéré, c'avait été simplement que l'émulation piquerait sa fille.

En voyant d'où sa camarade était partie et où elle était arrivée, Odile serait touchée dans son amour-propre et poussée en avant.

— Vois Geneviève.

Ce « Vois Geneviève », on le lui avait dit et répété dix fois, vingt fois par jour, pendant les douze heures de travail qu'on lui imposait, sans repos et sans relâche, de sept heures du matin à huit heures du soir. A ce mot, toujours le même, elle avait une réponse, toujours la même aussi :

— Je vois que Geneviève ne travaille pas douze heures comme moi.

— Parce qu'elle travaille mieux que toi; travaille aussi bien, tu ne travailleras pas plus longtemps qu'elle.

Sur cette question du travail, Mme Gueswiller était implacable, aussi dure pour ses enfants qu'elle l'était pour elle-même.

— Je n'ai pas une minute de repos, de six heures du matin à onze heures du soir; je ne me plains pas.

Et comme elle ne se plaignait pas, elle n'admettait pas que ses enfants se plaignissent.

— Votre père travaille de son côté, je travaille du mien : travaillez du vôtre.

Levée la première à six heures, elle commençait sa journée par éveiller ses enfants, ses filles d'abord, les garçons qui étaient, l'un triangle aux Variétés, l'autre violon aux Folies-Dramatiques, rentrant tard dans la nuit; bon gré, mal gré, il fallait sauter] à bas du lit; si l'on tardait, elle vous secouait d'une main vigoureuse qui chassait le sommeil. On avait une heure pour faire sa toilette et sa chambre; à sept heures le travail commençait pour les quatre filles. Alors les garçons se levaient à leur tour et sans qu'elle eût besoin de les éveiller; c'était le piano de Sophie et d'Odile, la harpe de Salomé, le violoncelle d'Auguste qui les secouaient de vibrations et de trépidations exaspérantes.

Elle ne faisait grâce à personne; la maladie même n'était pas une excuse, et si elle jugeait qu'un des enfants avait vraiment besoin de rester au lit, elle le faisait travailler dans son lit; il y avait toujours des devoirs d'harmonie en retard, et la petite Odile devait travailler ses exercices sur le clavier muet, assise sur son lit, un oreiller dans le dos, enveloppée dans un vieux châle.

Alors sa mère s'installait près d'elle pour la surveiller des yeux, tandis que l'oreille aux aguets elle écoutait si ses autres filles et ses garçons ne profitaient pas de son absence pour prendre une minute de repos.

C'était là qu'un tablier de cuisine sur les genoux elle grattait ses carottes, épluchait ses choux, ou bien, son panier à ouvrage devant elle, elle ravaudait les bas de ses enfants, — travail terrible qui ne finissait jamais, qui recommençait toujours et qui était devenu pour elle le cauchemar de ses nuits, dans lequel elle voyait s'agiter furieusement ces douze jambes chaussées de bas troués.

Si attentive qu'elle fût à chercher ses mailles et à suivre les petites mains d'Odile sur le clavier, elle ne perdait rien de ce que ses autres enfants faisaient dans les pièces voisines et par les portes qu'elle tenait ouvertes, il leur arrivait de temps en temps un mot qui leur rappelait que leur mère veillait en chef d'orchestre féroce.

— Sophie, ton accord n'est pas juste.

— Auguste, gare à toi, je vais y aller.
— *Forte, forte*, Salomé, tu as les doigts en coton.
— Lutan, tu as manqué ton trille.
— Florent, ta reprise ! Tu te fiches de moi !

Et l'admirable, c'est qu'elle ne perdait pas la tête et se reconnaissait au milieu de ce charivari qui eût affolé tout autre qu'elle.

Elle avait même une oreille pour suivre ce que Geneviève travaillait de l'autre côté de la muraille.

— Vois Geneviève, disait-elle à Odile, vois comme elle a enlevé son *grupetto* ; comme c'est aisé, comme c'est net !

« Vois Geneviève », c'était le refrain auquel revenait madame Gueswiller toujours et à propos de tout.

Le plus souvent Odile ne répliquait pas ; mais sur son pâle visage, encadré de cheveux jaunes nattés, passait un sourire.

Mais parfois aussi elle répondait :

— Geneviève, oh ! Geneviève, elle fait ce qu'elle veut, Geneviève ; et puis elle n'est pas fatiguée, et moi je suis fatiguée ! Tu ne veux pas me croire quand je te dis que je suis si fatiguée, tu m'accuses d'être paresseuse ; je t'assure que je ne suis pas paresseuse, je suis fatiguée ! si fatiguée !

Ce n'était pas parce qu'elle n'aimait pas sa fille que madame Gueswiller ne voulait pas croire à cette fatigue, mais c'était parce qu'elle n'admettait pas qu'on ne pût point, avec de la volonté, surmonter sa fatigue. Si quelqu'un était fatigué dans la maison, c'était elle. Si quelqu'un avait envie de dormir le matin et de rester au lit, c'était elle. Cependant jamais elle n'avait cédé à la fatigue. Et depuis son mariage elle n'était restée au lit que quand elle avait eu ses enfants ; c'était alors seulement qu'elle s'était reposée, et encore pas longtemps. Pour elle le travail était une loi naturelle, et elle n'avait que de la haine ou du dégoût pour ceux qui ne travaillaient pas ; des lâches ou des misérables.

— Voyez M. de Mussidan, disait-elle à ses enfants quand ils se plaignaient, voilà où on en arrive quand on ne travaille pas.

Ainsi la fille et le père lui servaient d'exemples vivants : « Faites comme celle-ci, ne faites pas comme celui-là. » Si M. de Mussidan avait pour cette commère mal peignée un parfait dédain, elle avait pour ce bel homme toujours si soigné un profond mépris; il n'y avait qu'un point sur lequel ils étaient d'accord : le jugement qu'ils portaient l'un sur l'autre.

— Cette mégère fera mourir ses enfants à la peine! disait M. de Mussidan.

— Ce vieux fainéant tuera d'abord sa femme de travail, disait Mme Gueswiller, puis ensuite il tuera sa fille.

Chose curieuse, elle admettait très bien que les autres pussent mourir tués par le travail, mais elle ne l'admettait pas pour les siens.

Aussi quand on essayait de lui faire remarquer que sa petite Odile était bien faible, bien pâle, se contentait-elle de hausser les épaules.

— Ses sœurs ont été comme ça, disait-elle, et elles ont pris le dessus, c'est un moment à passer; elle ne mange pas assez, quand elle mangera, ça ira mieux.

Et elle rompait l'entretien en femme qui ne veut rien entendre, ni rien croire; elle savait comment on élève les enfants sans doute; jamais elle ne supporterait que les siens prissent des habitudes de paresse : voyez M. Mussidan.

Cependant si ferme qu'elle fût dans ses principes, si dure qu'elle se montrât dans leur stricte application, elle avait fini par être obligée de permettre à Odile, « de plus en plus fatiguée », de se reposer.

L'enfant, qui avait toujours été rieuse et joueuse, était devenue d'une tristesse morne, cherchant la solitude et les coins sombres, ne pensant qu'à se reposer : — « Ah! maman, je suis si fatiguée, si fatiguée. » Quand ses frères et ses sœurs, pour la distraire, essayaient de jouer avec elle, elle poussait des cris aussitôt qu'ils la touchaient. Pendant des semaines elle ne voulait pas manger; puis tout à coup elle dévorait pendant quelques jours, ce qui aussitôt rassurait sa mère : « Quand on mange, on travaille. » Mais, pour travailler, il faut des forces, et elle n'en avait plus. Plus de vivacité non plus. Plus de mine. La peau terne, terreuse, tantôt sèche, tantôt couverte de sueurs qui lui inondaient les cheveux et le visage.

Avec cela un regard brillant, brûlant, qui éclairait cette face amaigrie, d'autant plus chétive que la tête était volumineuse.

Le repos n'ayant pas suffi pour la « défatiguer », Mme Gueswiller s'était décidée à appeler un médecin, qui avait ordonné le repos dans une chambre exposée au soleil et comme médicament des tartines de pain beurré saupoudrées de gros sel gris.

Elle n'avait pas discuté, mais quand il avait été parti, elle avait haussé les épaules.

— Quand pour tout médicament on ordonne aux gens du sel gris, c'est qu'ils ne sont guère malades.

Et, de très bonne foi, elle avait remis Odile au travail, en se disant que le médecin avait tout simplement voulu gagner le prix de sa visite.

Mais cette reprise de travail n'avait pas été longue; il avait fallu reconnaître qu'Odile était malade, vraiment malade.

On avait appelé un nouveau médecin.

— Du beurre et du sel gris pour tout médicament à une enfant malade !

Averti, le nouveau médecin n'avait eu garde de tomber dans l'erreur de son confrère.

— Le beurre a du bon, et je le conseille aussi, mais nous l'assaisonnerons avec du chlorure de sodium.

Et il s'était retiré, regrettant presque de n'avoir pas ordonné de prendre le chlorure de sodium avec une cuiller en aluminium.

A la bonne heure, il connaissait son affaire, celui-là, et à une enfant vraiment malade il ne se contentait pas d'ordonner du sel de cuisine. Ah! si elle l'avait appelé tout d'abord !

Odile avait si bien pris l'habitude du travail que, lorsqu'elle s'était trouvée dans son lit, et après le premier moment de repos passé, sans avoir de devoirs d'harmonie à faire ou de clavier muet à étudier, elle était tombée dans une tristesse morose.

— Tu vois comme on s'ennuie quand on ne travaille pas, lui disait sans cesse sa mère.

— Mais puisque je ne puis pas travailler ; ce n'était pas travailler qui m'ennuyait, c'était travailler toujours.

Maintenant, ce qui l'ennuyait, c'était, dans la chambre exposée au midi où on l'avait installée, de n'avoir qu'à regarder les toits de la ville immense mêlés au-dessous d'elle en une confusion monotone où rien ne se détachait, si ce n'est de temps en temps les effets de lumière produits par les nuages, et aussi les rubans de fumée qui se déroulaient à l'horizon.

Pour la distraire, sa mère avait demandé à Mme de Mussidan de lui donner Geneviève toutes les fois que celle-ci ne travaillerait pas, et même quand cela se pourrait de la laisser travailler auprès d'Odile. Sans doute il lui eût été facile de mettre l'un de ses garçons ou l'une de ses filles auprès de l'enfant malade; mais cela les eût dérangés; et puis d'ailleurs Odile n'était contente que quand elle avait près d'elle sa petite camarade.

— Étudie ton piano, ne fais rien, cela m'est égal, mais reste avec moi, disait-elle souvent.

En réalité elle n'était pas franche lorsqu'elle disait : « Étudie ton piano ou ne fais rien, cela m'est égal. » Ce qu'elle désirait, ce qu'elle voulait, c'était que Geneviève ne fît rien ; une fois même, en l'absence de sa mère, elle s'était expliquée à ce sujet.

— Tais-toi donc, avait-elle dit à Geneviève qui continuait à étudier consciencieusement, nous sommes seules.

— Cela t'ennuie?

Depuis assez longtemps elle ne remuait presque plus dans son lit : en entendant cette question, elle s'était mise à taper, à trépigner sur ses draps.

— Cela m'embête, m'embête, m'embête! s'était-elle écriée, cela me fait pleurer, cela me fait grincer des dents. Crois-tu donc que ce n'est pas exaspérant d'entendre toute la journée le piano, le violon, la harpe, le violoncelle? J'en pleure, j'en meurs.

Geneviève l'avait regardée avec étonnement.

— Ça t'étonne, continua Odile, mais toi tu n'entends pas toute la journée le piano, le violon, la harpe, le violoncelle; toi tu ne travailles pas toute la journée; quand tu es à table, à déjeuner ou à dîner, ton père et ta mère ne parlent pas tout le temps de piano, de violon, de harpe, de violoncelle. Oh! si tu savais comme ça m'embête, ça m'embête!

Elle disait cela avec rage, comme si elle avait défilé un chapelet de jurons en tapant sur son lit.

Puis, se calmant un peu, elle appela sa camarade.

— Viens là, près de moi.

Et quand Geneviève fut venue, lui prenant la main en inclinant la tête vers elle :

— Si tu savais, dit-elle, comme je serais contente de ne plus jamais travailler mon piano, jamais, jamais!

— Tu aimes mieux la harpe? demanda Geneviève.

— Es-tu bête! Ni la harpe, ni le piano, ni le violon, ni rien. Alors baissant la voix :

— Je voudrais aller à la campagne, en Alsace, et garder les vaches.

Du coup Geneviève fut stupéfaite.

— Si tu savais ce que ce que c'est que de garder les vaches! Il y a deux ans j'ai été en Alsace, et tout le temps j'ai gardé les vaches avec ma cousine Aurélie. Nous partions dès le matin derrière les vaches, emportant notre manger dans un panier. Pendant que les vaches paissaient on jouait dans les bois; il y avait des haies, des prés, des rivières, qui faisaient glou glou sur les cailloux rouges. En voilà une jolie musique! Quand les vaches se couchaient pour ruminer... Tu ne sais pas ce que c'est que ruminer! Eh bien, c'est une opération par laquelle les vaches mangent une seconde fois ce qu'elles ont déjà avalé.

— Quelle farce !

— Non, je t'assure que c'est vrai. Eh bien, pendant que les vaches ruminaient, nous allumions du feu avec du bois sec et des feuilles. C'est ça qui sent bon, les feuilles brûlées, et ça fait une belle fumée jaune avec des pétillements. En voilà encore une belle musique!

Quand Geneviève revint le lendemain, elle apporta une vacherie que Mlle de Puylaurens lui avait donnée et dans laquelle il y avait des vaches en carton, des claies en allumettes et des arbres bleus; elles jouèrent sur le lit d'Odile « à garder les vaches », mais si amusant que cela fût, il manquait cependant l'air de la verte forêt, le glou glou de la rivière sur les cailloux rouges, les pétillements du feu de feuilles, et bien d'autres choses encore, hélas! qui ne se trouvent pas dans une chambre du cinquième étage à Montmartre. Pourtant ce fut une bonne journée pour Odile. Cette fois, ce n'était pas comme au piano, c'était elle qui avait la supériorité, qui était la maîtresse. Elle avait gardé des vraies vaches,

... ELLES JOUÈRENT SUR LE LIT D'ODILE « A GARDER LES VACHES » (P. 222.)

fait du vrai feu; elle connaissait son affaire et pouvait commander, dire ce qu'il fallait donner aux vaches, leur parler, les traire. Une seule chose cependant laissait à désirer : les arbres; elle n'avait jamais vu des arbres bleus; si seulement elles avaient un petit arbre vrai dans un pot.

Alors Geneviève n'avait plus eu qu'un désir : lui donner un arbre dans un pot. Mais quel arbre? Et puis combien cela coûtait-il, un arbre en pot? Elle n'en avait aucune idée. D'ailleurs, cela serait toujours trop cher pour elle, qui n'avait jamais eu un sou dans sa poche. Enfin, n'y tenant plus, elle avait fait part de son envie à sa mère. Mais celle-ci, non plus, ne savait pas ce que coûtait un arbre en pot; c'était là un objet de luxe qu'elle n'avait jamais fait la folie de se payer. Autrefois, avant son mariage, quand elle habitait l'impasse des Tilleuls et qu'elle avait une caisse à fleurs devant sa fenêtre, elle avait acheté quelquefois des *mères de famille* et des *pois de senteur;* mais elle n'avait jamais été jusqu'à l'arbre en pot. Un matin, en sortant du Conservatoire, elles avaient couru jusqu'au marché du Château-d'Eau.

— Auras-tu assez d'argent, maman? demanda Geneviève.

— Je l'espère.

Mais leur premier choix fut désastreux; c'était un palmier qui avait séduit Geneviève.

— N'est-ce pas maman, qu'il est beau? Demande combien.

— Cinquante francs.

Elles restèrent interdites; puis elles se sauvèrent sans écouter le marchand, qui consentait à une diminution de cinq francs, et elles allèrent ainsi jusqu'à l'autre bout du marché, où Geneviève aperçut un petit arbre à feuillage gracieux en fer de lance, tout couvert de petites baies rouges semblables à des cerises sauvages.

— Si tu osais, s'écria Geneviève en serrant la main de sa mère.

M*me* de Mussidan fut longtemps sans oser, mais enfin les serrements de main de sa fille la décidèrent.

— Quatre francs, répondit le marchand.

Geneviève poussa un cri de joie triomphante.

M*me* de Mussidan avait déjà donné les quatre francs.

— Et comment s'appelle notre arbre, demanda Geneviève.

— Cerisette ou oranger des savetiers, ou mieux *solanum pseudo-capsicum*.

Geneviève écrivit ces noms et elle voulut porter elle-même son arbre.

— Ce ne sera pas la peine de parler d'oranger des savetiers, dit-elle en chemin.

— Bien sûr.

Quand Odile vit entrer dans sa chambre l'arbre en pot qu'elle avait tant désiré, elle eut une défaillance, et toute la journée elle fut si gaie, si heureuse qu'on eût pu la croire guérie.

Cependant, au bout de quelques jours, elle trahit encore devant Geneviève un autre désir.

— Ce qui serait bien amusant, ce serait une bête qui se promènerait sous mon arbre en pot.

— Ou un oiseau dans ses branches, dit Geneviève, un serin.

— Oh! non, pas un serin; une vraie bête de la campagne.

— Une vache?

— Tu te moques de moi.

Elle se moquait si peu qu'elle ne pensa plus qu'à compléter son cadeau en y ajoutant une vraie bête de la campagne. Mais quelle vraie bête de la campagne? On n'introduit pas dans une chambre, au cinquième étage, une vache ou un mouton.

Longtemps elle chercha en vain; mais un dimanche qu'elle avait été à Asnières, chez ses amis les Limonnier, elle trouva une petite poule Cayenne qu'elle vit dans leur poulailler et qu'elle leur demanda, en disant franchement ce qu'elle en voulait faire; une poule, c'était une bête de la campagne. Ils la lui donnèrent avec plaisir, et elle revint à Paris portant sa poule sur son cœur.

Cette fois, ce fut un délire de joie pour Odile : son arbre en pot, sa poule, la vraie campagne, cela était presque aussi amusant que de garder les vaches.

La gaieté lui revint, mais non la force, non la santé; la maigreur s'était accentuée, la respiration était courte; le moindre effort était suivi d'essoufflement et d'étouffements.

Un jour que Geneviève rentrait avec sa mère, elle avait entendu le médecin dire à Mme Gueswiller, sur le palier, qu'il craignait l'asphyxie par asystolie. Elle avait retenu ces deux mots et les avait cherchés dans son dictionnaire; elle n'avait pas trouvé asystolie, mais seulement asphyxie : mort par strangulation, et elle avait été épouvantée : Odile était donc en danger de mort?

Cela avait rendu son sommeil léger. Une nuit elle avait été réveillée par le bruit d'une porte qui s'ouvrait, et dans le vestibule elle avait entendu la voix éplorée de Mme Gueswiller :

— Ma pauvre Odile, morte! Oh! mon Dieu!

XVII

La mort d'Odile amena de grands changements dans la vie de Geneviève.

Non seulement des changements moraux par le chagrin qu'elle lui causa, le vide de cœur qui en résulta, le sentiment de la mort qu'elle dut admettre, mais encore des changements matériels dans ses habitudes et son travail.

Bien que M. de Mussidan sût peu ce qui se passait chez ses voisines, « ces gens d'en face » n'étant point dignes qu'il s'occupât d'eux, il n'avait pas pu ne pas apprendre cependant le dur labeur auquel « cette petite » était condamnée : — Oh! maman, si tu savais comme Odile est fatiguée aujourd'hui, disait souvent Geneviève pendant les repas. — A cela il avait toujours répondu : — C'est qu'elle n'a pas de courage ; les enfants doivent travailler. — Et chez lui cette réponse n'avait jamais été que théorique, une opinion sur le travail et les devoirs des enfants qu'il exprimait, car au fond il lui était complètement indifférent que « cette petite » fût ou ne fût pas condamnée à un dur labeur ; quand un père ou une mère font beaucoup travailler un enfant, c'est qu'ils ont besoin que cet enfant travaille beaucoup, voilà tout ; les enfants ne sont pas au monde pour s'amuser.

Mais à l'enterrement de « cette petite », où il avait été « pour faire honneur à ces gens », il avait entendu certains propos qui lui avaient donné à réfléchir sur la méthode de travail imposée par Mme Gueswiller à ses enfants.

— Le chagrin de cette pauvre mère fait peine à voir.

— Elle a d'autant plus de chagrin qu'elle peut se reprocher d'avoir tué sa fille.

— C'est donc vrai qu'elle la faisait trop travailler ?

— Douze heures par jour sans jamais de repos, sans jamais sortir ; une enfant toujours enfermée, ne prenant pas l'air, claquemurée dans une chambre et attachée à son piano du matin au soir ; elle est morte à la peine.

— C'est étonnant qu'elle ne soit pas morte plus tôt, car elle était malade depuis longtemps, n'est-ce pas ?

— Malade, non pas précisément ; on n'a pas le droit d'être malade chez Mme Gueswiller : mais souffrante, chétive ; une mine affreuse, les os se déformaient ; la crise s'est déclarée au moment où elle allait devenir une jeune fille, et elle n'a pas eu la force de la surmonter ; il aurait fallu l'exercice, le séjour à la campagne, les bains de mer ; une nourriture substantielle.

— C'est une leçon pour elle.

— Trop tard.

Ce ne fut pas seulement pour Mme Gueswiller que cette mort de la petite Odile fut une leçon ; en entendant ces propos qui s'échangeaient autour de lui, M. de Mussidan s'inquiéta, et lorsque, en sortant du cimetière de Saint-Ouen, il gagna les Champs-Élysées pour faire sa promenade ordinaire, plus d'une fois il se répéta un mot qui l'avait frappé : « Ce n'est pas seulement en faisant porter aux enfants des fardeaux trop lourds qu'on les tue ».

Ce n'était point son habitude, lorsqu'il se promenait, de se laisser aller à ses pensées ; il se promenait pour se promener, pour se distraire, pour voir ce qu'il y avait de curieux, pour se montrer lui-même et recueillir sur son passage les coups d'œil approbatifs, les murmures flatteurs qu'il se croyait sûr de provoquer partout où il passait, et il y avait là de quoi l'occuper pleinement. Mais ce jour-là il n'avait rien remarqué, rien entendu autour de lui.

« Ce n'est pas seulement en faisant porter aux enfants des fardeaux trop lourds qu'on les tue ».

Si on avait tué « la petite des gens d'en face », on pouvait donc aussi lui tuer sa fille ?

Lui tuer sa fille !

Mais il l'aimait sa fille !

Mais il avait bâti sa vie sur elle.

Mais, en plus de ses qualités morales qu'il appréciait plus que personne, en plus de sa gentillesse, de son charme, elle valait trois millions, cette enfant !

Comment ne l'avait-on pas averti que le piano pouvait la tuer par un excès de travail ?

Est-ce qu'il savait cela, lui, est-ce qu'il connaissait ces machines-là ? Pour lui cela était tout simplement un instrument ennuyeux, comme les autres d'ailleurs ; mais il ne savait pas que ce pouvait être aussi un instrument homicide.

Sa fille n'était-elle pas déjà malade ?

Cette pensée l'avait si furieusement angoissé qu'il avait interrompu sa promenade, — ce qui ne lui était pas arrivé depuis plus de dix ans, — pour rentrer à Montmartre ; il avait hâte de voir, de savoir.

En montant son escalier il avait entendu un piano, le sien, et reconnu l'exercice que sa fille étudiait depuis quelques jours.

— Comment, elle était au piano ! Mais c'était absurde, cela !

Il avait vivement ouvert sa porte et s'était précipité dans son salon.

— Pourquoi travailles-tu ?

Surprise par cette question, elle l'avait regardé sans y répondre.

— Pourquoi travailles-tu ?

— Mais parce que c'est l'heure de travailler ; cela ne fait rien que je travaille, je n'en pense pas moins à Odile.

Elle dit cela tristement, avec des larmes dans les yeux.

— Il ne s'agit pas d'Odile, il s'agit de toi ; viens ici.

Elle quitta le piano et vint à son père qui s'était placé dans l'embrasure de la fenêtre, tournant le dos au jour.

— Regarde-moi en face.

Elle le regarda, un peu inquiète ; qu'avait-elle donc fait ?

— Tu n'es pas plus pâle que de coutume ?

Elle ne répondit pas.

— Je te demande si tu n'es pas plus pâle ?

— Mais... je ne sais pas.

— Tu ne te sens pas malade ?

— Mais non.

— Réponds-moi franchement. Ce n'est pas pour te gronder que je t'interroge, si tu étais malade ce ne serait pas ta faute.

— Je ne suis pas malade.

— As-tu bien déjeuné ce matin ?

— Vous avez vu.

— Mais non, je n'ai pas vu... j'étais préoccupé, je n'ai pas fait attention à ce que tu mangeais. Avais-tu faim ?

— Non.

— Ah ! tu n'avais pas faim. Pourquoi n'avais-tu pas faim ?

— Parce que... parce que je pensais à Odile ; justement il y avait des saucisses aux choux rouges... (elle se mit à pleurer); et les saucisses aux choux rouges, c'était tout ce qu'Odile aimait le mieux.

— C'est stupide de penser aux autres quand on mange, surtout de penser aux morts. A quoi cela leur sert-il ?

— Je ne l'ai pas fait exprès.

— On pense à soi; on mange pour soi des choses substantielles qui vous nourrissent. Donne-moi ta main.

Il la lui tâta, il la lui palpa longuement ; puis ensuite il lui palpa les bras.

— Cela ne te fait pas mal ?

— Non.

— Dans les os ?

— Pas du tout.

— Tu en es sûre ?

— Mais oui.

— Dans la poitrine, dans les jambes ?

— Ni dans la poitrine, ni dans les jambes.

— Allons tant mieux, c'est bien ; mais si jamais tu te sentais mal, dis-le-moi, tu entends, tout de suite.

— Oui, papa.

Après un moment d'attente, voyant qu'il ne lui adressait plus de questions, elle se dirigea vers son piano pour reprendre son travail ; mais il la retint :

— Assez de travail aujourd'hui ; je ne veux pas qu'on se fatigue.

— Mais si je ne travaille pas je vais trop penser à Odile.

— Je ne veux pas que tu penses à Odile, je veux que tu te distraies, que tu t'amuses ; lis, saute, danse, fais ce que tu voudras.

Ce qu'elle voulut ou plutôt ce qu'elle fit, ce fut, lorsqu'il la laissa seule, de penser à son amie et de pleurer.

Bien surprise fut sa mère quand elle lui dit que son père lui avait défendu de continuer à travailler, et lui avait ordonné de lire, de s'amuser. Que se passait-il donc ? C'était la première fois qu'il paraissait s'apercevoir que sa fille travaillait.

Ce fut seulement le soir, quand Geneviève fut couchée et ne put entendre ce que disaient ses parents, que Mme de Mussidan eut l'explication de cette intervention extraordinaire.

— Savez-vous, madame, que je vous trouve bien imprudente ? dit-il sévèrement.

C'était donc elle qui était le coupable ? Qu'avait-elle fait ?

— Quand vous avez voulu que votre fille étudie avec cette Mme Raphélis pour concourir au Conservatoire, je ne vous ai pas fait les objections qui se présentaient à mon esprit. Vous vous étiez si bien férue de cette belle idée, que je n'ai pas voulu vous contrarier. Mais je pensais que votre tendresse maternelle saurait maintenir votre ambition dans de sages limites. Cela s'est-il réalisé ?

— Je ne vous comprends pas.

— Dites que vous n'osez pas me comprendre. Je m'explique. Votre fille n'a-t-elle pas trop travaillé ? Voilà une mort qui doit nous servir d'exemple, car cette petite a été tuée par sa mère... par le travail forcé auquel sa mère l'a condamnée, si vous aimez mieux. N'avez-vous pas condamné aussi la vôtre à un travail trop dur ?

— Mon Dieu, qui vous fait craindre...

— Ma sagesse, ma tendresse paternelle. Pour vous laisser le

soin de l'éducation de Geneviève, je ne l'ai pas abandonnée ; je la surveille de haut, et Dieu merci pour elle ! je suis là attentif. Tandis que vous vous laissez séduire par cette Mme Raphélis, qui me paraît une enjôleuse, moi qui me tiens au loin, je juge les choses et les pèse. Eh bien ! je vous déclare que je ne laisserai pas exploiter ma fille.

— Mais je vous assure que Geneviève ne travaille pas trop ! s'écria-t-elle épouvantée.

— Vous n'en savez rien.

— Elle n'est pas malade.

— Vous n'en savez rien. D'ailleurs il serait trop tard si elle était malade. Je dois veiller à ce qu'elle ne devienne pas malade, et voilà pourquoi je vous signifie que, dès demain, je la conduirai chez Carbonneau, à qui je demanderai une consultation. Je ne veux pas que, par ignorance, vous exposiez la santé de ma fille. Je ne veux pas qu'on tue mon enfant, comme on a tué « cette petite des gens d'en face ».

XVIII

Malgré la forme sous laquelle ces observations lui avaient été adressées, Mme de Mussidan en fut heureuse : elles venaient d'un père qui aime sa fille et qui s'inquiète, qui s'effraye pour elle.

N'était-il pas tout naturel que, sous le coup de l'émoi causé par la mort d'Odile, cette inquiétude se traduisit d'une façon violente ?

Et puis peut-être méritait-elle ces reproches dans une certaine mesure ; peut-être avait-elle été imprudente ; c'était avec son cœur qu'elle regardait sa fille, non avec ses yeux, et elle lui trouvait tous les mérites, toutes les qualités : la beauté, l'intelligence, la bonté, la tendresse, la générosité, la santé ; peut-être sur ce point, mais sur ce point seulement, se trompait-elle ; peut-être cette santé n'était-elle pas ce qu'elle avait cru ; ce serait ce que le médecin verrait.

Elle eût voulu l'accompagner elle-même chez ce grand médecin, car une mère voit et sait bien des petites choses qui échappent à un père ; mais quand elle essaya de dire quelques mots de son désir, elle fut si rudement rembarrée qu'elle ne put pas insister.

— Croyez-vous que je ne connais pas ma fille ? craignez-vous que je ne sache pas ce que je dois dire ? Ne vous inquiétez que d'une chose : me noter par écrit de quoi sont morts vos parents, père, mère, grand-père, grand'mère... si vous le savez, — ce qui, avec des gens de leur condition, est assez difficile, je le reconnais.

Elle prépara sa note pour le lendemain ; mais au moment de partir pour se rendre chez Carbonneau, M. de Mussidan, après avoir regardé sa fille des pieds à la tête, déclara qu'il ne sortirait point avec une petite bête ainsi fagotée qui avait l'air d'un chien savant.

— Cela est bon quand elle sort avec vous, dit-il ; mais pour que je la prenne avec moi, il faut l'habiller autrement.

C'était bien là le difficile ; on était à la fin de novembre et la toilette qui avait servi pour la présentation à Mme Raphélis, surtout les bottines de coutil, n'étaient plus de mise.

Elle avait, il est vrai, la toilette qu'elle mettait pour aller au Conservatoire, mais c'était justement celle-là que son père n'admettait pas.

Il fallut en organiser une, ce qui ne fut possible qu'après une visite préalable au mont-de-piété, où, sur quelques pièces d'argenterie données par Mlle de Puylaurens et qui faisaient continuellement la navette, on prêta à Mme de Mussidan à peu près ce qu'il fallait pour habiller Geneviève de façon à ce que son père la trouvât digne de sortir avec lui. Et ce n'était point chose facile ni ordinaire, car jamais il ne leur faisait cet insigne honneur, ni à elle, ni à l'enfant, de les admettre près de lui. Son habitude était, en effet, de se promener toujours seul, et ce n'était que quand ils allaient quelquefois, le dimanche, dîner tous les trois à Asnières, chez les Limonnier, qu'elles pouvaient l'accompagner. Encore n'était-ce point en lui donnant le bras ou la main, ni même en marchant près de lui, mais de loin, lui, prenant les devants, elles, venant derrière. A la gare, s'il arrivait trop tôt, il ne restait pas avec elles, mais il arpentait la salle des Pas-

Perdus, le nez au vent, dévisageant les jolis minois, tandis qu'elles restaient dans un coin, ne se mettant en marche que lorsqu'elles le voyaient entrer dans la salle d'attente.

Une fois à Asnières, il prenait encore la tête pour sonner à la porte de Limonnier, alors qu'elles n'étaient pas seulement au bout de l'impasse.

C'était une grande affaire pour Geneviève que cette toilette, car elle se réjouissait de sortir avec son père. Que de fois en s'habillant se regarda-t-elle dans sa glace :

— Crois-tu que papa voudra de moi ? demandait-elle à chaque instant.

Et Mme de Mussidan l'admirant, la trouvant la plus belle des petites filles, se disait qu'il faudrait qu'il n'eût pas d'yeux pour la voir, s'il ne voulait pas d'elle ; mais cependant ce n'était qu'à demi qu'elle osait la rassurer.

Enfin le moment de passer l'inspection arriva, et ce fut en tremblant que Geneviève comparut devant son juge.

Longuement il l'examina depuis les bottines en veau jusqu'à la toque en feutre garnie de velours noir.

— Allons, vous êtes belle, dit-il enfin, vous donnerez la main à votre papa et nous prendrons par les boulevards.

Par les boulevards, avec lui !

La mère fut encore plus fière que la fille, et pendant qu'ils descendaient l'escalier elle courut au balcon et se pencha par-dessus la rampe pour voir Geneviève « donner la main à son papa ».

S'il y avait pour Geneviève de quoi être fière de sortir « avec son papa », il n'y avait pas de quoi être bien joyeuse, car de Montmartre à la place Vendôme, où demeurait le grand médecin, ils n'échangèrent pas deux paroles ; elle n'osait pas questionner son père qui ne pensait pas à lui parler ; il ne lui dit qu'un mot en arrivant au coin de la rue de la Paix.

— Tiens-toi bien ; on te regarde.

Cela lui était bien égal qu'on la regardât ; elle ne pensait qu'à regarder elle-même autour d'elle.

— Tu ne diras rien au médecin, lui recommanda son père en montant l'escalier de Carbonneau ; tu me laisseras parler, tu répondras seulement quand il t'interrogera.

Après deux heures d'attente dans le grand salon, ils furent introduits dans le cabinet de Carbonneau, et M. de Mussidan se nomma, mais sans que cela parût faire aucune impression sur le médecin.

— C'est pour cette enfant que vous désirez me consulter ?

— Oui, monsieur, et voici dans quelles circonstances : la santé de cette enfant est précieuse, extrêmement précieuse.

Cela aussi, bien que dit avec une importante gravité, parut ne faire aucune impression sur le médecin qui regardait sans doute comme également précieuse la santé de tous les enfants ; — ce qui est évidemment absurde, car s'il y a des enfants qui valent trois millions, et Geneviève était de ceux-là, il y en a qui ne valent pas deux sous, ce qui détruit toute idée d'égalité entre eux.

— Toute petite, cette enfant a montré des dispositions exceptionnelles pour la musique, de sorte que sa mère, — vous savez ce qu'est l'ambition des mères, — a eu l'idée de lui faire obtenir le prix de piano au Conservatoire.

— Quel âge a cet enfant ?

— Onze ans.

— Et elle a des chances ?

— Elle est l'espérance de son professeur. Mais les dispositions exceptionnelles ne suffisent pas pour obtenir la première médaille à cet âge ; on fait donc travailler, beaucoup travailler cet enfant. Je vous l'amène pour que vous l'examiniez et me disiez si elle est en état de supporter ce travail.

— Qu'appelez-vous beaucoup travailler ? Combien d'heures par jour ?

— Sept ou huit heures.

— Quel exercice physique fait-elle ?

— Elle va au Conservatoire et elle en revient.

— Quelles maladies d'enfant a-t-elle eues ?

— Elle n'a jamais été dangereusement malade ; on a craint seulement des accidents du côté du cerveau ; elle est tres sensible, très impressionnable.

— Cela se voit. Quel âge a sa mère ?

— Trente-cinq ans.

Et tout de suite M. de Mussidan parla des ascendants paternels et maternels ; pour ceux-ci il glissa, mais pour les siens il appuya ; cependant il eut la discrétion de ne pas remonter jusqu'à Guillaume de Puylaurens, ni même jusqu'à Sébastien de Mussidan.

Assise dans un fauteuil, Geneviève n'avait encore rien dit ; elle regardait le médecin et elle trouvait qu'avec ses longs cheveux blancs, qui par-derrière tombaient sur le col de son habit boutonné, il avait une très belle tête, l'air bon ; il ne lui faisait pas peur du tout.

Aussi, quand il l'interrogea, répondit-elle sans aucune gêne, et se prêta-t-elle gaiement à l'examen qu'il fit d'elle.

— Est-ce que cela vous ferait de la peine, mon enfant, de ne pas travailler votre piano ?

— Oh ! oui, monsieur, et puis cela en ferait à Mme Raphélis.

— Et vous ne voulez pas faire de peine à Mme Raphélis ?

— Elle est si bonne !

— Soyez tranquille, je ne vous en ferai ni à vous ni à elle.

S'adressant à M. de Mussidan :

— Où demeurez-vous, monsieur ?

Il n'y avait pas de question plus désagréable que celle-là pour M. de Mussidan, et toutes les fois qu'on la lui posait il s'arrangeait toujours pour ne pas répondre. Comment dire : « A Montmartre ? » Un homme de son nom ne demeure pas à Montmartre. Sans doute ce que ce médecin voulait savoir c'était dans quelles conditions hygiéniques était l'appartement qu'il habitait. Ce fut à cela qu'il répondit.

— La situation de mon appartement est admirable ; de l'air, de la lumière, du soleil, deux expositions, celle du nord et celle du midi.

— Vous avez un jardin ?

— Non... mon Dieu, non ; dans ces conditions de bon air et d'étendue... pour la vue, un jardin ne me serait d'aucun agrément.

— Il servirait de lieu de récréation à cette enfant ; mais puisque vous n'en avez point, nous pouvons facilement le remplacer. Voici ce que je conseille : deux à trois heures d'exercice à pied tous les jours, sans avoir égard au temps, qu'il soit beau, qu'il soit mauvais, peu importe ; il faut marcher en plein air et marcher à grands pas ; ne confiez donc cette enfant qu'à quelqu'un dont vous serez sûr et qui ne s'amusera pas à flâner.

— Je ne la confierai à personne ; je lui ferai faire moi-même ces trois heures d'exercice, sa vie est trop précieuse pour que je la confié à un autre qu'à moi.

XIX

Quand M. de Mussidan avait fièrement répondu à Carbonneau qu'il ne confierait sa fille à personne et qu'il lui ferait faire lui-même les trois heures d'exercice ordonnées, il n'avait pas pensé qu'il faudrait marcher à grands pas. Il n'avait eu qu'une idée, une idée paternelle : il prenait sa fille avec lui quand il sortait, et comme la petite était convenablement habillée, comme elle était jolie, il n'y avait rien là de désagréable. — A qui cette jolie enfant? — Ma fille! — Ah! vraiment; elle est tout à fait charmante.

C'était par la réflexion qu'il avait compris que cet arrangement était impossible. Un homme comme lui, habitué à se montrer sur les boulevards où il était connu, ne marche pas à grands pas; il se promène pour se promener, et il ne s'expose pas, en marchant vite, à ce qu'on croie qu'il va quelque part, qu'il est pressé, qu'il fait des courses. Pour rien au monde il n'accepterait cela.

Qu'il consentit à changer sa démarche, c'était une preuve, une grande preuve de tendresse paternelle qu'il donnait à cette enfant; mais il mettait une condition à ce sacrifice, qui était qu'il ne s'accomplît pas sous les yeux de tout Paris. Il avait successivement tout perdu : sa fortune, ses relations, le rang qu'il occupait dans le monde. Il n'allait pas maintenant, même pour sa fille, perdre ce qui lui restait de l'homme supérieur, — son élégance et sa distinction.

S'il consentait à marcher à pas pressés, et il le fallait bien pour la santé, pour la précieuse santé de cette gamine, il voulait que ce fût dans un quartier de Paris où il ne serait pas exposé à être vu par des gens de son monde ou qui le connaîtraient. Cela abrégerait, il est vrai, la promenade pendant laquelle il se montrait sur les boulevards, et ce serait un pénible changement à ces habitudes, qui étaient sa vie même, le seul moment dans son existence si monotone, si misérable, où il se retrouvât l'homme d'autrefois ; mais enfin il ferait cela pour son enfant ; elle se le rappellerait plus tard avec émotion, avec reconnaissance ; une larme lui mouillerait les yeux quand elle se dirait : « Quel bon père était le mien ! » Heureux ceux qui font toujours leur devoir ! heureux ceux qui le voient toujours clairement sans que l'égoïsme leur obscurcisse les yeux !

Et effectivement il s'était consciencieusement acquitté de ce devoir : tous les jours, quand midi sonnait aux horloges voisines, il se levait de table pour partir. Il fallait que Geneviève fût habillée, chaussée à l'avance et qu'elle n'eût plus qu'à mettre son chapeau et son manteau ; pendant ce temps il se préparait devant la glace du salon, qu'il prenait pour lui seul, bien entendu, ainsi qu'il convient au père de famille, se drapant dans sa limousine, inclinant son chapeau sur son oreille dans une juste mesure, de façon à ce que cela fût distingué et non vulgaire, ramenant sur ses tempes, de chaque côté de ses oreilles, les grosses mèches de ses cheveux gris.

— Partons, disait-il.

Et, qu'elle fût prête ou non, qu'elle eût ou n'eût pas embrassé sa mère, il descendait l'escalier sans s'inquiéter de savoir si elle le suivait ou si elle allait le rejoindre.

Sur le boulevard la marche à grands pas commençait, la fille trottinant à côté de son père sans que celui-ci songeât jamais à lui donner la main, ni à lui adresser un mot. Ils allaient ainsi, lui raide et droit, elle penchée en avant. A la place Moncey, ils prenaient l'avenue de Clichy et ils la suivaient plus ou moins longtemps, selon que le pavé sec ou glissant leur permettait de marcher plus ou moins vite. Quelquefois ils s'arrêtaient au milieu de Clichy et revenaient en arrière ; quelquefois ils poussaient jusqu'au pont d'Asnières ; mais jamais ils ne le traversaient et c'était là un crève-cœur pour Geneviève ; elle eût été si heureuse d'aller chez les Limonnier, de jouer avec les poules, avec les enfants de Gros-Milord ! de se reposer une minute en mangeant une tartine de confiture ! Mais son père trouvait cela inutile. Qu'eût-il été faire chez ces gens-là ? Il n'avait pas envie de jouer avec les poules ; les enfants de Gros-Milord lui étaient indifférents et il n'aimait pas les confitures. Quant à la compagnie de M. Limonnier, quant à échanger avec lui *Mille-z-amitiés*, il n'y tenait nullement.

Au contraire, il tenait beaucoup à rentrer au plus vite à Paris, de manière à faire un tour sur les boulevards et à ce que sa journée ne fût pas perdue.

Le dimanche seulement il n'accompagnait pas sa fille dans cette banale promenade ; ce jour-là l'avenue de Clichy était si grouillante d'un tas de gens endimanchés qui entraient chez les marchands de vin, de femmes en cheveux, de bandes d'amis qui marchaient en troupe, qui chantaient, que cela le dégoûtait.

Il se faisait remplacer par « la comtesse » et s'en allait bien tranquillement aux Champs-Élysées ou au Bois se retremper.

— Vous savez, disait-il à sa femme, trois heures de marche ; je vous la confie ; arrangez-vous pour qu'elle ne souffre pas de mon absence.

Et Mme de Mussidan s'arrangeait, en effet, pour cela.

Quand le temps le permettait, elles allaient à Asnières chez leurs vieux amis, et Geneviève avait la liberté de jouer avec les enfants de Gros-Milord.

Quand il était trop mauvais, elles montaient tout simplement au haut de Montmartre, sur les buttes, rue Girardon, chez des amis des Gueswiller que Geneviève avait connus en allant jouer avec Odile.

Ce n'étaient point des gens brillants que ces amis des Gueswiller, et cela avait fait que Mme de Mussidan s'était tout de suite liée avec eux.

Une mère veuve et son fils : la mère, Mme Faré, une paysanne bourguignonne qui avait dû être superbe à vingt ans et qui était encore belle à quarante, grande, bien faite, le visage régulier, avec de doux yeux bruns, mais dont l'expression mobile et inquiète s'expliquait quand on savait qu'elle était sourde-muette ; — le fils, Ernest Faré, un jeune homme de vingt ans qui avait la beauté de sa mère, mais non son infirmité, car il était doué d'un son de voix qui était un charme ; avec cela, solide comme un paysan et fier comme si ses pères avaient brillé à la cour ; bon garçon, gai, plus jeune, plus enfant qu'un Parisien de son âge.

Cet enfant cependant gagnait sa vie et celle de sa mère. A quinze ans il s'était trouvé orphelin, et, la succession de son père liquidée, il lui était resté quelques centaines de francs. Comment vivre ? Sa mère ne pouvait guère travailler : à quoi est bonne une muette dans la lutte pour l'existence ? Pour lui, il était petit clerc chez le greffier de la justice de paix de son village natal, où il gagnait trente francs par mois, sans la nourriture, ni le logement. C'était peu ; mais pour ce qu'il avait à faire, c'était payé assez bien encore : rester au greffe, balayer l'étude, aller à l'enregistrement, bourrer le poêle pendant l'hiver était à peu près tout ce qu'on lui demandait. Il pouvait employer son temps à lire les livres de la bibliothèque de son patron. Et il avait largement usé de cette liberté, non pour les commentaires du Code, mais pour les livres de littérature. Son père mort, il fallait, pour faire vivre sa mère et vivre lui-même, ajouter quelque chose, si peu que ce fût, à son mois de trente francs. Après avoir longtemps cherché, l'idée lui était venue d'envoyer une nouvelle « au journal de la localité », s'imaginant, dans son ignorance naïve, que les journaux payent ce qu'on leur envoie ainsi. Cette nouvelle, il l'avait copiée de sa belle main et en avait presque fait un modèle d'écriture ; puis, avec des angoisses terribles, il l'avait mise à la poste. Trois jours après il avait reçu une réponse dans laquelle on lui disait de passer au bureau du journal, et là il avait trouvé le rédacteur en chef qui était à la fois imprimeur, correcteur, lithographe, libraire, papetier, en train de vendre pour deux sous de plumes métalliques, à un gamin des écoles.

Cette opération commerciale terminée, le papetier était redevenu journaliste et lui avait dit :

— C'est moi le rédacteur en chef de l'*Espérance*, que voulez-vous ?

— Je viens pour la lettre que vous m'avez écrite en réponse à l'envoi de ma nouvelle.

— Comment, c'est vous, un gamin ! J'aurais dû m'en douter aux fautes d'orthographe. Où avez-vous copié cela, mon garçon ?

— Je ne l'ai pas copié, je l'ai inventé.

— Pas possible. Comment cela vous est-il venu ? Contez-moi cela.

L'histoire contée, le directeur-gérant, propriétaire et rédacteur en chef de l'*Espérance*, avait adressé à ce gamin de quinze ans des propositions bien faites pour le tenter :

— Vous avez des dispositions, de l'invention, de l'imagination, du style, mais pas pour deux sous d'orthographe ; vous avez aussi une belle écriture. Je peux vous prendre avec moi : dans la semaine vous me ferez de la lithographie, je vous l'apprendrai ; le mercredi et le samedi, vous me ferez les articles du journal que je vous demanderai, je vous corrigerai votre orthographe. Je vous donnerai quatre-vingts francs par mois la première année, cent francs la seconde.

C'était la fortune pour lui ; pendant quatre ans il avait fait la lithographie et l'*Espérance* à cent francs.

Au bout de ces quatre ans, le journal, l'imprimerie, la librairie, la papeterie étaient tombés en faillite, et le pauvre rédacteur en chef s'était séparé de son gamin :

— Il faut aller à Paris, mon petit Faré, lui avait-il dit ; c'est là qu'est ta place. Tu as du talent beaucoup de talent, pardonne-moi de ne pas te l'avoir dit plus tôt. Mais écoute mon conseil : garde-toi des cafés et des camaraderies ; tu perdrais ta saveur et tu ne ferais que ce que font ceux qui t'entoureraient ; tu passerais sous le niveau de leur médiocrité. Ce qui m'a séduit en toi il y a quatre ans, ç'a été tes fautes d'orthographe et de grammaire autant que ton originalité. Tu as perdu tes fautes, garde ton originalité, ta naïveté.

C'était alors qu'il était venu avec sa mère s'établir à Montmartre dans une petite maisonnette de la rue Girardon.

Elle était curieuse, cette maisonnette, comme l'est la rue elle-même d'ailleurs, qui, par une pente raide non pavée, descend des hauteurs de la butte vers la plaine Saint-Denis : des murs de soutènement, des palissades, quelques portes çà et là, et c'est tout ; par ces portes ou à travers ces palissades, on aperçoit des arbres fruitiers, des groupes de lilas et les façades de quelques maisons d'aspect modeste ; — une rue de village, non de Paris, — et par delà les jardins, des terrains vagues.

Au fond d'une des allées couvertes de berceaux de vignes et de houblon ouvrant sur cette rue, se trouve une toute petite maison, composée d'un rez-de-chaussée avec trois fenêtres de façade et un toit de vieilles tuiles moussues, qui date de cent cinquante ou de deux cents ans et qui a dû être construite pour servir primitivement de hangar. Un jardin planté d'arbres fruitiers et de lilas l'entoure, et, grâce à la pente du terrain, ses fenêtres commandent un horizon immense depuis le Mont-Valérien jusqu'aux coteaux de Cormeilles et de Montmorency.

C'était cette petite maison que Faré, en arrivant à Paris, avait louée pour s'y installer avec sa mère. Ç'avait été pour lui une grosse affaire que de quitter sa province pour venir à Paris, une question de vie ou de mort. Malgré ce que son rédacteur en chef lui avait dit, il n'était pas du tout certain que sa place fût à Paris. Quelle place d'ailleurs ? Où ? comment la conquérir ? Et puis, il n'avait pas qu'à penser à lui, il n'avait pas qu'à travailler pour lui. Il devait penser à sa mère ; il devait travailler pour elle. Souffrir de la faim et de la misère n'est rien quand on est seul et qu'on a vingt ans ; mais quand on est deux ! Et celle dont il avait charge était une enfant : sa mère et sa fille à la fois. Depuis la mort de son père, cela avait été pour lui une lourde responsabilité, mais en même temps cela avait été aussi un soutien, surtout un empêchement à plus d'une folie qui l'aurait entraîné et à laquelle il avait résisté, n'ayant pour cela qu'à penser à la pauvre muette qui l'attendait. Que deviendrait-elle s'il n'était pas là ? A qui s'adresserait-elle ? Qui comprendrait son inquiétude ?

Mais à Paris, son souci à l'égard de sa mère s'était changé en une lourde responsabilité. Dans le village, dans la maison, où elle avait vécu entourée de gens qu'elle connaissait, Mme Faré pouvait supporter la triste solitude que lui faisait son infirmité ; elle avait ses habitudes, la société que vous tiennent les choses aimées, le sourire d'un voisin, la gaieté de la campagne, le mouvement des nuages, le balancement des arbres, la fumée qui monte au-dessus du toit d'à-côté. Mais à Paris que ferait-elle dans un petit logement entre quatre murs, elle qui n'entendrait pas le fourmillement de la grande ville et qui serait là plus perdue que dans un bois? Il fallait donc qu'il lui rendit l'équivalent de son village.

C'était cela qu'il avait cherché et c'était pour cela qu'il avait choisi la maison de la rue Girardon, où elle trouverait la vue libre, un jardin à cultiver, de l'herbe, des arbres; où elle pourrait avoir des poules, une chèvre; dans une certaine mesure, la vie de campagne.

Sur les cent francs par mois qu'il gagnait à l'*Espérance*, ils avaient fait des économies, et surtout grâce à quelques nouvelles qui avaient été publiées par des journaux de Paris; de sorte que, pour s'emménager, ils avaient quelques centaines de francs devant eux qui leur avaient permis d'acheter les meubles indispensables, strictement indispensables à leur installation, et aussi les poules et la chèvre qu'il voulait.

Si ses nouvelles ne lui avaient pas rapporté grand argent, elles lui avaient permis au moins de se présenter dans les journaux qui les avaient publiées, sans avoir à répondre, aux garçons qui lui demanderaient son nom, la terrible phrase : « Je ne suis pas connu. » Mais pour cela on ne l'avait pas mieux accueilli : « Nous n'avons besoin de personne en ce moment, mais comptez sur moi pour plus tard. »

Plus tard! Quand plus tard? Il ne pouvait pas attendre et ne rien faire en attendant.

Dans un seul endroit, on lui avait fait une réponse pratique:

— Qu'est-ce que vous savez?

— Mais...

— Je veux dire avez-vous une spécialité? Êtes-vous savant?

— Non.

— Êtes-vous ingénieur?

— Non.

— Bigre! Sortez-vous de l'École normale?

— Non.

— Vous avez fait votre droit?

— Non.

— Eh bien, alors?

— Je crois que j'ai de l'imagination.

— Qu'est-ce que vous voulez que j'en fasse de votre imagination?

Il était resté décontenancé; en réalité il ne savait bien qu'une chose : la lithographie, et on ne lithographie pas les journaux. Peut-être avait-il du talent; au moins il sentait que si on lui mettait une plume à la main, il saurait s'en servir, mais c'était justement cette plume qu'il demandait.

— Voyons, je voudrais faire quelque chose pour vous. Vous avez été élevé aux champs, n'est-ce pas?

— Oui.

— Vous savez comment le blé pousse?

— Oui.

— Vous ne le confondez pas avec l'avoine?

— Jamais.

— Vous connaissez les haricots, les pommes de terre, les carottes et le bel oignon?

Il se demanda si on ne se moquait pas de lui. Cependant il répondit affirmativement.

— Eh bien, c'est bon, j'ai votre affaire : vous nous ferez les halles et marchés et le bulletin commercial. Vous savez : « Les suifs sont doux; les haricots se tiennent; l'huile de colza est très calme; les métaux sont languissants; les plombs restent dans la même situation. » Vous vous y ferez très vite.

Il s'y était réellement fait très vite, mais cela n'avait pas suffi à son ambition; les suifs ne lui étaient pas doux et les métaux le laissaient languissant; ce n'était pas pour cela qu'il voulait une plume. Alors il avait vécu de la vie des débutants, cherchant à placer où il pouvait un article, une nouvelle, des vers, une pièce, et c'était en courant les journaux et les théâtres qu'il avait rencontré l'aîné des Gueswiller, Lutan, qui faisait pour sa musique ce que lui-même faisait pour sa littérature.

De ces relations entre deux jeunes hommes confiants et enthousiastes était résultée une intimité solide. Faré était venu chez les Gueswiller et Lutan, avec son frère et ses sœurs, avaient été chez Mme Faré, car ce n'était pas pour cacher sa mère qu'il l'avait logée sur les buttes Montmartre; il n'avait pas honte d'elle, ni parce qu'elle était une paysanne, ni parce qu'elle était muette; au contraire, il était heureux qu'on vît comme elle était bonne, comme elle était tendre, comme ils s'aimaient.

C'était ce sentiment qui l'avait fait inviter Mme de Mussidan à venir quelquefois, le dimanche, rue Girardon, avec sa jolie petite fille qui, sans doute, serait heureuse de courir librement dans un jardin, de boire du lait de chèvre qu'elle trairait elle-même... si elle pouvait.

Et de fait Geneviève avait été très heureuse des quelques heures qu'elle avait passées là, et qui, pour l'exercice, valaient bien celles où elle trottinait derrière son père dans la boue de l'avenue de Clichy. C'était très amusant, ce jardin en pente où l'on dévalait toute seule quand on était lancée, et où personne ne vous arrêtait comme chez les Limonnier, « à cause des *estatues* ».

Très amusante aussi la chèvre qui avait bien voulu se laisser traire par elle, quoique cela eût été joliment difficile.

Très drôles, des ailes de moulin qui se trouvaient dans la pièce où se tenait habituellement Mme Faré et qui se mettaient en mouvement quand du dehors on tirait la sonnette. Elle n'avait pas besoin de sonnette, Mme Faré, puisqu'elle n'entendait rien, et ce moulin qu'elle voyait tourner sur la muraille ou se réfléter dans la glace lui disait que quelqu'un était à la porte d'entrée.

Bien que Geneviève n'eût pas pu lui parler ou peut-être même justement parce qu'elle ne lui avait pas parlé, elle avait éprouvé un sentiment attendri de sympathie pour cette pauvre femme aux yeux si doux, toujours en mouvement, qui la suivaient, qui la caressaient comme ceux d'un chien qui a l'air d'avoir toujours tant de choses à dire.

A un certain moment elle avait demandé à Faré, à M. Ernest, comme elle disait, de lui enseigner le langage des sourds-muets; et avec sa facilité habituelle de compréhension, elle avait vite appris cet alphabet, assez bien au moins pour qu'elle pût en parlant dire avec ses doigts à Mme Faré :

— A bientôt, madame.

Elle avait fait cela si gentiment, que la pauvre femme, qui n'était pas habituée à voir les enfants s'occuper d'elle, l'avait embrassée, tout émue.

Le « bientôt » de Geneviève s'était réalisé le dimanche suivant et cette fois elle ne s'était pas moins amusée que la première.

« M. Ernest » lui avait préparé deux surprises.

La première : un jeune cochon d'Inde qu'il lui avait donné en disant qu'on le gardait en pension rue Girardon à cause du jardin, avec qui elle avait joué, l'embrassant sur ses petits yeux noirs qu'elle trouvait si purs, si vifs, noirs et brillants comme des clous de jais, et qu'elle avait baptisé « M. Couicouic ».

La seconde : une balançoire fixée à deux arbres et sur laquelle elle s'était balancée assise d'abord et longuement comme s'il n'y avait pas de plaisir plus doux; puis ensuite debout avec « M. Ernest », ce qui était bien plus amusant encore, car on allait plus haut.

XX

Ces nouvelles relations n'avaient pas été du goût de M. de Mussidan.

— Encore des gens d'une condition inférieure : un journaliste, une paysanne en bonnet; quel plaisir pouvait-on trouver dans une pareille compagnie ?

Et il n'avait pas eu assez de railleries pour ce journaliste, cet E. Faré, qu'il n'appelait jamais que M. Effaré, ce qui était pour lui aussi drôle que méprisant.

— Quel plaisir pouvez-vous trouver chez ces gens-là ? vous y êtes toujours fourrées.

C'était Geneviève qui avait répondu :

— Si vous saviez comme c'est amusant de se balancer ! Et puis il y a M. Couicouic qui est si joli, si aimable ! Et puis il y a...

Et elle avait énuméré tous les plaisirs qu'elle trouvait chez « ces gens-là ».

Mais bientôt elle s'était montrée plus circonspecte dans ses réponses et plus réservée dans ses élans de joie, car elle avait bien vu que cette joie contrariait son père.

— Papa est fâché que nous nous amusions sans lui, avait-elle dit à sa mère ; pourquoi ne vient-il pas avec nous ? Il s'amuserait comme nous.

— Ton père ne peut pas s'amuser à courir dans le jardin.

— Il resterait avec vous, avec Mme Faré, Mme Gueswiller et toi.

— La compagnie de Mme Faré et de Mme Gueswiller n'est pas pour plaire à un homme comme ton père.

— Et celle de M. Ernest ! Il parle très bien, M. Ernest ; il sait beaucoup de choses, il connaît beaucoup de gens ; il a toujours des histoires à raconter.

Mais Geneviève n'en avait pas voulu à son père de ce que celui-ci refusait de venir rue Girardon, et même elle avait tout fait pour qu'il ne fût pas peiné de ce qu'elles y allaient elles-mêmes. En rentrant, elle avait eu la précaution de mettre une sourdine à sa joie, et en parlant elle avait évité tout ce qui se rapportait aux Faré.

Mais elle ne s'en était pas tenue là, elle avait redoublé de prévenances et de marques d'affection pour son père, car elle avait au plus haut point le souci de ne point peiner ceux qu'elle aimait. Pauvre père ! il ne fallait pas qu'il fût malheureux parce qu'elle prenait plaisir à aller rue Girardon ; en cela elle ne lui faisait aucun tort, elle n'était pas moins tendre, moins affectueuse pour lui, au contraire, car jamais elle n'avait tant d'envie de l'embrasser que lorsqu'elle rentrait contente et qu'elle eût voulu lui faire partager son bonheur.

Justement on était aux environs de Noël, et alors l'idée lui était venue de faire à son père une surprise qui lui prouvât bien qu'elles pensaient à lui et qu'il était tout pour elles. Naturellement elle en avait parlé à sa mère, et après conseil tenu, elles avaient décidé qu'elles lui prépareraient un réveillon.

— Si nous pouvions avoir un pâté de foies de canard ! dit Geneviève, qui savait que son père aimait par-dessus tout ce mets national.

On avait écrit à Toulouse et l'on avait eu une terrine de foies de canard.

— Nous ne dirons rien et quand papa rentrera le soir, il trouvera la table servie ; je sauterai à bas de mon lit et je viendrai l'embrasser. Comme il sera content ! Il verra bien que c'est lui que nous aimons.

Mais lui qui sortait tous les soirs après dîner pour aller à son café, n'était pas sorti ce jour-là ; et comme il ne disait rien elles avaient attendu anxieusement qu'il partît pour mettre leur table et dresser leur festin : du beurre, la fameuse terrine de foie gras, une salade de barbe avec des betteraves, des pommes, des gâteaux.

Mais il n'était pas parti ; à dix heures seulement, il avait quitté son fauteuil. Elles avaient respiré.

— Je vais m'habiller, dit-il.

Pour aller où ? Il avait lui-même répondu à cette question qu'elles n'osaient pas lui adresser.

— Le marquis d'Arlanzon m'a invité pour cette nuit : je verrai Son Altesse.

Elles ne pouvaient pas lutter contre une Altesse ; elles n'avaient rien dit ; à quoi bon parler de leur pâté ?

Et, après avoir donné à sa toilette plus de soins encore que tous les jours, il était parti tout flambant.

Elles étaient restées abasourdies.

— Bonne nuit, maman ! dit Geneviève.

— Tu ne veux pas manger ?

— Non, merci, je n'ai pas faim ; mais si tu veux que je te tienne compagnie ?

— Merci, je n'ai pas faim non plus.

Et, après avoir embrassé sa mère tristement, Geneviève s'était retirée dans sa chambre ; tout à coup elle était revenue gaiement :

— J'ai une idée : nous lui ferons une surprise pour le jour de l'an.

Et elles avaient pioché cette surprise ; quelque chose de bien imprévu, de bien extraordinaire, et aussi de bien agréable.

Ce sont les heureux de ce monde qui voient approcher avec effroi le moment des étrennes : blasés qu'ils sont, autant qu'embarrassés par la multiplicité des cadeaux qu'ils ont à donner. Mais Geneviève et sa mère n'étaient point des heureux de ce monde ; elles n'avaient qu'un cadeau à donner et le plaisir qu'elles s'en promettaient ne serait point divisé entre ceux-ci ou ceux-là. Aussi était-ce pour elles une grosse affaire, non seulement pour la somme à dépenser, mais encore pour l'objet à lui offrir.

Elles ne l'avaient pas cette somme, et la responsabilité dont elles allaient se charger en choisissant quelque chose pour lui, en lui imposant leur goût, pour ainsi dire, les paralysait.

Enfin le désir « de faire plaisir à son papa » avait inspiré Geneviève ; la semaine précédente il avait écrasé un de ses boutons de manchette, et si complètement que toute réparation était impossible ; elles lui en donneraient une nouvelle paire, et, pour la payer, elles porteraient au Mont-de-Piété une petite croix de cou en roses qui était un cadeau de Mme de Puylaurens; un bijou de famille, le seul qui n'eût jamais encore vu le Mont-de-Piété.

Sur cette croix on leur avait avancé cent cinquante francs et elles n'avaient plus eu qu'à choisir leurs boutons, ce qui leur avait pris trois jours de courses et de visites aux vitrines des bijoutiers du boulevard. Le 31 décembre, elles étaient rentrées pour déjeuner, ayant en poche leur cadeau. Quelle joie ! Elles n'avaient plus qu'une journée et une nuit à attendre.

— Moi, tu sais, dit Geneviève, je ne dormirai pas.

— Tâche de bien te tenir, ma mignonne, ou ton père se doutera de quelque chose.

— Il n'y a pas de danger.

Il ne pensait pas à les observer ; quand elles étaient parties au Conservatoire, il dormait encore et elles ne l'avaient pas vu ; elles le trouvèrent sombre, arpentant la salle à manger à grands pas.

— Etes-vous souffrant, papa ? demanda Geneviève en courant à lui pour l'embrasser.

— Oui, de la tête, d'esprit, de cœur, il est mauvais que vous me laissiez seul.

— C'était pour aller au Conservatoire.

— Ah ! je sais, on a toujours de bonnes raisons pour abandonner son père. Et moi, pendant ce temps, je reste livré à mes tristes pensées. Cela ne vous dit rien à vous autres, une année qui finit ; moi, cela me fait réfléchir. La vie se dévore et c'est pour moi toujours la même chose : les privations, les ennuis de toute sorte, les dégoûts, la misère.

Elles le regardèrent avec inquiétude.

— Je ne veux pas vous attrister, et je vois que je vous attriste cependant. Ce n'est pas assez de mon chagrin, il faut encore que j'aie le vôtre. Demain tout le monde sera à la joie ; nous, nous resterons dans notre sombre solitude.

— Mais, papa !... s'écria Geneviève.

Puis, craignant d'en trop dire, elle se tut.

Pour lui il continua :

— Je ne pourrai jamais supporter ici cette journée de demain ; je vais partir pour le Havre ; il y a longtemps que je n'ai vu la mer, cela me semblera bon.

Elles restèrent anéanties, et de grosses larmes emplirent les yeux de Geneviève.

— Il me manque cinquante francs, dit-il à sa femme ; je pense que vous vous arrangerez pour me les trouver.

Il fut simple, l'arrangement, mais terrible. Mme de Mussidan porta au Mont-de-Piété les boutons qu'elles avaient achetés deux heures auparavant.

Il partit consolé, ragaillardi.

— Enfin, maman, dit Geneviève lorsqu'elles se trouvèrent seules, c'est tout de même des étrennes, puisque la mer va lui faire plaisir.

XXI

A mesure que la saison s'était adoucie, les visites à la rue Girardon étaient devenues de plus en plus agréables pour Geneviève. Le jardin s'était animé, égayé, se métamorphosant d'une semaine à l'autre. Un dimanche, là où huit jours auparavant elle avait laissé la terre nue, elle avait trouvé une plate-bande de crocus épanouis, éclairant ce coin de jardin de leurs fleurs d'or. Le dimanche suivant, c'était une bordure de primevères qui avaient fleuri, et Ernest lui en avait cueilli un bouquet qu'elle avait tenu frais pendant huit jours sur son piano, renouvelant l'eau soigneusement tous les matins. Puis les arbres fruitiers avaient successivement commencé leur floraison : l'abricotier d'abord, dont les pétales voltigeaient dans l'air comme de petits papillons, quand la brise les détachait de leurs corolles, et les semait sur l'herbe verdissante ou sur les jeunes feuilles à peine dépliées des lilas ; les cerisiers, les poiriers, les pommiers ensuite et successivement, si bien qu'à un certain moment ce petit jardinet fut tout blanc dans un cadre vert, formé par la haie des lilas qui cachait les palissades.

Comme cela était joli, frais, charmant, féerique pour une enfant qui avait été élevée entre les quatre murs d'une chambre et qui n'avait jamais couru en plein air que sur un étroit balcon !

Quelquefois, il est vrai, elle avait été à la campagne chez les Limonnier ; mais dans le jardin d'Asnières il fallait être bien sage, ne pas courir de peur de mettre un pied dans la bordure, ne toucher à rien ; et puis il n'y avait personne pour jouer chez les Limonnier ; on restait gravement assis sous une tonnelle, et non moins gravement on faisait à la queue leu leu le tour du jardin, s'arrêtant pour regarder un légume ou un fruit nouveau « mis à l'étude », comme disait M. Limonnier, mais ne le goûtant jamais que sur la table.

Au contraire, chez Mme Faré, on avait la liberté de faire ce qu'on voulait, de courir partout, de toucher à tout; on ne s'asseyait pas, on ne marchait pas gravement dans les allées ; il y avait des camarades pour jouer, les Gueswiller souvent, qui venaient avec elle ; Ernest toujours, parce que le dimanche il avait fini la besogne de son journal de meilleure heure. Alors c'étaient des cris, des rires, qui emplissaient le jardin ; une vie nouvelle pleine de mouvement, de jeunesse, de joie, l'enfance qui commençait pour elle à l'âge précisément où la gravité vient aux petites filles.

Quand on avait bien joué et qu'on était las, on s'asseyait au haut du jardin pour regarder le soleil se coucher dans un fond d'or ou au milieu d'un incendie qui semblait devoir dévorer le Mont-Valérien, et de là gagner sûrement Paris ; au moins elle s'asseyait avec Ernest, car les Gueswiller n'avaient pas souci des couchers de soleil. Que leur importait qu'il y eût au ciel des nuages rouges ou cuivrés ? Ils aimaient mieux aller dans la maison boire une tasse de lait de chèvre ; mais ces nuages intéressaient Ernest, et, elle, cela l'amusait, la charmait de l'entendre, quand il lui parlait ainsi, doucement, de sa voix harmonieuse ; elle ne répondait jamais, mais elle écoutait, et quand plus tard, seule, elle pensait à ce qu'il lui avait dit, c'était comme s'il lui avait ouvert les portes d'un monde nouveau et inconnu dans lequel elle se perdait. Comme il ressemblait peu à Lutan, à Florent, qui ne s'occupaient jamais d'elle, ou qui la rembarraient quand elle leur demandait

QUAND ON AVAIT BIEN JOUÉ ET QU'ON ÉTAIT LAS, ON S'ASSEYAIT EN HAUT
DU JARDIN, POUR REGARDER LE SOLEIL SE COUCHER... (P. 256.)

quelque explication ! Lui, au contraire, se montrait toujours complaisant, toujours attentif, et, avec cela, si doux, si affectueux, un frère, et même mieux qu'un frère, car ni Lutan, ni Florent, n'étaient avec leurs sœurs ce qu'il était avec elle.

Souvent ils parlaient du concours :

— Vous verrez comme je vous ferai faire de beaux articles dans les journaux quand vous aurez votre prix, disait-il. Je pourrai peut-être vous en faire moi-même, je ne resterai pas toujours dans les halles et marchés.

— Comme cela doit vous ennuyer !

— Oui, mais cela nous fait vivre, et c'est le grand point ; avant de penser à moi, à ce qui ne me plaît pas, je dois penser à ma mère.

— Cela est bon, n'est-ce pas, de gagner de l'argent pour ceux qu'on aime ?

— Cela est doux et en même temps cela donne un sentiment de fierté ; mais j'espère bientôt sortir du suif, sans compromettre pour cela notre pain quotidien.

— Vous comptez sur vos mélodies que Lutan a mises en musique ?

— Un peu, mais, à vrai dire, pas beaucoup ; je compte qu'on s'apercevra que je peux plus que l'article halles et marchés : je compte aussi sur ma pièce qu'on finira peut-être par accueillir quelque part. Mais que ce que j'espère se réalise ou ne se réalise pas, cela ne m'empêchera pas de m'arranger pour que vous ayez une bonne presse.

— Il faut pour cela que j'aie ma médaille. L'aurai-je ?

Aux yeux de Faré cela ne faisait pas de doute, car il avait pour le talent de Geneviève une véritable admiration, pour son sentiment aussi bien que pour son exécution. Comme son jeu ressemblait peu à celui de Sophie Gueswiller ! C'était un charme de l'écouter comme c'en était un de la regarder. Aussi, lorsqu'il revenait de Paris, au lieu de prendre la route la plus courte, passait-il souvent par la place Dancourt et demandait-il à Mme de Mussidan la permission d'entendre Geneviève. Et cette permission lui était toujours accordée, car Mme de Mussidan éprouvait une très vive sympathie pour ce fils si bon et si affectueux, pour ce garçon de vingt ans ferme et courageux comme un père de famille, pour ce rude travailleur qui, après ses journées de fatigue, passait la plus grande partie de ses nuits devant sa table, où sa mère, qui se levait de bonne heure, en vraie paysanne qu'elle était, le surprenait plus d'une fois le matin. Et malgré cela encore enfant cependant, tout jeune de caractère et de manières, joueur comme un gamin et s'amusant tout le premier aux parties qu'organisaient les petites Gueswiller et Geneviève malgré les railleries de Lutan, déjà vieillot et grave, qui ne voulait que se promener en parlant de ses futurs succès.

C'était avec plaisir qu'elle jouait pour lui, non ses études monotones qu'elle abandonnait aussitôt, mais quelque morceau qu'elle savait lui plaire : un rondeau, une sonate, des variations de Mozart qui pour lui était le génie même de la musique, et dont il lui racontait la vie si touchante et si poétique quelquefois le dimanche, quand une ondée les obligeait à rentrer dans la maison.

Il était le seul devant lequel elle aimât à jouer ; devant les Gueswiller elle ne se sentait pas à l'aise, car dans leurs compliments il y avait toujours quelques observations qui trahissaient un peu d'envie ; son père ne s'intéressait pas à ces choses-là, et sa mère admirait tout, même ses bêtises.

Une de ses qualités était une mémoire rare qui lui permettait de n'avoir jamais un cahier de musique devant elle et de jouer tout ce qu'elle avait entendu. Un jour qu'elle avait ainsi exécuté un nocturne qu'il avait applaudi :

— Vous trouvez donc cela bien? demanda-t-elle.

— Tout à fait charmant, original, ému, touchant. De qui ?

— Devinez.

— Du Chopin jeune.

— Oh ! mais non ; ça n'est pas si bien que cela.

— Jouez-le encore.

Elle le joua une seconde fois.

— Promettez-moi de n'en parler à personne, surtout aux Gueswiller, et je vous dirai de qui c'est.

— Alors c'est donc de...

— Eh bien oui, c'est-à-dire que c'est peut-être de moi, mais je n'en suis pas bien sûre : j'ai tant de musique dans la tête ! Aussi il ne faut pas en parler, on se moquerait de moi ; il n'y a qu'à maman et à vous que j'ose dire cela.

— Et Mme Raphélis?

— Oh ! jamais de la vie, Mme Raphélis. Elle dirait que je m'amuse. Et puis, Mme Raphélis, elle a des idées en musique qui ne sont pas toujours les miennes.

Le dimanche suivant, les Gueswiller étant occupés, elle avait été seule avec sa mère rue Girardon, et, après un bonjour affectueux à Mme Faré, elle avait couru, suivi d'Ernest, rendre visite à M. Couicouïc, et lui porter les provisions dont ses poches étaient bourrées : une salade, une pomme, des amandes, des carottes.

Puis, le laissant à son repas, ils étaient montés au haut du jardin, et là Ernest lui avait remis un papier plié en quatre.

— Qu'est-ce que c'est que ça?

— Des vers que j'ai faits.

— Pour moi, oh ! quel bonheur !

— Oui, pour vous, pour que vous les mettiez en musique s'ils vous plaisent.

— Voulez-vous les lire?

Il était question là-dedans du printemps, des primevères, de la violette, des nuages, des couchers de soleil avec une émotion personnelle, un peu vague, mais touchante précisément par cela même et par sa discrétion.

— Oh ! comme c'est beau ! dit-elle avec enthousiasme.

— Vous êtes contente?

— Je suis fière ; mais jamais je ne pourrai faire de la musique là-dessus, c'est trop beau.

— Vous ne voulez pas essayer?

— Oh ! si.

Et elle mit le papier dans sa poche; mais plusieurs fois dans la journée, il vit que, tout en jouant, elle l'en tirait pour le relire.

Bien entendu, jamais Mme de Mussidan et Geneviève ne dînaient rue Girardon, et même elles devaient être rentrées chez elles assez tôt pour que le dîner de M. de Mussidan n'eût pas à souffrir de leur promenade.

Un peu avant le moment du départ, Geneviève appela Ernest dans le jardin, et là elle lui tendit son papier.

— Vous ne voulez pas? dit-il.

— Reprenez-le... je les ai appris par cœur ; si vous voulez je vais vous les dire.

Et ce fut sans une faute, sans une hésitation qu'elle les lui récita.

XXII

Le grand souci de Geneviève était de savoir quel serait son morceau de concours. S'il était de Chopin, de Mendelssohn ou de Hummel, elle savait d'avance qu'elle était perdue ; les difficultés de celui-ci, le sentiment de celui-là n'étaient pas de son âge, ou tout au moins c'était ce que disait Mme Raphélis ; il faudrait, dans ce cas, arranger le morceau pour elle, et cela produirait une mauvaise impression sur le jury.

Heureusement ces morceaux de concours sont choisis par un comité d'examen composé de professeurs du Conservatoire et d'artistes libres, et il y a des moyens d'action sur eux pour les amener, sans qu'ils s'en doutent, à leur forcer la main et à leur faire désigner un morceau qu'un professeur désire.

Ces moyens d'action, Mme Raphélis les avait employés, et comme en elle il y avait à côté du très habile professeur une femme très habile aussi, très experte aux choses du monde, active, influente, elle avait réussi : Chopin, Mendelssohn, Hummel avaient été écartés, et ç'avait été l'allégro du 5° concerto de Herz qui avait été choisi, c'est-à-dire un morceau que Geneviève pouvait jouer sans aucun arrangement, et qu'elle devait très bien jouer.

— Maintenant, mon enfant, avait dit Mme Raphélis en lui annonçant cette bonne nouvelle, c'est de vous qu'il dépend d'avoir ou de n'avoir pas le prix.

Elle le connaissait, ce concerto, et déjà Mme Raphélis le lui avait fait étudier; mais cela ne suffisait pas pour un morceau de concours qui doit être exécuté avec toute la perfection dont on est capable; c'était cette perfection qu'elle avait ardemment travaillée.

— Toutes les fois que vous aurez l'occasion de jouer votre concerto, lui avait dit Mme Raphélis, jouez-le. Si vous trouvez pour l'écouter des gens intelligents, tant mieux; si vous ne trouvez que des imbéciles, jouez tout de même.

Les seules gens intelligents, c'est-à-dire les seuls musiciens qu'elle connût, étaient les Gueswiller; mais tous, garçons et filles, étaient dans la fièvre de leur concours; chacun avait son concerto ou l'équivalent en tête; aussi ne l'écoutaient-ils guère : ils s'écoutaient eux-mêmes :

— Oui, c'est très bien; mais c'est le mien qui est difficile!

Elle avait aussi ses frères, mais eux ne comptaient pas dans la catégorie de ce que Mme Raphélis appelait les intelligents, et ce qui les intéressait c'était plutôt les suites du concours.

— Quand on pense que ces ronrons te feront gagner deux cents francs par soirée! disait Sébastien.

— Prends de l'aplomb, disait Frédéric, dans la vie tout est là.

Le seul auditeur sérieux qui l'écoutât sans distraction, comme sans préoccupations personnelles, et uniquement avec un désir de succès et de gloire pour elle, était Ernest.

— Si j'étais musicien, disait-il souvent, je vous ferais des observations utiles; mais, bien que je sois dans la catégorie des imbéciles, il y a un point cependant dont je peux parler : c'est la façon dont vous jouez. Croyez bien que quand vos juges verront arriver une belle petite fille qui a toute la grâce, toute la gentillesse, la simplicité, la naïveté, le charme d'un enfant, et qui à cela joint déjà le talent d'une femme, ils seront ravis : Jouez bien, ils trouveront que c'est très bien.

Il fallait qu'elle l'eût, cette grâce et cette gentillesse; il fallait qu'avant de gagner les oreilles des jurés elle séduisît leurs yeux.

Comment l'habiller? C'était là une grosse affaire; et à l'avance la famille avait tenu conseil là-dessus, chacun proposant une toilette.

— Je crois, dit Sébastien, que j'obtiendrais bien une diminution de Faugerolles; il nous ferait quelque chose de ravissant, de distingué. Pas une des rivales de la petite sœur ne serait habillée comme elle.

— Quelle diminution? demanda Mme de Mussidan, que cette toilette ravissante et distinguée inquiétait plus encore par raison de convenance que d'économie.

— Je crois qu'il n'y aura pas plus de cinq à six cent francs à payer.

— Très bien, dit M. de Mussidan, s'il ne faut que cela pour que ma fille soit la mieux habillée de ses camarades, comme il convient d'ailleurs, j'accepte. Je ferai un billet à Faugerolles.

— Ah! voilà le diable; il ne voudra jamais accepter un billet en payement.

De la toilette de chez Faugerolles il fallut tomber à une robe de cachemire blanc, taillée par une couturière de Montmartre cousue par Mme de Mussidan elle-même.

Ce ne fut pas le distingué du célèbre couturier, mais une petite robe sans taille, à jupe plissée, façon enfant, décolletée sur une guimpe en nansouk; pour lui donner un peu d'élégance, Mme Raphélis avait offert une ceinture en moire.

Le moment arriva où Mme Raphélis ne s'en tint plus au public d'imbéciles que son élève pouvait réunir et où elle conduisit celle-ci chez les grands pianistes avec qui elle avait des relations. Parmi eux se trouva l'auteur du concerto. Ce fut la grande émotion de Geneviève, celle-là.

Mais aussi quelle joie quand le maître après l'avoir écoutée, la prit dans ses bras et, l'embrassant lui dit :

— Quand on me demandera de jouer mon concerto, ce sera vous qui le jouerez; vous êtes un petit ange.

Cette parole, quand elle se la rappela, lui donna confiance et elle ne s'accusa plus d'être trop orgueilleuse en se disant le soir tout bas, avant de s'endormir : « Je l'aurai peut-être, ma médaille. » D'ailleurs ce qu'elle se disait quelquefois en ses courtes minutes de confiance, Mme Raphélis le lui répétait à chaque instant : « Vous l'aurez, votre médaille. »

Cependant, le jour décisif, elle arriva tremblante au Conservatoire, accompagnée de sa mère, plus troublée qu'elle encore. Elle aurait voulu avoir son père près d'elle, et même elle avait eu le courage de le lui demander la veille; mais il avait répondu noblement : « qu'un homme comme lui ne se montrait pas dans ces endroits-là ».

Faré était dans la cour, se promenant de long en large comme un homme qui attend; il accourut au-devant d'elle :

— Vous êtes-là? dit-elle.

— Aviez-vous réellement pensé que je n'y serais pas?

— Et votre journal?

— J'ai lâché les suifs.

Puis, s'adressant à Mme de Mussidan :

— Comme elle est jolie!

Ce mot valut pour Geneviève celui de l'auteur du concerto, et ce fut avec vaillance qu'elle affronta les regards méprisants ou envieux de ses rivales et la dent dure de leurs mères en entrant dans la salle où elles devaient attendre, enfermées sous clef, le moment de paraître devant le jury.

Ce n'était pas précisément la bienveillance qui régnait dans cette réunion. Et si quelqu'un avait entendu les propos qui s'échangeaient tout bas, il aurait pu croire que toutes ces jeunes filles étaient des coquines, et que toutes ces mères étaient des gredines, et laides, et vicieuses, et mal habillées, un fumier.

L'attente fut longue pour Geneviève, son numéro étant un des derniers, et bien qu'on ne leur parlât guère ni à elle, ni à sa mère, les observations qu'elles entendaient n'étaient pas pour les rassurer : — un jury de crétins, tous gagnés d'avance.

Enfin son numéro fût appelé ; Mme de Mussidan aurait voulu l'embrasser, mais elle n'osa pas et en la quittant elle se contenta de lui serrer la main.

Si bien aguerrie que fût Geneviève à jouer en public, elle eut un moment d'hésitation et fit un pas en arrière lorsqu'elle se trouva sur une scène de théâtre avec tout un public devant elle qui la dévisageait ; si Mme Raphélis ne l'avait pas suivie, elle serait sûrement rentrée dans la coulisse.

En voyant paraître cette gamine et en entendant son nom, un murmure s'était élevé dans la salle.

— C'est le petit prodige à Mme Raphélis. Très gentille.

D'autres avaient déclaré que c'était un petit monstre, comme tous les prodiges d'ailleurs.

Le jury lui-même avait paru se réveiller, et ceux des jurés qui faisaient leur correspondance, ou qui causaient ou qui sommeillaient avaient eu des yeux pour cette enfant ; il était évident qu'ils allaient l'écouter ; se penchant à l'oreille les uns des autres, ils chuchotaient entre eux. Heureusement pour elle, Geneviève ne voyait rien, n'entendait rien de tout cela ; assise devant son piano, elle écoutait Mme Raphélis placée à sa gauche, qui la rassurait en lui disant que cela irait très bien.

Cela alla très bien, en effet, et, à plusieurs reprises, les applaudissements éclatèrent ; quand elle arriva au dernier accord ils redoublèrent.

— Vous êtes sûre de votre médaille, lui dit Mme Raphélis.

Après le concerto, venait tout de suite le morceau à déchiffrer ; cependant ce ne fut pas aussitôt qu'il eût été posé sur le pupitre qu'elle l'attaqua.

— Essuyez votre clavier, lui murmura Mme Raphélis, et vos mains aussi lentement que vous pourrez.

Et, pendant que Geneviève procédait à cette double opération et préludait, Mme Raphélis lui solfiait tous bas à l'oreille la première ligne du morceau et surtout le passage en casse-tout qui doit tromper l'élève.

— Pouvez-vous le transposer ?

— Je crois.

— Eh bien, allez.

Ce ne furent pas les applaudissements qui avaient accueilli l'exécution brillante du concerto, mais quelques exclamations d'étonnement qui montraient qu'on rendait justice au savoir acquis de la musicienne.

Elle rentra derrière la scène dans les coulisses, où elle attendit, avec sa mère, que les autres élèves eussent concouru et que le jury eût rendu son jugement.

Enfin on appela celles qui avaient obtenu des récompenses : elle faisait partie de celles-là, et, avec elles, à la queue leu leu, elle rentra en scène.

— Mademoiselle de Mussidan, dit le président du concours, le jury vous décerne un premier prix... à l'unanimité.

TROISIÈME PARTIE

I

Le succès de Geneviève avait été assez grand, assez bruyant, pour réaliser les espérances de gain conçues par sa famille.

Elle avait été demandée dans quelques salons, et, grâce à la publicité que Faré lui avait faite, allant dans tous les journaux, disant un mot ici, glissant une petite réclame là, la recommandant aux uns, la vantant aux autres, elle s'était trouvée à la mode. « Nous aurons la petite Mussidan. »

Et, quand « la petite Mussidan » avait joué quelque part, c'était le lendemain de nouvelles démarches de Faré pour célébrer ses triomphes. On eût été assurément moins facile pour une jeune fille de talent, si grand qu'eût été ce talent, qu'on ne l'était pour une enfant.

Mais les espérances qui ne s'étaient pas réalisées c'étaient celles de Geneviève même : on n'avait point eu à faire faire de belles robes pour Mme de Mussidan, car ce n'était point la mère qui accompagnait la fille, c'était le père.

La place de « la comtesse » n'était pas dans le monde ; elle n'eût pas su s'y présenter, ni surtout y représenter ; avec elle le nom des Mussidan eût été compromis, et puis, considération non moins importante, elle eût perdu du temps. Puisque c'était à elle qu'il appartenait de subvenir aux dépenses de la maison, on n'allait pas changer ces habitudes prises. Continuer de travailler n'est pas dur ; ce qui est pénible, c'est de commencer. Mieux valait la laisser à sa besogne.

A chacun sa tâche : tandis que la mère travaillait à la maison pour les besoins de la famille, le père prendrait sur son sommeil pour conduire sa fille dans le monde, où il se présentait non en père d'artiste, mais en gentilhomme, ce qui était utile à l'enfant.

La première maison où Geneviève avait paru avait été celle de la marquise de Lucillière, et ce début avait été très habilement choisi pour la lancer, car la marquise, à l'affût des curiosités et des personnalités en évidence qui pouvaient jusqu'à un certain point remplacer l'entrain, la jeunesse et la beauté que l'âge lui avait enlevés, avait l'un des salons les plus en vue du Tout-Paris élégant, et c'était être à la mode que d'être reçu chez elle. C'était par l'entremise de Faugerolles, sollicité par Sébastien, que cette exhibition avait été arrangée ; et comme Mme de Lucillière n'avait rien à refuser à son couturier, le maître de sa vie, elle avait accepté de montrer ce petit prodige à ses amis et elle avait promis de lui donner deux cents francs.

Quand M. de Mussidan, accompagné de Geneviève était arrivé à l'hôtel de Lucillière, il ne s'était point présenté en père d'artiste ; mais, prenant son air superbe, il avait dit aux valets de l'antichambre d'annoncer le comte de Mussidan, et il avait fait son entrée la tête haute, lentement, noblement, pour aller saluer la marquise, assez stupéfaite de ces manières, mais trop indulgente et trop dédaigneuse en même temps, pour s'en fâcher.

Cependant il s'était trouvé des gens moins indulgents et moins dédaigneux qui n'avaient point accepté que le père de la pianiste qu'ils engageaient et qu'ils payaient prît ces façons chez eux. Ceux-là avaient été blessés qu'il se conduisît en invité, prenant la première place dans le salon comme s'il était un personnage, s'asseyant aux tables de jeu aussi bien qu'à celles du souper, et toujours en tout et partout, avec des airs superbes, ne s'occupant de sa fille que pour recevoir les compliments qu'on adressait à celle-ci, et les faire siens, exactement comme il faisait siens les dix louis qu'il empochait. Dans ces maisons on s'était contenté d'avoir « la petite Mussidan » une fois, et, pour se débarrasser de son père, on ne l'avait pas priée de revenir.

La surprise avait été pour M. de Mussidan.

— Avez-vous remarqué, avait-il dit à Mme de Mussidan, qu'on ne demande jamais deux fois Geneviève dans la même maison? Moi, rien ne m'échappe.

C'était une de ses prétentions de tout voir et de tout savoir; cependant, dans le cas présent, il déclara qu'il ne comprenait pas pourquoi, ayant engagé Geneviève une fois, on ne l'engageait pas une deuxième, une troisième.

— Peut-être ne joue-t-elle pas aussi bien que se l'imagine notre indulgence de père et de mère; les parents sont si bêtes pour tout ce qui touche leurs enfants; sans doute nous nous aveuglons.

— Si vous aviez assisté à son triomphe, vous ne parleriez pas ainsi.

— Rien n'est plus trompeur que ces triomphes; c'est pour ne pas m'associer à ces mensonges que je n'ai pas voulu aller au Conservatoire, et non parce que je ne m'occupe pas de cette petite. Qui l'a préparée à ce que vous appelez ce triomphe? C'est moi, il me semble. Vous ne contesterez pas, n'est-ce pas, que j'ai tout quitté : mes occupations, mes plaisirs; que j'ai tout sacrifié pour la promener chaque jour pendant deux ou trois heures; et cela au risque de compromettre ma santé. Madame la comtesse restait chez elle, bien tranquille, et moi, pendant ce temps, par le vent, par la neige, par la grêle, par le froid, par le chaud j'arpentais l'avenue de Clichy. Maintenant, qui sacrifie son sommeil, qui passe les nuits, pendant que madame la comtesse reste chez elle bien tranquille ? Moi, toujours moi. Qui s'en va à chaque instant inspecter les boutiques des marchands de musique pour voir si le portrait de Geneviève est exposé à leur vitrine ? Joli métier que je fais là. Et qui entre chez ces gens, qui se fait aimable pour leur demander d'exposer cette photographie ? Moi, encore moi. Qui va dans les journaux remercier, quand on a dit quelques mots de Geneviève ? Ce n'est pas vous, n'est-ce pas ? Jolies boutiques aussi, celles-là : des agités, personne à qui parler, des garçons de bureau grossiers ou pressés comme leurs maîtres. Et cependant je fais tout cela pour votre fille.

Mme de Mussidan avait été très émue de ces reproches, non pas précisément à cause des sacrifices que son mari s'imposait, mais parce que le but qu'elle avait poursuivi en faisant travailler Geneviève au Conservatoire menaçait de n'être pas atteint. Dans son inquiétude elle s'était confiée à Mme Gueswiller qui, avec sa connaissance du monde musical et de ses habitudes, lui avait répondu qu'ils ne faisaient pas tout ce qu'il fallait pour lancer Geneviève.

— Et que faut-il donc faire ?

— Il faudrait lui faire donner des concerts, ou si vous ne voulez pas vous embarrasser de tous les ennuis que cela entraîne, la faire jouer dans un des grands concert du dimanche ; vous en seriez quitte pour cent francs.

— Comment, il faut payer ?

— Mais sans doute.

Si réellement il n'y avait que cent francs à dépenser, ce n'était pas un grand sacrifice, et on pouvait d'autant mieux se l'imposer que depuis que Geneviève avait obtenu son prix, elle avait gagné plusieurs milliers de francs qui avaient exclusivement profité à son père n'ayant eu pour elle que les sacs de bonbons et les bouquets qui accompagnaient quelquefois son cachet.

Mais en entendant parler de cent francs à dépenser pour faire jouer Geneviève avec accompagnement d'orchestre dans un des grands concerts du dimanche, M. de Mussidan avait poussé les hauts cris :

— Que je paye cent francs maintenant pour votre fille, voilà qui est fort ! C'est Mme Raphélis qui vous a mis cela en tête ?

— Et pourquoi ? dans quel but ?

— Comment pourquoi ! Mais pour nous exploiter tout simplement, aujourd'hui, demain, dans un an, comme nous avons été exploités hier, l'année dernière, par cette M*me* Raphélis, qui a besoin qu'on parle d'elle et qui trouve ingénieux d'obtenir les réclames qui lui sont nécessaires en exploitant le talent de ma fille, « son élève » diront les journaux. Je ne donnerai pas ces cent francs.

Et comme il avait tenu bon, ç'avait été M*me* de Mussidan qui les avait donnés, après les avoir gagnés à grand'peine.

Le succès de Geneviève avait été très vif, et de nouveau M. de Mussidan avait eu la satisfaction d'empocher quelques cachets de deux cents francs.

II

Depuis que M. de Mussidan avait intérêt à ce qu'on parlât de Geneviève dans les journaux, il avait changé d'attitude avec Faré, qui n'était plus « Effaré », mais « ce brave Faré, ce cher garçon, ce jeune ami. »; ne redevenant « Effaré » que lorsqu'il n'avait pas pu s'acquitter assez vite des besognes dont on le chargeait.

Et encore était-ce seulement dans le particulier, au déjeuner ou au dîner, que M. de Mussidan s'exprimait librement sur le compte de son jeune ami :

— Il est joli, votre Effaré, je lui ai demandé avant-hier de faire passer dans son journal une petite note sur ton dernier concert, et rien n'a encore paru.

Mais Geneviève ne permettait pas qu'on accusât Faré :

— C'est qu'il n'aura pas pu ; si quelqu'un est heureux de nous rendre service, c'est bien lui.

— Cela l'honore de nous rendre service ; quand il se présente quelque part en mon nom, cela montre qu'il a des relations ; s'il nous rend quelques légers services, ceux qu'il reçoit de moi en se parant de mon nom sont d'un tout autre ordre; et il le sait bien, le gaillard ; c'est là ce qui le stimule quelquefois ; car enfin vous devez bien comprendre que ce n'est pas pour vos beaux yeux qu'il s'occupe de notre publicité.

Et comme M. de Mussidan aimait à imiter les gens, ce qui, selon lui, les rendait tout à fait ridicules, il imitait Faré se présentant dans les journaux :

— Je viens vous demander de faire passer cette petite réclame. C'est Faré qui parle, il est poli, aimable, insinuant ; le secrétaire de la rédaction, pressé et ennuyé, lui répond en bougonnant ou ne lui répond pas du tout. Faré insiste. — A propos de qui votre réclame ? — Mademoiselle de Mussidan. — La fille du comte de Mussidan qui... Là-dessus le ton du secrétaire de la rédaction change, il se fait gracieux, et l'on envie Faré qui me connaît. Vous verrez que cela le servira, le posera ; il arrivera ce garçon, et je ne lui aurai pas été inutile.

En effet, il était arrivé « ce garçon », mais non pas précisément parce qu'il connaissait M. de Mussidan. C'était le moment où certains journaux, pour le plaisir de leurs lecteurs, ou pour les besoins des couturières, des parfumeurs, des épileuses, des chausseurs, venaient d'inaugurer les chroniques mondaines, dans lesquelles en racontant ce qui se passe, ou plutôt en inventant ce qui ne se passe pas dans le *high-life*, on peut glisser toutes les réclames assez bien payées pour figurer à cette place d'honneur. Un jour que Faré était en train d'écrire son bulletin commercial, son rédacteur en chef l'avait fait appeler.

— Vous en avez assez, des halles et marchés. Ne dites pas non. Il y a mieux que cela en vous. Je vous tire du riz et vous met dans la poudre de riz. A partir d'aujourd'hui vous me ferez des chroniques mondaines.

— Je n'y entends rien.

— Vous n'entendiez rien non plus au bulletin commercial ; vous vous y êtes vite fait ; vous vous ferez tout aussi vite au bulletin du *high-life*. Cela n'est pas plus difficile, et même il n'y a pas besoin de la même exactitude. De quel nom me signerez-vous cela ?

— Je n'y ai pas pensé.

— Un nom chic; un nom de fleur. Quelles sont les fleurs à la mode? Voulez-vous Gardénia?

— Si cela vous plaît?

— Le gardénia est une fleur distinguée; va donc pour Gardénia. Vous commencerez demain.

— Mais...

— Ne vous inquiétez pas, cela ira très bien. Vous parlerez de tout ce qui se passe dans le grand monde, des réceptions, des bals, des dîners, des mariages, des séparations de corps, des baptêmes, des enterrements. Vous citerez des kyrielles de noms. Vous donnerez les menus des dîners, vous détaillerez les toilettes. Vous parlerez de tous les sports, hippique, nautique, etc., mais au point de vue mondain. De même des déplacements en sport nemrodique;
— si le mot ne se dit pas, vous l'inventerez, cela fera bien.

Faré était inquiet. Quelle singulière idée de lui donner à faire la chronique du grand monde, lui qui vivait au haut des buttes Montmartre et qui était un paysan. Malgré l'envie qu'il avait d'abandonner le riz, la poudre de riz lui fit peur; il voulut se défendre :

— Je crains de ne pas vous réussir cela. Puisque vous jugez que je peux faire autre chose que les marchés, j'aimerais mieux vous écrire des chroniques ordinaires.

— Il ne s'agit pas de ce que vous aimez mieux, mais de ce qui est utile au journal, et c'est une chronique mondaine qu'il me faut; si vous ne l'acceptez pas, je la donnerai à un autre. Il y a une place à prendre; acceptez-la, croyez-moi. Vous me remercierez prochainement. Le temps de la discrétion est passé. Les gens qui s'amusent veulent qu'on sache comment ils se sont amusés, et ceux qui ne s'amusent pas veulent savoir comment s'amusent les heureux de ce monde, ça leur fait des belles relations... en imagination; il faut donner les premières du monde, comme on donne les premières du théâtre. Seulement ne vous avisez pas de me faire ces chroniques dans un style simple et naturel. Plus vous serez affecté, plus vous serez maniéré, plus vous serez prétentieux, mieux vous réussirez. Si vous arrivez à être ridicule avec talent, votre fortune est faite.

Il prit un paquet de journaux couverts de marques au crayon rouge :

— Voilà les modèles du genre.

Et lisant :

« Madame Martin, née Brossard, est toujours charmante ; elle « portait une robe d'un bleu divin, bleu de madrigal ; une fleur « d'aubépine qui avait un parfum de newmonhay. »

Puis se mettant à rire :

— Il faudra soigner ces salades.

Il prit un autre journal, et continua de lire :

« Elle s'appelle Marguerite, de ce doux nom prédestiné que le « printemps, avec son vol hésitant et capricieux de papillon, ne se « lasse jamais d'écrire sur l'émeraude des prés, en lettres blanches « au cœur d'or. »

— Je ne pourrai jamais ! s'écria Faré.

— Si, si ; vous vous y ferez, ça s'attrape très bien.

Les exigences de cette nouvelle profession et surtout les ignorances de Faré avaient eu pour résultat de le rapprocher de M. de Mussidan, qui était devenu une sorte d'oracle pour lui, qu'il consultait dans ses heures d'embarras, — et elles étaient nombreuses.

Porte-t-on une chaîne à son gilet quand on est en habit ? Quand on sort à cheval avec une femme doit-on se tenir à sa droite ou à sa gauche ? Peut-on mettre la cravate noire avec l'habit ?

Questions terribles pour lui qui se représentaient à chaque instant et à propos de tout, et que M. de Mussidan tranchait en formulant les lois du cérémonial comme un maître d'école débitant une règle de grammaire.

Et pour les généalogies, ce casse-tête qui lui valait tant de lettres de réclamations, combien lui était-il plus utile encore !

Mais il les faisait payer ses conseils et ses leçons, M. de Mussidan, au moins par le ton avec lequel il les donnait. Quelle pitié, quel mépris, non dans ses paroles mêmes, mais dans son air !

Pour l'adoucir et quand il se trouvait trop honteux, Faré commençait à lui montrer un bout d'article sur Geneviève dont il pouvait parler maintenant utilement et d'une façon productive. Par malheur, le style qu'il avait adopté par ordre ne lui permettait pas de dire ce qu'il aurait voulu. Il fallait qu'il le soutînt, ce style extraordinaire, et qu'il fût ridicule même quand il avait le désir d'être simple et sincère. « La toute charmante Mlle Geneviève de de Mussidan, de la grande famille des Mussidan et des Puylaurens, qui remonte aux derniers comtes de Toulouse, a enchanté hier l'auditoire d'élite de la duchesse de... Ce n'est pas une musicienne, c'est sainte Cécile elle-même. Ses mains d'enfants égrènent des perles, tandis que son âme magnétise le clavier, qui devient un buisson printanier d'où s'envolent les gazouillements d'amour des rossignols. »

Cependant malgré la collaboration de M. de Mussidan, il y avait des jours où il regrettait presque les suifs; au moins ils n'ont pas de généalogie.

Combien de fois, remontant à Montmartre pour aller manger le pot-au-feu ou le rata que sa mère avait préparé, désespérait-il de trouver les menus qu'on lui demandait, avec le service soit à la française, soit à l'anglaise, soit à la russe. Là encore il devait formuler, aussi bien pour le service que pour les plats.

— Je t'ai préparé un bon dîner, lui disait sa mère, un pot-au-feu avec un chou de notre jardin.

Et malgré les menus raffinés qu'il venait d'inventer, les laitances de carpes à la romaine, les foies d'écrevisses à l'alsacienne, les paonneaux à la Dubarry, les œufs de vanneaux à la morille blonde, il le mangeait avec un plaisir extrême, ce pot-au-feu « aux choux de notre jardin. »

III

L'exposition des portraits de Geneviève aux vitrines des marchands de musique, les concerts publics, les réclames de Faré en faveur de Mlle de Mussidan, de la grande famille des Mussidan et des Puylaurens, enfin tout ce qu'on avait combiné, essayé, n'avait pas fait que l'héritière des Mussidan et des Puylaurens fût plus demandée dans les salons.

C'était même le contraire qui s'était produit : à mesure que le talent était venu, la vogue avait diminué.

— Un vrai talent, la petite Mussidan.

— Et cependant elle ne joue plus nulle part.

— Dame ! il y a le père. Comment voulez-vous qu'on introduise chez soi une jeune fille qui ne peut venir que flanquée de son père, un bonhomme qui s'imagine vous faire honneur en entrant chez vous, et qui se conduit comme un souverain en visite chez l'un de ses sujets, approuvant ceci, blâmant cela, vous donnant des conseils quand il ne vous donne pas des leçons. C'est insupportable. Et pour lui faire accepter le cachet de sa fille, que de cérémonies, que de grimaces !

Cela avait été un grand chagrin pour Geneviève, elle n'était donc bonne à rien ; les belles espérances qui l'avaient soutenue dans son travail d'être utile à sa mère et à son père n'étaient donc que des rêveries de petite fille ?

Que répondre à son père lorsqu'il lui reprochait de n'être plus demandée dans le monde ?

— Je voudrais bien que tu m'expliques, une fois pour toutes, comment tu avais des engagements à onze ans et comment tu n'en as plus à quatorze. Tu avais donc plus de talent à ce moment que tu n'en as maintenant ? Tu ne travailles donc plus ? Tu ne te perfectionnes donc pas ?

— N'est-il pas tout naturel que je ne sois pas à quatorze ans ce que j'étais à onze ? Je ne suis plus une curiosité, un petit prodige, si j'en ai jamais été un. Combien de pianistes ont plus de talent que moi.

— Si tu ne devais pas en avoir plus que tous tes rivaux, ce n'était pas la peine de commencer. Ah ! cette Mme Raphélis, en voilà une à qui je ne pardonnerai jamais ! Une vaniteuse, une ambitieuse, une exploiteuse, une misérable (une misérable égoïste), qui ne recule devant rien pour satisfaire ses intérêts.

Mais si Geneviève se taisait avec son père, elle n'avait pas la même retenue avec Faré, son confident.

C'était une habitude qui s'était peu à peu établie pour la mère et la fille de monter tous les dimanches rue Girardon, excepté une fois par mois, où elles allaient à Asnières chez les Limonnier. Et cependant Geneviève n'était plus la petite fille joueuse qu'elle avait été à onze ans, quand elle ne pensait qu'à courir, à sauter, à grimper aux arbres. Elle jouait bien encore en arrivant, après avoir été embrasser M. Couicouic ; mais ce n'était plus la même rage de mouvement, de tourbillonnement. Au bout de quelques instants son besoin de se dépenser se calmait, et c'était paisiblement qu'elle se promenait avec Faré en causant, pendant que les deux mères restaient assises sous le porche de la maison, les regardant.

Bien souvent maintenant ils étaient seuls, les hasards et les exigences de la vie ayant dispersé la famille Gueswiller : Florent était sous-chef d'orchestre au Casino de Luchon. Salomé et Auguste faisaient partie comme harpiste et comme violoncelliste d'une troupe qui parcourait l'Amérique. Lutan jouait dans l'hiver aux concerts Pasdeloup et dans l'été au Jardin d'acclimatation ; enfin Sophie, qui pendant la semaine courait les quatre coins de Paris pour donner ses leçons, était bien aise de se reposer le dimanche et de jouir du plaisir de ne rien faire.

C'était le moment où Geneviève contait ses peines et ses inquiétudes à son ami. La précocité qu'elle avait montrée pour la musique, elle l'avait en tout, pour les choses de l'esprit, aussi bien que pour celles du sentiment. On grandit vite en serre, et c'était vraiment en serre qu'elle avait été élevée. Aussi était-elle sensible à des idées et à des préoccupations qui ne sont pas ordinairement celles d'un enfant de son âge : pensant à l'avenir, se croyant des devoirs à remplir, se sentant une certaine importance et même de la responsabilité.

C'était cela que, dans ses confidences, elle exprimait le plus souvent à Faré, parlant gravement, affirmant ses opinions et ses idées, mais toujours avec cette douce modestie qui était sa nature même et un sourire résigné qui éclairait sa physionomie un peu sérieuse.

— Mauvaise semaine encore, je ne suis pas sortie.

— Mais vous avez joué dans le concert de Mme Bobelli.

— Pour le plaisir, pour la gloire, et j'ai été bien heureuse de jouer avec un pareil entourage. Je veux dire que je peux jouer ainsi tous les soirs sans que cela change la situation de la maison. J'aurais eu tant de bonheur à gagner assez pour que ma mère ne travaille plus, et pour que mon père ne souffre pas de toutes ces petites économies auxquelles il est réduit ! N'est-ce pas terrible, pour un homme comme lui, de ne pas pouvoir rentrer en voiture quand il pleut. Si vous saviez comme cela le contrarie d'être mouillé, comme cela l'humilie d'être crotté !

— Moi aussi cela m'ennuie d'être mouillé.

— Eh bien, moi aussi ; mais nous, qu'est-ce que cela fait ? tandis que papa !... J'avais fait tant de beaux rêves, j'avais si bien arrangé les choses quand je travaillais pour avoir mon prix ; c'est cela qui me soutenait, qui me donnait du courage. Et rien.

— Cela viendra.

— Quand ? Ce n'est pas seulement le présent qui me tourmente, c'est l'avenir, c'est surtout l'avenir. Car l'héritage de la tante de Cordes, moi je n'y crois pas du tout. Pourquoi mourrait-elle, ma tante? elle n'a que soixante-dix ans; et puis pourquoi me laisserait-elle sa fortune? elle ne me connaît pas. On donne à ceux qu'on aime, n'est-ce pas?

— Elle s'occupe de vous, au moins.

— Oui, pour m'envoyer des cadeaux à ma fête, à mon anniversaire, au jour de l'an; mais maman a bien raison quand elle dit que donner un cadeau n'est pas donner sa fortune.

— Est-ce curieux que vous, à votre âge, vous vous tourmentiez plus que je ne me tourmente moi-même, et cependant j'ai ma mère aussi qui ne peut pas se passer de moi, qui ne peut pas travailler comme travaille la vôtre.

— Oh! vous, un homme!

— A quoi est-il arrivé cet homme? La belle situation de raconter tous les matins d'une façon comique ce qui se passe dans le grand monde où je n'ai jamais mis les pieds!

— Mais quand on jouera vos pièces...

— Les jouera-t-on? Le collaborateur qu'on m'a imposé au Gymnase aime mieux faire passer les pièces pour lesquelles il est seul que de faire jouer la nôtre. A la Porte-Saint-Martin, mon drame attend depuis deux ans son tour qui n'arrivera peut-être jamais. Il en est de même de mon opérette dont Lutan a fait la musique. Moi aussi j'ai caressé de beaux rêves qui, vous le voyez, ne sont guère en train de se réaliser.

— Vous n'avez qu'à attendre; moi, plus j'attends moins nos affaires s'arrangent; il y a deux ans j'ai gagné jusqu'à mille francs par mois, cette année je ne gagne rien. Et pourtant maman ne pourra pas travailler toujours. Que ferons-nous? Jamais mon père ne me permettra de donner des leçons quand je serai en âge d'avoir des élèves.

Il la regarda assez longtemps sans parler, comme s'il était irrésolu, voulant et ne pouvant pas; puis, faisant un effort évident pour rire :

— Mais pourquoi donc, dit-il, dans tous vos arrangements d'avenir ne prévoyez-vous pas que vous vous marierez un jour?

Elle aussi eut un mouvement d'embarras, et, comme lui aussi, elle parut faire un effort pour sourire.

— Me marier ! dit-elle, mais je ne me marierai jamais.

Ils étaient à ce moment au bout du jardin, à l'endroit où la vue s'étend librement sur la vallée de la Seine, jusqu'aux coteaux qui la ferment, et ils parlaient tous les deux comme s'ils regardaient avec attention le paysage qui se déroulait devant eux : vivement elle se tourna vers la maison et fit quelques pas pour rejoindre sa mère.

Mais il la suivit et, continuant :

— Pourquoi donc, demanda-t-il, me dites-vous que vous ne vous marierez jamais ?

— Ah ! pourquoi, pourquoi !

Elle chercha pendant quelques secondes, puis ayant trouvé :

— Mais parce que je dois travailler pour maman ; comment voulez-vous que maman vive si je l'abandonne ? Maman ne peut se passer de moi.

— Ce sera votre mari qui travaillera pour vous et pour votre mère.

Elle se mit à rire franchement :

— Mais les hommes ne travaillent pas, ils ne sont pas faits pour ça...

— Eh bien, et moi, est-ce que je ne travaille pas ? est-ce que vous croyez que je ne travaillerais pas ?

— Oh ! vous, vous êtes un bon fils.

— C'est avec les fils qui aiment leur mère qu'on fait les maris qui aiment leur femme.

IV

Pour ne plus venir le dimanche rue Girardon, Lutan n'avait pas rompu ses relations avec Faré; au contraire, le temps les avait faites plus intimes, plus amicales : ils étaient l'un et l'autre à peu près du même âge, ils soutenaient la même lutte, ils avaient les mêmes espérances, ils souffraient des mêmes déceptions; c'étaient là des points de contact qui devaient les rapprocher et qui les avaient en effet étroitement unis.

Presque tous les soirs, ils remontaient ensemble à Montmartre, Faré sortant de son journal, Lutan de son théâtre, et il fallait que le temps fût vraiment bien mauvais pour qu'ils ne s'attendissent pas devant le passage Jouffroy, où ils avaient coutume de se rencontrer. Alors, côte à côte ou bras dessus bras dessous, par les rues où les passants se faisaient de plus en plus rares à mesure qu'ils s'éloignaient du centre de Paris, ils marchaient lentement en causant.

— Quoi de neuf depuis hier?

Et chacun à son tour racontait ce qui lui était arrivé de neuf ou plus souvent ce qui ne lui était pas arrivé, — les journées se suivant et s'enchaînant dans leur vie sans grands changements, c'est-à-dire sans la réalisation de ce qu'ils espéraient et de ce qu'ils attendaient.

— Où en sommes-nous ?

Puis, après avoir constaté qu'ils n'en étaient à rien et avoir dit son fait à la destinée, ils en venaient à causer d'eux-mêmes.

Les rues étaient désertes ; de temps en temps seulement, on entendait les pas pressés de quelques retardataires qui avaient hâte de gagner leur lit. Pour eux, maîtres enfin de leur volonté et de leur parole après les besognes absorbantes de la journée, ils ralentissaient leur marche et prenaient possession du boulevard qui leur appartenait à eux seuls. Alors, quand la nuit était belle, ils allaient de la place Pigalle à la rue des Martyrs, tournant sur eux-mêmes, au grand étonnement des sergents de ville de service dans ce quartier et qui les suivaient de l'œil avec une certaine inquiétude.

C'était l'heure de l'abandon et de la confiance où ils se confessaient en s'expliquant mutuellement leurs caractères, non pas tant pour parler d'eux que pour chercher la confirmation de leurs espérances dans une approbation amicale. Au contact des réalités de la vie le doute leur venait bien souvent.

— Sincèrement, crois-tu que je serai jamais un auteur dramatique ?

— Sincèrement, crois-tu que je serai jamais un musicien ?

Et le musicien expliquait comment son ami avait toutes les qualités de l'auteur dramatique, tandis que, de son côté, celui-ci expliquait que le musicien était né pour être un compositeur de talent.

Puis arrivaient les graves questions esthétiques.

— Moi, voici ce que je comprends.

— Moi, voilà ce que je voudrais.

Les statues des morts et des vivants démolies, ils voyaient plus clairement leur avenir. Alors ils s'animaient, ils marchaient plus vite, et, si l'heure de se séparer était venue, Lutan conduisait Faré jusqu'au haut des buttes. Par les rues qui descendent droit, ils voyaient Paris, qui sous son ciel rouge, s'étalait confusément devant eux.

— Sois tranquille, disait Lutan, ton nom emplira cette ville qui dort sous nous.

Mais quelquefois aussi, ils abordaient des questions qui, pour être moins hautes, ne les passionnaient pas moins, — celle de leur vie intime ; c'était beau d'être un jour des hommes glorieux, mais c'était quelque chose aussi d'être des hommes heureux.

Sous ce rapport, Lutan était plus facile à contenter que Faré : il ne demandait à la femme que la beauté ou l'éclat.

Pour Faré, au contraire, la femme était tout, mais la femme capable de tendresse, qui aimait et se faisait aimer, qui prendrait sa vie et lui donnerait le bonheur, qui l'inspirerait et le soutiendrait.

En l'entendant parler ainsi, Lutan haussait les épaules et lui disait :

— Quand tu l'auras trouvée, fais-moi signe.

Comme il lui répétait cela pour la vingtième fois peut-être, le lendemain du jour précisément où Geneviève avait conté ses inquiétudes à son ami Faré, celui-ci lui répondit :

— Je l'ai trouvée.

— Je la connais ?

— Parfaitement.

Lutan devint sérieux, c'était d'une de ses sœurs qu'il s'agissait sans doute, de Sophie assurément ; il était tout heureux à la pensée que Faré allait devenir son beau-frère, leur amitié n'en serait que plus étroite, et puis Sophie ne pouvait pas trouver un meilleur mari.

Il marchait à côté de Faré, il lui prit le bras et le serra :

— Tu as deviné ? dit Faré.

— Dame !

— Comment cela m'est venu, n'est-ce pas ? En la voyant si gentille, si jolie, si bonne, si simple, si intelligente, si richement douée.

Lutan n'avait pas vu tout cela dans sa sœur, mais enfin ce n'était pas à lui d'élever la plus légère contradiction ; puisque Faré la voyait ainsi, c'était parfait.

— Et puis elle est si tendre, si affectueuse pour sa mère ?

— Ce n'est que juste.

— Oui, mais si douce, si indulgente pour son père.

— Comment indulgente ?

— Est-ce qu'il ne faut pas être douée d'une dose exceptionnelle d'indulgence pour accepter M. de Mussidan avec ses idées et ses exigences ?

Lutan fut un moment avant de se remettre de sa surprise.

— Mais c'est une gamine ! s'écria-t-il.

— Et c'est bien là ce qui rend ma situation si embarrassante. Bien entendu elle ne sait pas que je l'aime. Tu dois bien penser que je ne le lui ai pas dit et que je serais malheureux, que je serais honteux qu'elle l'eût deviné. Ce n'est pas moi qui voudrais troubler cette innocence d'enfant d'un mot ou même d'un regard. Je n'ose presque plus jouer avec elle. Je n'ose plus la balancer. Quand elle me regarde, je baisse les yeux. Et quand nous causons, je lui parle comme à une personne extra-raisonnable. Ainsi hier, elle a passé l'après-midi à la maison. Nous nous sommes promenés en tête-à-tête dans le jardin, et elle m'a confié ses chagrins.

— Ah ! elle a des chagrins ?

— Des inquiétudes pour son avenir ; elle doute d'elle, de son talent ; elle a peur de ne pouvoir pas être pour ses parents ce qu'elle aurait voulu. Eh bien ! j'ai été parfaitement ridicule, mon cher ; sérieux, compassés, nous n'avons parlé que d'argent, quand j'aurais tant voulu lui dire en lui prenant les mains dans les miennes, en la regardant avec toute la tendresse qui était dans mon cœur : « Compte sur moi, chère petite Geneviève, sur moi qui t'aime et qui veux être ton mari. »

— Mais comment l'as-tu aimée, depuis quand l'aimes-tu ?

— Depuis que je la connais ; j'avais pour elle une affection attendrie, pour sa grâce, pour son courage, peut-être bien même de l'admiration pour son talent. Puis quand l'enfant est devenu une jeune fille, j'ai été touché par sa beauté.

— Eh bien, et le père ? M. le comte de Mussidan, qui compte parmi ses ancêtres Sébastien de Mussidan et Guillaume de Puylaurens, crois-tu que M. le comte de Mussidan, fier de son nom comme il l'est, acceptera pour gendre M. Ernest Faré, un Effaré, comme il dit dans ses jours de dédain, quand il n'a pas besoin de toi ?

— Et ce n'est pas tant le père qui m'effraye que la fille. Mets-toi un peu à ma place et vois combien ma situation est difficile. Je ne peux pas lui dire que je l'aime et cependant d'autre part je ne veux pas qu'elle perde les sentiments de tendre affection qu'elle m'a montrés depuis qu'elle me connaît.

— Je vois, je vois, mais je t'avoue que je ne comprends pas grand'chose à toutes ces susceptibilités-là.

— Trouve-moi plaisant si tu veux, moi je me trouve honnête, dit Faré sans se fâcher.

— Sais-tu ce que je trouve, c'est que cette situation va se prolonger assez longtemps encore ; ça te fera faire des vers et je les mettrai en musique.

V

Faré n'était pas le seul qui attendît avec impatience que Geneviève eût atteint sa quinzième année; Sébastien et Frédéric l'attendaient comme lui et beaucoup plus impatiemment encore, car ces quinze ans devaient, croyaient-ils, faire leur fortune, en les tirant enfin de la misère honteuse dans laquelle ils se débattaient.

Sébastien était toujours introducteur des belles mondaines chez Faugerolles; mais ce n'était pas une position d'aller avertir Faugerolles que Mme la duchesse, Mme la marquise, Mme la comtesse l'attendaient, pas plus que ce n'en était une d'écrire sur un carnet la mesure de la taille et la longueur des bras de Mme la duchesse ou de Mme la marquise. Satisfait de ses belles manières et de son élégance, Faugerolles avait porté ses appointements à deux cent cinquante francs par mois, mais il n'y avait pas là de quoi le faire vivre, surtout maintenant qu'il était marié. Car il avait épousé une fille de comptoir qui avait si bien manœuvré ce beau garçon à la cervelle peu solide et au cœur tendre, enragée, affolée par l'idée de devenir vicomtesse, sans s'inquiéter du reste ; maintenant qu'elle avait le titre et que le reste lui manquait, elle poussait son mari à le lui procurer n'importe comment.

Frédéric aussi était toujours croupier chez son directeur de cercle et si, de temps en temps, il attrapait comme cadeau après une veine heureuse pour la banque, une bague avec un rubis, une épingle avec une perle qu'il vendait aussitôt, il n'était pas pour cela dans une meilleure situation ; s'il gagnait plus que son frère, il dépensait plus que lui, n'ayant jamais une certaine somme aux mains que pour aller la perdre dans un cercle rival de celui où il dirigeait la partie.

Tous deux en étaient donc au même point, c'est-à-dire au plus bas, perdus de dettes, sans crédit, et réduits à des expédients de comédie pour vivre.

Cette détresse cependant ils l'avaient supportée assez gaillardement en se disant, comme leur père se l'était dit toute sa vie : « Dans un mois notre tante sera morte. » Mais, à la longue, leur espoir s'était usé et maintenant ils se disaient : « Elle ne mourra jamais. » Il fallait donc que par un effort personnel ils sortissent de cette misère ; seulement, comme des gens qui depuis leur enfance ont toujours vécu sur le hasard, il fallait que le hasard eût un rôle dans leur délivrance.

— Franchement nous avons bien droit à une bonne chance ; s'il y a une justice au ciel, elle doit se prononcer pour nous.

La combinaison à laquelle ils s'étaient arrêtés, après l'avoir pendant des années agitée, reposait donc sur le hasard et sur cette justice providentielle dont ils ne se doutaient pas.

Ils s'associaient et ils ouvraient une maison de jeu sur la frontière espagnole, à portée des villes d'eaux des Pyrénées françaises : Sébastien apportait à cet établissement son élégance, ses belles manières et ses relations ; Frédéric, son expérience du jeu et sa compétence.

Mais pour que cette combinaison réussît, pour qu'il ne fût pas exposé à voir fermer son casino à peine ouvert, il lui fallait des protections en Espagne, et la seule personne en situation de le soutenir, au moins la seule à laquelle il pût s'adresser, était le marquis d'Arlanzon, qui, bien qu'exilé, gardait toujours une assez grande influence à Madrid sur les gens pratiques qui croient à toutes les restaurations et prennent leurs précautions pour les escompter.

C'était un singulier personnage que ce marquis d'Arlanzon, au moins un personnage équivoque. Aide de camp d'un prince, il n'avait jamais été soldat, pas même dans une armée insurrectionnelle. Possesseur d'un des grands titres d'Espagne, il n'était pas né noble. Mais heureusement pour sa fortune, il était né beau et intelligent; et c'étaient les grâces de sa personne qui avaient fait sa faveur et lui avait valu son grade, son titre, ses richesses. D'une petite, d'une toute petite famille de l'Estramadure, il était parti de rien pour arriver à tout, et de Ramon Sapira on avait fait un marquis d'Arlanzon et un grand d'Espagne, allant chercher pour l'en décorer un beau nom éteint depuis assez longtemps déjà, sonnant bien à l'oreille, rappelant une longue suite de glorieux personnages, et par là pouvant tromper la foule, qui ne sait jamais le vrai des choses. En le voyant en France, dans les cérémonies, la poitrine trop étroite pour recevoir les ordres étrangers dont il était décoré et sur lesquels se détachait le cordon moiré de grand-officier de la Légion d'honneur, qui eût imaginé que c'était le fils d'un petit bourgeois d'Olivença ?

Pour lui il avait depuis longtemps oublié son origine, et, comme on dit dans l'argot parisien, « il croyait que c'était arrivé ». Personne n'était plus grand d'Espagne que lui, et il ne voyageait jamais sans le chapeau, de peur d'être surpris par la mort et de ne pas l'avoir derrière lui à ses funérailles.

A ses yeux, la naissance était tout, et c'était là ce qui avait fait sa liaison avec M. de Mussidan, qui, rendu plus facile et plus coulant dans ses relations par les fatalités de la vie, — le mot était de lui, — avait toujours paru prendre au sérieux cette noblesse et cette grandeur, comme s'il ignorait que le marquis d'Arlanzon d'aujourd'hui n'avait que le nom des marquis d'Arlanzon de Charles-Quint.

Souvent, dans son enfance et alors que son père le promenait aux Champs-Élysées et au Bois, Frédéric avait rencontré le marquis, qui le faisait monter en voiture avec lui et s'amusait à conduire les deux frères chez les pâtissiers, s'ingéniant à leur faire plaisir par de petits cadeaux. Plus tard ces relations s'étaient continuées, le marquis ne paraissant pas connaître leur situation, et les traitant toujours en Mussidan. Puis quand il avait été question de lancer Geneviève et de la mettre à la mode, le marquis et son prince avaient été enveloppés pour l'entendre et lui accorder « leur haute bienveillance », ce qui devait faire bon effet dans les journaux.

C'avait été plus que de la bienveillance que le marquis avait accordé à Geneviève, — des compliments, des louanges, de l'admiration, non seulement pour son talent, mais encore pour sa grâce, pour sa gentillesse.

— Quelle ravissante enfant! quelle femme délicieuse elle sera. Une merveille, une fée, une enchanteresse !

A ce moment ils n'avaient pas fait grande attention à ces compliments; mais quelques mois après, le marquis avait voulu épouser une jeune fille qui n'avait pas seize ans; le mariage avait été annoncé dans les journaux et il n'avait manqué que par la résistance obstinée de la jeune fille.

Ce projet de mariage entre un homme qui avait, depuis plusieurs années déjà, dépassé la cinquantaine et une jeune fille de seize ans avait éveillé les idées des deux frères.

Puisque le marquis d'Arlanzon était disposé à prendre pour femme une enfant, pourquoi n'épouserait-il pas leur sœur?

Elle avait assez de naissance pour le flatter, assez de beauté pour le séduire.

Lui, de son côté, avait assez de fortune et de dignités pour que ce fût un mariage avantageux pour eux.

VI

En arrangeant ce projet, Frédéric et Sébastien n'avaient pas eu l'idée de se demander s'il était acceptable pour Geneviève.

Mais il fallait amener le marquis à vouloir ce mariage; et décider leur père à l'accepter. Ce qui pouvait présenter de sérieuses difficultés.

Sans doute, M. de Mussidan ne pouvait être que très heureux de voir sa fille épouser une belle fortune comme celle du marquis d'Arlanzon, et les avantages pécuniaires qu'il trouverait dans ce mariage lui feraient assurément fermer les yeux sur ce que la naissance du mari laissait à désirer; il avait bien épousé lui-même deux femmes qui n'avaient point de naissance. Mais ce qui ne lui plairait pas, ce qu'il n'accepterait pas volontiers, ce serait que Geneviève se mariât avant dix-huit ans. En effet, si Mlle de Puylaurens mourait bientôt laissant une part de sa fortune à Geneviève, il avait l'usufruit de cette fortune jusqu'à ce que sa fille atteignît ces dix-huit ans.

D'autre part, pour trouver Geneviève charmante, il n'en résultait pas forcément que le marquis d'Arlanzon eût l'idée de la prendre pour femme; et même il était probable qu'il n'y avait jamais pensé : elle lui semblait gentille, il le lui disait, voilà tout.

C'étaient eux qui, dans le besoin de se créer des protections en Espagne, avaient pensé à ce mariage, par cette unique raison que le marquis était Espagnol, et c'était à eux de le faire : beaux-frères d'un grand d'Espagne qui avait de l'influence dans son pays, ils se croyaient assurés d'établir leur casino sur la frontière sans être inquiétés.

Ce casino, c'était la fortune.

Et sur cette idée de fortune, ils s'emballaient avec les extravagances d'une imagination affolée par de longues années de misère, pendant lesquelles ils avaient remué en rêve des millions.

Elle serait donc bonne à quelque chose, cette petite sœur qui était venue leur voler une part d'héritage.

Comment inspirer au marquis l'idée d'épouser cette petite fille qui n'était encore qu'une enfant? Si elle avait seulement quinze ans !

Il fallait qu'il fût engagé aussitôt que possible de façon à ne pas penser à d'autre qu'à Geneviève, et aussi de façon à ce qu'ils pussent user tout de suite de son influence pour installer leur casino.

C'était là l'essentiel, mais comment?

Frédéric, plus adroit que son frère, résolut d'aller vite en besogne et tout de suite il se rendit aux Champs-Élysées, où le marquis d'Arlanzon occupait le premier étage d'une maison du rond-point.

A cette heure on était sûr de le rencontrer chez lui; c'était le moment, en effet, où assis dans son fumoir et installé derrière une jalousie, une jumelle à la main, il s'amusait à regarder le mouvement des voitures se rendant au Bois, — ce qui était un des grands plaisirs de son existence, alors surtout qu'il avait quelqu'un près de lui, à qui il pût communiquer ses réflexions en lui soufflant à la figure la fumée de ses cigarettes.

S'il était follement fier de l'ancienneté de son nom, par contre il avait horreur de tout ce qui n'était pas à la mode; non celle d'hier, mais celle de demain. C'était ainsi que dans son appartetement, choisi dans une maison neuve, tout était du plus pur parisien et flambant neuf, brillant, clinquant, frais et coquet à faire pâlir l'or des corniches et de la décoration. Son antichambre était une serre remplie de plantes en fleurs qu'on renouvelait avant qu'elles fussent défraîchies. Sa salle à manger, tendue en velours Solférino, était décorée de ses armes brodées en argent sur les lambrequins des rideaux et aux dossiers des chaises. Comme il changeait son ameublement tous les ans, il ne craignait pas de s'offrir les couleurs les plus fragiles, ne leur demandant que d'être plaisantes; c'était ainsi que le meuble du salon en bois doré, était recouvert de peluche vert d'eau; et que la chambre à coucher était tout en satin bouton d'or; quant au fumoir, qui devait offrir plus de résistance, il était en maroquin La Vallière glacé. Peu de tableaux aux murs; seulement quelques toiles et quelques aquarelles remarquées aux dernières expositions pour leur élégance, et qui n'avaient pas le temps de se démoder chez lui, car il faisait sa vente tous les deux ou trois ans, et renouvelait ses œuvres d'art comme son mobilier; autour de lui rien ne devait vieillir.

Lorsque Frédéric fut introduit dans le fumoir il trouva le marquis allongé sur un canapé, la lorgnette à la main; il se tenait là calé avec deux coussins, vêtu d'un veston blanc en voile de religieuse doublé de soie bleu, et, à le voir ainsi, sa chevelure noire frisée, les yeux brillants et ardents, les mains gantées de longs gants de Suède montant plus haut que le poignet, la taille prise dans un gilet bien ajusté, on n'eût jamais cru qu'il avait les cinquante-cinq ou cinquante-six ans que lui donnaient ceux qui le connaissaient; mais trente-huit ou quarante à peine.

Retirant sa cigarette de ses lèvres, il tendit la main à Frédéric :

— Vous êtes mille fois gracieux de venir me voir, dit-il, avec un léger accent, comment est la santé de M. votre père? Il me néglige comme si je n'étais pas l'un de ses amis. Et votre charmante sœur? Quelle délicieuse enfant, ravissante, séduisante.

C'était chez lui monnaie courante que les compliments. On était toujours fort de ses amis, même quand il vous connaissait à peine; et pour les femmes, il n'avait pas assez d'adjectifs laudatifs, même quand il ne se rappelait pas leur nom.

Frédéric ne devait pas se laisser abuser par ces épithètes adressées à Geneviève; cela voulait dire : « Votre jolie petite sœur. » Rien de plus.

Mais il importait à la réussite de son plan qu'il parût les croire sincères, ce qu'il fit.

— Je ne saurais vous exprimer, dit-il, combien l'intérêt que vous témoignez à ma sœur me rend heureux.

— Elle est délicieuse, ravissante! dit le marquis, plus riche en élans qu'en paroles pour les exprimer, et qui répétait volontiers les mêmes mots, faute d'en trouver d'autres, ravissante, délicieuse! La dernière fois que je l'ai entendue, elle m'a fait un plaisir extrême; elle est fort de mes amies, positivement délicieuse, ravissante!

— Puisque vous éprouvez de la sympathie pour ma sœur, cela m'enhardit à vous demander un renseignement et un conseil.

— Je suis tout à vous.

— Vous connaissez le duc d'Arcala? demanda Frédéric.

— Grand nom, belle fortune.

— Avant d'hériter du duc et de la fortune de son frère, le duc actuel d'Arcala ne s'appelait-il pas Inigo de San-Estevan?

— Parfaitement.

— Est-ce un homme qu'on puisse admettre dans une famille? continua Frédéric.

Et comme le marquis, au lieu de répondre, regardait avec affectation dans les Champs-Élysées, Frédéric insista :

— Je vois, dit-il, que je m'y suis pris maladroitement dans mes questions; au lieu de commencer par vous parler du duc d'Arcala, j'aurais dû d'abord vous expliquer à quoi devaient servir les renseignements que je vous demande. Sachez donc que le duc a entendu ma sœur dans deux ou trois maisons, et qu'il s'est pris pour elle d'un enthousiasme extraordinaire.

— Passionné pour la musique, le duc, et le talent merveilleux de votre ravissante sœur explique très bien cet enthousiasme.

— Mais nous avons tout lieu de croire que c'est pour la musicienne qu'il s'est passionné.

— Une enfant...

— Une enfant, oui, peut-être, mais cette enfant, dans quelques mois, sera d'âge à se marier ; d'ailleurs, quand on est précoce pour le talent on l'est pour tout.

— Mais le duc a plus de cinquante ans.

— Ce n'est pas l'âge du duc qui nous préoccupe. Nous avons de bonnes raisons pour ne pas redouter les mariages dans lesquels la femme est plus jeune que son mari ; mon père, vous le savez, a épousé une femme beaucoup plus jeune que lui, et je n'ai jamais imaginé qu'il pouvait y avoir plus heureux ménage que le sien. Dans la bouche d'un beau-fils c'est là une appréciation qui a sa valeur. Mon père est adoré par sa femme ; il est un dieu pour elle ; il est aimé avec tendresse, il est aimé avec respect, il est pour elle un père et un mari à la fois ; soins dans la vie matérielle, prévenances dans les choses du cœur, il trouve près d'elle tout ce qu'il a pu rêver. Je me figure que ce doit être une joie profonde quand la jeunesse vous abandonne de la retrouver dans sa compagne avec tout ce qu'il y a de bon et de charmant en elle. Et si ma sœur devait devenir duchesse d'Arcala, je suis sûr qu'elle serait pour son mari ce que ma belle-mère a été pour mon père. Et même beaucoup plus, car il n'y a aucune comparaison à établir entre elle et ma belle-mère, ni pour la beauté, ni pour les qualités morales, ni pour celles de l'esprit. Je ne sais si c'est l'amour fraternel qui m'aveugle, mais je la trouve... mon Dieu ce que vous disiez tout à l'heure, monsieur le marquis, délicieuse, ravissante ; elle donnerait de la gaieté à un hypocondriaque, et avec cela cependant, elle a déjà un sérieux dans l'esprit et dans le caractère qui assure sa vie et celle de son mari contre toute aventure. D'ailleurs, c'est un cœur si sensible à la reconnaissance qu'elle serait en adoration devant un homme comme le duc qui s'appliquerait à faire son bonheur.

De nouveau il fit une courte pause, puis il arriva à sa conclusion qui, elle aussi, avait été préparée :

— Voilà pourquoi j'ai pensé à vous consulter : ma sœur ignore tout, car sa pureté et son innocence devinent peu de choses, et avant que l'affaire aille plus loin, j'ai voulu vous demander ce que vous pensiez de cette aventure du duc.

Le marquis hésita un moment :

— Elle est à peu près oubliée aujourd'hui, dit-il enfin, cependant, je reconnais qu'elle a été fâcheuse.

Frédéric se leva avec dignité :

— Il suffit, dit-il, ce à quoi nous étions sensibles, mon frère et moi dans ce projet de mariage, c'était à l'honneur que nous aurait fait le duc; l'honneur manque, ce projet n'existe plus; ma sœur est une Mussidan.

VII

Frédéric sortit de chez le marquis pour aller aux Batignolles chez Clara.

Ce n'était pas pour son agrément que la vicomtesse était venue demeurer rue Legendre, mais par raisons d'économie. Seulement, comme elle trouvait que les Batignolles étaient un quartier honteux, qu'on n'avoue pas quand on se respecte, elle s'était arrangée pour n'avoir pas trop à souffrir de cette humiliation. Pour cela, elle avait choisi une rue honteuse d'un bout, c'est-à-dire bon marché, et de l'autre chic, c'est-à-dire chère, et c'était ainsi qu'elle avait loué un petit appartement, — c'était elle qui disait appartement, — rue Legendre : la rue Legendre, cela peut s'avouer car elle a ses hôtels du côté du parc Monceau, et quand elle était obligée de donner son adresse, elle n'ajoutait pas que c'était du côté de l'avenue de Clichy qu'elle demeurait. Ne va-t-il pas de soi qu'une vicomtesse de Mussidan ne peut habiter qu'un quartier aristocratique ?

Mais ce qui n'était pas aristocratique, c'était son appartement, ou plutôt son logement : trois pièces au cinquième, mansardées, une cuisine, une petite salle à manger et une chambre à coucher.

Et cependant elle n'avait rien négligé pour qu'il parlât, aux yeux de ceux qui étaient introduit dans son intérieur, de la noblesse de ses locataires. C'était ainsi que, sur un rideau en toile d'emballage formant un store devant l'unique fenêtre de la salle à manger, elle avait brodé elle-même en laine rouge une large et haute couronne de vicomte qui disait aux nouveaux venus qu'ils n'étaient point chez quelqu'un du commun. Son désir avait été tout d'abord de broder ses armes sur les dossiers des chaises de sa salle à manger, comme il convient ; malheureusement leurs ressources ne leur permettant que des chaises cannées, elle avait dû renoncer à cette décoration, dont elle aurait été si fière, et se contenter de son rideau-store qui, bien que sa fenêtre fût exposée au nord, restait toujours baissé pour que les armes des Mussidan se développassent dans toute leur splendeur.

De la salle à manger on passait dans la chambre où ces armes étaient répétées brodées en reprise sur un fond en gros tulle formant voile au fauteuil, — il n'y en avait qu'un, — et sur le dessus d'édredon ; il fallait n'avoir pas d'yeux pour ne pas savoir qu'on était chez une vicomtesse, ou ne rien connaître à la science héraldique.

C'était dans cette chambre que du matin au soir, elle était à travailler à ses toilettes de ville, car, pour celle de son intérieur, elle n'en prenait nul souci, était toujours tournée chez elle comme une saltimbanque qui s'habille d'oripeaux de théâtre et de rideaux de fenêtre.

Jamais elle ne sortait deux fois de suite avec la même robe, c'est-à-dire qu'elle ne mettait jamais deux fois une robe sans l'avoir dégarnie, regarnie, rallongée, raccourcie, sans avoir défait un pli, remis un nœud. C'était sa manière de la brosser. Quant à l'étoffe dont cette robe était faite, c'était toujours à peu près la même, hélas ! « une vraie occasion » dans les dix sous le mètre, achetée à la *Place Clichy* et envoyée à M*me* la vicomtesse de Mussidan, car, pour rien au monde elle ne s'en serait chargée, une femme de son rang ne portant pas de paquets dans la rue. Mais sur cette pauvre étoffe elle appliquait des volants, des ruches, des biais en satin, en faille, en velours à trente ou quarante francs le mètre que son mari lui rapportait de chez Faugerolles, où il les choisissait dans les rognures, parmi les petits morceaux qui n'étaient bons à rien pour le couturier, mais qu'elle savait utiliser.

Avec une vie si occupée, si remplie, elle n'avait pas le temps de faire la cuisine à son mari. Comment toucher à de la faille mauve quand on vient d'éplucher de l'oignon?

Heureusement, au rez-de-chaussée de la maison il y avait un gargotier, et cela lui était très commode pour commander son dîner au dernier moment : elle n'avait qu'à descendre, même sans être habillée, et, entr'ouvrant la porte qui, de la cuisine, communiquait avec l'escalier, elle dressait son menu :

— Deux potages, deux portions.
— Oui, madame la vicomtesse.
— Avez-vous des côtelettes de porc frais à la sauce?
— Toujours, madame la vicomtesse.
— Eh bien deux côtelettes de porc frais, avec des cornichons, beaucoup de cornichons.
— Oui, madame la vicomtesse.

Ce qu'il y avait aussi de très commode chez le restaurateur, c'était qu'elle pouvait varier ses menus, et de la côtelette de porc frais passer à la gibelotte de lapin et au foie sauté.

Sébastien ne devait donc pas se plaindre, lorsqu'il rentrait, des dîners qu'elle lui offrait, et de fait il ne pensait pas à se plaindre ; il avait bien autre chose à faire que de parler de la nourriture et de s'occuper du présent.

— Cela va bien, réjouis-toi.
— Tu as quelque chose de positif?
— Pas encore, mais mon impression est très bonne.

Et c'était sur cette impression qu'ils s'emballaient :

— Enfin, tu vas donc pouvoir dire adieu à ce misérable Faugerolles ; enfin, je vais donc pouvoir me faire faire des robes chez lui ; j'ai une idée...

Et elle partait sur cette idée.

Lui aussi, il en avait des idées, si bien qu'ils arrivaient souvent à se quereller, chacun voulant donner la priorité à la sienne.

— Avant la robe, il faut penser à l'ameublement, disait le mari.

— Je suis bien excusable peut-être de penser à mes toilettes, depuis le temps que je traîne mes guenilles.

— Je serais bien excusable aussi, peut-être, de penser à la cuisine, depuis que je mange les ratatouilles d'en bas.

— Si vous m'avez épousée pour faire de moi votre cuisinière, vous vous êtes trompé, mon cher.

— Ça se voit, disait Sébastien en entassant piteusement sur le bord de son assiette, le gras du porc frais.

— Si vous aimez mieux le Café Anglais, c'est aussi mon goût ; vous pouvez m'y conduire.

Ce n'était pas un méchant garçon.

— Quand nous serons riches nous ne nous querellerons plus, disait-il.

Et il faisait la paix, mais il ne mangeait pas son gras.

Quand Frédéric entra chez sa belle-sœur, il trouva celle-ci occupée à découdre la robe qu'elle avait mise pour déjeuner, car en revenant par les boulevards elle avait vu à une montre un retroussis de jupe qu'elle voulait immédiatement exécuter.

— Vous ! dit-elle.

— Ne soyez pas surprise, soyez satisfaite.

— Mademoiselle de Puylaurens est morte ? s'écria-t-elle.

— N'allez pas si vite.

— Depuis le temps que j'attends...

— Eh bien, et nous ?

— Enfin, que se passe-t-il de si extraordinaire ? demanda-t-elle.

— Je viens de voir le marquis d'Arlanzon.

Et il raconta sa visite, en expliquant les avantages qu'il en attendait.

Il s'était imaginé qu'elle allait partager son enthousiasme ; mais il n'en fut rien.

— Savez-vous que vous avez rendu ma tâche bien difficile ? dit-elle.

— Et en quoi ?

— Vous avez monté la tête à votre hidalgo, et je ne vais pas, moi, monter la tête à la petite sœur, de manière à les mettre tous les deux à l'unisson. Il aurait mieux valu attendre. C'était cela qui avait été convenu, d'ailleurs.

Sur ce mot Sébastien rentra. Mis au courant de ce qui s'était passé, il donna raison à son frère.

— Est-ce que l'essentiel n'était pas d'avoir le marquis? dit-il.

— L'avez-vous? demanda-t-elle.

— Enfin, il est entamé; maintenant il n'y a qu'à agir auprès de Geneviève. Va nous commander à dîner; nous discuterons, en mangeant, les moyens à employer.

VIII

M. de Mussidan avait commencé par traiter sa belle-fille avec le plus profond mépris : « Une fille de cette condition ! » et même Sébastien n'avait pu se marier qu'après avoir adressé à son père les trois actes respectueux prescrits par la loi. Mais quand il l'avait connue, il lui avait accordé son estime et son affection.

— Elle se met bien, ta femme, avait-il dit un jour à Sébastien ; et puis elle sait ce qui lui est dû, elle a le respect de son nom.

C'était non seulement le respect de son nom que la vicomtesse avait, mais encore le respect de son beau-père, qu'elle trouvait un homme très chic, malgré ses ridicules.

Et ce sentiment qu'elle montrait avait achevé la conquête de M. de Mussidan.

— Elle est intelligente, ta femme, elle me comprend.

De ce jour il lui avait accordé sa bienveillance et sa protection, lui donnant ses conseils, faisant son éducation au point de vue des belles manières, rectifiant ses façons de s'exprimer, la formant.

— Quand tu auras fait fortune, ta femme t'aidera à tenir ton rang très bien, ma foi ; son père, son vrai père, a dû être un homme de race.

Mais si elle avait séduit son beau-père, qui l'appelait « chère belle », par contre elle n'avait gagné ni Mme de Mussidan, ni Geneviève.

Loin de là, la répulsion que Mme de Mussidan éprouvait pour cette femme qui perdait son temps dans des futilités, s'était chaque jour accrue, et à cette répulsion s'était joint bientôt un sentiment de frayeur vague : elle en avait peur, non pour elle, mais pour sa fille : peur de ses exemples, peur de ce qu'elle faisait, peur de ce qu'elle disait ; et sans oser s'expliquer franchement, sans même bien savoir sur quels points précis, elle mettait Geneviève en garde.

— Mais de quoi veux-tu que je me défie, maman? demandait Geneviève.

De quoi? Cela était bien difficile à dire, et même impossible. Heureusement l'enfant ne lui témoignait aucune sympathie et cela rassurait la mère.

Quand la vicomtesse avait voulu entreprendre la préparation de Geneviève, naturellement elle avait pensé à se servir de son influence sur son beau-père. Justement à ce moment même, M. de Mussidan, qui n'était jamais malade, souffrait d'une douleur à la jambe, et c'était pour lui une fatigue de faire faire à Geneviève la promenade de deux ou trois heures ordonnée par Carbonneau.

— Vous devriez vous reposer, lui dit-elle le lendemain même du déjeuner et du dîner où il avait été si fort question du marquis d'Arlanzon.

— Est-ce que je peux me reposer, moi? Il faut que je fasse faire à cette enfant sa promenade hygiénique. Vous savez, chère belle, je suis l'esclave du devoir ; sa mère est occupée, en somme il n'y a que moi.

C'était là qu'elle l'attendait :

— Il y aurait moi si vous vouliez.

— Vous, ma chère Clara !

— Ne puis-je pas vous remplacer? Je la promènerais comme vous, je ne dis pas aussi bien que vous; mais en attendant que vous soyez rétabli, elle ne resterait pas enfermée.

Il lui baisa le bout des doigts :

— Chère belle, vous me rendrez un vrai service; demain, à deux heures, elle vous attendra.

Ce fut une angoisse pour Mme de Mussidan de penser que le lendemain sa fille sortirait avec Clara; elle essaya de résister, mais son mari ne voulait rien entendre.

— Que craignez-vous? dit-il. On ne vous la mangera pas, votre fille. Avez-vous peur qu'elle ne se fasse écraser? que craignez-vous?

Ce qu'elle craignait? Tout. Mais elle ne pouvait rien préciser.

Alors Clara commença ses leçons, promenant Geneviève dans les endroits de Paris où se rencontre le monde de l'élégance et de la richesse, prenant prétexte de ce qu'elles voyaient pour éveiller en elle l'idée du luxe; et lui démontrant avec preuves à l'appui qu'on ne peut être heureux que par le luxe et la fortune.

Ce fut seulement après un certain temps et quand elle crut que ses leçons avaient germé qu'elle aborda son sujet :

— Tu veux faire le bonheur de ta famille, n'est-ce pas? dit-elle un jour.

— Oui, je le voudrais; mais comment !

— De ton père, de ta mère qui se tue à travailler, de tes frères. Tu dois comprendre que cela est difficile avec ton talent, pour ne pas dire impossible. Tu ne le pourrais que par un beau mariage.

— Un mariage ! Pour moi ?

— Pourquoi pas. N'es-tu pas charmante. Enfin il y a quelqu'un qui te trouve charmante et qui voudrait bien t'épouser.

— Qui ?

— Un homme qui porte un grand nom et qui de plus est célèbre par son élégance, par sa distinction, qualités que n'ont pas tous les jeunes gens, bien entendu. Aussi n'est-ce pas un tout jeune homme; mais ton père non plus n'était pas un tout jeune homme quand il a épousé ta mère, et son âge n'a pas empêché ta mère de l'aimer. Le marquis d'Arlanzon.

— Le marquis! dit Geneviève avec stupéfaction.

— Eh bien! quoi, le marquis, connais-tu beaucoup de jeunes gens qui le vaillent? Refuse le marquis, si tu veux; moi, cela m'est bien égal. Seulement, avant que tu puisses faire un autre mariage qui vaille celui-là, ton père peut mourir, et mourir dans la misère, sans que tu aies rien fait pour adoucir ses derniers jours. Le pauvre homme, lui qui t'aime tant!

Elle resta sur ce mot, et pendant toute la promenade elles marchèrent côte à côte sans échanger une seule parole; Geneviève était trop émue, trop bouleversée pour rien trouver, et Clara voulait la laisser à ses réflexions.

Ce fut seulement en revenant et au moment où elles approchaient de Montmartre qu'elle reprit l'entretien.

— Qu'il soit entendu, dit-elle, que je ne t'en veux pas de la façon dont tu as accueilli mes paroles. Je comprends qu'elles t'aient surprise. Mais tu réfléchiras et tu verras que je t'ai parlé en amie, dans ton intérêt, dans celui de ton père et de ta mère. Tu ne peux pas avoir à ton âge l'expérience qu'on a au mien. Maintenant je ne te donnerai qu'un conseil : jusqu'au moment où ces réflexions se seront faites dans ton cœur, sois prudente, ne compromets rien.

Avant les confidences de sa belle-sœur, Geneviève n'avait jamais pensé qu'elle pouvait se marier.

Au moins qu'elle pouvait se marier si jeune, car sa vocation n'était pas de mourir vieille fille, et même elle avait, au sujet du mariage (de son mariage), des idées qu'elle n'avait jamais dites à personne, de ces idées que l'on caresse lorsqu'on laisse son imagination s'envoler dans la rêverie, mais sans les préciser jamais et sans leur donner une date pour la réalisation : « Pourquoi pas?... Un jour peut-être... » Et sur ce jour éloigné, avec sa constante préoccupation de l'avenir, elle bâtissait son roman, qui, pour la fin, était celui d'une jeune fille, mais qui, pour le commencement et le milieu, n'était encore que celui d'une enfant.

Les confidences de Clara avaient instantanément changé tout cela.

Elle n'était donc plus une petite fille, une gamine, comme disaient son père et ses frères.

VUE DE GORDES.

On pouvait donc vouloir la prendre pour femme.

Si le marquis avait eu cette idée de mariage, d'autres pouvaient l'avoir comme lui, car enfin ce n'était pas l'âge, ce n'était pas la fortune qui la lui avaient inspirée, c'était elle, elle seule.

Si le marquis avait eu des yeux pour la voir, d'autres pouvaient en avoir aussi.

Si elle n'était plus une gamine pour le marquis, elle ne devait pas davantage en être une pour les autres.

Les autres, pour elle, se réduisaient à un autre, un seul, son ami, son camarade, celui qu'elle pouvait nommer tout haut maintenant et sans rougir, celui qui avait mené tout son roman depuis qu'elle l'avait commencé, qui en avait été, qui en était le héros Faré.

Elle n'était plus une petite fille pour le marquis d'Arlanzon, en était-elle toujours une pour Faré?

C'était la question qui lui était venue à l'esprit au moment même où Clara lui avait parlé du marquis, et c'était elle qui maintenant la pressait le jour, la nuit, quand elle avait la liberté d'être seule, de réfléchir ou de rêver.

Et cette question, tout naturellement, en entraînait une autre, qui n'était que la conséquence de la première. Ne l'aimait-il que comme une amie, une camarade, une sœur? Ou bien l'aimait-il pour l'épouser un jour?

Jamais elle n'avait osé se le demander franchement, mais maintenant!

Le dimanche suivant, elle devait aller rue Girardon pour inaugurer une salle de verdure qu'Ernest avait arrangée exprès pour elle, et où l'on devait goûter en plein air les jours de beau temps. Peut-être cela offrirait-il une occasion de reprendre l'entretien où elle l'avait interrompu. Cette fois elle ne couperait pas la parole à Ernest, et, s'il ne la prenait pas, elle avait un moyen sûr pour lui ouvrir les lèvres.

Ce jour-là, elle apporta à sa toilette un soin extraordinaire : il ne s'agissait pas d'être une petite fille, il fallait bien montrer qu'on était une jeune fille bonne à marier, et qui se marierait quand elle voudrait, tout de suite si cela lui plaisait.

Et quand elle se regarda dans sa glace après s'être habillée, et peu de temps avant de partir avec sa mère, elle trouva que s'il ne la voyait pas ce qu'elle était, c'est que décidément il n'avait pas d'yeux pour voir. Heureusement il aurait des oreilles pour entendre, sans doute.

Dans la semaine et avec l'aide de sa mère, elle s'était fait une robe en cachemire d'Écosse grenat, ayant choisi avec intention cette teinte sérieuse qui devait, croyait-elle, la vieillir, et qui, au contraire, donnait encore un éclat plus jeune à son teint clair et à ses cheveux blonds légers. La forme de cette robe avait été une grosse affaire ; elle voulait qu'elle allongeât sa taille fine et en même temps qu'elle fît valoir ses épaules.

Si elle attendait ce jour avec émotion, Faré ne l'attendait pas moins impatiemment qu'elle, car depuis quinze jours il travaillait à sa salle de verdure, qu'il avait entièrement élevée de ses mains. A vrai dire, cependant, elle ne ressemblait en rien aux serres anglaises, aux portiques italiens, que Gardénia décrivait si complaisamment dans ses chroniques et peuplait des femmes les plus titrées de la haute élégance ; ce n'étaient que de simples poteaux formant carcasse et soutenant des fils de fer régulièrement espacés, mais quand ces poteaux et ces fils de fer seraient garnis sur trois côtés et sur le toit de plantes grimpantes, vigne vierge, chèvrefeuille, qui commençaient à pousser, ce serait très joli.

Au reste, ce fut le mot de Geneviève en arrivant :

— Comme cela sera joli quand il y aura des feuilles et des fleurs ! comme vous avez bien arrangé tout cela !

Ce qui était vraiment joli et déjà joli, c'était le jardin qui, si pauvre qu'il fût, avait sa parure du printemps. En avril, quand les lilas fleurissent, tous les jardins parisiens ne sont-ils pas charmants, les plus modestes comme les plus riches ? Que leur faut-il ? Une corbeille de giroflée, quelques pieds de pensée, une touffe de narcisse, et la fraîche verdure qui répand dans l'air l'odeur de la sève.

Et puis, si le feuillage manquait encore autour de cette salle, au moins avait-elle la vue, car Faré l'avait disposée au point le plus élevé du jardin, celui qui commandait l'horizon depuis le Mont-Valérien jusqu'à Montmorency ; et l'on pouvait rester là longtemps sans ennui à suivre le mouvement des nuages ou les caprices de la fumée que dispersait le vent.

Mais ce n'était pas le jour des rêveries silencieuses, et quand ils eurent imaginé en alternant ce que serait cette salle de verdure le jour où elle aurait de la verdure, Geneviève, voyant que la conversation pourrait bien tourner sur les fleurs, la vue, les nuages, voulut en venir au plan qu'elle avait préparé.

— M'avez-vous regardée? lui demanda-t-elle.

— Mais certainement. Elle vous va très bien votre robe.

— Il ne s'agit pas de ma robe, regardez-moi encore. Imaginez que vous ne me connaissez pas, et dites-moi pour qui vous me prenez.

— Mais pour une très joli fille.

— Comment, vous ne pouvez pas répondre à ce que je vous demande?

— Mais que me demandez-vous?

— Ah! je vois bien que vous ne me répondrez jamais. Je vais parler, moi, et vous dire ce qui m'est arrivé dimanche chez Mme de Villagarcia.

— Vous avez eu beaucoup de succès.

— Ah! s'écria-t-elle. Après la robe, le succès maintenant. Eh bien, oui, j'ai eu du succès, mais pas celui que vous pensez. Vous vous imaginez donc qu'on ne peut voir en moi que la pianiste? Eh bien, apprenez que je ne suis pas seulement une boîte à musique.

— Mais enfin, qu'est-ce qu'il y a?

— Vous savez que chez Mme de Villagarcia se trouvait le marquis d'Arlanzon.

— Comment donc : « Parmi les notabilités étrangères qui s'étaient donné rendez-vous hier dans les salons de la duchesse de Villagarcia, on remarquait le marquis d'Arlanzon... » Mais j'ai imprimé ça.

— Eh bien, celui que vous avez appelez l'élégantissime marquis dans votre article...

— Devez-vous faire attention à mes adjectifs; si vous les relevez, relevez les plus bêtes au moins.

— Le marquis... je crois que le marquis... il me semble que le marquis... Ah! mais je ne sais pas comment vous dire cela.

— Mais quoi? quoi cela?

Elle avait cru que cela était plus facile à dire, et quand elle avait préparé son petit discours, elle avait trouvé des mots qui, maintenant qu'elle devait les prononcer, prenaient des proportions énormes et la faisaient rougir. Cependant désespérément elle se jeta à l'eau.

— Enfin si le marquis s'occupait de moi ?
— Le marquis ! s'écria-t-il avec stupéfaction.
— Oui, l'élégantissime marquis.
— C'est impossible.
— Pourquoi ?
— Parce que vous êtes une enfant.
— Une enfant ! s'écria-t-elle.

Lui aussi resta un moment sans répondre, la regardant et passant bien évidemment par des sentiments opposés, entraîné et retenu à la fois, ouvrant les lèvres comme pour parler et les refermer aussitôt avec le geste d'un homme qui se résiste à lui-même.

IX

C'était l'incrédulité qui avait fermé les lèvres de Faré. Cette idée de mariage n'était pas seulement absurde, elle était invraisemblable aussi : M. de Mussidan, Sébastien, Frédéric avaient pu parler de M. d'Arlanzon comme d'un mari possible... pour plus tard ; mais à l'heure présente il serait ridicule de croire que le marquis pensait à épouser Geneviève.

Cependant le lendemain il fallut bien qu'il reconnût que non seulement cette absurdité était possible, mais encore qu'elle était menaçante : Frédéric qui avait, comme tous les jours, un service de publicité à lui demander, s'était appuyé sur ce mariage prochain de la petite sœur avec le riche, le très riche marquis d'Arlanzon.

Les confidences de Frédéric à Faré produisirent exactement l'effet que celles de Clara à Geneviève avaient produit.

On pouvait donc vouloir la prendre pour femme.

Ces mots que Geneviève s'était dits, Faré se les dit aussi.

Sa réserve et sa discrétion avaient été duperie; les autres ne l'avaient point eue, cette réserve; précisément ceux-là mêmes qui auraient dû la défendre, ses frères, son père; de sorte que, pendant qu'il attendait qu'elle fût d'âge à se marier, on la mariait tout simplement avec un autre.

Il quitta le journal et se rendit à grands pas place Dancourt.

A son coup de sonnette, ce fut Geneviève qui vint ouvrir.

— Vous! dit-elle.

— Je vous dérange?

— Pouvez-vous penser cela. Entrez; maman est sortie, elle va rentrer tout à l'heure.

Il la suivit, marchant sur ses pas jusqu'au salon, où elle le conduisit.

— J'étais en train de travailler l'*Aurore*, de Beethoven, dit-elle en montrant la musique ouverte sur le piano, voulez-vous que je vous la joue?

— Non, nous avons à parler.

— Ah!

Alors elle s'assit vis-à-vis de lui, et ils restèrent ainsi en face l'un de l'autre sans se regarder et sans parler.

En venant, il s'était dit :

« Pourvu qu'elle soit seule! si elle était seule! »

Et voilà qu'elle était seule, et il avait peur.

Aussi promenait-il autour de lui ses regards préoccupés comme si l'ameublement de ce salon offrait un intérêt extraordinaire à sa curiosité.

Il n'était pourtant pas drôle, ce salon; depuis l'époque où M. de Mussidan, qui croyait hériter prochainement de sa tante, avait dit à son tapissier :

« Du goût, pas de solidité. »

Quinze années s'étaient écoulées et elles avaient été terribles pour la cretonne, qui ne tenait ensemble que grâce aux reprises de Mme de Mussidan, et ce qui la vieillissait plus misérablement encore, c'était le brillant vernis du piano à queue de Geneviève, son prix du Conservatoire. Boiteux étaient les meubles, et les plus solides étaient ceux auxquels manquaient les quatre roulettes. Décoloré, passé, usé était le papier de la tenture sur laquelle se détachait un portrait en pied de M. de Mussidan, peint à trente ans, par Dubufe le père. Pendant longtemps, ce portrait était resté remisé dans le grenier d'un ami; puis quand M. de Mussidan avait eu un chez lui, il avait glorieusement exposé, dans son salon, cette toile qui lui permettait de parler du passé avec preuve à l'appui : « Au reste, regardez ce Dubufe. »

C'était un de ces portraits élégants et fades, d'une exécution propre et léchée, sans autre caractère individuel, et qui était aussi bien le portrait du *lion* de 1840 que celui de M. de Mussidan : tête coiffée en gros toupet avec la raie sur le côté, cravate haute en satin, chemise à jabot, gilet ouvert, habit bleu à gros boutons serré à la taille et à jupe plissée, pantalon gris-mastic à sous-pieds et formant guêtre sur la bottine vernie; en un mot le type du fashionable.

— J'ai vu votre frère Frédéric, dit-il enfin, il avait un service à me demander, et, pour que je n'aie pas d'hésitation à le lui rendre, il m'a annoncé une nouvelle... une nouvelle...

Il entassait des mots pour retarder le moment décisif.

— ... Une nouvelle qui m'a jeté dans un cruel émoi... car elle vous concerne.

— Moi!

— Le projet de mariage formé par le marquis d'Arlanzon.

— Mais je vous ai parlé du marquis.

— Oui; mais alors je n'ai pas voulu, je n'ai pas pu vous croire. Est-ce que si je vous avais cru, je vous aurais répondu comme je l'ai fait? Est-ce que si j'avais pu admettre qu'on voulait vous marier, je n'aurais pas parlé? Est-ce que la première parole de tendresse qui tombera dans votre cœur ne doit pas sortir de mes lèvres? Quand vous étiez une enfant, une petite fille, je me suis tu; puisque pour les autres vous êtes une femme, je parle, et ce que je ne voulais vous dire que dans quelques mois je le dis aujourd'hui.

Elle avait baissé les yeux, et il ne voyait son émotion qu'aux mouvements de sa respiration. Enfin elle releva les yeux, le visage illuminé, le regard triomphant.

— Oh! s'écria-t-elle, quel bonheur, je serai votre femme!

— Vous comprenez maintenant pourquoi je ne parlais pas?

Un bruit de clef sonna dans la serrure.
— Maman! dit Geneviève.
Faré se leva en s'écriant à mi-voix :
— Qu'allons-nous dire?
— Vous allez lui demander ma main, comme il convient, en lui disant :

« Madame, je vous demande la main de votre fille. »

Il n'était pas du tout sûr que Mme de Mussidan allait éprouver un vif plaisir, s'il lui disait : « Madame, je vous demande la main de votre fille ». Elle serait peut-être plus surprise et fâchée que touchée.

Mme de Mussidan était entrée.
— Vous, monsieur Ernest, à cette heure? dit-elle étonnée.
Ce fut Geneviève qui prit la parole pour répondre :
— M. Ernest avait quelque chose à me dire de très grave pour moi, de très heureux et aussi de grave, d'heureux pour toi, c'est pour cela qu'il est venu.

Mme de Mussidan les regarda tous les deux : Geneviève était souriante avec un éclat extraordinaire dans les yeux et sur le visage, une exaltation débordante dans toute sa personne ; Ernest, au contraire, paraissait embarrassé, en tout cas profondément ému.

— Quelque chose de grave? dit-elle avec une certaine crainte, car tout pour elle était sujet d'inquiétude.

— Et d'heureux ! s'écria Geneviève, tu vois bien que c'est heureux.

— Vous savez, commença Faré, quelle affection j'ai vouée à Mlle Geneviève depuis que je la connais, et aussi qu'elle amitié respectueuse je ressens pour vous, madame?

— Ça c'est vrai, interrompit Geneviève.

— Pendant longtemps cette affection a été une sympathie inconsciente, continua Faré ; mais peu à peu, à mesure que Mlle Geneviève a grandi, elle a pris un caractère plus précis, elle a empli mon cœur. Cependant jamais un mot ne vous a révélé, ni à vous, madame, ni à mademoiselle Geneviève, ce qui se passait en moi. Les choses auraient continué ainsi sans un fait très grave, sans un danger qui m'oblige à parler.

Geneviève jugea qu'elle devait intervenir :

— Ce fait, dit-elle, ce danger, le voici : si je te l'ai caché jusqu'à ce moment, ç'a été pour ne pas te tourmenter, pour ne pas te jeter dans une lutte qui te rendrait malheureuse.

— Un danger, une lutte! interrompit Mme de Mussidan, stupéfaite, une chose que tu me caches! Parle, tu vois bien que tu me fais mourir.

— On veut me marier au marquis d'Arlanzon.

— Te marier!

— Qui en a eu l'idée, reprit Geneviève, je n'en sais rien; mais c'est Clara qui m'a parlé du marquis d'Arlanzon.

— Voilà donc le danger que je craignais, s'écria Mme de Mussidan, c'était pour cela qu'elle tenait tant à te promener.

— Et si tu savais, continua Geneviève, tout ce que Clara m'a dit pour me prouver que ce mariage devait faire mon bonheur et le vôtre. Nous avons été essayer des chapeaux pour que je sache ce que c'est qu'un beau chapeau. Nous avons admiré des robes, des bijoux. Aux Champs-Élysées, elle m'a montré les femmes qui avaient fait de riches mariages et elle m'a raconté leur histoire.

— C'est en apprenant ce projet de mariage que je suis venu, reprit Faré, pour vous demander de me donner Geneviève que j'aime.

Geneviève attacha sur lui des yeux tout attendris de reconnaissance.

Elle n'avait aucune inquiétude sur l'effet que cette grande nouvelle devait produire : assurément sa mère ne pouvait en être qu'heureuse, très heureuse.

N'avait-elle pas pour Faré autant d'affection que d'estime? ne le citait-elle pas toujours comme un modèle pour sa tendresse filliale, son ardeur au travail, son entrain, sa bonté, sa générosité, et toutes les qualités qu'elle lui reconnaissait plus largement qu'à aucun homme?

Elle fut donc très surprise de voir sa mère s'attrister et de l'entendre dire avec désolation :

— Oh! mon pauvre enfant!

— Pourquoi le plains-tu? maman, s'écria-t-elle; mais il est heureux, comme je suis heureuse.

Ce fut vers elle que sa mère se tourna, et, avec un visage plus attristé encore, avec un accent désespéré :

— Oh! ma pauvre fille!

— Mais pourquoi, pourquoi? s'écria Geneviève.

Et, allant à sa mère, lui prenant les deux mains, les secouant avec une tendresse dépitée :

— Pourquoi nous plains-tu? demanda-t-elle; ne m'as-tu pas dit toi-même, vingt fois, cent fois, que tu voudrais avoir un fils comme Ernest?

— Certainement.

— N'as-tu pas confiance en son courage au travail, en son intelligence supérieure? N'es-tu pas certaine qu'il aura un jour le succès qu'il mérite et qu'il se fera un nom glorieux? Connais-tu un homme qui le vaille pour la droiture, pour la délicatesse, pour...

Sa mère l'interrompit avec un triste sourire :

— Tout ce qu'elle dit de vous, mon cher monsieur Ernest, je le pense comme elle, et mieux qu'elle; avec mon expérience de la vie je sais ce que vous valez.

— Eh bien alors? demanda Geneviève.

— Si j'avais la liberté de choisir un mari pour ma fille, continua Mme de Mussidan, ce serait vous. Je ne serais pas franche, mon cher Ernest, si je ne vous disais pas qu'en voyant votre affection pour ma fille et la tendresse de Geneviève pour vous, j'ai pensé plus d'une fois que je serais bien heureuse si un jour je vous voyais mariés.

— Vous voyez! s'écria Geneviève en regardant Faré.

Puis tout de suite, venant à sa mère et lui passant le bras autour du cou pour l'embrasser.

— C'est gentil ce que tu dis là.

— Mais ce jour, continua Mme de Mussidan, était éloigné. Comment imaginer qu'à quinze ans tu pouvais te marier? Certainement je ne t'aime pas pour moi, en mère égoïste; mais ne sens-tu pas que la pensée de te marier à quinze ans serait bouleversante? ce n'est pas là une idée de mère. En admettant la possibilité de ce mariage, j'allais au moins jusqu'à ta majorité, jusqu'à l'âge où, par cela que tu pouvais faire ce que tu voulais, on exigeait moins de toi. Tu en es loin de cette majorité, tu dépends de ton père.

— Puisque tu es pour nous, dit Geneviève.

— Que puis-je, moi? que je sois pour vous, que j'accepte ce mariage, cela est naturel parce que je vous connais, mon enfant, et parce que ce que j'exige chez le mari de ma fille c'est précisément les qualités que je trouve en vous. Mais M. de Mussidan, vous le savez, et tu le sais aussi toi, Geneviève, mieux que personne, M. de Mussidan a d'autres exigences que moi. Vous n'êtes pas titré, croyez-vous que mon mari acceptera pour gendre ce qu'il appelle un homme de rien?

— Son nom sera glorieux, s'écria Geneviève.

— Sera. Peut-être. Certainement si vous voulez. Et sa position aussi sera belle, je le veux bien encore, je le crois même. Mais il ne s'agit pas de la mère, il s'agit du père. Voilà pourquoi vous m'avez vu attristée tout à l'heure, quand, si heureux, si confiants, si enfants tous deux, vous n'écoutiez que l'espérance ; ne sentez-vous quelles luttes vous allez avoir à soutenir?

— Je n'ai pas peur de la lutte, dit Faré.

— Oh! mais, ni moi non plus, dit Geneviève.

— Eh bien, moi, j'en ai peur, peur pour vous deux, peur pour moi. Que ferez-vous si M. de Mussidan vous refuse son consentement?

— Nous le gagnerons, s'écrièrent-ils en même temps.

— Et si vous ne le gagnez pas? et si l'on vous sépare?

— Mais tu es là, toi, maman, tu nous défendras, et, comme il ne s'agira pas de toi, tu auras du courage.

— Il ne faut pas oublier que tu es l'héritière de ta tante de Cordes, et que cet héritage, qui a fait mon malheur, augmente terriblement les difficultés que je vois se dresser contre vous. Sans compter que nous avons en ce moment ce projet de mariage avec M. d'Arlanzon; et aussi les idées de ton père, respectables avec sa naissance et son éducation ; l'hostilité de tes frères qui, tu le sais, rêvent pour toi un grand mariage ; les rouerieries de ta belle-sœur et son orgueil fou ; et vous voyez, mes pauvres enfants, que je n'ai que trop de raisons pour m'attrister.

— Eh bien, non, non, dix fois! s'écria Geneviève ; je ne veux pas que tu t'attristes et je ne veux pas que tu nous attristes, nous sommes trop heureux. Tu es pour nous ; ne nous inquiétons pas des difficultés, nous attendrons. Aujourd'hui nous ne devons penser qu'à notre bonheur, au nôtre, et aussi à celui de Mme Faré, à qui nous allons annoncer notre mariage. Papa ne rentre pas dîner ; partons. Ernest, nous dînons chez vous. Vous savez, je ne tiens pas aux paonnaux à la Dubarry.

X

Mme de Mussidan aurait voulu résister, car il y avait bien des choses à dire contre cette idée d'aller annoncer un mariage si peu certain. Mais elle n'avait jamais résisté à sa fille, et ce n'était pas quand elle la voyait si follement heureuse qu'elle allait se jeter à travers sa joie. Il fallait au moins lui laisser cette journée de bonheur complet, les souffrances ne viendraient que trop tôt.

D'ailleurs, comment se défendre? Déjà Geneviève lui avait mis son chapeau et son manteau, tout en s'habillant elle-même à la hâte.

— Dépêchons-nous, disait-elle.

Mais au moment de partir, ce fut elle qui s'arrêta :

— Mon Dieu! j'oubliais... Quelle affaire!

— Quoi donc?

— Je n'avais pas mes gants pour aller demander la main de mon mari.

Et se penchant à l'oreille de sa mère :

— C'est ça qui n'est pas Mussidan.

Ils montèrent vers le moulin, Geneviève marchant à côté de sa mère, et Faré marchant à côté de Geneviève. Il faisait encore grand jour et les rues exposées à l'ouest étaient toutes pleines de la poussière d'or du soleil couchant qui s'abaissait dans un ciel sans nuages.

— Est-ce que vous avez jamais vu le soleil couchant aussi beau qu'aujourd'hui? demanda Faré.

— Oh! non, jamais, répondit Geneviève; n'est-ce pas que c'est un jour à souhait, le beau jour de notre vie; les fleurs sont avec nous, et les oiseaux nous chantent un chœur.

En effet, des chaperons des murs qu'ils longeaient, tombaient sur leurs têtes et tout autour d'eux les pétales défleuris des lilas et des arbres de Judée qui faisaient une pavée sur la terre durcie, et des massifs d'arbustes montait la chanson du soir des merles et des rossignols.

— C'est pour cela que je suis venu demeurer au haut de Montmartre, dit Faré; si ma mère n'entend pas ces chants d'oiseaux, elle voit cette verdure et ces fleurs, elle est moins seule.

Ils arrivaient à l'entrée de l'allée; à peine avaient-ils poussé la barrière qu'ils virent paraître Mme Faré sous le porche de la maisonnette; les ailes du moulin avaient fonctionné et, croyant que c'était son fils qui rentrait pour dîner, elle venait comme toujours au-devant de lui.

Elle fut surprise de le voir accompagné de Mme de Mussidan et de Geneviève.

— Elle va encore être bien autrement étonnée, dit Geneviève.

— Dites heureuse.

C'était rarement que Mme Faré interrogeait son fils, un regard lui suffisait le plus souvent pour comprendre ce qu'elle voulait savoir. Mais il ne répondit pas à son appel, ou bien elle ne devina pas ce qu'il lui disait. Et plus ils s'approchèrent d'elle, plus sa surprise s'accentua : ses yeux allaient de son fils à Geneviève, et de Geneviève à son fils.

Ils continuaient d'avancer, souriants tous les deux; Geneviève pressa le pas, entraînant Faré. Arrivée auprès de Mme Faré, elle lui passa le bras autour du cou et l'embrassa, tandis que de son côté Faré embrassait aussi sa mère.

Alors se reculant un peu, Geneviève regarda Mme Faré qui paraissait hésitante comme si elle comprenait et avait peur de ne pas comprendre.

— Eh bien, oui, dit Geneviève, vous savez maintenant.

Oui, elle savait; oui, elle comprenait, car deux larmes roulaient sur son visage que la joie avait transfiguré.

— Vous voyez, dit Faré, comme ma mère vous aime et comme elle est heureuse!

Mme Faré voulut compléter ce que son fils disait, et attirant Geneviève, ce fut dans une étreinte et un long baiser qu'elle exprima son bonheur.

Mais Mme de Mussidan, avec sa timidité et sa circonspection ordinaires, ne voulut pas que Mme Faré crût que ce mariage était chose faite, quand il y avait contre lui tant de difficultés, insurmontables peut-être.

— Il faudrait avertir votre mère que ce n'est qu'un projet, dit-elle à Faré.

— Laissons maman toute à son bonheur aujourd'hui, répondit Faré; je lui expliquerai les choses plus tard et en détail.

— D'ailleurs maintenant il faut dîner, dit Geneviève. Qu'est-ce qu'il y a pour dîner? Allons voir.

Et elle courut dans la cuisine, suivie d'Ernest. Sur le fourneau bouillait un pot-au-feu en terre.

— Le pot-au-feu! s'écria Geneviève. Quel bonheur! Je vais pouvoir manger deux assiettées de soupe; papa ne m'en permet jamais qu'une moitié d'assiette! et je vais y mettre des choux, des carottes et du pain à ce que la cuiller tienne debout dedans.

— Il nous faudrait quelque chose avec cela.

— Hé! monsieur! qu'est-ce que c'est? Des prodigalités, n'est-ce pas? Comme on voit bien que vous êtes habitué aux menus de votre ami Gardénia! Nous allons cueillir des radis et une laitue dans le jardin. Cela sera parfait. Il ne faut pas que le dîner des fiançailles soit plus beau que le dîner du mariage. Vous n'êtes donc pas en disposition de trouver tout bon et tout superbe aujourd'hui?

Il fallait vraiment ces dispositions pour ne pas trouver les radis un peu creux et la laitue un peu montée; mais les radis, ils les avaient semés ensemble, et la salade, combien de fois l'avaient-ils arrosée en calculant l'époque où elle serait pommée: elle avait trompé leurs calculs en montant au lieu de pommer; cela arrive, ces choses-là.

Cependant au milieu de cette ivresse de joie, ils avaient un souci qui parfois tout à coup les paralysait : l'heure qui s'écoulait ; il fallait se séparer, il fallait finir cette journée qui aurait dû ne finir jamais. On ne pouvait s'attarder; que dirait le père si, en rentrant, il ne les trouvait pas là ! Que lui dirait-on surtout ?

Au moins Faré voulut prolonger le temps où ils pouvaient être ensemble en la ramenant chez elle, et ils eurent encore quelques instants de bonheur dans les rues désertes et sombres.

Par malheur, il fallut écouter Mme de Mussidan et lui répondre, car s'ils ne pensaient qu'à l'heure présente, elle, au contraire, en mère qu'elle était, pensait au lendemain et à l'avenir.

— Je n'ai pas voulu troubler votre bonheur, dit-elle, mais avant de nous séparer il faut nous entendre pour demain.

— Demain, dit Faré, je parlerai à M. de Mussidan.

— Je ne crois pas que ce soit le mieux, répondit-elle. Avant de parler de votre mariage, il faut que celui qu'on arrange avec M. d'Arlanzon soit bien définitivement abandonné. Pour moi, je ne pourrai m'opposer utilement à ce projet de mariage que si l'on me croit libre. Je n'aurais aucune influence si l'on pouvait me supposer engagée avec vous.

— Il faut croire maman, dit Geneviève.

— J'y suis tout disposé et je me mets entre ses mains.

— Et moi donc ! dit Geneviève.

— Mes chers enfants, elles sont bien faibles, ces mains.

— Oui, peut-être, dit Faré, mais ce cœur de mère...

— Il est à vous, voilà tout ce que je peux dire.

XI

Geneviève voulait que tout de suite sa mère déclarât qu'elle n'accepterait jamais le marquis, et, naturellement Faré pensait comme elle.

Au contraire, Mᵐᵉ de Mussidan trouvait qu'il valait mieux attendre; les avantages qu'il y avait à agir immédiatement ne la touchaient point, tandis que ceux qu'il y avait à différer lui paraissaient décisifs; elle répondait au lieu d'attaquer, ce qui était déjà important; elle se défendait et elle défendait sa fille, ce qui lui donnait une position plus forte.

Bien qu'elle voulût ne pas admettre que son mari pût accepter le marquis et qu'elle se répétât à chaque instant que cela était invraisemblable, il était arrivé un moment où tout ce qu'elle se disait ne l'avait plus rassurée : c'avait été quand elle avait vu les visites de Clara et de Frédéric devenir de plus en plus fréquentes. Que se passait-t-il? que se disaient-ils entre eux? Elle n'en savait rien. Et ce qui redoublait son inquiétude c'était la préoccupation évidente de son mari.

Et cependant elle n'avait pas osé interroger M. de Mussidan, malgré les instances de Geneviève.

— Je t'assure, maman, qu'il se passe quelque chose.

— Nous verrons bien.

— Il sera trop tard.

— Mais non, il sera juste temps; tu as confiance en moi, n'est-ce pas?

Certainement elle avait confiance, seulement elle aurait voulu plus d'énergie chez sa mère. Pourquoi ne pas dire tout simplement : « Je ne veux pas que ma fille épouse le marquis », c'était bien simple et bien facile.

Mme de Mussidan eut enfin l'explication de ces mystères.

M. de Mussidan était rentré ce soir là plus tôt que de coutume, et ayant trouvé Geneviève, qui lisait auprès de sa mère travaillant comme tous les soirs, il l'avait envoyée se coucher.

— Je n'ai pas sommeil.

— Cela ne me fait rien, j'ai à parler à ta mère.

Geneviève avait été embrasser sa mère, et, dans son étreinte elle avait mis tout son courage.

— Voici le moment, ne faiblis pas.

Et Mme de Mussidan avait répondu par un regard qui était une promesse.

Cependant, il n'avait point abordé ce qu'il avait à dire aussitôt après le départ de sa fille; mais, prenant le journal de musique que Geneviève avait laissé sur sa table, il avait lu, pendant une demi-heure à peu près, jusqu'au moment où il avait jugé que sa fille devait être endormie.

— Vous ne me demandez pas ce que j'ai à vous dire?

— J'attends.

— C'est bien là votre apathie ordinaire; il s'agit de votre enfant cependant, de la chose la plus grave pour elle... en un mot de son mariage.

Mme de Mussidan n'était pas prise à l'improviste; depuis longtemps elle s'était préparée et ce n'était point par des ripostes au hasard qu'elle devait défendre Geneviève; chacune de ses paroles devait porter; on lui parlait mariage, c'était à cette question du mariage qu'elle devait répondre, celle du mari viendrait en son temps.

— Marier Geneviève ! s'écria-t-elle, à son âge ! ce n'est pas vous son père, qui avez eu cette idée.

— Et pourquoi donc ne l'aurais-je pas eue ? Geneviève ne va-t-elle pas avoir quinze ans ?

— Croyez-vous que j'accepterais un mariage qui compromettrait le bonheur et la santé de ma fille ?

— Voulez-vous dire que je ne suis pas un bon père ?

— Je ne veux dire qu'une chose ? c'est qu'une fille de quinze ans est trop jeune pour se marier, qu'elle risque sa santé et joue son avenir, et cet avenir me paraîtrait d'autant plus sérieusement menacé dans ce mariage que vous m'annoncez que Geneviève ne connait pas ce mari, puisque je ne le connais pas moi-même, et qu'elle n'est pas fille à être heureuse près d'un homme qu'elle n'aimerait pas.

— Elle le connait, ce mari !

— Ah ! et elle l'aime ?

M. de Mussidan n'était pas habitué à ce que sa femme lui tînt tête.

— Ce mari, dit-il, est mon meilleur ami, le marquis d'Arlanzon. Ce nom vous montre que les avantages de ce mariage sont au-dessus des objections que vous pouvez faire.

Il avait dit cela en homme qui n'admet pas la discussion ; cependant elle continua :

— Je n'ai plus qu'une objection, dit Mme de Mussidan.

— Et laquelle ? Je suis curieux de la connaître.

— Ce nom même. N'avez-vous pas vous-même plaisanté bien souvent la noblesse de M. d'Arlanzon ?

— Ah ! M. d'Arlanzon n'est pas assez noble pour votre fille ?

— Pour la fille d'Angélique Godard il est trop noble ; pour la fille du comte de Mussidan il ne l'est pas assez.

— Ceci me regarde.

— Il est impossible que vous ayez oublié Ramon Sapira, s'écria-t-elle en s'animant.

— Ramon Sapira a été fait marquis d'Arlanzon.

— Vous trouvez donc maintenant qu'on peut acquérir la noblesse ?

— Je trouve que vous vous mêlez de ce qui ne vous regarde pas. Assez là-dessus, je vous en prie.

— Vous avez raison, ce n'est pas à moi de parler noblesse à l'héritier des Mussidan ; mais si vous trouvez le nom de M. d'Arlanzon bon pour votre fille, vous ne trouvez pas, n'est-ce pas, que le marquis soit d'âge à épouser une enfant de quinze ans ?

— C'est précisément l'âge du marquis d'Arlanzon qui met ce mariage, précoce du côté de la femme, à l'abri de tout danger. D'ailleurs il y a dans un mariage une considération qui prime toutes les autres : la position et la fortune. Le marquis d'Arlanzon est grand d'Espagne ; sa fortune est considérable, elle sera nôtre jusqu'à un certain point. Ce n'est pas avec votre fortune patrimoniale que vous comptez doter votre fille, n'est-ce pas ?

— Oh! moi, je ne compte sur rien ; cependant il me semble que l'héritière de Mlle de Puylaurens sera assez riche pour exiger chez son mari autre chose que la fortune.

— Et qui vous dit qu'elle sera l'héritière de Mlle de Puylaurens ?

— Mais vous, mais la justice, mais l'ordre de la parenté, mais tout, tout. Si elle ne l'a pas encore, cette fortune, elle l'aura un jour, elle l'aura bientôt, demain peut-être.

Il fallait qu'elle fût poussée à bout pour recourir à ces paroles qui pendant quatorze ans l'avaient si souvent révoltée ; mais c'était un argument qu'elle n'avait pas le droit d'écarter. Puisque son mari paraissait insensible à la voix de l'honneur, en acceptant la noblesse de M. d'Arlanzon, à celle de la tendresse paternelle, en donnant sa fille qui n'avait pas quinze ans à un homme qui en aurait bientôt soixante, il serait touché sans doute par celle de l'intérêt.

Ce mot jeté, qui était sa ressource suprême, elle le compléta.

— Est-ce que le mariage n'émancipe pas une fille ?

— Qu'importe ?

— Mais les parents n'ont plus la jouissance légale de la fortune que recueille un enfant émancipé. Que Mlle de Puylaurens meure le lendemain du mariage de notre fille, ce serait M. d'Arlanzon qui jouirait de cette fortune.

— Il y a longtemps que j'ai renoncé à la fortune de cette vieille coquine ; mais je vois que, pour vous, vous comptez toujours sur elle ; cela m'explique l'opposition que vous faites à ce mariage. Heureusement, moi, le père, le chef de la famille, celui dont le consentement suffit en cas de dissentiment, je ne me laisse pas diriger par ces basses considérations.

Elle fut écrasée, car c'était là son argument décisif, celui qu'elle avait travaillé en s'entourant de tous les renseignements légaux qu'elle avait pu recueillir. La fortune de Mlle de Puylaurens, la jouissance de cette fortune ; comment n'en serait-il pas touché ? et voilà qu'au contraire il déclarait qu'il avait renoncé à cette fortune.

Stupéfaite, anéantie, elle resta sans trouver un mot à répondre : c'était elle qui, par intérêt, s'opposait à ce mariage !

XII

Geneviève ne dormit guère cette nuit-là.

Elle avait espéré que, sous prétexte de l'embrasser ou de la border, comme au temps où elle n'était encore qu'une petite fille, sa mère viendrait lui dire ce qui s'était passé. Mais ce fut en vain qu'elle attendit, sa mère ne vint pas.

— Pourquoi ne vient-elle pas?

Cette question, elle l'agita fiévreusement dans son lit. Était-ce bon, était-ce mauvais signe? Et elle n'osait s'arrêter ni à l'une ni à l'autre réponse qu'elle se faisait. Après tout, il ne fallait peut-être tirer aucun pronostic de cette absence : sa mère ne venait pas parce qu'elle n'osait pas venir.

Le matin elle était levée la première et aussitôt que sa mère parut, elle se jeta sur elle.

— Eh bien?

— Ton père tient à ce mariage.
— Tu ne lui as donc pas dit?...
— Tout ce que j'ai pu lui dire.
— Il n'a pas voulu t'écouter?
— Jusqu'au bout.
— Mais alors?
— Il trouve que ce mariage est très avantageux pour toi, et il n'est sensible qu'à cela.
— Mais il m'aime, papa?
— Peux-tu prononcer une telle parole!
— Alors pourquoi veut-il mon malheur?
— C'est ton bonheur qu'il veut, et voilà pourquoi il ne s'est pas laissé toucher par ce que je lui ai dit. La position, la fortune de M. d'Arlanzon le troublent.
— Mais on est misérable quand on épouse un homme pour sa position et sa fortune; papa ne peut pas vouloir une chose misérable.
— A soixante ans on ne juge pas la vie comme à quinze ans.
— Ce qui est bien est toujours bien, ce qui est mal est toujours mal.
— Ce qui serait mal à toi, ce serait de juger ton père.
— Eh bien! je vais lui parler, je vais lui dire que je n'aime pas le marquis et ne peux pas l'aimer; mais ce serait honteux, ce serait ridicule, maman; je le prierai, je le supplierai, il ne pourra pas ne pas se laisser toucher. Je suis sa fille; tu serais touchée, toi, maman, tu l'as été.
— Je t'en prie, ne dis rien à ton père.
— Tu ne veux pas que je me défende?
— Je veux que nous ne fassions rien avant de nous être entendues avec Ernest.
— Oh! cela, si tu veux.
— D'ailleurs il est bon de laisser ton père à ses réflexions. Ce que je lui ai dit n'a pas été sans l'émouvoir; quand il a une idée en tête rien ne paraît l'ébranler au moment où on lui parle, il semble qu'il ne vous écoute même pas; puis quelques heures, quelques jours après on est très surpris de voir qu'on l'a convaincu.

LA MAISON DE MADEMOISELLE DE PUYLAURENS.

— Enfin, Ernest vient aujourd'hui, nous pourrons le consulter.

Ce fut avec une impatience nerveuse que Geneviève attendit l'arrivée de Faré : il aurait un moyen pour sortir de cette situation. Était-il possible qu'il n'en trouvât pas un, lui si intelligent, si fin? Et d'ailleurs, quand même il n'aurait ni cette intelligence, ni cette finesse, il trouverait certainement dans son cœur ce qu'il fallait faire : l'amour donne des inspirations miraculeuses; elle sentait cela.

Faré maintenant venait chaque jour place Dancourt avant de descendre à son journal : son heure était celle où M. de Mussidan faisait sa promenade ordinaire et où Geneviève était seule avec sa mère; alors on pouvait parler librement, se regarder; on avait tant de choses à se dire.

Lorsqu'il sonna, ce fut Geneviève qui courut lui ouvrir.

— Mon père veut le mariage avec M. d'Arlanzon, dit-elle, avant même qu'il fût entré.

— Que lui avez-vous répondu?

— Rien : c'est à maman qu'il a parlé.

— Et qu'a dit Mme de Mussidan?

Ce fut Mme de Mussidan elle-même qui répondit à cette question en racontant tout ce qui s'était dit entre elle et son mari. Elle avait hésité sur la façon dont elle devait faire ce récit : sincère ou arrangé. Car il lui était pénible de laisser voir son mari tel qu'il était; et ce qui l'embarrassait plus encore, c'était de parler devant sa fille : il y avait une responsabilité lourde aussi à rester seule dans une lutte qui se présentait si mal. Et après avoir longtemps balancé le pour et le contre, elle s'était décidée à dire les choses telles qu'elles s'étaient passées, mais en les expliquant, en plaidant les circonstances atténuantes en faveur de son mari; dans ce mariage avec M. d'Arlanzon, il voyait surtout le côté matériel qui, il fallait bien le reconnaître, était brillant : la situation, la fortune.

— Si vous saviez comme M. de Mussidan souffre de voir sa fille travailler, et comme il a peur de la marier à un homme qui ne vivrait que de son travail! Avec son éducation, avec son nom, cela se comprend, surtout avec sa dure expérience de la vie. Il a renoncé entièrement à l'espérance de voir sa fille hériter un jour de la fortune de Mlle de Puylaurens, et cet héritage, il veut le remplacer par un beau mariage. La jeunesse de Geneviève fait qu'il ne craint pas de contrarier une inclinaison solide. Et puis d'autre part encore il paraît vouloir la marier tout de suite, comme s'il avait la peur de ne pas pouvoir marier lui-même plus tard. Et ce sont là des considérations puissantes pour un père âgé.

— Eh bien, justement, s'écria Geneviève en se jetant à travers le plaidoyer de sa mère, si mon père tient tant à me marier tout de suite, il faut qu'Ernest se présente, et me demande en mariage. Il n'y a que cela de raisonnable, de naturel; et cela devrait déjà être fait.

S'adressant à Faré :

— Vous allez attendre mon père, et, quand il va arriver, lui parler :

— Et que répondra-t-il, interrompit Mme de Mussidan, quand ton père lui demandera : Quelle position offrez-vous à ma fille?

— Il répondra qu'on va mettre sa comédie en répétition, qu'il a promesse que son drame sera joué l'hiver prochain en bonne saison, qu'il corrige la dernière feuille de son volume de vers...

Une fois encore Mme de Mussidan l'interrompit :

— Et cela va décider ton père?

Faré était dans une position cruelle, ne sachant que dire : ayant peur, s'il proposait quelque chose, de compromettre l'avenir, et d'autre part ayant peur, s'il ne proposait rien, de désoler Geneviève en se montrant indifférent. Il le connaissait trop, M. de Mussidan, pour croire que parce qu'il lui dirait : « J'aime votre fille », quand même il le dirait très bien, cela le toucherait; c'était le titre, c'était la fortune de M. d'Arlanzon qui le touchaient. Qu'avait-il à mettre en comparaison de cette fortune? Sa comédie, son drame, son volume de vers, comme disait Geneviève. La belle affaire vraiment! et comme M. de Mussidan l'accueillerait bien, son avenir? Qui croyait en son avenir? Geneviève, et pas même Mme de Mussidan peut-être, qui cédait bien plus à sa tendresse pour sa fille qu'à la confiance qu'elle avait en son gendre.

Ce fut Mme de Mussidan qui répondit pour lui :

— Je t'ai dit, mon enfant, qu'il fallait une extrême prudence et qu'une démarche maladroite pouvait tout compromettre. Que deviendrez-vous si ton père interdit à Ernest de venir ici, s'il me défend de le recevoir ? Il faut penser à cela.

— Mais enfin, s'écria Geneviève, on ne peut pas me faire épouser M. d'Arlanzon malgré moi.

— C'est là qu'est notre force, dit Faré, dans votre résistance.

— Eh bien alors, s'écria-t-elle avec une résolution exaltée, je dirai au marquis, moi, que je ne veux pas de lui ; puisqu'il n'a pas voulu me comprendre, je lui parlerai de façon à ce qu'il ne puisse pas fermer les oreilles : quand je lui aurai dit : « Je ne veux pas de vous », cela sera clair.

Et s'excitant, se mettant en colère :

— Mais c'est odieux, cela, dit-elle violemment, on n'a pas le droit de persécuter ainsi une fille qui ne vous a rien fait. Est-ce que je ne le trouve pas vieux, ridicule ? Mais c'est affreux, ces mariages-là ! Est-ce qu'on ne doit pas s'entendre ! Est-ce qu'on ne doit pas se plaire ? Est-ce qu'on ne doit pas s'être dit qu'on s'aime, sinon avec des paroles, au moins autrement : il y a tant de manières de se dire qu'on s'aime, n'est-ce pas, Ernest ?

Mme de Mussidan ne répondait rien, elle écoutait et paraissait réfléchir, plus attentive à ses pensées qu'aux paroles de sa fille.

— Non, interrompit-elle, tu ne diras rien, tu ne dois rien dire à M. d'Arlanzon.

— Mais, maman, nous ne pouvons pas rester dans cette angoisse ; ce n'est pas notre faute si nous nous défendons.

— Assurément, dit Faré, j'ai pleine confiance en Geneviève, j'ai foi en elle, mais cependant vous ne pouvez pas ne pas sentir combien serait cruelle ma situation : il faut donc que je sache, quand je suis loin d'elle, que M. d'Arlanzon lui fait la cour ; il y a là non seulement une douleur, mais encore un outrage.

— Tu ne veux pas le rendre malheureux, maman.

— Non, continua Mme de Mussidan, tu ne parleras pas au marquis ; je lui parlerai moi ; je vous défendrai ; je ne suis qu'une pauvre femme, mais je trouverai dans ma tendresse ce qu'il faut dire ; j'aurai le courage d'une mère qui se met en avant pour son enfant.

Geneviève s'était approchée de sa mère et la prenant dans ses bras, elle l'embrassait avec l'élan d'une reconnaissance émue.

— Oui, mon enfant, embrasse-moi, dit Mme de Mussidan, j'aurai besoin de tout ton amour, car une pareille démarche va terriblement fâcher ton père contre moi.

XIII

Depuis qu'elle était comtesse, Mme de Mussidan avait si souvent entendu parler de convenances, de politesse, de correction, de cérémonial, sans avoir jamais pu apprendre en quoi cela consistait au juste et quelles étaient les lois qui régissent cette matière que son mari connaissait si bien, qu'à la pensée de se présenter chez un marquis et un grand d'Espagne, elle était pleine de craintes. Autrefois elle eût été bravement droit devant elle, et tout franchement, tout simplement dit ce qu'elle avait à dire : « Vous voulez épouser ma fille ; elle ne vous aime point ; vous ne pouvez pas être son mari. Cela était clair et honnête, facile à dire, facile à comprendre. Mais un pareil langage, mais ces manières primitives étaient-elles convenables, étaient-elles correctes avec un personnage tel que le marquis d'Arlanzon ? Était-il homme à se rendre à sa raison : « Ma fille ne vous aime pas » ?

Si elle avait été libre, elle aurait longuement réfléchi aux difficultés de sa situation et pesé les moyens qu'elle devait employer. Mais cette liberté, elle ne l'avait pas. A peine Faré était-il parti que Geneviève avait parlé de cette visite au marquis :

— Quand iras-tu, maman ?

— Laisse-moi réfléchir.

— Il n'y a pas besoin de réfléchir ; il n'y a qu'à dire franchement la vérité. Tu iras demain, n'est-ce pas ?

Ce ne fut pas le lendemain qu'elle y alla, ce fut le surlendemain, harcelée, poussée par sa fille, qui la mit presque dehors.

Cette journée de répit, elle l'avait employée à s'arranger une toilette qui réunit les diverses conditions exigées pour être « convenable », ce mot dont on l'avait assassinée depuis quinze ans. Geneviève avait voulu l'aider. Les brides de soie noire de son chapeau avaient été nettoyées dans de l'eau de café ; les coutures lustrées du corsage de son pardessus avaient été frottées à l'eau de naphte, et, pour que l'odeur s'évaporât, on l'avait laissé sur le balcon la nuit, mais une averse étant survenue, elle s'était levée, ce qui lui avait valu une algarade de M. de Mussidan pour sa négligence continuelle : — Pouvait-on oublier quelque chose sur un balcon avant de se coucher ? Il comprenait maintenant pourquoi elle était toujours si mal tournée ; ses affaires à lui ne dureraient pas s'il les laissait ainsi traîner partout, au lieu de les accrocher lui-même soigneusement tous les soirs dans le vestibule, où on les trouvait le matin, n'ayant plus que la peine de les prendre pour les lui brosser.

— Je t'assure que tu est très bien, maman, tu peux partir.

— Ce n'est pas pour moi, c'est pour ton père ; il faut que je sois convenable.

C'était bien autre chose qu'il fallait qu'elle fût ; mais quoi ? elle n'en savait rien ; bien souvent M. de Mussidan lui avait dit qu'elle n'était qu'une maladroite, mais jamais il n'avait daigné lui apprendre ce qu'il y avait à dire et ce qu'il y avait à faire pour ne pas l'être.

Ce fut avec un serrement de cœur qu'elle poussa le bouton de la sonnerie électrique du marquis ; tout d'abord elle avait tiré ce petit bouton en ivoire, puis comme il ne venait pas, elle s'était décidée à le pousser, très intimidée de sa bêtise, se disant que cela était d'un mauvais augure et qu'elle allait en faire bien d'autres sans doute.

Le valet de chambre qui lui ouvrit la porte la toisa des pieds à la tête, en homme qui sait reconnaître les nettoyages au café noir et à l'eau de naphte, aussi, pour la première fois, crut-elle à propos de donner son titre, ce qui la fit introduire dans le salon.

Lorsqu'elle se trouva dans cette vaste pièce d'une élégance si brillante et si fraîche, elle resta indécise, ne sachant où s'asseoir : au milieu, n'est-ce pas trop d'assurance ; dans un coin, trop de modestie ?

M. d'Arlanzon entra très empressé avant qu'elle se fût décidée, et, la prenant par la main, il la fit asseoir à côté de lui sur un canapé.

Pendant les premières paroles de politesse qu'il lui adressa, et avec lui tout ce qui touchait à la politesse prenait du temps, elle put retrouver ce qu'elle avait préparé en descendant de Montmartre.

— C'est de ma fille que je viens vous entretenir.

— Et comment est-elle, cette chère enfant ? Charmante, délicieuse, ravissante.

— Mal.

— Elle est malade ?

— Dans l'angoisse et dans la fièvre depuis que son père lui a parlé de vos intentions !

Le marquis avait été surpris de l'arrivée de Mme de Mussidan chez lui, et dans son empressement d'accourir il y avait beaucoup de curiosité. Que voulait-elle ? Que venait-elle faire ?

Ces quelques mots le blessèrent dans son amour-propre et l'humilièrent dans sa confiance : de l'angoisse, de la fièvre chez cette charmante enfant depuis qu'elle connaissait ses intentions !

Il prit un air pincé et sans interroger, dignement, il attendit que Mme de Mussidan continuât.

Cela n'était pas de nature à faciliter la tâche de celle-ci : elle avait besoin d'être encouragée, non d'être rabrouée ; cependant elle poursuivit :

— Certainement ma fille a pour vous la plus grande estime et elle est depuis longtemps habituée à partager les sentiments d'amitié que son père vous témoigne... s'il est permis de parler d'amitié à propos d'une enfant de son âge ; mais enfin elle n'est pas disposée à ce mariage.

M. d'Arlanzon avait craint pire que cela; aussi accueillit-il ces paroles par un sourire.

— Cela viendra, dit-il, c'est le mariage qui l'inquiète; ce n'est pas le mari, puisque ce mari ne s'est pas encore présenté; je lui parlerai.

— C'est justement ce que je viens vous demander de ne pas faire. Pour que je risque une pareille démarche, vous devez sentir que j'y ai été poussée par des raisons toutes-puissantes : le bonheur de ma fille.

— Mais c'est ce bonheur que je veux.

— Dans le mariage il faut de l'amour, et elle ne vous aime pas, dit-elle.

— Eh bien, madame, laissez-moi vous dire que jusqu'à un certain point j'en suis heureux. Il me plaît que l'âme de cette enfant soit vraiment d'une enfant, et je trouverais presque étrange qu'elle eût pour moi d'autres sentiments que ceux de l'amitié dont vous parlez. Il me plaît aussi de les faire naître ces sentiments, et rassurez-vous, madame, ils naîtront. La situation, la fortune que je donnerai à votre chère fille, la tendresse dont je l'entourerai ouvriront son cœur; elle sera, je vous en donne ma parole, la femme la plus heureuse.

Elle n'avait pas imaginé qu'il prendrait les choses ainsi. Que dire maintenant? comment le faire renoncer à son projet, comment le décourager! C'était là ce qu'il fallait cependant; et puisqu'il ne se rendait pas à l'argument de l'amour, ou plutôt du mot amour, il fallait en trouver d'autres et les employer, quels qu'ils fussent.

— Mais ma fille n'est pas du tout sensible aux avantages de la fortune, dit-elle.

— Elle le deviendra.

— Elle est simple, une situation brillante l'ennuiera.

— Quand elle connaîtra les joies qu'elle donne, elle l'aimera.

— Je ne crois pas qu'elle l'aime jamais, mais je sais bien qu'elle s'en fatiguera; elle n'est pas d'une très bonne santé.

— On ne le dirait pas à la voir.

Il aurait donc réponse à tout; c'était un parti-pris; eh bien! elle ne devait reculer devant rien.

— Une chose aussi l'empêchera de trouver dans cette situation brillante les plaisirs qui sont les vôtres : son éducation, la façon dont elle a été élevée.

— Son éducation, cela est de peu d'importance ; son mari lui en donnera une nouvelle.

— Mais en plus de son éducation, il y a sa naissance, aussi.

— Sa naissance ! Fille du comte de Mussidan !

— Et d'Angélique Godard, monsieur le marquis : les Godard ont toujours été d'une simplicité extrême ; vous avez dû vous en apercevoir par moi, et ma fille est ma fille, c'est une Godard.

S'il ne se rendait pas, c'était à désespérer.

Il ne se rendit pas.

— Madame, dit-il avec un air de grand d'Espagne, je ne serais pas digne de votre fille si je me retirais avant d'avoir la preuve que je ne peux pas la rendre heureuse, et ce ne sera que quand elle me connaîtra, quand elle me connaîtra bien, que cette preuve pourra être faite.

XIV

Était-il possible qu'en rentrant elle n'eût qu'un mot à dire à sa fille :

— Je n'ai rien pu, je ne peux rien pour toi.

N'aurait-elle donc jamais ni énergie ni initiative? Ne serait-elle toujours qu'une résignée? Son mari voulait ce mariage, et elle le laisserait se faire, sans rien trouver pour l'empêcher!

Eh bien, non, elle ne serait pas une résignée; non, elle ne laisserait pas ce mariage s'accomplir. Comment l'empêcherait-elle? Elle n'en savait rien. Mais elle devait chercher; elle devait trouver.

Elle marcha longtemps, allant droit devant elle, sans savoir où elle était, sans en prendre souci. Que lui importait? C'était sa pensée intérieure qu'elle suivait, c'était en elle qu'elle voyait.

Et cependant, de temps en temps, elle s'arrêtait brusquement, se disant : « Geneviève m'attend, il faut rentrer. »

Allant ainsi, elle arriva, sans avoir conscience de la route parcourue et des rues par lesquelles elle avait passé, au boulevard de Clichy : rentrerait-elle donc à Montmartre sans avoir rien trouvé?

Cette pensée fut comme un coup d'éperon pour son esprit, qui flottait d'une idée à une autre sans avoir la force de s'arrêter à aucune, ballotté de la crainte à l'espérance; d'un bond elle sauta par-dessus tous les obstacles qui jusqu'à ce moment l'avaient effrayée et paralysée : il fallait des sacrifices pour la sauver, eh bien, on les accepterait courageusement, elle-même, Geneviève et Faré; l'avenir assuré, l'avenir heureux méritait bien qu'on le payât de quelques souffrances dans le présent.

Cela dit, elle hâta le pas, et au lieu d'aller à l'aventure elle se dirigea droit vers la place Dancourt.

Comme elle montait son escalier, elle entendit un pas pressé derrière elle, et, s'étant retournée, elle vit Faré qui montait les marches quatre à quatre.

— Vous venez de chez M. d'Arlanzon? demanda-t-il d'une voix que l'anxiété autant que l'essoufflement rendait tremblante.

— Oui.

— Eh bien?

— Je vous dirai cela tout à l'heure.

— Mauvais alors?

— Du mauvais et du bon.

Ils montèrent côte à côte sans se parler.

Assurément Geneviève était derrière la porte écoutant, car ils avaient à peine monté quelques marches, après le quatrième étage, qu'elle parut sur le palier.

— Est-ce fait? cria-t-elle.

Mme de Mussidan ne répondit pas.

— Tu ne dis rien, maman?

— Je vais dire tout à l'heure.

— Monte vite.

Ce fut elle-même qui ferma la porte.

— Alors? demanda-t-elle.

— Eh bien, M. d'Arlanzon persiste dans son projet de mariage.

Geneviève tendit la main à Faré en même temps que celui-ci lui tendait la sienne, et longuement ils s'étreignirent.

— Veux-tu nous dire comment les choses se sont passées? demanda Geneviève.

Sans rien omettre, Mme de Mussidan fit le récit qui lui était demandé.

— Alors je n'ai donc plus qu'à subir M. d'Arlanzon? continua Geneviève avec un geste de révolte.

Puis, s'adressant brusquement à Faré :

— Vous acceptez cela? demanda-t-elle.

Avant qu'il eût répondu, Mme de Mussidan prit la parole :

— Je ne l'accepte pas plus que lui. Mais, pour que cela ne soit pas, nous devons tous nous imposer un cruel sacrifice; en aurez-vous la force?

— Tout, s'écria Geneviève.

— Elle a parlé pour moi, dit Faré.

— Et pour moi aussi, continua Mme de Mussidan, mais avant de s'engager, il faut savoir à quoi l'on s'engage.

— Dis, maman; pour moi, ce que tu as décidé, je le veux aussi.

— La volonté de Geneviève est la mienne, dit Faré.

— Ce qui a fait accepter par ton père ce projet de mariage, dit Mme de Mussidan, ç'a été la conviction qu'il a acquise, je ne sais comment, que tu ne serais pas l'héritière de ta tante de Cordes, comme il l'avait espéré et cru, jusqu'en ces derniers temps. Et c'est là, mon enfant, ce qui doit rendre respectable pour toi le désir de ton père qui, dans ce mariage, ne voit qu'une chose : ton avenir assuré avec une grande situation, un beau nom et une grosse fortune. Il n'y a donc, selon moi, qu'un seul moyen de le faire renoncer à ce projet, c'est de lui rendre la confiance et la certitude que Mlle de Puylaurens te fera son héritière.

— Oh! cet héritage! s'écria Geneviève avec exaspération.

— Il a été le tourment de toute notre vie, il peut être notre salut.

— Comment cela? s'écrièrent-ils tous deux en même temps.

— Que ton père croie que tu hériteras de ta tante, et je suis convaincue que nous n'aurons rien à craindre de M. d'Arlanzon.

— Mais c'est ma tante qui peut lui donner cette espérance, ce n'est pas nous.

— Sans doute, seulement cela ne se fera pas tout seul, et Mlle de Puylaurens, qui ne sait rien de ce qui se passe, n'aura pas d'elle-même l'idée de dire à ton père : Ne mariez pas votre fille au marquis d'Arlanzon et ma fortune sera pour Geneviève. Cette idée, il faut qu'on la lui souffle.

— Je ne comprends pas, dit Geneviève.

— Et moi j'ai peur de comprendre, dit Faré.

— Il avait été convenu entre ton père et Mlle de Puylaurens, continua Mme de Mussidan, que lorsque tu atteindrais ta dixième année ta tante se chargerait de ton éducation et te prendrait avec elle; tu te rappelles cela.

— J'ai eu assez peur à ce moment.

— Je suis parvenue à te garder, mais non sans peine; je n'ai réussi qu'en faisant valoir qu'au lieu de gagner la tendresse de ta tante tu pouvais te faire prendre en aversion et par là compromettre ton héritage; cela a eu pour résultat d'amener une rupture complète entre ton père et ta tante. Que cela ait changé les intentions de ta tante à ton égard, je ne le crois pas; mais ton père le croit, lui; et voilà comment, dans la crainte que tu sois sans fortune un jour, il a accepté les propositions de mariage de M. d'Arlanzon.

— Vous voulez qu'elle aille auprès de Mlle de Puylaurens? s'écria Faré, incapable de se contenir.

— Je te quitterais, maman? je me séparerais de vous, Ernest? s'écria Geneviève.

— Je ne vois que ce moyen de résister à M. d'Arlanzon, répondit Mme de Mussidan, et si je le propose, vous devez comprendre que je le juge indispensable, car, pour ne pas me séparer de Geneviève, pour la garder près de moi, pour l'élever, pour l'aimer, j'ai fait le sacrifice de sa fortune.

Elle se tut, et pendant assez longtemps tous trois gardèrent le silence : Geneviève avait pris la main d'Ernest, et c'était par leurs étreintes qu'ils sentaient ce qui se passait en eux.

— Si vous avez un autre moyen, dit enfin Mme de Mussidan, je suis toute prête à l'accepter; le mien est assez cruel pour que je ne tienne pas à l'employer.

— Mais ma tante voudrait-elle de moi? demanda Geneviève, se raccrochant à cette espérance.

— Pour moi, cela ne fait pas de doute; elle serait trop heureuse de t'avoir, pour ne pas saisir avec empressement la plus légère occasion de rapprochement qu'on lui présenterait. Qu'on lui écrive ce qui se passe, et elle fera tout, j'en suis certaine, même les premiers pas au-devant de ton père, pour que tu ne deviennes pas la femme d'un homme tel que le marquis d'Arlanzon. Une fois à Cordes, le marquis ne te suivra pas, il ne serait pas reçu par ta tante d'ailleurs; il t'oubliera, et ce mariage sera rompu; le reste importe peu, n'est-ce pas, que tu aies ou n'aies pas la fortune de ta tante?

— Oh! tout à fait, dit Geneviève.

— Pour moi, dit Ernest, je désire qu'elle ne l'ait pas.

Pendant longtemps ils discutèrent sinon la proposition de Mme de Mussidan, — ils étaient d'accord pour reconnaître qu'elle était leur seul moyen de salut, — au moins les probabilités du temps de la séparation; puis à la fin ils décidèrent que Faré préparerait le modèle de la lettre que Mme de Mussidan devait écrire à Mlle de Puylaurens et qu'il l'apporterait le lendemain.

XV

Faré fut exact; aussitôt après le départ de M. de Mussidan, il arriva place Dancourt.

— Vous avez la lettre? demanda Geneviève avant toute parole.

— La voici.

— Lisez, dit Mme de Mussidan.

Mais avant de lire, Faré crut devoir expliquer comment il avait compris cette lettre :

— C'est une lettre de mère que j'ai voulu écrire, dit-il; j'espère avoir évité les phrases d'auteur; arrêtez-moi donc, je vous prie, quand vous trouverez que je m'écarte de la simplicité que j'aurais dû garder.

— Lisez, lisez donc, dit Geneviève.

Mais il ne commença pas encore sa lecture :

— J'ai laissé le premier mot en blanc, dit-il « madame »; ou « ma chère tante »?

— Oh! « madame ».

« Je viens vous demander de sauver ma fille d'un grand mal-
« heur, le plus grand qui puisse la frapper. On veut la marier et
« lui faire épouser un homme qui pourrait être son grand-père :
« le marquis d'Arlanzon, que vous connaissez sans doute, car il a
« joué un rôle dans toutes les guerres civiles de l'Espagne, et
« depuis qu'il est réfugié en France, son nom figure dans toutes
« les chroniques mondaines du Paris élégant : ce nom et ce titre
« ne lui ont pas toujours appartenu, et avant que la faveur et l'in-
« trigue l'eussent fait marquis et grand d'Espagne, il s'appelait
« tout simplement Ramon Sapira. »

— Ça c'est très bien, interrompit Geneviève ; ma tante, qui est
si fière de sa noblesse, ne va pas être bien disposée en faveur de ce
parvenu.

— C'est précisément ce que j'ai voulu, répondit Faré, et c'est
pourquoi j'ai glissé ici cette phrase incidente, qui n'est guère à sa
place ; je continue :

« Ce ne sont donc pas les avantages personnels du pré-
« tendant qui ont inspiré ce projet de mariage, puisqu'il a
« de beaucoup dépassé la cinquantaine. Ce ne sont pas non plus
« ceux de la naissance, puisqu'il est Ramon Sapira, un fils de
« petits bourgeois de l'Estramadure. Ce sont uniquement ceux de
« la fortune. »

Comme il allait continuer, Geneviève l'interrompit :

— Vous ne dites pas que c'est odieux de marier une fille pour
la fortune ?

— Soyez tranquille, Mlle de Puylaurens le dira elle-même ; il
vaut mieux laisser les lecteurs faire leurs réflexions que de les
leur souffler ; les bons jugements sont ceux qu'on rend soi-même,
et non ceux qu'on reçoit de l'écrivain.

— Alors continuez.

« Ce qui a déterminé M. de Mussidan à consentir à ce mariage,
« ç'a été la peur de laisser sa fille dans la misère ; et c'est là un
« sentiment respectable qui explique sa résolution. Après avoir
« cru pendant longtemps que Geneviève serait un jour votre héri-
« tière, il s'est imaginé ou bien on lui a dit qu'il devait renoncer à
« cette espérance, et alors il a ouvert l'oreille aux propositions de
« M. d'Arlanzon. »

Sur ce mot il s'interrompit :

— C'était là le passage difficile, dit-il, j'ai cru qu'il valait mieux tout entasser en quelques lignes; mais si vous trouvez que cela est trop dur nous pouvons l'arranger.

— Mlle de Puylaurens sait depuis longtemps, répondit Mme de Mussidan, qu'on vit sur son héritage; ce qui ne faudrait pas qu'elle crût, c'est que Geneviève a été élevée dans ces idées.

— J'ai pensé à cela, vous allez voir.

— Sois tranquille, maman, dit Geneviève, il pense à tout ce qui est délicat. Lisez, lisez.

« C'est dans ces conditions que je viens vous demander de
« sauver ma fille, sans craindre que vous puissiez voir dans ma
« démarche une pensée d'intérêt; l'intérêt pour Geneviève serait
« d'épouser M. d'Arlanzon; mais innocente, simple et généreuse
« comme elle l'est, elle n'a jamais su ce que c'était que l'intérêt;
« et si elle ne veut pas de M. d'Arlanzon, c'est parce qu'elle ne
« l'aime pas et ne peut pas l'aimer. »

— Vous ne dites pas : « C'est parce qu'elle en aime un autre? » demanda-t-elle.

— Nous le dirons si Mme de Mussidan le juge à propos.

— Je le juge dangereux; avec sa sévérité de principes et sa vie austère, Mlle de Puylaurens ne doit pas admettre qu'une jeune fille puisse éprouver de l'amour...

— Pour son fiancé?

— Pas même pour son fiancé; nous devons éviter soigneusement qu'elle puisse supposer que notre vie ressemble à celle de certains artistes; ce ne serait pas là bien disposer en notre faveur.

— D'ailleurs, continua Faré, nous voici à un nouveau passage dangereux; il faut être prudent.

« Vous avez toujours témoigné une vive sollicitude pour ma
« fille, et si Geneviève avait été près de vous à dix ans comme vous
« le vouliez, vous vous seriez prise pour elle de tendresse, vous
« l'auriez aimée, vous l'aimeriez comme l'aiment tous ceux qui
« la connaissent, et plus encore, comme je l'aime moi-même,
« d'un amour maternel. Si je ne peux pas invoquer cet amour, je
« fais appel au moins à cette sollicitude dont vous nous avez donné
« tant de preuves. »

— J'aimerais mieux : « lui avez donné tant de preuves, » interrompit Mme de Mussidan, c'est pour Geneviève que Mlle de Puylaurens a eu de la sollicitude, non pour moi, qui ne lui suis rien.

— Pauvre maman !

— Continuez, dit Mme de Mussidan.

Après avoir fait la correction qui lui était demandée, Faré reprit sa lecture :

« Ce n'est assurément pas parce que Geneviève vous a été
« refusée lorsque vous vouliez vous charger de son éducation que
« vous ne lui accorderez pas maintenant votre toute-puissante pro-
« tection; aussi n'ai-je aucune hésitation à vous la demander,
« bien certaine que la rancune n'atteint pas une âme comme la
« vôtre. D'ailleurs, il y a eu des raisons de refus : la jeunesse de
« l'enfant, son état de santé à ce moment, les soins dont elle avait
« besoin, et puis, il faut bien le dire, la tendresse égoïste des
« parents. »

— N'est-ce pas trop? demanda Faré en s'interrompant.

— Non, répondit Mme de Mussidan, et même ce n'est pas tout; il faudrait ajouter encore : « la répulsion de Geneviève, » mais cela est inutile.

— C'est ce que j'ai pensé; aussi n'ai-je rien dit de cela.

— Ma répulsion ne s'appliquait pas à ma tante, dit Geneviève; je ne voulais pas quitter maman, comme aujourd'hui je voudrais ne pas me séparer de vous.

— Voulez-vous que j'indique cela? demanda Faré.

— C'est inutile, répondit Mme de Mussidan; il faut craindre, il me semble, de faire une lettre trop longue qui ennuie Mlle de Puylaurens ou la fatigue.

— J'ai fini, dit Faré, je n'ai plus qu'à vous lire comment on a refusé Geneviève il y a cinq ans et comment on sera heureuse de la donner aujourd'hui, et sur ce point, j'appelle votre attention.

— Il faut bien dire les choses telles qu'elles sont ou nous ne réussirons pas, répliqua Mme de Mussidan.

— J'ai pensé, dit Faré, que si Mlle de Puylaurens n'avait pas une presque certitude résultant, non des promesses que vous pouvez lui faire, mais de l'exposé même de la situation, elle ne consentirait pas à écrire la lettre que nous demandons.

— Lisez, dit Mme de Mussidan.

« En refusant d'envoyer Geneviève à Cordes, on n'avait pas
« supposé que vous pouviez vous en fâcher au point de ne plus la
« considérer comme votre petite-nièce et de la déshériter. Aussi
« est-il certain que, si pour m'aider à la sauver de M. d'Arlanzon,
« vous consentiez à la demander de nouveau on vous la confierait
« avec d'autant plus d'empressement qu'on croirait lui donner ainsi
« l'occasion de regagner votre affection et aussi la part d'héritage
« qu'on s'imagine que vous lui avez enlevée. »

— Il est évident, interrompit Mme de Mussidan, que Mlle de Puylaurens ne peut pas ne pas être blessée qu'on lui parle ainsi de son héritage.

— Assurément, répondit Faré, mais voyez-vous un moyen de faire autrement? Pour moi, je n'en ai pas trouvé; j'ai cru que cela était indispensable à dire, car enfin il faut bien la décider à une démarche qui n'est guère compatible avec sa fierté, et je l'ai dit; seulement j'ai tâché d'en atténuer l'effet trop brutal, et voici comment :

« Je ne saurais vous exprimer combien je suis malheureuse de
« vous tenir un pareil langage et de vous parler héritage, quand
« depuis quinze ans ce mot a été le tourment de ma vie. Mais je
« dois sauver ma fille, et je prends le moyen qui s'offre à moi, le
« seul que je trouve. Je ne pense qu'à elle, qu'à son avenir, qu'à
« son bonheur. Et, dans mon égoïsme maternel, je vais jusqu'à
« courir le risque de vous blesser, vous pour qui je n'ai que
« des sentiments de respect. De même, d'un autre côté, je vais
« jusqu'à m'exposer à vous donner à penser que je suis une cou-
« reuse d'héritage, moi qui ai aussi grande peur de la fortune
« que d'autres ont peur de la misère. »

Faré s'interrompit :

— Croyez-vous que cela rachète la brutalité nécessaire qui vous a choquée? demanda-t-il.

— Oh! c'est très bien, très bien! s'écria Geneviève; et c'est vrai; car maman n'a jamais eu que du respect pour ma tante.

— Il me semble qu'il était impossible de se tirer mieux de ce passage difficile, dit Mme de Mussidan, pour moi, je n'en serais assurément jamais sortie.

— Encore un mot, dit Faré.

« Je mets ma fille en vos mains; vous pouvez être une mère

« pour elle; elle vous devra ce que moi je ne peux pas lui donner : « le bonheur. »

— C'est tout, dit Faré.

— Votre lettre, dit Mme de Mussidan, je vais la copier tout de suite.

Comme elle se mettait à écrire :

— Pauvre maman, dit Geneviève, quelle lettre cruelle pour elle.

— Et moi, dit Faré, croyez-vous qu'elle m'ait été douce à trouver? En cherchant mes mots je ne pensais qu'à notre séparation, et quand je rencontrais un mot qui pouvait toucher Mlle de Puylaurens, je me disais : « C'est toi qui te l'enlèves à toi-même. »

— Vous parlerez de moi avec maman; moi, avec qui parlerai-je de vous!

Et les larmes lui jaillirent des yeux.

XVI

Trois jours après avoir écrit à Mlle de Puylaurens, la réponse de celle-ci n'était point arrivée, et comme leur concierge était un personnage qui ne daignait monter les lettres qu'une fois par jour, le matin, en faisant l'escalier, Geneviève descendait à chaque instant voir si la poste n'avait rien apporté.

Ce fut le lendemain seulement qu'arriva une lettre à l'adresse de M. de Mussidan; mais elle était timbrée de Paris, non de Cordes.

Geneviève la remit à son père, et quand celui-ci la déplia, elle vit qu'elle portait un en-tête imprimé : « Étude de M^e Le Genest de la Crochardière. »

M^e Le Genest de la Crochardière était le notaire de Mlle de Puylaurens; c'était donc lui qui bien certainement avait été chargé de faire connaître la réponse de la tante de Cordes.

Sa lettre lue, M. de Mussidan l'avait mise dans sa poche sans rien dire, et comme sa femme pas plus que sa fille n'osaient jamais l'interroger, elles avaient dû attendre. Il parlerait sans doute. Mais après son déjeuner, il était sorti sans avoir rien dit.

Elles étaient restées en proie à l'inquiétude, se demandant si, comme elles le pensaient, M. de Mussidan était bien réellement chez le notaire pour apprendre de celui-ci la réponse de Mlle de Puylaurens.

Ce fut l'opinion de Faré, et par conséquent celle de Geneviève; mais pour le notaire, Mme de Mussidan ne fut pas plus rassurée qu'elle ne l'avait été pour le silence de M. d'Arlanzon : Faré pouvait se tromper.

M. de Mussidan ne rentra, comme tous les soirs, qu'à l'heure du dîner ; il paraissait de belle humeur, et à son : « Bonjour fillette, » Geneviève se rassura.

Il se mit à table gaiement, sans dire un mot de ce qu'il avait fait dans sa journée, mangeant, buvant bien, en homme qui est heureux de vivre et n'a pas d'autre souci.

Et pendant ce temps elles se regardaient, tourmentées, se disant qu'il n'avait pas dû aller chez le notaire puisqu'il était si calme, ou bien qu'il ne s'agissait que d'une chose insignifiante.

Mais le dîner fini, il dit un mot qui les rendit attentives.

— En quel état est la garde-robe de Geneviève ?

— Elle est en bon état, ou à peu près, dit Mme de Mussidan.

— Pour ici ; mais pour un voyage ?

Elles osèrent le regarder franchement.

— Voudrais-tu aller en voyage, fillette ?

— C'est selon.

— Chez ta tante, à Cordes ?

Elles eurent un élan de joie, quoique leur cœur se serrât cependant.

— Ta tante, continua M. de Mussidan, désire que tu ailles passer quelque temps près d'elle, et comme je juge que cela est utile à tes intérêts, j'ai décidé que tu partirais après-demain ; ta tante t'envoie chercher par sa femme de chambre, la vieille Adélaïde, que tu iras prendre à l'hôtel du *Bon La Fontaine*.

Mme de Mussidan leva la main comme pour demander la parole, mais son mari ne lui permit pas d'ouvrir les lèvres :

— Pas d'observations, dit-il, je n'en souffrirais point; pas de prières. J'ai décidé que Geneviève devait aller chez sa tante, elle ira. Déjà une fois j'ai cédé à vos caprices, et cela a failli nous coûter cher, puisque Mlle de Puylaurens a voulu déshériter Geneviève ; mais aujourd'hui je vous préviens que je serai inébranlable et que ce que vous diriez ne signifierait rien.

Sur ce, il leur lança un regard impérieux ; mais il eut tout lieu d'être satisfait de son énergie : elles ne bronchèrent point et il n'eut pas à subir la scène de larmes et de prières qu'il redoutait ; il les avait soumises.

— Ainsi c'est entendu, après-demain soir il faut être à six heures au *Bon La Fontaine* ; tenez-vous prêtes et d'ici là travaillez à ce qui peut être utile à Geneviève ; je ne veux pas qu'elle arrive à Cordes en fille désordonnée.

Et il s'en alla à son café, enchanté de lui-même, se disant que les femmes sont toutes les mêmes ; avec elles il n'y a qu'à parler haut.

Restées seules, elles se regardèrent un moment, puis en même temps elles sentirent que les larmes leur coulaient sur les joues.

— J'attendais cette réponse, malheureuse de ne pas la voir arriver, dit Mme de Mussidan.

— Et voilà qu'elle arrive, acheva Geneviève, et nous sommes plus malheureuses encore.

Presque aussitôt la sonnette retentit : c'était Faré qui, depuis une heure, se promenait sur la place, guettant le départ de M. de Mussidan.

— La réponse est arrivée. Je pars pour Cordes après-demain.

Ce fut une nouvelle désolation : au lieu d'être à la joie de se voir à l'abri des poursuites de M. d'Arlanzon, ils n'étaient qu'au chagrin de la séparation.

— Mais quand reviendrez-vous ? demanda Faré.

Elle ne put que lui répéter ce que M. de Mussidan avait dit : elle partait, elle n'en savait pas davantage.

Mais le soir, en rentrant, et quand Geneviève fut couchée, M. de Mussidan donna à sa femme des détails qu'il avait réservés devant sa fille.

— J'ai reçu ce matin une lettre du notaire Le Genest de la Crochardière, me prévenant qu'il avait une communication importante à me faire. Il n'était pas difficile de deviner que c'était de la part de Mlle de Puylaurens. Je ne m'étais pas trompé. Assez embarrassé, le notaire m'a présenté les excuses de cette vieille folle, qui, se sentant près de mourir, a besoin de ne pas mourir seule comme elle le mériterait et de s'entourer des siens. Bien entendu, il ne m'a pas dit qu'elle était au plus bas; mais il faut bien qu'elle en ait conscience elle-même pour s'humilier ainsi. Mon premier mouvement a été de répondre qu'il ne pouvait y avoir rien de commun entre cette vieille coquine et moi. Mais j'ai réfléchi que, si légitime que fût ma rancune, je n'avais pas le droit de sacrifier les intérêts de ma fille à ma vengeance, et j'ai consenti à ce qu'il me demandait, c'est-à-dire à ce que Geneviève allât passer quelque temps à Cordes. Vous comprenez qu'il ne peut pas être question d'une bien longue séparation! c'est parce qu'elle se sait mourante qu'elle veut obtenir l'absolution de sa famille. Ne vous tourmentez donc pas de l'absence de votre fille, elle ne peut pas se prolonger. Dans tous les cas, j'espère que votre égoïsme maternel ne dira pas que la fortune de Mlle de Puylaurens ne vaut pas quelques semaines, quelques mois peut-être d'absence.

— Mon égoïsme maternel ne dira rien, si cette fortune préserve Geneviève de ce mariage dont il était question.

— Cela c'est une autre affaire. Il est évident que Geneviève héritière de sa tante n'est plus dans la même position que quand elle n'avait rien. Elle peut attendre. Et je ne la forcerai certes pas à devenir tout de suite la femme du marquis. Si elle veut du temps pour le mieux connaître, elle en prendra autant qu'elle voudra. C'était la peur de la laisser dans la misère qui me faisait presser ce mariage, et cela seulement; vous n'en avez jamais douté, j'espère?

Mme de Mussidan ne répondit pas, elle en avait trop à dire. Qu'importait d'ailleurs pour quelle raison le marquis n'était plus dangereux? L'essentiel était que ce mariage fût rompu, et il l'était; il n'y avait pas à craindre que son mari, maintenant qu'il se voyait à la veille de jouir de la fortune de sa fille, consentît à un mariage qui lui enlèverait son usufruit. C'était trois ans de tranquillité. Avant que Geneviève eût atteint sa dix-huitième année, on ne lui parlerait plus mariage.

Et elle eut un soupir de soulagement, presque un mouvement de triomphe. Elle avait donc réussi! Elle était donc bonne à quelque chose! Elle avait sauvé sa fille!

Mais il ne la laissa pas à son triomphe:

— Vous avez encore deux jours à passer avec votre fille, dit-il, je compte que vous les emploierez utilement. C'est une enfant, et rien qu'une enfant, grâce à l'éducation que vous lui avez donnée. Elle ne se doute pas plus de ce qu'est la vie que si elle venait de naître. Vous comprenez, n'est-ce pas, qu'elle a besoin d'être préparée au rôle qu'elle va avoir à remplir.

— Quel rôle ?

— Comment quel rôle ? Mais celui d'héritière, parbleu ! Croyez-vous que c'est pour qu'elle égaye les derniers moments de cette vieille coquine que je la laisse aller à Cordes ? Je ne sais si vraiment Mlle de Puylaurens a fait son testament en faveur des sœurs de Saint-Joseph, comme on me l'avait dit ; mais si cela est, il faut que Geneviève s'assure que ce testament a été révoqué, et il faut qu'elle veille aussi à ce que dans celui qui sera fait en sa faveur, il n'y ait pas trop de legs particuliers qui la dépouilleraient.

Mme de Mussidan n'avait pas l'habitude de résister à son mari, et devant toutes ses volontés, elle s'inclinait respectueusement ; pour elle, la maxime orientale : « Entendre est obéir, » était article de foi ; cependant un cri de révolte lui échappa :

— Jamais ! s'écria-t-elle ; puis, se reprenant aussitôt : jamais je ne pourrai, je n'entends rien à ces affaires de testament.

— Au fait, vous avez raison ; il vaut mieux que je la prépare moi-même ; vous ne feriez que des maladresses. A propos de maladresses, si Sébastien, Frédéric ou Clara viennent avant le départ de Geneviève, n'allez pas leur dire qu'elle va à Cordes ; cela ne les regarde pas ; au moins c'est inutile.

XVII

Quand M. de Mussidan avait quelque communication à adresser à sa fille, il faisait comparaître celle-ci devant lui pendant qu'il se rasait. Ce n'était pourtant pas l'heure où il se montrait à son avantage, car alors le col de sa chemise et ses cheveux rejetés en arrière, son menton plat, ses pommettes saillantes et ses larges mâchoires que les phrénologes attribuent aux égoïstes, étaient les traits dominants de son visage; mais avec sa fille, il n'allait pas se gêner sans doute : la tenue et la correction, c'était bon en public.

Le lendemain matin il appela donc Geneviève.

— C'est la première fois, mon enfant, dit-il en faisant mousser son savon, c'est la première fois que tu vas te séparer de moi et avoir à agir seule, sans pouvoir me consulter dans les cas difficiles que tu peux rencontrer; il est donc de mon devoir de père de te donner quelques petits conseils avant ton départ. Assieds-toi.

Et lentement il passa le rasoir sur le cuir.

— Ce n'est pas un voyage de plaisir que tu vas entreprendre, et je dois te prévenir tout de suite que ton séjour à Cordes manquera d'agrément. Tu trouveras dans ta tante une vieille fille susceptible et égoïste qui exigera beaucoup de toi ; mais la pensée que tu es près d'elle pour gagner son héritage te rendra patiente et résignée, je l'espère. Ce sera précisément à obtenir cet héritage que tu devras t'appliquer. D'abord il faut obtenir sa tendresse et sa confiance. En ce monde on aime qui vous aime ; tu devras donc témoigner une très vive affection pour ta tante, quand même tu l'exécrerais, ce qui arrivera peut-être, et je ne t'en blâmerais pas. En flattant ses manies, en disant comme elle, en la caressant, en prévenant ses désirs, tu réussiras facilement. Quand tu verras que tu la tiens, ce sera le moment d'agir. Autrefois elle avait une peur effroyable de la mort ; avec l'âge cette peur a dû se développer ; il est donc probable qu'elle t'entretiendra souvent de sa fin prochaine. Tu devras te garder de la rassurer ; cela serait inutile et même pourrait être nuisible. Ce n'est pas à nous de lui donner le calme de l'esprit. Tu diras comme elle ; à ton âge on est si loin de la mort qu'on en peut parler sans émotion et sans crainte. De la mort au testament la transition est facile.

C'était en se savonnant qu'il débitait gravement ses instructions sans que Geneviève osât l'interrompre. Il fit une pause pour essuyer du coin de sa serviette le savon qui lui couvrait les lèvres de sa mousse blanche ; puis tout en commençant à se gratter la joue, il poursuivit :

— Il est plus que probable qu'elle te parlera la première de son testament ; mais si elle n'en faisait rien, tu pourrais prendre les devants en disant que, dans la croyance où j'étais qu'elle voulait te déshériter, j'ai pensé à te marier, — à te marier richement, n'oublie pas richement. Une fois que le sujet sera abordé, tu pousseras les choses à fond. Il faut que tu sois la légataire universelle de ta tante, et il dépend de toi que cela soit.

Comme il se tenait le bout du nez pour se raser la lèvre supérieure il fut forcé de s'interrompre, mais bientôt il reprit :

— Tu n'es plus une enfant, tu connais le prix de la fortune

et tu as pu voir qu'en ce monde c'est elle qui nous fait ce que nous sommes. Une fille pauvre, si belle et si pleine de mérite qu'elle soit, ne peut avoir ni volonté, ni initiative, ni goût, ni liberté dans le choix de son amour; elle est l'esclave de sa pauvreté. Une fille riche, si laide et si bête qu'elle soit, est maîtresse de sa vie. Il faut que tu sois maîtresse de la tienne. Quant à ta beauté, à ton intelligence, à ta naissance, s'ajoutera la fortune, tu prendras dans le monde la position que tu voudras. Tu es une petite personne recueillie, tu n'oublieras pas mes paroles qui porteront fruit. Si tu te trouves quelquefois embarrassée, explique-moi ton cas, je te guiderai; seulement écris-moi d'une façon adroite, je te répondrai; je vais te donner une maxime qui est le fond de la prudence et de la sagesse : une lettre est comme un oracle, il faut qu'on puisse lui faire dire oui ou non, selon l'intérêt du moment. Maintenant va rejoindre ta mère; vous n'avez pas trop de temps pour que tes affaires soient en état; ne perdez pas une minute.

La recommandation n'était pas inutile, car ce trousseau qui allait tant bien que mal quand on pouvait le réparer tous les jours, était misérable pour un voyage. Geneviève avait bien promis à sa mère qu'elle s'arrangerait pour que les femmes de chambre de sa tante ne missent pas le nez dans ses affaires; mais pourrait-elle les en empêcher?

Sur les derniers mots de son père, Geneviève était sortie et elle avait repris sa place auprès de sa mère.

— Que t'a donc dit ton père? demanda Mme de Mussidan.

Comme Geneviève ne répondait pas, sa mère la regarda; elle vit son visage bouleversé.

— Oh! maman, maman! s'écria Geneviève, se mettant les mains sur la figure.

Et elle fondit en larmes.

Mme de Mussidan ne répéta pas sa question; elle ne devinait que trop ce qu'il lui avait dit, et tout de suite elle parla de Faré. N'était-ce pas le moyen le plus sûr de ne pas la laisser dans cette pénible émotion?

— Dépêchons-nous, ma mignonne, car aussitôt que ton père sera parti, il faudra que tu ailles faire tes adieux à Mme Faré; demain nous n'en aurons pas le temps.

Ils furent tristes, ces adieux, au moins pour Geneviève, car, prévenue de ce qui se passait par son fils, Mme Faré était heureuse de ce voyage qui mettait fin au projet de mariage du marquis d'Arlanzon. Mais, pour Geneviève qui n'avait jamais voulu croire le marquis sérieusement dangereux, s'imaginant qu'elle n'aurait qu'à lui dire : « Je ne vous aime pas », pour qu'il se retirât, elle était toute à la douleur de la séparation et à l'inquiétude de l'inconnu dans lequel elle allait entrer. Il fallait donc quitter cette maison où elle avait été si heureuse, ce jardin où chaque arbuste, chaque plante, chaque coin avait son souvenir. Il fallait dire adieu à cette salle de verdure qui maintenant avait de la verdure déjà festonnée de quelques fleurs de capucine. Il fallait aussi dire adieu à ces horizons bleus devant lesquels elle avait rêvé si souvent, imaginant sa vie pendant qu'il lui parlait. Quand reverrait-elle tout cela? Quand reviendrait-elle sous ses ombrages? Et M. Couicouic, le retrouverait-elle vivant, le pauvre petit vieux?

Et pendant qu'ils marchaient côte à côte, lentement, il voulait qu'elle lui promît de lui écrire. Mais comment? Savait-elle s'il lui serait possible de mettre une lettre à la poste? Elle écrirait à sa mère souvent, très souvent, et ce serait par Mme de Mussidan qu'il aurait de ses nouvelles, comme ce serait par elle qu'elle en aurait de lui.

— Est-ce tout, des nouvelles? Direz-vous à votre mère que vous m'aimez? Vous dira-t-elle que je vous aime?

— Ah! ne m'enlevez pas mon courage. Que voulez-vous que je fasse? Venez ce soir, venez demain, venez le plus souvent que vous pourrez jusqu'au moment de mon départ.

Elles devaient être à la maison avant le retour de M. de Mussidan ; il fallut se séparer.

Faré lui avait promis d'être sur le quai de la gare. Elle l'aperçut en effet, mais en costume de voyage.

— Oh! maman, dit-elle toute tremblante de joie, il me conduit.

Mais tandis qu'Adélaïde la faisait monter dans le compartiment des dames seules, il ne put que prendre place dans la caisse voisine.

A Étampes, à Orléans, à Vierzon, à Limoges, à Brive, à

JE NE ME FIS PAS PRIER ET JE JOUAI UN MENUET DE LULLI. (Page 280.)

Capdenac, partout où le train eut un arrêt suffisant elle le vit sur le quai ou devant son wagon.

N'ayant pu s'entendre avec elle avant le départ, il était dans un grand embarras, car leur express ne s'arrêtait pas à Vindrac qui est la station de Cordes : où descendrait-elle ?

Ce fut le matin à Lexos qu'elle quitta le wagon. Alors il quitta le sien aussi ; sans doute il y avait une voiture pour Cordes. Mais il se trompait : il n'y avait pas d'autre voiture qu'une vieille calèche attelée de deux jolis chevaux de Tarbes, dans laquelle elle monta, après s'être retournée vingt fois, cent fois de son côté, le visage éploré.

Le cocher toucha ses chevaux du bout de son fouet : ils partirent grand train, et la calèche avait disparu dans la poussière que Faré était encore debout au milieu de la cour de la gare.

Maintenant quand la reverrait-il ?

QUATRIÈME PARTIE

I

A Madame de Mussidan.

« Chère maman,

« C'est aujourd'hui seulement que je peux compléter la dépê-
« che que je t'ai envoyée hier aussitôt après mon arrivée. Je n'ai
« pas eu une minute à moi dans ma journée ; et le soir je tombais
« de fatigue et de sommeil ; d'ailleurs t'écrire en ce moment aurait
« déplu à ma tante, qui se couche à neuf heures et qui veut que
« toutes les lumières soient éteintes dans le château à neuf heures
« et demie.

« Si j'avais grand sommeil c'est que je n'ai pas dormi dans
« ma nuit de voyage; je suis descendue à presque tous les arrêts
« du train, au grand déplaisir de Mlle Adélaïde ; mais j'avais plai-
« sir à me promener sur le quai par cette chaude nuit, la plus
« belle que j'aie vue. Bien que Mlle Adélaïde ait l'air assez aigre,
« ainsi que tu as pu le remarquer, au fond c'est, je crois, une
« bonne personne; elle s'est prêtée à ma fantaisie, et toutes les fois
« que j'ai voulu descendre de wagon elle est descendue avec
« moi, ne comprenant rien à l'envie que j'avais de me promener
« ainsi.

« Tu sais que la station de Cordes est Vindrac ; mais notre train
« express ne s'y arrêtant pas, nous avons dû descendre à la sta-
« tion précédente qui est Lexos. J'en ai été tellement déroutée que
« je ne sais pas trop ce qui s'est passé en ce moment.

« Quand je me retrouve, nous sommes en voiture, dans une
« vieille calèche qui remonte à l'antiquité la plus vénérable, mais
« qui est traînée par deux beaux chevaux rapides ; Mlle Adélaïde est
« assise en face de moi, à reculons, et quand je veux qu'elle prenne
« place à mes côtés, elle s'y refuse disant que cela ne serait pas
« respectueux ni convenable pour entrer à Cordes. Convenable,
« ah! maman!

« Il est neuf heures du matin et le soleil rend aveuglante la
« route blanche ; il fait chaud comme à deux heures de l'après-
« midi à Paris, si chaud que je m'endors. Quand je me réveille
« j'aperçois devant moi, à une assez grande distance, au milieu
« d'une plaine jaune, se découpant sur le ciel bleu, une petite
« montagne isolée que couronnent les toits d'une ville avec une
« ceinture de murailles et de tours noires ; il semble que ce soit
« une grande forteresse comme on en voit dans les contes de
« fées.

« — C'est Cordes, me dit Mlle Adélaïde ; ces murailles et ces
« tours ont été construites par Raymond VII, le protecteur de votre
« ancêtre Guillaume de Puylaurens.

« Eh bien, c'est très curieux, très beau de loin, Cordes : je te
« dirai dans la suite ce que c'est de près, car nous n'y sommes
« pas entrés immédiatement. Arrivées au bas du monticule, nous
« l'avons longé jusqu'à une grille ouvrant sur un beau jardin
« dans lequel s'élève un château.

« — C'est le château, me dit Mlle Adélaïde, qui dit tout ce qui
« est inutile.

« Je m'en doutais bien ; seulement, d'après ce que j'avais
« entendu dire à mon père, je m'imaginais que c'était un vieux,
« très vieux château, contemporain des murailles de Raymond VII,
« tandis qu'il n'est pas du tout si vieux que cela ; il ne remonte
« qu'à Louis XV, d'après Mlle Adélaïde ; mais pour n'être pas
« vieux, il n'en est pas moins noble et imposant avec sa façade
« qui n'en finit pas.

« En descendant de voiture, je cherchai ma tante, mais je ne
« l'aperçus pas : je ne vis qu'un petit vieux bossu, vêtu d'une
« veste en indienne rose rayée de bleu et d'un pantalon noir
« tombant sur des souliers à boucles, qui ne pouvait être que
« M. Buvat, le valet de chambre de ma tante.

« — Mademoiselle se sera enrhumée, me dit Mlle Adélaïde,
« elle n'ose pas s'exposer à l'air ; elle est sûrement derrière la
« fenêtre du petit salon.

« Je suivis le regard de Mlle Adélaïde, et derrière une fenêtre
« à petits carreaux j'aperçus un visage pâle et maigre enveloppé
« de dentelles blanches, qui me souriait.

« Il faut te dire, maman, que j'étais très émue et que j'a-
« vais peur, me demandant ce qu'était cette tante si noble ; ce
« sourire me donna tout de suite du courage, et ce pauvre
« visage souffrant de la sympathie.

« Buvat marchait devant moi ; il m'ouvrit la porte du petit
« salon, et je me trouvai en présence de ma tante. Je fis quel-
« ques pas vers elle pour l'embrasser, mais de la main elle m'ar-
« rêta :

« — Ne m'embrasse pas, ma petite, tu gagnerais mon rhume.

« Je restai au milieu du salon, assez décontenancée, bien que le
« ton avec lequel elle m'avait dit cela n'eût rien d'intimidant ; et
« pendant ce temps elle m'examinait des pieds à la tête. Tout à
« coup elle s'écria :

« — Oh ! elle est jolie, la malheureuse.

« Tu penses si cela me rassura. Mais pour que tu comprennes
« cette exclamation, il faut que je te répète ce que Mlle Adélaïde
« m'a fait connaître du caractère de ma tante, en me parlant
« d'elle-même et de ses malheurs. Car elle est très malheureuse,

« Mlle Adélaïde, malheureuse de ne pas s'être mariée. Il paraît
« qu'elle a trouvé des partis superbes qui avaient tout : l'argent,
« l'amour, tout ; au moins à ce qu'elle dit. Et elle les a refusés
« pour ne pas déplaire à ma tante, qui veut que tous ses domes-
« tiques soit célibataires, parce que pour elle le mariage est l'enfer
« des femmes. Alors me trouvant jolie, elle me plaignait déjà à la
« pensée qu'on voudrait m'épouser, et que je serais malheu-
« reuse.

« — As-tu fait bon voyage, me demanda-t-elle tout de suite.

« Quand j'eus répondu en la remerciant, elle me dit qu'on
« allait me conduire à mon appartement, d'où elle me priait de
« redescendre aussitôt que possible parce qu'elle m'avait attendue
« pour déjeuner.

« Penses-tu que j'ai un appartement à moi : une chambre, un
« cabinet de toilette et une autre pièce que je ne sais pas com-
« ment appeler : un salon, un boudoir, un cabinet de travail ; enfin
« il n'y a pas de lit, mais deux petits canapés en bois peint en gris
« comme les lambris, et recouverts de velours vert rayé ; des
« fauteuils, un bureau en bois de rose sur lequel je t'écris en
« ce moment même, carrée dans mon fauteuil comme si j'avais
« toujours été habituée à ce luxe.

« J'obéis à la recommandation de ma tante, et ce fut à la hâte
« que je m'arrangeai dans mon cabinet de toilette tendu de basin
« blanc et garni de porcelaine décorée de fleurs roses ; ça m'a l'air
« très beau, mais je ne sais pas ce que c'est ; ancien pourtant.

« Aussitôt que je fus descendue, ma tante me fit mettre à table
« en face d'elle, et on commença à servir le déjeuner dans de la
« vaisselle en argent, et vieille aussi, celle-là, je t'assure.

« Ce n'est ni Buvat, ni Adélaïde, qui font le service de la table,
« ce sont de trop grands personnages pour cela ; cependant Buvat,
« en redingote marron et en cravate blanche, assiste au repas, à
« côté d'un dressoir, et du doigt et de l'œil il dirige le domestique
« qui change les assiettes, apporte les plats et verse à boire ; quand
« ma tante a un ordre à donner ou qu'elle désire quelque chose,
« c'est à Buvat qu'elle parle.

« J'avais une terrible faim ; mais tout cela était si imposant,
« que j'en oubliais de manger.

« Et cependant ne vas pas t'imaginer qu'elle n'est qu'impo-

« santé ma tante ; je ne la connais pas encore beaucoup, mais je
« suis sûre qu'elle est très bonne ; il n'y a qu'à regarder ses yeux
« noirs, ardents et doux à la fois, il n'y a qu'à entendre sa voix.

« Je veux te dire tout ce que je fais, de façon que tu me voies ;
« mais tu ne tiens pas, n'est-ce pas, à ce que je te dise tout ce
« que je mange ? Sois tranquille, malgré la vaisselle en argent et la
« belle redingote de Buvat, je ne trouve pas la cuisine de ma
« tante meilleure que la tienne.

« Le déjeuner fini, ma tante me proposa de me montrer la
« maison, et je lui répondis que je la remerciais, parce qu'elle
« pourrait gagner froid. Cela, je le dis par politesse, car il faisait
« une chaleur à suffoquer ; j'étais rouge comme les cerises que je
« venais de manger.

« — Mais je ne veux pas sortir, répondit ma tante, tu feras
« seule ton tour de jardin ; dans la maison c'est comme ici, les
« fenêtres sont fermées, il n'y a pas de courant d'air. Je ne peux
« pas m'exposer au froid, car il faut que je sois en état d'aller
« demain à la messe. Viendras-tu avec moi ?

« Quand ma tante avait dit le *Benedicite* et les grâces, elle
« avait bien vu que je n'étais pas au courant ; cela me fit répon-
« dre que je serais heureuse de me joindre à elle, ce qui lui
« fit plaisir.

« Elle est très grande, la maison de ma tante : il y a trois salons,
« un blanc, un vert, un bleu ; il y a une salle de billard, une biblio-
« thèque où les livres sont dans des armoires grillées et fermées à
« clef ; il y a aussi ce que je n'avais jamais vu, un oratoire qui est
« en communication avec la chambre de ma tante : il s'y trouve
« un autel très bien orné avec des fleurs, et des chandeliers en
« argent, un grand tableau représentant le Christ sur la croix,
« et une statue en marbre blanc de la Vierge.

« Notre visite se termina par le salon bleu où, ce qui me
« frappa tout de suite, ce fut un magnifique clavecin, orné de
« peintures sur fond d'or représentant des Amours qui jouent du
« violoncelle et d'autres instruments de musique, avec des
« singes qui les regardent en se balançant à des guirlandes de
« fleurs.

« — Ah ! un clavecin. Est-ce qu'on trouve encore à Cordes
« des personnes qui jouent du clavecin ? dis-je bêtement.

« — Moi, petite peste, répondit ma tante en riant, et puis il
« va y avoir toi aussi ; ce sera ta punition. Puisque tu joues si
« bien du piano, montre-moi un peu comme tu joues du clave-
« cin.

« Je ne me fis pas prier et je jouai un menuet de Lulli, celui
« d'*Atys*.

« — C'est vrai que tu as beaucoup de talent ; on ne jouait
« pas comme cela de mon temps.

« Et comme je lui demandais comment on jouait de son temps,
« elle me donna une petite tape sur la joue.

« — Artiste, va, me dit-elle, tu veux me rendre les compli-
« ments que je t'ai faits ; mais avec moi cela n'est pas de
« mise.

« Je voulais te raconter ma journée d'aujourd'hui ; mais je t'en
« ai déjà écrit si long, que je n'ai plus de temps à moi. Il faut
« que je m'habille pour dîner avec M. Chabrol, le curé. Demain,
« je te conterai ma journée d'aujourd'hui et mon entrée dans la
« fameuse maison de Guillaume de Puylaurens. Pour connaître
« ma tante, c'est là qu'il faut la voir. A demain. »

A PEINE LA « GLORIETTE » S'ÉTAIT-ELLE ENGAGÉE SOUS CETTE PORTE... (Page 385.)

II

« Je reprends mon récit, chère maman, où j'ai été obligée de
« l'interrompre hier.

« Tu sais que je devais aller avec ma tante à la messe; le soir
« j'avais eu la précaution de demander à Adélaïde à quelle heure
« je devais être prête : sept heures et demie; j'arrivais dans le
« vestibule au moment même où s'arrêtait devant le perron une
« petite voiture basse traînée par une mule.

« Je sortis sur le perron pour examiner la mule, qui est très
« jolie, haute sur jambes, élancée, légère, avec une tête intelligente
« et un œil doux; mais ce qui est tout à fait charmant, c'est son
« harnais orné d'aigrettes et de huppes rouges entremêlées de ru-
« bans sur lesquels sont cousus des grelots.

« Comme j'étais en train de l'admirer, survient Buvat, en
« redingote, ce qui me fit comprendre qu'il devait nous accompa-

« gner; quoi qu'il fit la même chaleur que la veille, il portait sous
« son bras un manteau chaud pour ma tante.

« — On l'appelle la *Gloriette*, me dit-il.

« A ce moment arriva ma tante portant des croûtes de pain
« dans une petite corbeille en osier; la *Gloriette* fut débridée et
« ma tante lui fit manger ses croûtes en tenant elle-même la cor-
« beille d'une main, tandis que de l'autre elle flattait la mule,
« qui la regardait de ses yeux doux et reconnaissants.

« Ma tante me fit monter à côté d'elle, et quand Buvat eut
« grimpé sur le siège de derrière elle prit les rênes et nous partî-
« mes au bruit joyeux des grelots de la *Gloriette*, qui encensait
« en trottant.

« La veille, en me promenant dans le jardin, j'avais tenu plus
« souvent mes yeux levés en l'air que sur le sable du chemin que
« je suivais, et ce que j'avais vu de la ville nichée au haut de la
« colline avait excité ma curiosité et ne l'avait pas du tout satis-
« faite. Que cachaient ces murailles sombres et ces toits qui mon-
« taient en s'étageant jusqu'au clocher de l'église?

« A mon nez en l'air et à la direction de mes regards, ma
« tante devina ma curiosité.

« — Je vois avec plaisir qu'il t'intéresse, le berceau de ta
« famille; tu vas te trouver tout à l'heure au milieu de la ville la
« plus curieuse de France, une ville du XIII° siècle restée, grâce à
« Dieu, telle à peu près qu'elle est sortie des mains de Ray-
« mond VII, le bienfaiteur de notre maison, car j'espère qu'on t'a
« dit que tu descends de Guillaume de Puylaurens, qui fut ambas-
« sadeur du dernier des comtes de Toulouse auprès du saint père?

« — Oui, ma tante.

« — Tu vas voir les ruines du château que Raymond VII s'était
« fait construire, et tu vas voir aussi debout et intacte, Dieu
« merci, pour attester la gloire de notre famille, la maison que
« notre ancêtre Guillaume de Puylaurens s'était fait construire à
« côté de celles du grand-veneur, du grand-fauconnier et du
« grand-écuyer, debout aussi, mais en moins bon état que la
« nôtre, les descendants de leurs constructeurs n'existant plus
« depuis longtemps pour les entretenir comme nous avons entre-
« tenu la nôtre; il y a encore des Puylaurens, il n'y a plus des
« Sicard d'Alaman.

« Pour que tu sentes bien ces paroles, il faudrait que je pusse
« te rendre l'animation, la fierté, la gloire avec lesquelles ma
« tante les prononce.

« Pendant qu'elle m'expliquait Cordes, la *Gloriette* montait la
« côte gaillardement en faisant sonner ses grelots, et à mesure
« que nous nous élevions sur les pentes raides de la colline, la
« vue s'étendait plus librement sur la vallée que j'avais suivie la
« veille. Le jardin de Mme Faré m'a gâtée sur les belles vues, mais
« celle-ci est vraiment merveilleuse; j'ai appris là ce que c'est qu'un
« ciel bleu.

« Au bout de la route se dressent deux tours rondes entre les-
« quelles s'ouvre une porte sous une voûte sombre; c'est une des
« entrées de Cordes et je t'assure qu'elle est presque effrayante.

« A peine la *Gloriette* s'était-elle engagée sous cette porte que
« j'eus la sensation d'une douche d'eau glacée qui me serait tom-
« bée sur les épaules, tant est brusque la transition de la chaleur
« du dehors avec le froid humide de ces noires murailles; à ce
« moment même Buvat enveloppa ma tante du manteau qu'il avait
« préparé.

« — Vous auriez dû en prendre un pour Mlle de Mussidan, dit-
« elle, il faudra ne pas l'oublier demain.

« Le premier coup de cloche de la messe venait de sonner
« dans le clocher; du bout de son fouet, ma tante toucha la *Glo-*
« *riette*, qui allongea son trot et nous fit entrer dans les rues
« étroites et tortueuses, pavées de larges dalles sur lesquelles notre
« voiture passait avec des roulements graves, comme si dessous il
« y avait des caves et des souterrains; des femmes qui filaient leurs
« quenouilles assises sur les marches de leurs maisons, se levaient
« pour saluer ma tante qui leur répondait d'un signe de tête.

« Je ne sais pas si on avait attendu ma tante, mais aussitôt
« qu'elle fut à sa place la messe commença. Je n'avais pas de
« livre, n'ayant pas pensé à en demander un à Adélaïde. Ma tante
« s'en aperçut tout de suite; elle fit un signe à un sacristain qui
« s'empressa de m'en apporter un.

« — Troisième dimanche après la Pentecôte, me dit ma tante
« à mi-voix.

« Je fus attentive et j'eus la chance de m'agenouiller et de me
« relever aux endroits qu'il fallait, ni trop tôt, ni trop tard.

« Ma seule distraction fut de me demander ce que nous ferions
« après la messe, si nous redescendrions au château, ou bien si
« nous irions à la maison de Guillaume de Puylaurens.

« En sortant de l'église ma tante me prit le bras.

« — C'est mon habitude, dit-elle, d'aller tous les jours après la
« messe passer une heure dans la maison de Guillaume de Puy-
« laurens; c'est là que je reçois les gens qui ont affaire à moi, mes
« fermiers, mes pauvres.

« C'est une ville curieuse que Cordes, mais ce n'est pas une
« grande ville, toute petite au contraire, et les rues n'y sont ni
« longues, ni larges. Cependant, malgré leur étroitesse, on y a si
« grande peur du soleil, que là où les carreaux des boutiques ne
« sont pas garnis de rideaux verts, les portes et les fenêtres sont
« presque complètement fermées, ne laissant passer qu'une raie de
« lumière dans laquelle dansent des essaims de mouches. Tu ver-
« ras tout à l'heure que ce n'est pas d'aujourd'hui qu'on a peur du
« soleil à Cordes et qu'on prend des précautions pour s'en dé-
« fendre.

« En sortant de l'église j'avais vu une maison ancienne, avec
« des arcades en ogive et une façade décorée de sculptures, et
« j'avais cru que c'était celle de Guillaume de Puylaurens : mais
« ma tante me dit que c'était celle du grand-veneur.

« Ce fut dans une autre rue et un peu avant d'arriver à l'ancien
« château de Raymond VII, maintenant transformé en promenade,
« qu'à un tremblement du bras de ma tante je compris que je
« devais être attentive : la pensée de me montrer la maison de
« l'ancêtre dont elle était si fière la rendait tout émue.

« Je ne me trompais pas.

« — Cette maison gothique, à deux étages en pierres de taille,
« c'est celle de Guillaume de Puylaurens, me dit ma tante. Je ne
« lui ai fait subir que des travaux de consolidation et d'entretien;
« tout est authentique : ces rosaces, ces colonnettes, ces quatre ar-
« cades ogivales du rez-de-chaussée, ces deux grandes fenêtres
« géminées du premier étage, l'attique avec ces fenêtres en cintre
« trilobé, ces bas-reliefs représentant des chasses avec des figures
« d'hommes et des animaux grotesques, tout cela est du temps.
« Quand tu seras grande et que tu voyageras, tu ne trouveras pas
« une maison pareille à celle-là.

« J'aurais voulu te décrire la maison ; mais c'est impossible ;
« je n'ai retenu que cela du discours de ma tante, parce que je me
« suis appliquée pour le retenir et te le répéter ; mais je ne sais
« pas si je ne m'embrouille pas dans les mots savants avec lesquels
« elle joue, et si les fenêtres sont bien vraiment en cintre trilobé ;
« il y avait aussi des archivoltes qui faisaient très bien dans sa des-
« cription, seulement je ne sais pas où les placer. Tout ce que
« je peux te dire, c'est que la maison est aussi curieuse que la
« ville.

« Ma tante fut touchée de mon attention et de mon admira-
« tion :

« — Allons, tu es bien une Puylaurens, dit-elle.

« Mais ce qui acheva de la gagner ce fut une question que je
« lui adressai.

« J'avais remarqué sur la façade et au-dessus de la frise, des
« anneaux de fer maintenus par une tige recourbée qui me parais-
« saient des instruments diaboliques, car dans cette vieille ville
« fantastique, il y a un tas de choses qui ne sont pas rassurantes.

« — C'est des anneaux, cela, ma tante ? à quoi cela servait-il ?

« — Ah ! tu sais regarder, toi. Il y a bien des gens, bien des
« savants qui viennent tous les jours admirer notre maison, et il y
« en a plus d'un qui s'en retourne sans s'être seulement demandé
« à quoi servent ces anneaux. Eh bien, ils étaient destinés à rece-
« voir des cordes et des perches pour soutenir, en temps ordinaire,
« des bannes servant d'abri contre le soleil, et, dans les jours de
« grande cérémonie, à suspendre des tapisseries.

« Si la maison était un objet de curiosité pour moi, j'étais
« pour la ville un sujet de bavardages. On nous regardait, ou plu-
« tôt on me regardait, car on la connaît bien, ma tante.

« Pour elle, elle ne paraissait pas s'inquiéter de ces regards qui
« m'ennuyaient un peu, et elle continuait :

« — Il ne faut pas que tu t'imagines, mon enfant, que cette
« maison est restée dans notre famille depuis sa construction ; elle
« en est sortie pendant longtemps, et ç'a été seulement quand j'ai
« pu disposer de ma fortune que je l'ai rachetée. Les artisans qui
« l'avaient occupée pendant de longues suites d'années l'avaient
« aménagée pour les besoins de leur métier. Je n'ai eu qu'à faire
« disparaître leurs embellissements pour la remettre dans l'état où

« elle se trouvait du temps de Guillaume. Cela n'était rien. La
« grosse affaire, c'était de la meubler. Mon ambition tout d'abord
« avait été de n'y admettre que des meubles du XIIIe siècle prove-
« nant d'ouvriers albigeois. Mais j'ai dû transiger, ils sont rares les
« meubles du XIIIe siècle, et leur origine n'est pas toujours facile
« à déterminer. Entrons, tu vas voir si le mobilier est en désaccord
« avec la maison.

« — Mais, ma tante, je ne le connais pas, moi, le XIIIe siècle.

« — Cela, justement, va te le faire connaître.

« La porte nous fut ouverte par un grand gaillard solide et im-
« posant comme un suisse d'église.

« — Si on avait envie de me voler un jour, me dit ma tante en
« me montrant son gardien, tu vois que les voleurs trouveraient à
« qui parler ; Papaillau a des poings vigoureux.

« Le géant se mit à sourire en se balançant, très fier de ce
« compliment ; mais je n'eus pas le temps de l'examiner. Dans la
« pièce d'entrée, qui est une sorte de vestibule, de parloir, je ne
« sais comment l'appeler, n'ayant pour tout mobilier que des
« bancs noirs adossés aux murs et des lances, des épées, des
« casques accrochés çà et là, se trouvaient cinq ou six personnes,
« qui, à notre entrée, s'étaient levées pour ma tante.

« Au costume et aux visages brunis par le soleil, il était facile
« de voir que c'étaient des gens de la campagne ; cependant il y
« avait parmi eux une sorte de personnage au teint pâle, bien
« cravaté, ganté de gants de peau noire et vêtu d'une redingote ; il
« vint au-devant de ma tante ; mais avant qu'il eût ouvert la bou-
« che elle l'arrêta :

« — Vous êtes le premier, monsieur ?

« — Non, mademoiselle, mais...

« — Veuillez attendre votre tour.

« Et, ouvrant une porte, elle me fit passer devant elle, après
« avoir dit à Papaillau d'introduire la première personne arrivée.

« — Assieds-toi, promène-toi, me dit-elle, fais ce que tu
« veux. Quand j'aurai reçu les personnes qui m'attendent je serai
« à toi.

« Mes yeux, éblouis par la clarté du dehors, furent un moment
« à s'habituer à l'obscurité qu'il fait dans cette vaste pièce, le jour
« n'y pénétrant que par des fenêtres garnies de vitraux de couleur

« représentant des personnes vêtues de robes rouges, jaunes, vertes,
« bleues, aux nuances éclatantes, et comme avec cela le plafond est
« formé de boiseries et de poutres noires, comme les murs sont
« tendus du haut en bas de tapisseries décolorées, tu dois compren-
« dre qu'il faut un certain temps avant de savoir où l'on est, et ce
« qui vous entoure.

« Ce qui attira mes yeux tout d'abord, ce fut un feu clair dans
« une immense cheminée en pierre toute couverte de sculptures
« et sous le manteau de laquelle on peut se tenir debout; ce feu
« brûlait sur de grands chenets en fer brillant se terminant à leur
« partie supérieure en forme de corbeille. De chaque côté de l'âtre
« il y a des bancs pour s'asseoir dans la cheminée même.

« Du feu en cette saison et par cette température, cela peint
« ma tante, n'est-ce pas? En entrant elle s'était assise devant une
« table en bois noirci par les années, dans une chaise de même
« bois et de forme étrange, à bras s'emmanchant dans un dos
« plein que surmontait une sorte de dais entouré de sculptures.

« Mais ce qui se disait entre elle et la femme que Papaillau
« venait d'introduire te la fera trop bien connaître pour que je ne
« te le répète pas.

« C'était une jeune femme toute jeune qui portait un enfant au
« maillot dans ses bras et en tenait un autre par la main; à sa
« jupe poussiéreuse, à ses souliers blanchis on devinait qu'elle
« avait beaucoup marché et qu'elle venait de loin.

« — Que puis-je pour vous, ma fille? demanda ma tante d'une
« voix encourageante, en l'examinant.

« La femme hésita, et il fallut que ma tante insistât pour la
« décider.

« — Vous venez de loin?

« — De Castanet, trois lieues d'ici. C'est mon homme qui a
« voulu que je vienne; parce que je vais vous dire que j'ai ces deux
« enfants que voici et que je vas en avoir un troisième. Alors mon
« homme est fâché, et comme ça il voudrait que vous soyez la
« marraine.

« — Comment se nomme-t-il, votre homme?

« — Péchaudier.

« — Je ne le connais pas et je ne vous connais pas non plus.

« — Oh! mais nous vous connaissons bien, nous. Nous savons

« que vous avez été marraine à Saint-Servin, à la Bastide, à Virac.
« Alors nous avons pensé à vous, et M. le curé a dit que vous ne
« nous refuseriez pas.

« Ma tante se mit à rire.

« — Du moment que M. le curé l'a dit! Pourtant je ne serai
« pas la marraine de votre enfant.

« — Ah! mademoiselle!

« — La voilà, votre marraine.

« Et elle me montra de la main; mais la femme parut peu
« disposée à accepter ce changement.

« — Nous avions espéré que ce serait vous, dit-elle.

« — Ma nièce, c'est mieux que moi, dit ma tante, puisqu'elle
« n'a que quinze ans et qu'elle pourra s'occuper longtemps de
« votre enfant.

« Puis, ayant ouvert un tiroir, ma tante en tira une petite
« feuille de carton sur laquelle elle écrivit quelques mots.

« — Allez avec cela dans la grand'rue, dit-elle, chez les sœurs
« Gérard; on vous donnera ce qui vous est nécessaire pour préparer
« votre layette; pour le reste, j'écrirai à votre curé.

« Après la femme qui venait demander une marraine, ce fut un
« fermier qui venait demander du temps pour s'acquitter. Sa femme
« était malade; un de ses chevaux qu'il comptait vendre était
« mort.

« — Mais la dernière fois que tu m'as demandé du temps,
« interrompit ma tante, c'était ton dernier enfant qui était malade
« et ta vache qui était morte.

« Le fermier courba un peu plus son dos et parut ne pas com-
« prendre; avec la manche de sa veste, il polit consciencieusement
« le bras de la chaise en bois sur laquelle il était assis; ma tante
« n'insista pas.

« Puis ce fut une vieille femme qui avait besoin d'un secours
« pour son fils qui était soldat et malade à l'hôpital; puis vint une
« autre femme qui avait besoin d'un secours pour elle; et de nou-
« veau ma tante ouvrit son tiroir et écrivit quelques mots sur une
« de ses petites feuilles de carton.

« Pendant ce temps je tournais autour de la pièce, regardant
« curieusement les divers meubles qui la garnissaient, mais sans
« trop comprendre à quels usages ils avaient pu servir.

LES RUES NE SONT NI LONGUES NI LARGES... (Page 386.)

« L'entrée du monsieur à la redingote vint me distraire de mon
« examen. Que voulait-il demander, celui-là?

« Il ne demandait pas; il offrait d'acheter une propriété que ma
« tante possède à Mazamet; mais il n'eut pas de chance : autant ma
« tante avait été douce et bienveillante avec les gens qui étaient
« venus lui prendre quelque chose, autant elle fut raide et hau-
« taine avec lui.

« — Vous êtes notaire, monsieur?
« — Non, mademoiselle; agent d'affaires à Castres...
« Il allait dire son nom, ma tante lui coupa la parole :
« — J'aurais dû m'en douter. Si vous aviez été notaire, vous
« auriez su qu'une Puylaurens n'aliène pas une part de l'héritage
« que lui ont transmis ses parents.

« — Mais, mademoiselle, l'affaire est très avantageuse pour
« vous.

« — Nous ne faisons pas d'affaires.
« Un nouveau venu lui permit de sortir sans trop d'embarras;
« aussitôt ma tante m'appela.

« — Viens que je te présente au docteur Azéma, ma mignonne.
« Et tout de suite elle demanda au médecin, qui a l'air d'un
« brave homme, gai et bienveillant, comment il me trouvait.

« — Mais charmante, dit le médecin.
« — Ce n'est pas cela que je vous demande; est-elle solide?
« Le médecin, après m'avoir examinée, déclara que lorsque
« j'aurais vécu quelques mois à la campagne, je serais robuste
« comme une paysanne, et tout de suite il gronda ma tante d'avoir
« été à la messe, mais elle lui répondit qu'elle le consultait sur
« tout excepté pour ce qui regardait sa conscience, et, lui coupant
« la parole, elle lui remit une liste de malades qu'elle le priait de
« visiter.

« Tout en parlant, ma tante signait plusieurs de ces petits car-
« tons que je lui avais vu déjà donner; elle en remit une dizaine au
« médecin :

« — Voici des bons en blanc pour vos malades, dit-elle, vous
« les remplirez.

« Alors le médecin vint à moi :
« — C'est ainsi que chaque matin, dans la maison de son aïeul,
« votre tante commence sa journée, me dit-il, celle d'une sainte.

« Mais ma tante n'aime pas qu'on la loue, elle coupa la parole
« au docteur Azéma.

« — Et le soir elle la termine en dînant avec son médecin,
« dit-elle ; à sept heures, n'est-ce pas ?

« Quand le médecin fut parti, Papaillau vint annoncer qu'il
« n'y avait plus personne. Alors ma tante ferma à clef le tiroir de
« sa table et se leva.

« — Maintenant je suis à toi, dit-elle. Qu'est-ce que tu as vu ?

« — Tout et rien, car je ne me doute même pas à quel usage
« peuvent servir la plupart de ces belles choses.

« Elle me prit par la main, et me conduisant devant un coffret
« en chêne sculpté dont la face représentait des guerriers dans des
« niches, et le couvercle des médaillons :

« — Voilà, dit-elle, un bahut qui date bien authentiquement
« du commencement du treizième siècle et qui est la pièce la plus
« curieuse de la maison, car les meubles de cette époque sont
« extrêmement rares ; on les compte ; il y a celui du musée de
« Cluny et les armoires de Bagneux et de Noyon ; celui-là vaut
« celui de Cluny pour son mérite artistique et sa conservation, et
« de plus il a pour moi et pour cette maison une valeur inappré-
« ciable, c'est d'être un travail toulousain.

« Après le bahut ce fut un retable, c'est-à-dire un lambris en
« bois sculpté, puis un dressoir à trois étages surmonté d'un cou-
« ronnement sculpté à jour, puis une crédence, c'est-à-dire une
« armoire sur pied dont les portes (ma tante dit les vantaux) sont
« ornées de ferrures et de verrous découpés à jour représentant des
« branches et des feuillages ; puis des bancs surmontés de dais et
« divisés en stalles, enfin les tapisseries et les vitraux dont ma tante
« m'expliqua les sujets ; mais je ne te dis pas ces explications, car
« tu n'y comprendrais probablement rien, n'ayant pas les objets
« sous les yeux.

« Cependant, il faut que je te répète ce que ma tante a tenu à
« me faire comprendre ; c'est qu'elle a voulu que sa maison fût
« une maison, celle de Guillaume de Puylaurens, et non un musée.
« De là le caractère de cette maison qui pourrait être habitée par
« Guillaume de Puylaurens sans qu'il eût rien à changer à ses habi-
« tudes, retrouvant partout les meubles dont il se servait en 1250.

« Du rez-de-chaussée, ma tante me fit monter au premier

« étage par un bel escalier en pierre tout garni sur ses murs d'ar-
« mes, de bannières et de crosses. C'est à cet étage que se trouve
« ce que ma tante appelle « la chambre de Guillaume de Puylau-
« rens », meublée comme l'est la grande salle du rez-de-chaussée,
« mais avec un lit en plus et surtout avec une crédence (tu sais que
« c'est une sorte d'armoire) dans laquelle se trouve ce que ma
« tante estime par-dessus tout, les œuvres de Guillaume de Puy-
« laurens et un manuscrit relié en velours décoloré ayant pour
« titre : *Chronica magistri Guillelmi de Podio*, c'est-à-dire,
« d'après la traduction de ma tante : Chronique de maître Guillaume
« de Puylaurens; c'est ce de Podio qui fait que papa appelle si
« souvent ma tante de ce nom.

« Tu vois si ma matinée a été remplie. En sortant, la *Gloriette*
« se trouvait devant la porte, et ma tante voulut bien me la donner
« à conduire pour descendre la côte. »

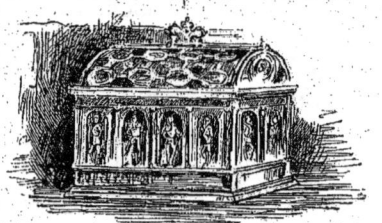

III

La sympathie que Geneviève avait tout d'abord éprouvée pour sa tante devint vite de l'affection.

Elle avait si souvent entendu son père l'appeler « vieille folle, vieille coquine » qu'en venant à Cordes elle s'était imaginé qu'elle allait trouver une espèce de mauvaise fée retirée dans une tour lugubre où elle passait son temps à tourmenter ceux qui l'approchaient.

Et voilà qu'au contraire, la tour lugubre que son imagination enfantine avait vue terrible avec ses souterrains noirs, ses murailles vertes et ses corridors sombres, était un beau château gai et clair, entouré de vastes jardins plantés de grands arbres, de taillis ombreux, d'arbustes et de fleurs.

Voilà que la mauvaise fée était une bonne fée qui n'avait d'autres soucis que de rendre heureux ceux qui l'entouraient et d'aller chercher pour les soulager ceux qui souffraient loin d'elle.

Lorsqu'elle avait dû venir à Cordes, elle avait eu la force de cacher ses craintes à sa mère et à Faré, et de leur rien dire de ses appréhensions ; mais, au fond du cœur, elle était convaincue qu'elle allait être enfermée dans une prison où elle serait torturée par une ogresse. N'était-elle pas une vieille folle, cette ogresse, une vieille coquine ? Sans doute cette folle, cette coquine qu'elle n'avait jamais vue, ne s'était, jusqu'à ce jour, manifestée à elle que par des cadeaux. Mais qu'est-ce qu'ils prouvaient, ces cadeaux ? Une seule chose semblait-il : qu'elle voulait la tenter ; c'était un appât qu'elle mettait au bout de son hameçon pour attirer la chair fraîche.

Elle était donc arrivée très inquiète, malheureuse non seulement de quitter ceux qu'elle aimait, mais encore pleine d'angoisse à la pensée de ce qui l'attendait. Quelle allait être sa vie dans cette prison, auprès de cette folle ou de cette coquine ? Assurément elle ne se serait jamais résignée à cet exil, si le désir de tranquilliser Faré et de lui prouver qu'elle était capable des plus durs sacrifices ne l'avait décidée. Ce sera pour lui, se disait-elle en imaginant ce qu'elle aurait à souffrir, et cette pensée lui donnait du courage. — Il verra comme je l'aime. Mais tout en se disant : « Il verra comme je l'aime » elle se disait aussi : « Comment est-elle ? » Car enfin, pour que son père en parlât avec cette hostilité et ce mépris, il fallait bien qu'elle fût une folle et une coquine, et même plus que cela.

De là l'anxiété de son premier regard quand Adélaïde la lui avait montrée derrière la fenêtre ; de là aussi le brusque mouvement de sympathie qui lui avait touché le cœur quand elle avait vu que cette vieille femme à la physionomie noble et douce, attristée seulement par une longue souffrance, ressemblait si peu à celle qu'elle avait imaginée d'après ce que son père et ses frères lui avaient dit d'elle.

De là encore sa précaution d'insister dans sa lettre sur cette sympathie afin de rassurer sa mère qui, elle aussi, devait croire à la prison et à l'ogresse, et se désoler à la pensée de ce que sa fille allait avoir à supporter.

De là enfin le soin avec lequel elle avait étudié sa tante et précisé les traits de caractère, d'habitude, de manière d'être qui pouvaient faire revenir sa mère des craintes qui devaient la tourmenter. Assurément, quand à son impression elle ajoutait des faits comme celui de la paysanne qui demande une marraine, et des mots comme celui du docteur Azéma : « C'est une sainte », cela devait rassurer sa mère et Ernest, qui n'avaient plus à souffrir que de la séparation.

A la vérité, ces détails étaient en contradiction avec ce que son père lui avait toujours dit, et par là ils pouvaient peut-être fâcher celui-ci ; mais, d'un autre côté, ne devait-il pas être heureux de voir qu'il s'était trompé, ou bien que Mlle de Puylaurens n'était plus ce qu'elle avait été autrefois, au temps où il la croyait une folle et une coquine ?

Bien que la vie qu'elle eût trouvée auprès de sa tante ne ressemblât en rien à celle qu'elle avait imaginée en quittant Paris, et que l'ogresse fût pour elle pleine de tendresse, elle n'en avait pas moins des heures où la séparation pesait sur elle de tout son poids et l'écrasait. Pendant le jour, elle n'avait pas grand temps pour être seule avec elle-même et s'abandonner ; dans la matinée, la messe et la station à la maison de Guillaume de Puylaurens ; dans l'après-midi, la musique, les promenades en voiture, les courses aux environs, les visites que sa tante recevait, les lettres à sa mère l'occupaient et la distrayaient. Mais le soir, quand elle se trouvait seule dans sa chambre, elle était libre, libre de pensée, d'esprit, de cœur, et, de cette liberté, elle en usait pour retourner à Paris. Où étaient-ils en ce moment ? Que faisait sa mère ? Que faisait Ernest ?

Bien souvent, ces questions se présentaient à son souvenir dans la journée ; mais alors elle les écartait toujours, ne voulant les examiner que dans le recueillement de la solitude, quand elle pourrait se donner à elles entièrement.

Aussitôt arrivée dans sa chambre, elle se déshabillait vivement ; puis, après avoir éteint les lumières, elle ouvrait une fenêtre avec précaution, et, assise sur une petite chaise, accoudée sur l'appui en fer du balcon, elle restait là, les yeux perdus dans les profondeurs bleues de la nuit et les ombres qui emplissaient le jardin.

Sa chambre était exposée au soleil levant, c'est-à-dire que devant elle elle avait Paris : dans la journée, à deux cents lieues, par-dessus des collines, des montagnes et des plaines, des rivières et des fleuves, et encore des montagnes et] des plaines ; mais, dans la nuit, quand l'ombre brouille tout, quand il n'y a plus de distance et que la terre sombre rejoint tout de suite le ciel pâle, il n'était plus qu'à quelques pas que son imagination franchissait et que les roulements des trains qui passaient dans la vallée abrégeaient, en lui apportant la vie même de Paris et comme un écho des voix aimées.

Elle les entendait, celle de sa mère, celle de Faré, et par le souvenir elle revivait son ancienne vie, ses longues heures de travail, ses jeux, ses causeries avec la pauvre petite Odile, ses veillées sous la lampe avec sa mère en attendant son père, l'oreille aux écoutes, pour se sauver dans sa chambre avant qu'il fût rentré, ses journées du dimanche dans le jardin de la rue Girardon, la balançoire, M. Couicouic, les tête-à-tête, les rêveries silencieuses avec Faré, ses espérances quand elle arrivait, ses déceptions quand elle partait sans qu'il eût rien dit de ce qu'elle attendait.

Quelle fatalité dans l'enchaînement des choses! Tant qu'ils n'avaient pas pu s'entretenir de leur amour ils avaient été réunis, et voilà que maintenant qu'ils pouvaient se dire et se répéter qu'ils s'aimaient, ils étaient séparés, et séparés pour longtemps peut-être, au moins sans qu'ils pussent savoir quand cette séparation finirait.

Que faisait-il à cette heure, tandis qu'elle pensait à lui et qu'elle le cherchait ? Ce n'était pas les lettres de sa mère qui pouvaient le lui apprendre. A la vérité, dans chacune de ces lettres il y était question de lui, mais il était confondu avec M*me* Faré, avec M*me* Gueswiller, avec Lutan et Sophie. Pour lui écrire sa mère employait le même système qu'elle, et c'était par allusions, par insinuations plus ou moins détournées qu'elle procédait. Et cela ne lui suffisait pas. Un mot, quand elle aurait voulu des pages, et encore bien souvent un mot qu'il fallait deviner, se demandant si on lui faisait vraiment dire ce qu'il disait. Et rien, pas une ligne de lui, pas une petite fleur séchée.

Si encore sa tante avait reçu le journal d'Ernest ou même simplement un journal de Paris, elle aurait vu s'il était question de ses pièces, si on les mettait en répétition ; mais le seul journal qui arrivât au château était une petite feuille locale paraissant le samedi et le mercredi ; la première fois qu'elle avait pu mettre

VIENS QUE JE TE PRÉSENTE AU DOCTEUR AZÉMA, MA MIGNONNE. (Page 392.)

la main dessus, elle avait manœuvré adroitement pour l'emporter et la lire en cachette ; mais tout ce qu'elle avait trouvé dedans, c'avait été un article et des nouvelles politiques, des faits-divers sur ce qui se passait dans le département, et beaucoup d'annonces ; mais rien de Paris, du Paris des lettres et du théâtre.

Le temps passait, le silence se faisait plus profond et l'on n'entendait plus que le bruit frais de la rivière qui coulait au bout des jardins. Il fallait dormir pour être prête le lendemain matin et ne pas manquer le départ à la messe. Elle fermait doucement sa fenêtre et s'allait mettre au lit. Mais le sommeil ne lui obéissait pas toujours ; et ce qui, le plus souvent, venait, c'était un mouvement de tristesse nerveuse et de découragement. La fenêtre fermée, la lumière éteinte, dans le noir et le silence de sa chambre, elle se laissait aller au découragement et pleurait sans se retenir : « O maman ! maman ! »

Une nuit que cet appel lui avait échappé plus fort que d'ordinaire peut-être, elle vit s'ouvrir la porte de sa chambre, et sa tante, enveloppée de flanelle, un châle de barèges sur la tête, les pieds chaussés de gros chaussons de Strasbourg, était venue à son lit, une lumière à la main.

— Qu'as-tu, mon enfant ?
— Rien.

Mais son visage baigné de larmes démentait sa réponse.

— Comment, rien ? Tu viens d'appeler ta maman et tu pleures. Es-tu malade ?

— Oh ! non, ma tante ; je ne suis pas du tout malade.

— Alors tu as du chagrin, et ce que je croyais se trouve vrai, car ce n'est pas la première fois que je t'entends appeler ta maman.

Geneviève eut un mouvement de confusion ; mais Mlle de Puylaurens lui prit la main affectueusement :

— Il ne faut pas te cacher, mon enfant : ce n'est pas moi qui te blâmerai de penser à ta mère dont tu es séparée ; je les connais, ces heures où l'on pleure sa maman, car j'ai été comme toi, séparée de la mienne quand j'avais ton âge et que j'étais au couvent. Cela te serait un soulagement, n'est-ce pas, si tu avais son portrait ! Eh bien, demain tu lui enverras un billet de cent francs en lui demandant d'aller poser chez un bon photographe.

J'espère que ton père ne lui prendra pas ce billet; mais si le portrait n'arrivait pas, nous emploierions un autre moyen. Quand tu auras ta maman là, en face de toi, cela te fera du bien. Maintenant dors.

Et Mlle de Puylaurens s'en alla en serrant ses flanelles contre elle et en toussant.

A la porte elle se retourna.

— Bonne nuit, mon enfant.

IV

Ç'avait été un des chagrins de Geneviève que sa tante la traitât en orpheline, exactement comme si elle n'avait ni père ni mère, et cela n'avait pas pour peu contribué à lui « faire pleurer sa maman ». C'était non seulement dans sa tendresse pour sa mère qu'elle souffrait de ce silence obstiné, mais encore dans sa fierté filiale : pour n'être pas noble de naissance, sa mère n'en était pas moins digne de respect, et ce n'était pas la respecter que d'observer à son égard un silence dédaigneux. Qu'il ne fût jamais question de son père, cela elle le comprenait et elle n'en était pas trop blessée; entre son père et Mlle de Puylaurens, il y avait eu des sujets de division et d'hostilité qu'elle ne connaissait pas au juste, mais enfin qui expliquaient l'animosité qu'ils éprouvaient l'un pour l'autre. Tandis que sa mère n'avait jamais rien dit, jamais rien fait qui pût fâcher Mlle de Puylaurens. Alors pourquoi ce dédain ? Cela n'était ni digne, ni juste de la part d'une personne qui semblait en tout si remplie de dignité et de justice.

Aussi quelle joie lui donna l'offre de ce portrait, et quelle joie lui donna le portrait lui-même lorsqu'il arriva et qu'elle put l'accrocher dans sa chambre, devant ses yeux !

Elle avait besoin de ce soutien, car dans la tristesse à laquelle elle s'abandonnait le soir, il n'y avait pas qu'une sentimentalité nerveuse et enfantine, il y avait aussi une part de réalité. Elle n'avait pas rencontré que de la sympathie, de la bienveillance, de l'affection dans cette maison ; il ne lui avait fallu longtemps pour s'apercevoir qu'elle y avait des ennemis. En venant à Cordes, elle avait cru à l'ogresse, et elle s'était attendue à tout ce qui pouvait résulter du mauvais caractère de la « vieille coquine. ». Mais quand elle avait vu quelle était la douceur et quelle était la bonté, quelle était la sainteté de sa tante, elle n'avait pas imaginé qu'elle pût avoir à souffrir de personne. Pourquoi lui aurait-on été hostile ? Qui l'aurait été ? Elle ne le voyait pas. Ce n'est pas à quinze ans qu'on soupçonne chez les autres les sentiments qu'on n'éprouve pas soi-même. Comment aurait-elle cru à la jalousie, à l'envie, à la malveillance ?

Et cependant cette jalousie, cette envie, cette malveillance, elle avait dû les reconnaître bientôt chez plusieurs des personnes de l'entourage ou de l'intimité de sa tante, et cela à son grand étonnement. Qu'avait-elle donc fait ?

Si elle n'avait point deviné les causes de l'hostilité qu'elle provoquait, elle n'en avait que trop désagréablement ressenti les effets.

Adélaïde, qu'elle avait jugée tout d'abord n'être pas une mauvaise personne, s'était au contraire trouvée une ennemie qui, sous des apparences doucereuses et avec des démonstrations de dévouement, lui avait joué ou avait essayé de lui jouer toutes sortes de mauvais tours. Elle avait été assez longtemps à comprendre cette hostilité, se demandant si réellement elle n'était pas en faute, quand la vieille femme de chambre avait adroitement amené Mlle de Puylaurens à lui faire quelque observation.

De même elle avait jugé aussi que deux religieuses, la mère Alfrédie et la sœur Irmine, qui venaient à chaque instant, étaient d'excellentes femmes qui n'avaient que de la sympathie pour elle, et elle avait d'autant mieux pu le croire qu'elles l'accablaient de compliments : « La charmante demoiselle! elle est si aimable, si bonne ! » Mais elle n'avait pas tardé à s'apercevoir que, chaque fois que la mère Alfrédie et la sœur Irmine venaient au château, sa tante était moins affectueuse avec elle, comme si elle avait quelque chose à lui reprocher. Les premières fois elle s'était demandé, comme pour Adélaïde, si elle était réellement en faute; mais à la longue, la coïncidence continuelle du changement d'humeur chez sa tante avec la visite des sœurs avait fini par la frapper. Pourquoi sa tante semblait-elle avoir des griefs contre elle toutes les fois que les sœurs lui faisaient visite et restaient seules avec elle? Au contraire, pourquoi l'humeur de Mlle de Puylaurens ne changeait-elle pas quand les sœurs n'avaient pu l'entretenir en particulier? Enfin, pourquoi l'une ou l'autre des sœurs s'arrangeait-elle toujours pour se ménager un tête-à-tête avec Mlle de Puylaurens?

Dans sa solitude elle n'avait que trop de temps pour réfléchir et chercher les raisons de ce qu'elle observait.

Ce qui, d'ailleurs, rendait cette hostilité d'Adélaïde et des sœurs plus sensible, c'était la bienveillance qu'elle rencontrait chez tout le monde, — ces trois femmes exceptées.

Ainsi le vieux Buvat s'était tout de suite fait son protecteur et son ami, mais respectueusement, ayant pour elle les attentions, les prévenances, les politesses qu'il aurait eues si elle avait été la fille de la maison revenant chez sa mère. Il n'y avait pas à douter de la sincérité du dévouement de celui-là. Pour voir ce qu'il était, il n'y avait qu'à le regarder pendant qu'il dirigeait le service de la table. A sa place habituelle, près le dressoir, et ayant Geneviève en face de lui, il ne la quittait presque pas des yeux. C'était à croire qu'il était exclusivement attaché à sa personne. D'un coup d'œil rapide il inspectait chaque assiette qu'on lui portait, et s'il trouvait qu'elle n'avait pas été servie comme il voulait ou qu'on ne lui avait pas donné le morceau qui devait lui convenir, il arrêtait le domestique au passage, et de sa propre main il la servait de nouveau.

Alors il y avait vraiment quelque chose de touchant à regarder ce petit vieux bossu pendant qu'elle mangeait : les jambes écartées, le menton plongeant dans sa cravate blanche et le large collet de sa redingote, il souriait avec béatitude si elle montrait de l'appétit, tandis qu'au contraire il fronçait le sourcil si elle laissait sur son assiette ce qu'il avait choisi avec tant de soin. Pourquoi ne mangeait-elle pas? Est-ce que ce n'était pas bon? Il ferait des observations à la cuisine ; mademoiselle avait été trop bonne en ces derniers temps, ne se plaignant jamais ; mais une femme de soixante-dix ans et une jeune fille de quinze ans ce n'était pas du tout la même chose ; il veillerait à cela.

De même le curé de Cordes, le doyen Cabrol, l'avait prise aussi en amitié. En réalité, c'était le personnage le plus important de la maison. Était-ce lui qui dirigeait Mlle de Puylaurens ou bien était-ce Mlle de Puylaurens qui le dirigeait? Cela aurait été difficile à préciser. Mais le certain, c'était que Mlle de Puylaurens ne faisait rien sans le consulter, et que, de son côté, le curé recourait chaque jour à Mlle de Puylaurens, soit pour lui demander conseil, soit, — ce qui était plus fréquent encore, — pour lui demander une aumône ou un secours. Avec cela, le commensal du château où son couvert était mis deux fois par semaine sans qu'il manquât jamais un seul de ces dîners, et cela autant par amitié et estime pour Mlle de Puylaurens, que par reconnaissance, car c'était à elle, à son insistance, à son influence, qu'il devait la cure de Cordes, où il était revenu après quelques années seulement de stage dans une petite paroisse du diocèse.

Après l'abbé Cabrol, la personne qui avait la plus grande influence sur Mlle de Puylaurens était le docteur Azéma, qui la voyait régulièrement tous les jours, tantôt dans la maison de Guillaume de Puylaurens quand elle pouvait y monter, tantôt au château quand elle était retenue à la chambre par le rhume. Depuis trente ans, il n'avait jamais manqué de lui faire cette visite quotidienne, et elle était convaincue que, sans lui, sans ses soins et son zèle, elle serait morte depuis vingt ans au moins. Comme le curé, le médecin s'était pris d'affection pour Geneviève, et jamais il ne manquait une occasion de lui dire une chose gracieuse ou de lui témoigner son amitié.

— Cette enfant fera plus pour votre santé, disait-il souvent à Mlle de Puylaurens, que tous les médecins du monde : elle vous occupe, elle vous égaye, elle vous force à vous remuer moralement et physiquement, c'est votre sauveur.

Cet argument de l'enfant sauveur, il l'avait déjà employé pour Frédéric quand celui-ci était venu chez sa tante, car pour lui l'état de vieille fille, qui n'a pour s'occuper que la dévotion, était pernicieux. Malheureusement Frédéric, au lieu d'améliorer la santé de sa tante l'avait gravement compromise par ses désordres. Ç'avait été un profond désespoir pour Mlle de Puylaurens que la chute de ces deux garçons : Sébastien et Frédéric, sur qui elle avait bâti tant de fières espérances ; et les angoisses, les fièvres, les humiliations, les anéantissements, les prostrations qu'ils lui avaient causés pendant les cinq ou six années où elle s'était malgré tout obstinée à les repêcher toujours, étaient assurément la cause principale de cet affaiblissement.

Aussi avait-il grand soin, le vieux médecin, de compléter son argument de l'enfant sauveur en faisant remarquer qu'une fille offre à ses parents bien plus de sécurité qu'un garçon ; il ne faisait aucune comparaison directe entre Sébastien, Frédéric et Geneviève, de peur de raviver les souvenirs douloureux de la pauvre vieille tante ; mais il répétait sans cesse son mot favori :

— Une fille est une fille, elle reste à la maison, elle vous tient compagnie ; sans compter qu'elle n'est pas exposée à tous les dangers que courent les garçons.

Il était heureux pour Geneviève, qu'elle trouvât cet appui dans le vieux valet de chambre, le curé et le médecin ; car l'animosité d'Adélaïde et des sœurs, une fois qu'il ne lui avait plus été possible de la nier, la rendait non seulement malheureuse, mais encore empruntée et maladroite.

Quand elle sentait les yeux d'Adélaïde posés sur elle, et cela arrivait à chaque instant, elle n'avait plus sa liberté d'esprit : elle se surveillait, aussi bien dans ce qu'elle disait que dans ce qu'elle faisait.

Et justement ce n'était pas ce qu'elle avait préparé qu'elle réussissait, il lui fallait le premier mouvement, l'initiative, la spontanéité, c'est-à-dire les qualités de son âge, dire librement ce qui lui passait par la tête, faire ce que l'élan lui suggérait.

De même quand elle arrivait auprès de sa tante, et que sa venue faisait subitement taire la mère Alfrédie et la sœur Irmine, elle ne pouvait pas ne pas s'arrêter sur le seuil, interdite, ne sachant comment se tenir, ne sachant où poser ses yeux, se sentant stupide et, ce qui est plus grave, toute confuse comme si elle était coupable de ce dont on l'accusait.

Mais de quoi l'accusait-on ? De quoi était-elle coupable ?

C'était ce qu'elle se demandait sans arriver à se donner des réponses raisonnables.

Plusieurs fois l'idée lui était venue d'interroger le doyen ou le médecin; mais quoi leur dire, sur quoi les interroger, quels faits précis leur soumettre? Des soupçons? Cela ne les fâcherait-il pas qu'elle leur montrât de la méfiance? Ne la jugeraient-ils pas défavorablement? ne trouveraient-ils pas qu'elle se donnait vraiment trop d'importance?

Et précisément elle avait une peur effroyable qu'on pût croire qu'elle voulait prendre de l'importance dans la maison, et se poser en héritière.

V

Depuis qu'elle était à Cordes, elle rencontrait sans cesse sur son chemin un petit vieux d'une soixantaine d'années, qui semblait vouloir l'aborder comme s'il avait quelque chose de mystérieux à lui dire.

Bien souvent elle l'avait aperçu dans l'église, non pas qu'il assistât à la messe, mais se rendant à la sacristie, à pas glissés, avec des génuflexions de prêtre ou de sacristain toutes les fois qu'il passait devant le sanctuaire.

Presque tous les jours aussi elle l'avait vu devant la maison de Guillaume de Puylaurens, et bien évidemment ce n'était ni l'attique, ni les frises de la façade, ni les archivoltes qui le retenaient, car ou bien il marchait la tête basse, ou bien il causait avec quelque voisin, en homme qui attend.

Plusieurs fois aussi elle l'avait aperçu rôdant le long des grilles du château, et l'endroit était d'autant plus mal choisi pour s'y promener qu'on enfonçait dans la poussière et que la réverbération du soleil contre le mur produisait là une chaleur infernale.

Chaque fois qu'elle le rencontrait, il se tournait vers elle, il la regardait obstinément et, s'il ne la saluait pas, au moins s'inclinait-il à demi, se prenant le menton, frottant son gilet, se mouchant, toussant, faisant des « heu ! heu ! » qui n'en finissaient pas, enfin tout le manège d'un homme qui veut se faire remarquer mais qui a peur qu'on le surprenne.

Elle en avait presque peur. Était-ce aussi un ennemi mystérieux, un allié d'Adélaïde ou des sœurs, un espion ?

Elle était d'autant mieux disposée à voir en lui un ennemi qu'il lui était antipathique ; elle le trouvait grotesque et de mine inquiétante. De petite taille, rondelet, grassouillet, les jambes arquées, les pieds énormes dans des souliers plats lacés sur des bas noirs, il était toujours vêtu de drap noir également, une redingote longue à petits boutons, un gilet fermé jusqu'à la cravate, un pantalon trop court, tout cela râpé, lustré, graisseux, le visage rasé et blême, les cheveux d'un gris sale frisant sur le col de la redingote. Avec cela un air éveillé, pétillant et patelin à la fois. En tout un personnage qui était une énigme pour elle et qu'elle n'arrivait ni à définir ni à caser : un monsieur ? un pauvre diable ? elle n'en savait rien.

Un jour qu'en sortant de la maison de Guillaume de Puylaurens, sa tante et elle s'étaient presque jetées dans lui et qu'il les avait saluées sans que Mlle de Puylaurens parût le voir, elle s'enhardit à demander enfin quel était ce monsieur.

— Un malheureux, mon enfant, répondit Mlle de Puylaurens, d'un accent à la fois désolé et indigné, ne me parle pas de lui.

Il n'y avait pas à insister, mais sa curiosité n'en avait été que plus vive : un malheureux ! Si c'était un malheureux, comment Mlle de Puylaurens ne voulait-elle pas qu'on lui en parlât, elle qui venait en aide à tous les malheureux, avec une inépuisable charité ? Qu'avait-il donc fait ? Un criminel sans doute.

Une lettre qu'elle avait reçue de sa mère à ce moment même avait encore excité sa curiosité : « Ton père me charge de te dire, écrivait Mme de Mussidan, que tu dois veiller attentivement sur toi, sur ta conduite et tes paroles. Ton installation auprès de ta tante a dérangé des convoitises et par là elle t'a attiré des inimitiés ; on

— UN MALHEUREUX, MON ENFANT, DIT Mlle DE PUYLAURENS.. (Page 410.)

cherchera à te nuire. Tiens-toi donc sur tes gardes. Et ce qui peut être encore plus utile avec ton inexpérience de la vie et des hommes, écoute les conseils des personnes bienveillantes qui peuvent te tracer ta route et l'éclairer. Comprends bien cela et ne l'oublie pas. »

« Comprends cela », c'était là le difficile pour elle. Ce qu'elle comprenait, c'est que ce n'était point le style de sa mère, qui n'écrivait point de cette façon ; c'était son père qui avait dicté ce passage, en mettant en pratique la maxime qu'il lui avait donnée : « Qu'une lettre est un oracle et qu'il faut qu'on puisse lui faire dire oui ou non, selon l'intérêt du moment. »

Il avait réussi. Cette lettre était un vrai oracle ; sans doute il pouvait lui faire dire ce qu'il voulait ; mais pour elle, par malheur, elle ne savait comment la traduire. Où étaient-elles les personnes bienveillantes qui devaient lui tracer sa route et l'éclairer ? Quelles étaient-elles

Cela la faisait toujours tourner autour des mêmes questions, sans avancer, car si les lettres qu'elle recevait de Paris étaient, par prudence, rédigées en style d'oracle, celles qu'elle écrivait elle-même se tenaient aussi dans la même réserve. Pour tout ce qui était insignifiant elle bavardait librement ; mais pour tout ce qui avait ou pouvait avoir de la gravité, elle pesait ses mots, ne sachant même pas si ce qui lui paraissait innocent n'était pas au contraire dangereux. Elle ne les mettait pas elle-même à la poste, ses lettres, mais elle les déposait dans un casier placé à l'entrée du vestibule où Adélaïde les prenait pour les faire porter, et il fallait se défier d'Adélaïde. Quel parti ne pourrait-on pas tirer contre elle d'une lettre dans laquelle elle aurait parlé franchement, si cette lettre était lue ou interceptée ! De même qu'on pouvait ne pas lui remettre une lettre de sa mère, de même on pouvait garder une de celles qu'elle déposait dans le casier. Si cela se produisait, qu'arriverait-il ? Sa situation était déjà bien assez difficile sans qu'elle l'aggravât encore par des imprudences ou des maladresses. Un jour peut-être son père se déciderait-il à rendre ses oracles plus clairs.

En attendant, elle pensait souvent à son vieux bonhomme crasseux, non seulement quand elle l'avait rencontré, mais encore quand elle ne le voyait point. Était-il parmi les personnes bienveillantes dont lui parlait son père, ou bien était-il parmi celles dont elle avait dérangé les convoitises ?

Comme elle agitait cette question, un dimanche, dans l'après-midi qu'elle avait été s'asseoir au bord de la rivière, tout à l'extrémité du jardin, où un petit bois de magnolias et le voisinage de l'eau entretenaient toujours une certaine fraîcheur, elle aperçut son bonhomme, assis sur la berge et pêchant ou tout au moins faisant semblant de pêcher. La rivière tournait là brusquement, elle le voyait presque de face, bien qu'il fût sur la même rive qu'elle. Comme la distance était assez grande, elle s'était assise à sa place habituelle, sans s'inquiéter de lui. Il avait bien le droit de pêcher à la ligne, sans doute ; et d'ailleurs il ne semblait pas homme à se mettre à l'eau pour venir jusqu'à elle.

Au moins était-il homme à vouloir se faire remarquer lorsqu'il l'eut aperçue, et franchement cette fois, sans hésitation, il la salua tout bas. Elle fit semblant de ne pas le voir et resta à sa place sans bouger. Alors il tira un papier de sa poche et le lui montra : il n'y avait pas à se méprendre sur sa pantomime, il voulait lui remettre une lettre.

Elle baissa la tête un peu plus et ne le regarda que sous le bord de son grand chapeau de paille. Son premier mouvement avait été de se sauver ; mais à quoi bon ? A pareille distance elle n'avait rien à craindre de lui, en supposant qu'il fût à craindre.

Bientôt elle vit qu'il abandonnait sa place, et elle ne l'aperçut plus ; sûrement il avait renoncé à son idée de lettre. Tranquillisée elle se mit à penser à cette lettre. N'était-ce pas étrange, invraisemblable, inexplicable au moins ?

Tout à coup elle le vit surgir au bout du mur du jardin ; il avait suivi le lit de la rivière dont les eaux étaient basses, et de temps en temps il sautait de pierre en pierre, se soutenant sur sa canne à pêche pour ne pas tomber.

Vivement elle se leva pour se sauver, mais il comprit son mouvement et se haussant sur la pointe des pieds :

— Ceydoux, cria-t-il, c'est moi Ceydoux !

Ce nom l'arrêta ; elle le connaissait, et cent fois elle l'avait entendu : c'était celui de l'homme qui tenait son père au courant de ce qui se passait chez Mlle de Puylaurens. Comment n'avait-elle pas deviné que ce petit vieux qui la poursuivait était Ceydoux ?

— J'ai à vous parler, disait-il, approchez.

Il avait baissé la voix et, la ligne à la main, il semblait pêcher, comme si c'était à la poursuite du poisson qu'il était venu jusque-là.

Elle regarda autour d'elle et ne vit personne, ni dans le jardin, ni de l'autre côté de la rivière ; aucun bruit, si ce n'est celui de l'eau clapotant sur les cailloux.

— C'est de la part de votre père, continuait Ceydoux.

C'était donc là ce que son père avait voulu lui dire : la personne bienveillante qui devait lui tracer sa route et l'éclairer, c'était Ceydoux.

Alors elle devait l'écouter.

Au lieu de rentrer dans le bois de magnolias, elle s'avança vers la rivière dont le lit venait jusqu'au mur qui soutenait les terres du jardin. Ceydoux était là en contre-bas, perché sur deux grosses pierres, pêchant avec une attention exagérée.

— Écoutez-moi bien, dit-il, je vais parler sans me retourner, afin que, si on nous voit de loin, on ne devine pas que je vous parle. Vous n'avez donc pas compris mes signes ?

— Non.

— La faute en est à M. de Mussidan, qui aurait dû vous prévenir avant votre départ ; mais j'espère qu'il est temps encore de réparer cette faute. Vous êtes-vous livrée à Mlle Adélaïde ?

— Comment, livrée ?

— Est-elle votre confidente ? a-t-elle gagné votre confiance ? lui demandez-vous conseil ?

— Non, jamais.

— Eh bien, défiez-vous d'elle !

— Pourquoi ?

— Parce qu'elle est dévouée à votre frère Frédéric et qu'elle voudrait lui faire avoir l'héritage de Mlle de Puylaurens ; elle est votre ennemie et fera tout pour vous perdre dans l'esprit de votre tante. Et la mère Afrédie, la sœur Irmine, comment êtes-vous avec elles ?

— Je crois qu'elles ne m'aiment pas, mais je ne sais pas pourquoi.

— Parce qu'elles aussi visent l'héritage de votre tante et que votre présence menace leurs espérances. Elles aussi sont vos ennemies. Tenez-vous donc en garde contre elles autant que contre Mlle Adélaïde. J'avais préparé cette lettre pour vous expliquer tout cela, prenez-la.

Il la jeta dans le jardin.

— Maintenant je me sauve, dit-il. Quand vous aurez besoin de moi, quand vous serez embarrassée, ou bien quand vous voudrez écrire à votre père librement, faites-moi un signe : votre mouchoir à votre main gauche, par exemple, et le lendemain vous me trouverez ici.

VI

Ce fut un soulagement pour Geneviève d'apprendre que l'hostilité d'Adélaïde et des religieuses n'avait pour cause que l'intérêt.

En somme cela était tout naturel et à ses yeux parfaitement légitime.

Au moins cela l'était-il de la part d'Adélaïde, qui n'avait en vue que la défense de Frédéric qu'elle avait soigné et aimé quand il était enfant, et à qui elle continuait son affection et sa protection. Comment se serait-elle blessée et fâchée de cela?

Quant aux sœurs, elles avaient aussi, sans doute, de bonnes raisons pour défendre ce qu'elles considéraient comme leur bien.

Le malheur de sa situation était qu'on fût en droit de l'accuser d'être vraiment une coureuse d'héritage et que tout ce qui pouvait appuyer cette accusation fût réuni contre elle.

Si elle était venue à Cordes pour fuir M. d'Arlanzon, elle y avait été envoyée aussi par son père pour se faire donner la fortune de sa tante, et bien que jusqu'à ce jour elle n'eût pas dit un mot, qui, de près ou de loin, tendît à cela, il n'en était pas moins vrai qu'on pouvait la soupçonner d'y travailler.

Et le terrible, c'était que sa tante pouvait le croire aussi. Quelle humiliation pour elle si cela était ! Que la mère Alfrédie et la sœur Irmine, qu'Adélaïde, que d'autres encore la crussent capable d'une pareille bassesse, cela était déjà bien triste pour elle, mais enfin elle ne tenait à l'estime ni de la mère Alfrédie, ni de la sœur Irmine, ni d'Adélaïde, ni des autres qui ne lui étaient rien, tandis qu'elle tenait à celle de sa tante, qu'elle respectait, qu'elle admirait, et à laquelle elle s'était attachée.

Si cette idée l'avait inquiétée bien des fois avant son entretien avec Ceydoux, elle en fut tourmentée bien plus vivement encore après qu'elle eut appris la cause de l'hostilité des religieuses et d'Adélaïde. Assurément celle-ci avait parlé, et si sa tante ne l'avait pas spontanément accusée de n'être venue à Cordes que pour se faire instituer héritière, elle ne pouvait pas ne pas se demander si les accusations des sœurs et d'Adélaïde n'étaient pas jusqu'à un certain point fondées.

Eh bien ! cela ne serait pas : si sa tante la soupçonnait de ce calcul bas, elle se disculperait et lui prouverait qu'elle était innocente ; elle ne pouvait pas rester dans cette situation de n'oser pas soutenir le regard de sa tante quand celle-ci paraissait vouloir lire en elle, ni de savoir quelle contenance tenir quand devant elle on racontait des histoires d'héritage ; cela était honteux et misérable ; elle n'était ni une mendiante, ni une voleuse d'héritage ; sa tante si fière, devait admettre la fierté chez les autres.

A la vérité, ce ne serait pas se conformer aux instructions de son père ; mais son plan était tel que si elle réussissait, son père certainement ne pourrait être que très content d'elle.

Lorsque cette idée se fut présentée à son esprit, elle ne pensa plus qu'à la mettre à exécution ; mais pour cela il fallait une occasion, car elle n'était pas assez simple pour s'en aller dire gaillardement à sa tante : « Je n'ai jamais eu l'intention d'accaparer votre fortune », et d'autre part elle ne se sentait ni assez hardie ni assez adroite pour provoquer cette occasion.

Elle n'eut pas longtemps à l'attendre, et un jour que sa tante lui avait proposé d'aller à Castanet voir les parents de l'enfant

dont elle devait être la marraine, en lui répétant son mot habituel :
« Il faut qu'on apprenne à te connaître », elle se promit de profiter de ce voyage et de cette circonstance pour s'expliquer, — ce qui lui serait facile si Buvat ne les accompagnait pas.

Justement il resta à la maison, car Mlle de Puylaurens, qui avait vu quel plaisir c'était pour sa nièce de conduire la *Gloriette*, ne prenait plus de domestique avec elle maintenant et donnait les guides à Geneviève, qui faisait claquer son fouet, comme si elle avait été habituée aux chevaux et aux mules depuis son enfance.

Cependant lorsqu'elle eut pris place à côté de sa tante et que la *Gloriette* se fut mise au trot, elle se montra moins joyeuse que de coutume ou plutôt moins exubérante dans sa joie, le fouet bas, les yeux fixés sur les longues oreilles de la mule, ne parlant pas.

Pendant assez longtemps, Mlle de Puylaurens garda aussi le silence, et cela augmenta la contrainte de Geneviève et son angoisse. N'aurait-elle donc pas le courage de commencer? Le terrible c'était le premier mot.

Heureusement sa tante vint à son aide.

— Est-ce que cela te contrarie d'aller à Castanet? demanda-t-elle.

— Oh! pas du tout, ma tante.

— Je ne dis pas que la promenade soit des plus agréables par ce soleil et cette poussière; mais il est bon que tu t'habitues à voir tous les gens du pays, comme il est bon que les gens du pays s'habituent à te voir, de façon à ce que plus tard on s'adresse à toi librement comme on s'adresse à moi.

C'était l'ouverture qu'elle avait désirée. Aurait-elle la lâcheté de n'en pas profiter? Enfin, respirant à peine, tremblante, elle se décida :

— Puisque vous parlez de cela, voulez-vous me permettre de vous dire ce que j'ai sur le cœur, ma tante?

— Tu as quelque chose sur le cœur, mon enfant?

— Oh! oui, et qui le serre à m'étouffer. Ne le voyez-vous pas à mon émotion?

— Alors, parle, ma petite, parle vite. Tu sais bien que tu n'as rien à craindre de moi.

— Si j'étais une grande fille, je vous dirais sans doute sans embarras ce qui m'étouffe; mais je ne suis qu'une enfant, au moins pour cela, et c'est ce qui fait que je n'ai pas encore osé parler.

— Donne-moi les guides, interrompit Mlle de Puylaurens; tu es tellement troublée que tu vas nous mettre dans le fossé.

— Quand je suis arrivée près de vous, commença Geneviève, j'avais grand'peur; mais en voyant combien vous êtes bonne et affectueuse, juste et indulgente, je me suis tout de suite rassurée. Et cependant je n'ai pas encore la tranquillité et la confiance que je devrais avoir, car je sens bien, car je vois bien qu'il y a autour de vous des personnes qui me sont hostiles et qui cherchent à vous indisposer contre moi.

— Et où prends-tu cela?

— Cela est visible, et je comprends qu'il en soit ainsi. Je comprends qu'Adélaïde, que la mère Alfrénide et la sœur Irmine m'en veuillent et m'accusent de n'être venue que...

Elle s'arrêta devant le gros mot qu'elle avait à dire et qui était: « Pour me faire donner votre héritage. » Elle chercha, et comme au point où elle en était il fallait qu'elle allât jusqu'au bout, elle se décida pour ce qui lui vint à l'esprit:

— ... Et m'accusent de n'être venue que pour votre fortune. Il est vrai que j'ai été habituée à entendre parler de votre fortune; mais si vous saviez comme ma mère et moi nous en avions peur; si vous saviez comme depuis que je vous connais et que je me suis attachée à vous, j'ai peur que vous ne me croyiez capable d'une pareille pensée! Qu'Adélaïde, que les sœurs m'accusent, elles ne me connaissent pas, je n'ai pas besoin de leur affection, tandis que je serais désolée si je perdais la vôtre.

— Et qui peut te faire croire que tu es menacée dans mon affection?

— J'ai peur de l'être, et je voudrais que ni vous ni personne ne pût m'accuser de convoiter votre héritage, et il me semble qu'il y aurait un moyen pour cela, si vous vouliez.

Cette fois ce fut Mlle de Puylaurens qui faillit conduire la *Gloriette* dans le fossé, car, dans sa surprise elle regardait Geneviève, tirant les guides d'un côté sans savoir ce qu'elle faisait.

— Ah! tu as un moyen? dit-elle d'une voix soupçonneuse, et il t'est venu tout seul, ton moyen?

— Mais oui, ma tante, tout seul, mais pas tout de suite ; je l'ai bien cherché.

— Voyons, quel est-il ?

— Pourquoi ne feriez-vous pas connaître votre volonté, cela couperait court à toutes les suppositions et à toutes les espérances.

— Alors tu veux que je dise que tu es ma légataire universelle, et que rien ni personne ne pourra changer mes dispositions ?

— Oh ! ma tante ! s'écria Geneviève, suffoquée, vous voyez bien que j'ai raison de craindre que vous m'accusiez.

— Que veux-tu donc ?

Ce qu'elle voulait, c'était ne dire qu'avec des ménagements ce qu'elle avait préparé ; mais ce soupçon de sa tante lui fit tout oublier :

— Ce que je voudrais, s'écria-t-elle d'une voix tremblante, ce serait que tout le monde sût que vous partagez votre fortune entre vos parents : entre mon père, mes frères et moi. N'est-ce pas là ce qui est juste ? Qui pourrait s'en plaindre ?

D'une main Mlle de Puylaurens lui donna deux ou trois tapes sur l'épaule :

— Allons, dit-elle avec attendrissement, tu es décidément une brave petite fille et j'ai eu tort, j'en conviens, de penser tout à l'heure que tu me répétais une leçon qu'on t'avait apprise. Tu es bien l'auteur, le seul auteur de ce moyen qui ne pouvait être inventé que par un bon petit cœur comme le tien, mais aussi par une pauvre petite tête d'enfant comme la tienne. Ma chère mignonne, tu as raison d'aimer ton père et tes frères, c'est ton devoir ; et je suis heureuse de la tendresse que tu leur témoignes ; aussi ce que je vais te dire ne doit-il porter aucune atteinte à cette tendresse. Eh bien, la vérité, la malheureuse vérité est que ni ton père, ni tes frères, ne peuvent être choisis pour légataires par une personne qui les connaît, attendu que leur donner une fortune ou la jeter à l'eau, c'est exactement la même chose. Que je fasse ce que tu demandes, et un an après ma mort, quelques mois seulement peut-être, ni ton père, ni tes frères n'auront plus rien de la part d'héritage que tu veux que je leur donne. Et je ne veux pas que ma fortune soit gaspillée. Elle doit être employée plus utilement et mieux que cela. J'entends que mon héritière me continue et continue aussi les œuvres que j'ai entreprises ; c'est par le bien que nous pouvons durer sur la terre. Si tu ne portes pas mon nom, tu n'en es pas moins une Puylaurens, et tu seras mon héritière, ma seule héritière.

— Oh! ma tante...

— Ma volonté est arrêtée, rien ne la changera. Avec une santé comme la mienne, on pense souvent à la mort; on l'attend, et c'est pour moi une consolation de savoir que tu me remplaceras. Maintenant, quant à ce qui te tourmente, sois tranquille : je m'expliquerai de telle sorte que personne ne pourra t'accuser d'avoir convoité mon héritage. Ne parlons donc plus de cela.

VII

La proposition de Geneviève avait causé à Mlle de Puylaurens autant de joie que d'inquiétude.

D'un côté, elle était heureuse de trouver chez cette enfant, à laquelle elle s'attachait chaque jour davantage, les qualités que cette proposition affirmait si hautement : la fierté, la générosité, l'oubli de soi et le souci des siens.

Mais, d'autre part, c'était pour elle un sujet de grave préoccupation, sinon dans le présent immédiat, au moins dans un avenir plus ou moins rapproché, que la constatation de ces qualités, qui pouvaient entraîner loin et même très loin cette enfant au cœur généreux.

Qu'elle mourût dans un délai prochain, dans quelques mois, dans quelques jours, laissant sa fortune à Geneviève, que deviendrait cette fortune?

Elle n'avait pas attendu jusqu'à ce jour pour examiner cette question, et la pensée que l'héritage qu'elle laisserait à sa petite-nièce serait administré pendant quelques années par M. de Mussidan avait été pour elle un cruel tourment. C'était un singulier administrateur que M. de Mussidan ; mais enfin, dans ce cas et en prenant toutes les précautions que les gens de la loi lui avaient indiquées, il ne pourrait que gaspiller les revenus de sa fille, sans sérieusement compromettre le capital.

Mais maintenant, et après ce que Geneviève lui avait dit, il n'y avait plus à se préoccuper seulement de l'administration de l'héritage qu'elle laisserait, il fallait penser à l'héritage lui-même et à ce qu'il deviendrait entre les mains de cette enfant. Avec les idées qui étaient les siennes et dans les dispositions où elle était, comment la fille résisterait-elle aux demandes de son père, et la petite sœur aux obsessions de ses frères ?

Mlle de Puylaurens savait par expérience quelles étaient ces demandes et quelles étaient ces obsessions, comment procédait le père et comment procédaient les fils. Que ne leur avait-elle pas cédé ! Que ne leur avait-elle pas donné à l'un pendant plus de vingt ans, aux autres tant qu'elle avait eu l'espérance qu'ils finiraient par s'arrêter ! Que ne lui avait-il pas fallu d'épreuves sans cesse renouvelées pour qu'elle ne se laissât pas ruiner par eux, successivement ! Et elle n'était pas une enfant, mais une femme qui connaissait la vie et qui avait vu sa sœur, la comtesse de Mussidan, aux prises avec les passions de son fils, à demi ruinée, tuée par lui.

Que ferait Geneviève, inexpérimentée et tendre comme elle l'était ? Que n'obtiendraient-ils pas d'elle par la prière, par la menace, par la rouerie et l'escroquerie, ou spontanément par cela seul qu'elle les aimait et que ses idées sur la justice étaient que celui qui avait, devait partager avec ceux qui n'avaient point !

Qu'elle fût mise en possession de son héritage demain ou dans un court délai, avant que l'âge fût venu, et elle commencerait par le partager avec son père et ses frères ; puis, quand ceux-ci auraient dissipé la part qu'elle leur aurait abandonnée, ils lui mangeraient en détail, mais rapidement, celle qu'elle se serait réservée.

Si elle avait eu Geneviève à dix ans, comme elle le voulait, elle l'aurait préparée et, dans une certaine mesure, elle aurait su atténuer les dangers qu'elle redoutait ; malheureusement il n'en avait pas été ainsi.

Maintenant en aurait-elle le temps, et Geneviève à quinze ans serait-elle docile comme elle l'aurait été à dix?

Ah! si seulement elle avait encore dix ou douze ans à vivre; mais avec une santé aussi misérable que la sienne, n'était-ce pas folie de parler de dix ans? Avait-elle quelques années, quelques mois seulement à espérer? Sincèrement religieuse comme elle l'était, la mort n'avait rien pour l'effrayer, mais quand il ne s'agissait que d'elle, et non quand elle pensait à ce qui arriverait lorsqu'elle ne serait plus là.

Ces bonnes œuvres qu'elle avait fondées, ces malheureux qui ne vivaient que par elle, cette maison de son ancêtre qu'elle avait relevée, ce nom de Puylaurens qu'elle voulait qui vécût glorieux, tout cela s'écroulerait-il, détruit par M. de Mussidan et ses fils?

Cette idée était bien vite devenue une obsession dont elle ne pouvait se débarrasser ni le jour ni la nuit. Elle avait demandé au docteur Azéma ce qu'il pensait de sa santé et combien de temps il lui donnait encore à vivre, mais elle n'avait pas pu tirer de lui une réponse sérieuse : et quand elle l'avait prié, supplié de lui parler franchement, en lui expliquant pour quelles raisons elle voulait la vérité, elle n'avait obtenu que des assurances vagues qui ne pouvaient pas la rassurer.

Elle avait alors résolu d'aller à Toulouse voir un autre médecin qu'elle avait consulté quelquefois et en qui elle avait toute confiance. N'étant point en relations quotidiennes avec elle comme le docteur Azéma, celui-là la jugerait mieux ; et n'ayant point pour elle une réelle amitié, il lui parlerait sans ménagements, s'imaginait-elle. On demande bien à un avocat si l'on perdra ou ne perdra pas un procès. Ne peut-on pas demander à un médecin si l'on perdra ou ne perdra pas la vie?

Mais elle n'obtint de celui-là rien de plus qu'elle n'avait obtenu du docteur Azéma : elle pouvait vivre, elle pouvait mourir, nous sommes tous mortels, les condamnations des médecins n'ont jamais fait mourir personne, leurs certificats de bonne santé n'ont jamais donné la vie; tous les lieux communs qu'on répète quand on ne veut rien dire.

Et justement parce qu'on semblait ne rien vouloir lui dire, cela avait quelque chose d'inquiétant. Elle eût été en bon état de santé, qu'on n'eût pas pris tous ces ménagements; on se fût moqué d'elle : « Est-ce qu'avec une santé comme la vôtre on parle de la mort ! » Puisque les médecins ne pouvaient pas ou ne voulaient pas l'éclairer, c'était aux gens d'affaires de la guider; il devait y avoir dans la loi des moyens pour qu'elle assurât sa fortune à Geneviève, sans que ni M. de Mussidan, ni Sébastien, ni Frédéric, missent la main dessus.

De même qu'elle avait à Toulouse un médecin pour les cas graves, de même elle avait aussi un avocat, et elle décida de le consulter.

Geneviève et Buvat, qu'elle avait emmenés avec elle, étaient restés dans le fiacre qu'elle avait pris à la gare, et ils l'attendaient à la porte du médecin.

— J'ai encore une visite d'affaires, mon enfant, dit Mlle de Puylaurens en montant en voiture, pardonne-moi de t'imposer cet ennui.

Et elle donna à Buvat l'adresse de l'hôtel Fleyres, où demeurait son avocat.

— J'espère ne pas rester là trop longtemps, continua Mlle de Puylaurens pendant que la voiture roulait sur les cailloux pointus de la Garonne qui servent de pavé dans la plupart des rues tortueuses de la ville; mais, en m'attendant, tu pourras t'amuser à étudier les sculptures de la cour de cette jolie maison, qui, avec l'hôtel d'Assezat et l'hôtel Felzins, est une des curiosités de Toulouse. Ça n'est pas du XIIIe siècle ; mais quand on aime la Renaissance, c'est charmant. Je te recommande une vieille femme qui est vraiment très belle.

Et, après avoir mis sa nièce en face de cette vieille femme, Mlle de Puylaurens monta chez son avocat.

Là elle recommença le récit qu'elle avait déjà fait à son médecin, mais avec une conclusion différente, ne demandant plus combien elle avait encore de temps à vivre, demandant seulement quels moyens la loi mettait à sa disposition pour assurer sa fortune à sa petite-nièce, sans que ni le père ni les frères de celle-ci pussent y toucher et sans qu'elle-même, dans un élan filial ou fraternel, pût la leur donner.

C'était un bonhomme curieux que le père Ginsac, une des lumières du barreau de Toulouse; il était l'homme le plus bavard de la terre, et comme son besoin irrésistible de parler sans cesse, d'interrompre, de placer un mot, une réflexion, un récit, lui avait beaucoup nui dans sa jeunesse, ses clients ne pouvant jamais arriver à lui exposer entièrement leur affaire qu'il connaissait mieux qu'eux avant qu'ils l'eussent contée, il avait inventé un moyen original de s'imposer silence; tant qu'un client lui parlait il se bourrait le nez de tabac, si longues que fussent les explications qu'il écoutait; et quand il parlait à son tour, il ne prenait plus une seule prise.

Ce fut accompagnée par ces reniflements sonores que Mlle de Puylaurens fit son récit; mais comme elle avait déjà entendu plusieurs fois cette musique qui troublait bien des gens, elle ne s'en inquiéta pas.

— Quel âge a l'enfant? demanda l'avocat, cessant de plonger ses doigts dans sa tabatière, qui restait grande ouverte sur son bureau.

— Elle aura bientôt quinze ans.

— Bon, maintenant autre question : êtes-vous certaine de ne pas changer de dispositions à son égard, autrement dit consentiriez-vous à lui faire, dès maintenant, donation irrévocable de votre fortune ?

— Parfaitement; mais pour cela il faudrait que je fusse certaine que cette fortune sera pour elle, rien que pour elle.

— C'est justement ce que peut assurer le moyen que je vais vous proposer. Et il est bien simple ce moyen, tout naturel : il consiste à marier votre nièce le jour où elle aura ses quinze ans révolus.

— Marier Geneviève ! s'écria Mlle de Puylaurens.

— C'est ce qu'il y a de plus sûr; tout ce que nous chercherons à côté aura ses dangers. Assurément, mademoiselle, vous n'avez rien d'une personne qui doit mourir prochainement, mais enfin il est possible que vous soyez tuée demain : un accident, une tuile sur la tête, une maladie subite, que sais-je ! Nous aurons pris toutes les précautions, je le veux bien; mais un homme habile et peu scrupuleux dispose de bien des ressources. Quand je vous énumérerais tout ce que pourrait faire M. de Mussidan, cela serait fastidieux. Je reviens donc au moyen que je vous propose et qui est sûr. Vous mariez votre petite-nièce et par contrat de mariage vous lui constituez en dot votre fortune entière aux termes de l'article 1541, et vous lui en faites donation. Or, vous savez qu'aux termes de l'article 1541, les immeubles constitués en dot ne peuvent être aliénés ou hypothéqués ni par le mari ni par la femme, sauf certaines exceptions qui, dans notre situation, ne présentent aucun danger, c'est-à-dire pour l'établissement des enfants, pour fournir des aliments à la famille, etc. Ma conclusion est donc que vous trouviez un bon mari à cette enfant et que vous la mariiez au plus tôt. Tout ce que nous chercherions à côté serait dangereux ; cela seul offre toutes les garanties désirables : constituée en dot, votre fortune échappe aussi bien aux élans de votre jeune nièce qu'à ceux de son mari, et elle passe à leurs enfants.

VIII

Marier Geneviève!

Mais elle ne voulait pas marier Geneviève. Jamais cette idée ne lui était venue.

Quand Adélaïde avait dit à Geneviève que, pour Mlle de Puylaurens, le mariage était l'enfer des femmes, elle n'avait point exagéré. Même à l'âge où elle pouvait se marier et où cela lui eût été facile avec son nom, sa naissance, sa fortune, ses qualités morales et ses avantages personnels, car sans être une beauté elle avait été agréable, Mlle de Puylaurens n'avait jamais admis qu'une fille raisonnable pût se soumettre à un mari, et quand elle n'avait plus été jeune, elle s'était toujours indignée, autant que l'indignation était compatible avec sa nature, qu'on se moquât des vieilles filles.

— C'est donc bien ridicule, une femme qui a conservé sa

liberté? disait-elle. Pour moi, ce ridicule m'échappe; montrez-le-moi, je vous prie.

Il y en avait encore un autre qui lui échappait : en vieillissant et peu à peu elle s'était, par certains côtés, rapprochée du caractère masculin.

— En quoi ne suis-je pas un homme? disait-elle souvent. Je ne le vois pas. Voulez-vous me dire ce qui me manque pour être un homme?

Et comme on ne répondait pas à cette question dont elle vous poursuivait, elle continuait :

— Prétendez-vous que pour cela il faut absolument vivre dans le désordre moral, être grossier, être ivrogne? Non, n'est-ce pas? Eh bien, en quoi ne suis-je pas un homme? Dites, je vous en prie, je voudrais le savoir.

En même temps qu'elle était devenue homme elle avait pris les hommes en horreur, et son neveu le comte de Mussidan, ainsi que ses deux petits-neveux Sébastien et Frédéric, n'avaient pas peu contribué à justifier cette antipathie, qui, tout d'abord instinctive, n'avait eu bientôt que trop de raisons pour se développer.

Quand on lui annonçait un mariage, son premier mot était :
— La malheureuse !
Puis elle ajoutait :
— C'est bien, laissez-la faire; mais, je vous en prie, n'oubliez pas de m'en parler dans deux ans.

Et quand on lui en parlait de nouveau, quelquefois avant les deux ans, il n'y avait bien souvent que trop de raisons pour qu'elle pût s'écrier :
— Qu'est-ce que je vous avais dit?

Quand on l'invitait à un mariage, elle n'acceptait jamais, ayant une réponse, toujours la même :
— Vous savez, je suis très sensible; je ne peux pas supporter le spectacle d'un sacrifice humain; c'est d'un autre âge.

Depuis qu'elle avait Geneviève près d'elle, l'idée ne lui était pas venue que cette petite pouvait se marier; au contraire, elle se flattait de la convertir à son horreur du mariage. Pourquoi se marierait-elle? A quoi bon? Avec la fortune qu'elle lui laisserait, elle n'aurait besoin de personne. Quelle satisfaction d'être continuée par cette enfant, non seulement dans ses œuvres, mais encore dans ses principes! Celle-là non plus ne trouverait rien de ridicule dans l'état de vieille fille, et elle saurait se mettre au-dessus des vains préjugés du monde. Il est vrai qu'elle était jolie, la malheureuse, et que, malgré sa douceur et sa candeur, elle avait un petit air déluré qui ne présageait rien de bon; mais pour l'avenir seulement, car, prise à temps, et avec les leçons et les exemples qu'elle avait sous les yeux, elle devait apprécier la fierté de l'indépendance et les joies de la liberté.

Et voilà que maintenant on voulait qu'elle-même la mariât.

N'était-ce pas une sorte d'ironie du sort qu'avec ses principes, elle qui n'admettait pas le mariage, fût obligée de marier les siens; après avoir marié le père malgré elle et parce qu'il le fallait, elle devait marier la fille maintenant parce qu'il le fallait encore.

Car elle avait beau discuter avec elle-même, elle devait s'avouer que si elle voulait que sa fortune ne fût pas gaspillée un jour ou l'autre par le père et par les deux frères, il n'y avait de sûr que le moyen conseillé par Ginsac. Tout ce qu'on chercherait à côté, comme l'avait dit l'avocat, serait dangereux; et pour avoir le plaisir de faire triompher ses principes elle ne pouvait pas exposer cette enfant qu'elle aimait à des dangers certains, à la lutte avec son père et ses frères d'abord; puis après ces luttes, qui se continueraient tant qu'elle aurait un sou, à la ruine.

Mais quand on a pratiqué certains principes pendant de longues années, quand on en a fait la règle de sa vie, on n'y renonce pas facilement, et tout en se disant avec une parfaite bonne foi qu'on veut, qu'on doit les abandonner, on cherche si malgré tout il ne serait pas possible de les concilier avec la nécessité.

Certainement elle ne devait pas persister dans son espérance de voir Geneviève ne pas se marier, cela ne serait ni digne, ni honnête; mais, enfin si Geneviève était elle-même convaincue que le mariage est l'enfer des femmes, si elle sentait les avantages de l'état de fille, si elle appréciait la fierté de l'indépendance et les joies de la liberté, il ne serait ni honnête, ni digne non plus de la pousser au mariage.

Pourquoi pas? Pourquoi cette petite, qui était intelligente et fière, et qui mieux encore était une vraie Puylaurens, n'aurait-elle pas deviné le plaisir qu'il y avait à rester fille?

Avant tout, il fallait donc lui faire subir un examen; après on verrait.

C'était la règle qu'après déjeuner, à l'heure où la chaleur du jour ne permettait pas la promenade, elles allaient toutes deux s'installer dans le salon bleu, où Geneviève se mettait au clavecin et jouait à sa tante ce que celle-ci lui demandait : des sonates de Haydn, de Mozart, et aussi tout ce qu'elle retrouvait d'ancienne musique dans sa mémoire inépuisable. Mais Geneviève ne jouait pas toujours; il y avait des moments où, après avoir épuisé son répertoire, elle sortait seule dans le jardin, ou bien elle venait prendre place auprès de sa tante, et alors elles causaient, elles lisaient. Point de visites à craindre à ce moment, chacun restant chez soi à faire la sieste ou à regarder les mouches tournoyer dans un rayon de soleil.

Ce fut un de ces moments que Mlle de Puylaurens choisit pour procéder à son interrogatoire; il faisait un si terrible soleil qu'il n'y avait pas à craindre que les bonnes sœurs, qui préféraient les heures plus clémentes de la soirée, vinssent les déranger; ni elles, ni personne d'ailleurs, car on connaissait les habitudes de Mlle de Puylaurens et l'on savait que chez elle, où jamais on ne fermait ni persiennes ni rideaux, il régnait constamment une température africaine, au milieu de laquelle elle était seule à se trouver à son aise.

Après avoir joué pendant plus d'une heure, Geneviève avait pris un livre et elle s'était assise dans un coin, pour rêver plus encore que pour lire; et quand elle rêvait, le sujet de sa rêverie était toujours le même. Que faisait-il? Où était-il? Pensait-il à elle comme elle pensait à lui?

Tout à coup elle entendit vaguement la voix de sa tante; sans doute elle lui parlait.

— Vous désirez quelque chose, ma tante?

— Je désire que tu me répondes. Je te demandais si tu n'avais jamais pensé a te marier?

— Me marier, moi, ma tante!

— Tu vas arriver à un âge où une fille peut se marier et où il est raisonnable, par conséquent, de songer à ce que l'on fera. Tu peux donc très bien avoir examiné la question de savoir si tu te marierais ou si tu ne te marierais pas. Sans doute il y a des raisons qui expliquent qu'une fille veuille se marier. Mais d'autre part, il y en a aussi qui expliquent qu'elle ne le veuille pas. Quand une fille est pauvre ou bien qu'elle est laide, le mariage s'impose presque à elle, car si elle ne se marie pas, elle s'expose à ce qu'on dise que personne n'a voulu d'elle, et cela est mortifiant assurément ; on n'aime pas à s'entendre dire cela, et on peut être très légitimement blessée en pensant qu'il y a des gens qui le disent. Mais, au contraire, quand on est jolie d'une beauté qui s'impose à tous, — comme toi par exemple, quand on a ou quand on aura une fortune à tenter tous les épouseurs, — et c'est encore ton cas, puisque tu seras mon héritière, — on peut mettre sa dignité, sa fierté à ne pas subir la loi d'un homme qui fera de vous une esclave. Ainsi moi, par exemple, qui n'ai jamais eu la crainte d'être une vieille fille ridicule? On sait que si je ne me suis pas mariée, ç'a été parce que je n'ai pas voulu, par fierté, par dignité. On méprise, on bafoue une vieille fille pauvre et laide ; on estime une vieille fille belle et riche.

L'occasion était trop tentante pour que Geneviève n'en profitât pas :

— Mais je veux me marier moi, ma tante.

— Ah ! Et pourquoi ?

— Mais... mais pour qu'on me dise : « Je t'aime ! » et pour que je dise à celui que j'aime : « Je t'aime ! »

— A quoi bon ? On ne m'a jamais dit : « Je t'aime ! » pas plus que je n'ai dit ce mot à personne, et ça ne m'a pas manqué.

— Moi, ça me manquerait.

— Qu'en sais-tu ?

C'était une occasion nouvelle, une porte qui s'ouvrait. Devait-elle en profiter ? devait-elle avouer qu'elle le connaissait, celui à qui elle disait : « Je t'aime ! » La tentation fut forte. Le courage lui manqua. Comment dire à sa tante, si fière de ses ancêtres, qu'elle, Geneviève de Mussidan, fille du comte de Mussidan et héritière des Puylaurens, aimait... Ernest Faré ? Ne valait-il pas mieux attendre qu'il pût se présenter avec le prestige du succès ?

Au reste, sa tante coupa court à son hésitation :

— Ah ! tu veux te marier, dit-elle. Singulière idée pour une fille intelligente. Enfin tu n'es pas la seule. Il suffit, nous en reparlerons. Ah! tu veux te marier!

Geneviève eut un moment de courage.

— Cela vous déplaît, ma tante?
— Au contraire.

IX

A quelques jours de là Geneviève remarqua que le château était en révolution ; au premier étage, on faisait le ménage dans les appartements de réception, et, à la cuisine, il y avait un mouvement inusité qui annonçait les préparatifs d'un grand dîner.

Cependant sa tante ne lui disait rien ; mais un mardi, après l'heure de la sieste ou plus justement de la musique, elle la prévint qu'elle attendait des amis pour dîner, la comtesse de Javerlhac et son fils, un jeune homme dont le père Élysée, un franciscain, son précepteur, avait fait un modèle accompli sous tous les rapports : la piété, l'instruction, la douceur, ajoutées aux qualités natives qu'il avait reçues de son père et de sa mère, la distinction des manières et la beauté corporelle, en un mot, un charmant garçon. Et elle lui demanda de s'habiller pour le dîner.

— Je n'ai que ma robe de concert.

— Eh bien, mets ta robe de concert, et fais-toi belle.

Cela était clair. Elle monta à sa chambre, très émue non pas parce qu'un jeune homme, un charmant garçon allait arriver, mais parce que cette arrivée était le début d'une lutte avec sa tante. Il allait falloir dire qu'elle n'en voulait pas, de ce charmant garçon, ce modèle accompli sous tous les rapports. Comment sa tante accepterait-elle ce refus et qu'en résulterait-il?

Comme elle pensait à cela, une voiture roula sur le gravier du jardin et s'arrêta devant le perron. Si peu curieuse qu'elle fût ordinairement, elle ne put résister à l'envie de voir quelles étaient au vrai la distinction des manières et la beauté corporelle du mari que sa tante lui destinait. Elle courut à sa fenêtre, et comme les persiennes étaient fermées, elle put, à travers les lames, regarder sans crainte d'être vue.

C'était vraiment un beau garçon de vingt-deux à vingt-trois ans que celui qui descendait de voiture, grand, fort, joufflu, aux yeux noirs et doux, habillé avec recherche, ayant dans toute sa personne une attitude et un air de timidité ou de contrainte.

Aussitôt qu'il fut à terre, il se retourna pour donner la main à une petite femme habillée de noir avec une négligence et un dédain de la toilette qui se traduisaient dans tout son costume et particulièrement dans ses souliers à la haute anglaise en peau de chèvre, sans talons. A coup sûr ce n'était pas à elle que son fils avait pris son air timide, car elle semblait au contraire une femme de résolution et d'action, pleine de vivacité et de décision.

Au lieu de tendre le bras à sa mère pour entrer avec elle dans le vestibule, où Mlle de Puylaurens les attendait par peur des courants d'air, il resta à la portière de la calèche pour aider le père Élysée, dont elle aperçut la tête tondue entourée d'une étroite couronne de cheveux gris; bientôt le capuchon du froc brun du moine parut, puis le moine lui-même ceint de sa corde. C'était le premier franciscain qu'elle voyait; elle fut toute surprise qu'il eût les pieds nus dans des sandales. Il descendit lourdement, s'appuyant sur les deux bras de son ancien élève.

Alors c'était là son mari, ce jeune homme! Eh bien, sa tante avait raison de trouver que c'était une drôle d'idée de se marier. Comme tous les hommes qu'elle voyait lui paraissaient mal, ou niais, ou prétentieux, ou nuls, ou durs, les blonds fades, les bruns vulgaires, les châtains sans caractère, les maigres décharnés, les gras soufflés, les petits comiques, les grands gauches ! Il n'y en avait qu'un à qui elle revenait toujours pour lui trouver les qualités qui manquaient aux autres. Il n'était ni trop gras ni trop maigre, celui-là, ni trop petit ni trop grand ; il était de la couleur qu'on devait être, il avait les qualités qu'on doit avoir, c'est-à-dire qu'il les avait toutes.

Elle resta dans sa chambre jusqu'au moment où sa tante la fit prévenir de descendre. Ce fut sans embarras qu'elle entra dans le salon où tout le monde était réuni. Pourquoi prendre souci de ces gens ? C'était comme si elle paraissait devant son ancien public, à une représentation qu'elle donnait. D'ailleurs eût-elle été gênée, qu'elle se fût fait violence pour se montrer aimable. Ce n'était pas parce qu'elle ne voulait pas de ce mari qu'elle devait peiner sa tante.

S'il n'était pas ridicule, au moins était-il étrange. Ainsi il ne parlait qu'après que sa mère avait commencé. Alors il semblait que c'était un couplet qu'il achevait et qu'il devait débiter, les yeux attachés sur le père Élysée, comme si celui-ci avait été son chef d'orchestre. Et cela était d'autant plus sensible qu'à certains moments le franciscain se posait un doigt sur les lèvres, et alors le comte de Javerlhac se taisait brusquement, sans même achever sa phrase, que sa mère finissait, mais pour arriver à une conclusion autre que celle pour laquelle il avait paru partir.

Le seul convive étranger était le doyen, qui fut placé à la droite de Mlle de Pulaurens, tandis que le franciscain occupait la gauche. Pour Geneviève, on lui donna pour voisins la mère et le fils.

Dégagée de toute crainte sérieuse quant à l'avenir, elle eut la gaminerie de vouloir voir ce qu'il y avait dans ce « charmant garçon », comme si c'était un bébé mécanique dont on lâchait et dont on arrêtait le ressort pour le faire parler et le faire taire à volonté. Mais il ne lui fut pas facile, comme elle se l'était imaginé, de l'entraîner dans une conversation particulière. C'était sa mère qui lui donnait la parole, c'était le père Élysée qui la lui coupait ; les autres n'en avaient pas le secret.

D'ailleurs Mme de Javerlhac paraissait aussi, de son côté, vouloir voir ce qu'il y avait en elle, en la faisant causer tantôt sur un point, tantôt sur un autre, un vrai interrogatoire, mais un interrogatoire dirigé par une femme du monde, qui mettait autant de bonne grâce que d'amabilité dans ses questions posées d'une voix douce et avec des sourires caressants, ce qui ne l'empêchait nullement d'obtenir les réponses qu'elle voulait et d'apprendre ce qu'elle tenait à savoir.

Ainsi occupée et distraite, elle ne put s'adresser au jeune comte aussi souvent qu'elle l'aurait voulu, ni engager avec lui des entretiens qui l'auraient obligée à montrer où il cachait son grand ressort. Cependant, comme elle était maîtresse d'elle-même et sans aucune émotion, puisqu'elle n'avait rien à cacher et qu'elle ne tenait pas davantage à plaire, elle put au moins l'observer, et ce qui la frappa, ce fut la surveillance et l'autorité que le père Élysée exerçait sur lui, à ce point qu'il n'osait pas laisser remplir son verre sans en demander auparavant la permission au père, qui la donnait en inclinant légèrement sa tête rasée ou qui la refusait en levant l'index. Pour parler, c'était la même chose que ce qu'elle avait remarqué au salon : sa mère commençait, il continuait, et le père le surveillait, le laissant aller ou l'arrêtant. Quand elle parvenait à échapper à Mme de Javerlhac pour l'interroger directement, le comte ne répondait jamais sans avoir auparavant regardé le père pour lui demander s'il pouvait parler ou s'il devait se taire.

Et c'était là un modèle accompli sous tous les rapports : l'instruction, la douceur, la distinction, et il avait vingt-trois ans !

Alors pensant à cela, il y avait des moments où elle gardait le silence, réfléchissant, sans qu'on pût tirer d'elle un mot, sans qu'elle pensât à manger ou à boire. Vingt-trois ans ! vingt-trois ans ! se répétait-elle ! A quel âge marcherait-il donc tout seul ?

Quand elle était toute petite encore, elle avait eu un superbe polichinelle que sa tante lui avait donné précisément, et longtemps il leur avait servi de jouet à Odile et à elle : on le suspendait à une barre sur le balcon; Odile de son côté prenait à travers la grille de séparation les fils qui faisaient mouvoir la tête, les yeux et la mâchoire; elle, de son côté, prenait ceux qui mettaient en mouvement les bras et les jambes, et alors elles lui faisaient exécuter des grimaces d'autant plus drôlatiques que celles de la tête étaient en opposition avec celles des jambes. Eh bien, par une association d'idées qu'elle ne pouvait écarter, « le charmant jeune homme », tiraillé entre sa mère et son ancien précepteur, lui rappelait si bien son polichinelle qu'elle en riait toute seule. Et cependant il avait vraiment l'air d'un bon garçon.

Pendant la soirée, il fut autre cependant que ce qu'il avait été pendant le dîner. Elle s'était mise au clavecin, et ensuite elle avait joué sur un orgue, que sa tante lui avait donné en ces derniers temps, quelques morceaux de musique religieuse, notamment le chœur du *Judas Macchabée* de Hændel. Alors c'avait été Mme de Javerlhac qui avait commencé à la complimenter; mais brusquement son fils avait pris la parole et sans regarder sa mère ni le père Élysée, il s'était exprimé bravement, disant ce qu'il avait à dire, avec feu, en homme qui sent et que son émotion entraîne, la louant avec un enthousiasme intelligent, non avec des paroles de banale politesse. Vainement le franciscain avait levé son doigt plusieurs fois : il avait été jusqu'au bout.

X

Les invités de Mlle de Puylaurens ne restèrent qu'un jour à Cordes ; ils partirent le lendemain après le déjeuner.

Geneviève s'attendait à ce qu'il fût bientôt question d'eux. En effet, comme elle allait, selon son habitude, se mettre à faire de la musique, sa tante l'appela près d'elle.

— Nous avons à causer, dit-elle, viens là.

Et comme Geneviève arrivait à cet appel :

— Ferme la porte, dit Mlle de Puylaurens, qui s'était installée dans son fauteuil, il est inutile qu'on entende ce que nous avons à dire.

La porte poussée, Geneviève vint s'asseoir près de sa tante, devant une fenêtre fermée exposée en plein midi, où il faisait une chaleur de serre.

Ce n'était point l'habitude de Mlle de Puylaurens de procéder par des ménagements ou par des détours ; ayant toujours eu la liberté et la fortune, elle allait droit, sans souci d'autre chose que de ce qu'elle voulait dire ou voulait savoir.

— Comment trouves-tu le comte de Javerlhac ? demanda-t-elle.

Geneviève se croyait si bien certaine de n'avoir rien à craindre de Mme de Javerlhac et de son fils, qu'elle ne trouva pas utile d'affirmer durement l'effet drôlatique qu'il avait produit sur elle. A quoi bon peiner sa tante qui, bien certainement, avait de l'estime pour eux, et peut-être même de l'amitié ?

— C'est un beau garçon, répondit-elle.

— N'est-ce pas ? Mais la beauté du corps est peu de chose, c'est celle de l'âme qui est tout ; et le père Élysée, qui avait charge de cette âme, en a fait le modèle de toutes les vertus. C'était pour Mme de Javerlhac une lourde responsabilité d'élever son fils quand elle se trouva veuve. Son mari était une nature violente qui avait fait toutes les folies, même celle de compromettre sa fortune. Il était à craindre que le fils n'eût hérité du père et le continuât. Ce danger imposait à Mme de Javerlhac des devoirs d'autant plus impérieux que cet enfant était le dernier représentant d'une des familles les plus nobles et les plus pieuses de notre Midi. Un Javerlhac était lieutenant de Montluc à la défense de Sienne ; ce fut à un Javerlhac que Louis de Bourbon se rendit pendant la bataille de Jarnac, au moment où Montesquiou se jetait sur le prince pour le tuer. La divine Providence permit qu'elle rencontrât le père Élysée et qu'elle reconnût les grands mérites de celui-ci. Elle lui donna son fils, et à eux deux, la mère et le précepteur, ils ont fait le jeune homme accompli que tu viens de voir : il n'a jamais quitté sa mère.

— Ça se voit, dit Geneviève en souriant.

— Tu le trouves un peu timide ; ne t'en plains pas, mon enfant. Je dis ne t'en plains pas, car tu es trop fine pour n'avoir pas vu en lui un futur mari. Aussi ce que tu viens de me répondre, quand je t'ai demandé comment tu le trouvais, me remplit de joie.

Geneviève laissa échapper un geste sur le sens duquel Mlle de Puylaurens se méprit.

— Tu es étonnée, je le vois, dit-elle, que je te propose un mari maintenant après avoir si souvent affirmé devant toi mes opinions sur le mariage, l'enfer des femmes. Il faut d'abord que tu te rappelles que tu m'as dit que tu désires te marier, et si cela n'a pas changé mes idées, au moins cela a-t-il changé mes projets sur toi. Je m'étais flattée que tu me continuerais et que, comme moi, tu mettrais ta liberté et ta dignité de femme au-dessus de tout, et qu'avec la fortune que je te laisserai tu n'aurais pas peur de rester vieille fille. Mais notre conversation à ce sujet m'a montré que tu ne sentais pas comme moi là-dessus. Je tiens à mes idées, mon enfant, à mes sentiments, et j'ai le détestable orgueil, je m'en confesse, de croire que je suis dans le vrai; mais enfin, et j'en remercie Dieu, je n'ai jamais la présomption de vouloir convaincre les autres. D'ailleurs, en dehors de toi comme en dehors de moi, il y a des raisons qui rendent ton mariage nécessaire, qui l'imposent.

Il ne pouvait pas déplaire à Geneviève qu'il y eût des raisons qui rendissent son mariage nécessaire :

— Quelles raisons, ma tante? demanda-t-elle.

— Tu sais que je veux que tu gardes ma fortune et qu'elle ne puisse pas fondre entre tes mains, soit par mauvaise administration, soit par générosité. Eh bien, il n'y a pour cela, paraît-il, qu'un moyen sûr, c'est que je te la constitue en dot, attendu qu'une femme mariée ne peut pas disposer de sa dot. Il ne faut pas croire, ma petite fille, que je prends des mesures contre toi, en mettant ces conditions à la donation de ma fortune. J'en prends contre ton père, contre tes frères, qui te ruineraient, et rapidement, si tu avais la liberté de leur donner ce qu'ils te demanderaient. Voilà les raisons pour lesquelles je me suis décidée à te marier. Ce sont elles aussi qui m'ont fait penser au jeune comte de Javerlhac. J'avais eu autrefois des relations d'amitié avec sa mère, qui est une sainte et digne femme. Je connaissais le père Élysée, ses mérites, ses vertus. Et le souvenir que j'avais gardé du jeune homme me rappelait précisément ce que tu m'as dit; qu'il était un beau garçon, et il paraît que, pour une petite fille de ton âge, c'est un point capital puisque c'est le mot dont tu t'es servie pour le qualifier.

Pendant que sa tante parlait, Geneviève l'écoutait avec distraction. Peu sensible à ce qu'étaient comme à ce qu'avaient été les Javerlhac; à celui qui avait accompagné Montluc à Sienne, comme à la sainte et digne femme qui était la mère du polichinelle, elle ne pensait qu'à Ernest. Puisque sa tante tenait maintenant si fort à la marier, et cela pour des raisons qui faisaient violence à ses idées tant elles étaient impérieuses à ses yeux, n'était-ce pas le moment d'avouer son amour? Il fallait un mari, eh bien! elle en avait un, un qu'elle aimait, qui l'aimait, et le plus beau, le plus doux, le plus tendre, le plus intelligent, le meilleur.

Ne devait-elle pas saisir cette occasion qui semblait véritablement providentielle? Ce serait de la lâcheté d'attendre. Et puis attendre quoi d'ailleurs? Sans doute, sa tante paraissait tenir à son Javerlhac, ce modèle accompli, et quand elle entendrait parler d'un homme qui écrivait dans les journaux et qui travaillait pour le théâtre, elle pousserait les hauts cris. Mais n'était-il pas à croire que la nécessité ferait taire sa résistance et que le désir de voir sa nièce mariée l'emporterait sur tout? D'autre part, n'était-il pas à croire aussi que sa bonté et son affection se laisseraient toucher? Elle devait donc parler; elle le devait pour elle, et, mieux encore, elle le devait pour lui.

Cependant il convenait de laisser sa tante achever l'éloge de son jeune homme charmant.

— Si tu as été sensible à son mérite de beau garçon, continua Mlle de Puylaurens, tu comprends que cela n'était pas suffisant pour me déterminer. Sans doute, c'est quelque chose, et même j'admets que ce puisse être beaucoup pour une jeune fille. Mais, pour moi, il avait d'autres qualités : son éducation religieuse, sa piété, et enfin, ce qui pour moi est une condition essentielle, sa naissance. Il fallait un nom digne du tien, et si les Javerlhac ne remontent pas aussi haut que les Mussidan et les Puylaurens, ta noblesse cependant peut s'allier à la leur.

Cela ferma la bouche à Geneviève. Comment parler de Faré, au moment même où sa tante lui disait que le descendant de Javerlhac, qui fut lieutenant de Montluc à Sienne, n'était pas suffisant pour une Mussidan? Ne serait-ce pas courir un trop gros risque? Ne valait-il pas mieux simplement dire que ce futur mari ne lui plaisait pas et qu'elle ne l'accepterait jamais? Quand sa tante verrait qu'elle était bien décidée à refuser, malgré tout, M. de Javerlhac, il pourrait être question d'Ernest. Alors il y aurait à voir qui l'emporterait chez sa tante, ou de son désir de la marier, ou de ses exigences nobiliaires.

— Il faut que tu saches, continua M¹¹ᵉ de Puylaurens, ce que déjà tu sais peut-être d'ailleurs : c'est que tu as produit sur lui une impression foudroyante. Il m'a dit que tu étais une créature séraphique, sainte Cécile elle-même. Quant à la mère, elle est ravie, elle t'aime déjà, elle te considère déjà comme sa fille.

Geneviève ne pouvait pas laisser aller sa tante plus loin, et, si peinée qu'elle fût d'infliger une déception à ses espérances et à sa joie, il fallait qu'elle dît nettement qu'elle ne voulait pas de M. de Javerlhac.

— Mais lui ne me plaît pas, ma tante, dit-elle avec une douce fermeté.

— Tu viens de me dire que tu le trouves beau garçon.

— Qu'importe cela ? Je ne le connais pas.

— Tu le connaîtras.

— Il ne me plaît pas.

— Il te plaira.

— Jamais.

— Comment jamais ! Et pourquoi ?

— Mais c'est un enfant, un petit garçon : sa mère et son précepteur tiennent ses lisières.

— Voudrais-tu que ce fût un hussard ?

Il fallait qu'elle dît quelque chose et qu'elle donnât des raisons pour justifier son refus.

— Je voudrais que ce fût un homme, dit-elle. Si vous saviez, ma chère tante, comme je suis désolée de vous peiner ; mais je ne peux pas vous dire que M. de Javerlhac me plaît quand il ne me plaît pas.

— Je n'admets pas qu'il te déplaise.

— Mais, ma tante...

— Je ne veux pas dire que je te refuse le droit de trouver que tu peux l'aimer ou ne pas l'aimer ; mais seulement que je n'admets pas que tu me dises qu'il ne te plaît pas, quand tu viens de m'avouer toi-même, à l'instant, que tu ne le connais pas. Je comprends jusqu'à un certain point que sa tenue t'ait surprise ; élevé comme il l'a été, il ne doit point ressembler aux jeunes Parisiens que tu as pu rencontrer, mais ses qualités sont réelles, et pour les apprécier il n'y a qu'à les connaître. C'est là ce que je te demande avant de me répondre : « il ne me plaît pas ». Il reviendra soit seul, soit avec sa mère; tu le verras, tu l'étudieras. Songe qu'il y a toujours un peu d'embarras et même de la gaucherie dans une présentation. Remarque aussi qu'il n'a que vingt-trois ans et qu'il ne faut pas lui demander l'aisance et l'aplomb d'un homme de trente ans. Enfin, mon enfant, réfléchis au triste état de ma santé, aux inquiétudes que cet état m'impose pour ton avenir. Et, quand tu auras pesé tout cela tu me répondras, non avant. Jusque-là je ne te parlerai plus du jeune comte, et je n'ai plus qu'un mot à te dire à son sujet : tu feras mon bonheur et tu assureras mon repos si tu l'acceptes pour mari.

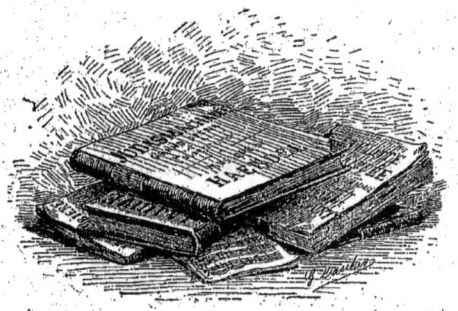

XI

Geneviève n'avait pas imaginé qu'il pût être difficile de se débarrasser de son polichinelle; il ne lui plaisait pas, elle le déclarait à sa tante, et c'était fini.

Mais quand Mlle de Puylaurens lui eut expliqué pour quelles raisons elle tenait à la marier, et pour quelles raisons aussi elle avait choisi M. de Javerlhac, elle comprit que les choses n'iraient pas avec cette simplicité; il faudrait se défendre, et ce qui était plus pénible encore, se défendre contre sa tante, si bonne et si affectueuse. Le polichinelle n'était rien; sa tante était tout. Quel serait le résultat de cette lutte?

Un autre sujet de préoccupation pour elle était de savoir si elle devait parler dans ses lettres de ce mariage projeté. Pour sa mère cela n'avait pas grande importance, et même valait-il mieux peut-être ne lui en rien dire. Mais pour Ernest cela ne serait-il pas terrible? Elle avait vu combien les projets du marquis d'Arlanzon l'avaient rendu malheureux. Que n'imaginerait-il pas à deux cents lieues de distance, ne sachant pas ce qui se passait, ne connaissant pas le comte de Javerlhac! Sa vie ne serait-elle pas une inquiétude sans repos? Ne souffrirait-il pas tous les tourments de la jalousie sans qu'elle pût le rassurer, le consoler d'un mot tendre?

Évidemment, cela n'était pas possible; ce serait de la cruauté de sa part de lui imposer un pareil supplice.

Elle devait donc ne rien dire à sa mère. Mais parce qu'elle ne dirait rien, cela ne ferait pas que pendant un certain temps M. de Javerlhac ne viendrait pas au château. Ernest pouvait apprendre ces visites. Comment? Elle n'en savait rien; mais quand ce ne serait que par les lettres de Ceydoux à son père. Alors, quelles seraient ses angoisses : on ne lui disait rien, on lui taisait la vérité; n'était-ce pas la preuve que ce qu'on lui cachait était criminel.

Et en réalité cela le serait; au moins son silence.

Elle parlerait donc, mais pour lui seulement; elle lui écrirait. Il y avait longtemps déjà qu'elle voulait le faire. Et même bien souvent elle avait eu des remords de ne l'avoir pas osé. Maintenant il n'y avait pas à différer, il fallait écrire; et quand elle aurait écrit, il fallait trouver un moyen de faire porter sa lettre sans l'exposer à être confisquée par Adélaïde ou par Ceydoux, si elle la confiait à celui-ci. Pourquoi ne trouverait-elle pas une heureuse chance, quand elle sortait avec sa tante ou même quelquefois avec Buvat? En tout cas, le moyen d'en profiter c'était d'avoir sa lettre toute prête dans sa poche :

« Ernest, cher Ernest, ma tante veut me marier. N'est-ce pas
« vraiment une fatalité! Tout le monde me trouve des maris. Après
« le vieux marquis, un jeune comte.

« Je suis désolée, humiliée, car je voudrais qu'aucun homme
« autre que vous pût penser à moi, et je trouve abominable que,
« dans ces combinaisons de famille, on m'unisse à quelqu'un qui
« n'est pas vous. Maintenant que j'ai la pensée que par un étranger
« vous pouvez connaître les intentions de ma tante et savoir qu'un
« jeune homme est reçu ici et à quel titre, rien ne peut m'arrêter;
« c'est moi, votre fiancée, qui dois vous apprendre ce qui vous
« menace et en même temps vous rassurer. Ne vous effrayez donc
« pas, cher Ernest. Ma tante est une sainte et ne peut pas poursui-
« vre une idée qui doit faire mon malheur. Je ne dis pas qu'il me

« sera facile de l'amener à abandonner son projet. Je mettrai pour
« la gagner à nos désirs toute la persévérance, toute la volonté,
« toute la ténacité possibles. Vous m'aiderez de votre expérience
« et de vos conseils; vous me soutiendrez.

« Vous avez compris que je veux vous voir. Oui, ici; dix minu-
« tes, cinq minutes; mais je vous aurai vu et j'aurai pris du cou-
« rage pour longtemps. Pensez que depuis que je vous ai quitté,
« j'ignore tout de vous; pas de journaux de Paris, pas de lettres,
« excepté celles de maman. Alors, le soir, quand je suis seule, je
« reste de longues heures à rêver, à imaginer le possible et l'im-
« possible. Par ces chaudes nuits d'été, je m'assieds à la fenêtre et,
« les yeux tournés vers Paris, je traverse l'espace, je suis avec
« vous. Pense-t-il à moi? M'aime-t-il? N'est-ce pas l'heure où il
« travaille pour nous? Ne joue-t-on pas en ce moment une œuvre
« de lui? N'est-il pas applaudi, triomphant, célèbre? J'ai des émo-
« tions qui me font trembler comme si j'étais au théâtre écoutant
« votre pièce, regardant vos acteurs, épiant les impressions de vo-
« tre public. Je me sens ivre de joie ou je pleure comme si vous
« ne m'aimiez plus. Ce n'est pas de doute, cher Ernest; j'ai l'in-
« quiétude de l'ignorance. Ah! le lendemain, comme je guette
« l'arrivée du facteur, comme je cours au-devant de lui. Maman a
« dû m'écrire sous votre dictée; vous avez dû m'envoyer des jour-
« naux qui m'annoncent enfin qu'un grand succès vous permet de
« me demander à mon père. Je suis joyeuse, j'ai confiance; mais
« rien; rien qu'un journal du pays. C'est avec dépit que je le par-
« cours, quoique soutenue encore par le vague espoir d'y lire votre
« nom. Un grand succès, un succès comme celui que vous devez
« avoir n'éclate-t-il pas de telle sorte que tout le monde doit crier
« votre gloire?

« Ce jour viendra, n'est-ce pas, et je serai enfin votre femme,
« et si fière, si heureuse! Peut-il être une joie plus grande que de
« porter le nom d'un homme qu'on admire?

« C'est pour être une femme digne de vous que je me pénètre de
« vos idées et que je m'applique depuis que je suis ici à retrouver
« dans ma mémoire des phrases entières de nos longues causeries,
« dans lesquelles vous avez dit vos goûts, vos tendances, vos désirs
« que je veux partager. Je me prépare au bonheur ainsi, et il ne
« faut rien moins que cette chère occupation pour me faire accep-

« ter sans découragement une existence qui m'éloigne de ce que
« j'aime.

« Mais je vais vous voir, n'est-ce pas, car il faut que nous nous
« entendions sur ce que je dois faire, sur ce que je dois dire pour
« résister à ma tante sans la fâcher et de façon à pouvoir l'amener
« à consentir à notre mariage? je serai si heureuse qu'elle vous
« prenne en amitié et que vous l'aimiez comme elle le mérite!

« J'ai beaucoup réfléchi aux moyens que nous pourrions em-
« ployer pour passer quelques instants ensemble et je n'en ai
« trouvé qu'un, non pas qu'il offre toute sécurité, mais enfin à la
« rigueur il me paraît possible.

« Il faut que vous sachiez, si vous ne le savez déjà (en tous cas
« vous devez le présumer), il faut que vous sachiez que je n'ai au-
« cune liberté. Quand je sors, c'est pour accompagner ma tante;
« quand je reste au château, je suis entourée de domestiques, et
« tout particulièrement surveillée par une femme de chambre, mon
« ennemie, qui espère toujours me prendre en faute. Cependant je
« peux me promener dans le jardin, et aux heures de la chaleur
« du jour, j'ai de grandes chances pour y trouver la solitude. Les
« domestiques de ma tante, fatigués par la température qui règne
« dans le château, cherchent le frais dans une petite cour inté-
« rieure, et les jardiniers font la sieste ou ne font rien. De une
« heure à trois heures je suis à peu près libre, et souvent j'en
« profite pour aller m'asseoir dans un petit bois de magnolias au
« bord de la rivière, où je reste à rêver. — A qui? Faut-il que je
« vous le dise? Non, n'est-ce pas? Vous le savez, vous le sentez.

« C'est donc à ce moment que nous pouvons échanger quelques
« mots. Pour cela il faut que vous veniez dans la prairie qui joint
« immédiatement le château. Vous pourrez vous installer là, sans
« attirer l'attention des curieux, soit en pêchant à la ligne, soit en
« faisant un croquis. Quand vous me verrez paraître sous les ma-
« gnolias, vous n'aurez qu'à descendre dans le lit de la rivière dont
« les eaux sont basses, et vous pourrez ainsi arriver jusqu'au mur
« de soutien du jardin de ma tante.

« Peut-être trouverez-vous cela un peu compliqué et dange-
« reux; cependant c'est possible, car c'est ainsi que le vieux Cey-
« doux, ce prêtre défroqué dont vous nous avez entendu parler, a
« trouvé moyen de venir me donner des conseils à propos de l'hé-

« ritage de ma tante, — que je n'ai pas du tout suivis, comme vous
« devez bien le penser. Ce qu'il a fait, vous le ferez bien mieux
« que lui.

« Quatre jours après que cette lettre sera partie, — ce qui aura
« lieu je ne sais quand, — je commencerai à me trouver dans le
« jardin à une heure, vous attendant.

« A bientôt. »

Cette lettre écrite, elle n'avait plus, pour la mettre à la poste, qu'à saisir la bonne chance sur laquelle elle comptait. Mais elle ne se présenta point, cette bonne chance. Sa tante, bien portante en ce moment, alla tous les matins à la messe. Dans leurs promenades, elle ne passa jamais près d'une boîte de façon à y jeter sa lettre, qu'elle portait toujours dans la poche de sa robe, et dont elle changeait l'adresse chiffonnée et fripée tous les soirs.

N'aurait-elle donc écrit que pour elle ?

Elle en avait la fièvre d'impatience et elle s'accusait de maladresse.

Enfin elle se dit que ce n'était pas sur une bonne chance qu'elle devait compter, mais sur elle-même, sur elle seule.

Un matin, pendant que sa tante recevait ses clients ordinaires dans la maison de Guillaume de Puylaurens, elle s'installa à une table et ostensiblement elle se mit à écrire.

— Que fais-tu là, petite ? demanda Mlle de Puylaurens.

— J'écris à maman.

C'était vrai. Sa lettre écrite, elle profita d'un moment où sa tante était en conférence avec un paysan et elle sortit, sa lettre à la main.

— Mademoiselle veut-elle que j'aille mettre sa lettre à la poste ? demanda Papaillau.

— Non, merci ; ma tante va avoir besoin de vous.

Et elle courut jusqu'à la boîte, où, toute tremblante, elle jeta non seulement sa lettre à sa mère, mais encore celle à Faré.

XII

C'était le lendemain que Mme de Javerlhac et son fils devaient venir à Cordes. Ils arrivèrent, comme la première fois, accompagnés du franciscain sans lequel, décidément, ils ne pouvaient point faire deux pas.

Mlle de Puylaurens était assurément la femme la moins coquette du monde, et c'était bien à propos de la toilette qu'elle pouvait justement dire : « En quoi ne suis-je pas un homme ? » Cependant elle avait eu l'idée que sa petite-nièce n'était peut-être pas assez riche en robes, et elle lui en avait commandé une à Toulouse, par lettre et en ces quelques lignes qui montrent comment elle entendait l'élégance : « Faites-moi, d'après le corsage et la longueur de juge que je vous envoie, une robe suffisamment habillée pour un dîner, modeste et décente cependant ; c'est pour ma nièce, âgée de quinze ans ; je m'en remets à vous pour l'étoffe, la couleur, la forme, le prix. » Et la couturière de Toulouse avait envoyé une robe de surah blanc avec des garnitures en moire rubis, ce qui avait renversé Mlle de Puylaurens :

— Décent le rubis, décent ! s'était-elle écriée.

Cependant Geneviève ayant trouvé la robe jolie, Mlle de Puylaurens ne l'avait pas renvoyée comme elle en avait eu tout d'abord l'intention.

En arrivant, Mme de Javerlhac embrassa Geneviève, et le jeune comte, après être resté un moment en admiration devant elle, s'avança la main tendue comme pour la lui donner, ce qu'il n'osa pas faire cependant, devant un regard de son précepteur qui l'arrêta net.

Le dîner et la soirée furent ce qu'avaient été le dîner et la soirée de la première visite. Comme la première fois, elle fut placée entre la mère et le fils, et comme la première fois aussi, Mme de Javerlhac lui posa toutes sortes de questions sans que le jeune comte pût trouver l'occasion de parler ; mais s'il ne lui dit que peu de choses, par contre il la regarda beaucoup ou pour mieux dire il ne la quitta pas des yeux, malgré les signes que le franciscain, qui voyait son attitude inconvenante, lui adressait à chaque instant. Quand, après dîner, on la fit mettre à l'orgue, il vint s'asseoir près d'elle, mais non à côté, en face, et il resta là recueilli, absorbé dans une muette admiration, ne répondant ni à sa mère, ni à son précepteur, ne parlant que pour la complimenter avec feu et avec une émotion qui le rendait tremblant.

Elle avait cru que, comme la première fois, ils repartiraient le lendemain ; mais en entendant parler d'une promenade à la Commanderie de Vaour, où Mlle de Puylaurens voulait montrer à ses hôtes le donjon en carré barlong qui est un monument du XIIIe siècle, elle vit qu'elle s'était trompée et qu'elle aurait encore à subir les conversations de la mère et les regards du fils pendant une journée au moins. Tout d'abord elle en fut dépitée, puis après réflexion elle se dit qu'il valait mieux qu'il en fût ainsi : si elle laissait ce jeune muet la regarder avec ces yeux passionnés, il pourrait s'imaginer qu'elle était touchée de son admiration, et elle ne voulait point que cela fût. C'était, croyait-elle, une sorte de trahison envers Ernest ; pendant cette journée, dans cette promenade elle trouverait bien sans doute l'occasion d'être seule quelques instants avec lui et de lui faire connaître ses sentiments.

Elle n'eut pas à attendre la promenade ; le matin, avant le déjeuner, elle l'aperçut dans le jardin, et alors elle descendit pour le rejoindre.

Pendant le temps qu'elle avait mis à venir de sa chambre, n'osant pas courir de peur d'attirer l'attention, il s'était enfoncé dans le jardin et elle le vit prendre l'allée circulaire qui conduit au bois de magnolias. Alors elle suivit l'autre bras, de façon à le croiser à un certain moment.

Quand il l'aperçut venant vers lui, il s'arrêta stupéfait ; elle hâta le pas, car il se trouvait justement à une courte distance de l'endroit où elle avait dit à Ernest qu'elle l'attendrait, et il lui plaisait que ce fût là que fût tranchée la question de ce mariage, comme si en parlant, elle devait avoir celui qu'elle aimait devant les yeux.

Elle ne tarda pas à le rejoindre, car après le premier mouvement de surprise, il avait repris sa marche, venant vers elle, tandis qu'elle venait vers lui ; mais tout en avançant elle se demandait si elle allait pouvoir lui ouvrir les lèvres et le décider à parler. A la vérité pourvu qu'elle parlât elle-même, cela suffirait seulement si au lieu d'un muet, elle avait un interlocuteur devant elle, sa tâche serait singulièrement simplifiée. Après tout elle n'avait que deux mots à lui dire : « Comme je ne vous aime pas, je ne serai jamais votre femme. »

Bravement elle alla à lui, tandis que non moins résolument il venait à elle, et tous deux en même temps ils prirent la parole :

— Je suis vraiment heureuse de vous rencontrer ici, monsieur.

— C'est pour moi un bonheur inespéré de vous trouver seule dans ce jardin, mademoiselle.

Entendant cela, elle se tut, se disant que puisqu'il avait commencé, il valait mieux l'écouter que de prendre les devants pour qu'il répondît lui-même et engageât une discussion.

— C'est beaucoup que ma mère et Mlle de Puylaurens soient d'accord pour notre... mariage ; mais ce n'est pas assez, il faut que nous soyons d'accord nous-mêmes.

Il était tremblant, le visage pâle, les lèvres décolorées, ému, non seulement de ce qu'il avait à dire, mais encore troublé par l'attitude de Geneviève, qui n'avait rien de sympathique. Cependant il continua :

— Je ne vous apprends rien, mademoiselle, en vous disant que vous avez produit sur moi une impression.... que je suis impuissant à qualifier; mes regards, mon émotion, mon trouble, mon admiration vous l'ont révélée. Je vous avoue que quand ma mère m'a amené ici, je n'étais pas du tout disposé à l'admiration. Je savais qu'il s'agissait d'un mariage projeté entre elle et Mlle de Puylaurens, et il ne me convenait pas qu'on eût ainsi arrangé mon avenir sans moi. Mais je vous ai vue et j'ai ressenti l'émotion la plus profonde, la plus délicieuse que j'ai encore éprouvée; instantanément ma vie a été liée à la vôtre : je n'ai plus rêvé qu'à vous, vous avez empli mon souvenir et mon espérance, mon esprit et mon cœur; et ce mariage, dont je ne voulais pas avant de vous connaître, est devenu mon unique pensée du jour où je vous ai connue.

Plusieurs fois Geneviève avait voulu l'interrompre, car ce langage la blessait. Qu'on lui parlât d'amour, c'était un outrage à son amour; et, au lieu de regarder le jeune comte, elle tenait ses yeux fixés droit devant elle, au loin, dans la prairie, à l'endroit où Ernest serait dans quelques jours et où il était déjà pour elle. Elle ne s'était contenue que pour voir ce qui était arrangé entre Mme de Javerlhac et sa tante, et à quel point en étaient les choses. Ne fallait-il pas qu'elle le sût pour le dire à Ernest, de façon à préparer sûrement leur défense?

Mais cette affirmation d'espérances qui la révoltaient lui fit rompre le silence qu'elle s'imposait :

— Ce mariage est impossible, dit-elle.

Il fut décontenancé.

— Impossible, impossible? murmura-t-il.

Au lieu de voir le désespoir qu'il y avait dans cette exclamation, elle n'y vit qu'un doute.

— Impossible ! s'écria-t-elle d'un ton affirmatif.

Il fut un certain moment à se remettre.

— Certainement, dit-il enfin, je n'ai point la prétention d'avoir pu produire sur vous une impression comparable à celle que vous avez produite sur moi. Cela serait absurde et d'un orgueil qui n'est pas dans mon caractère...

— Eh bien, alors? interrompit-elle sèchement.

— Mon Dieu, mademoiselle, pardonnez-moi si je vous fâche...

— Vous ne me fâchez pas; vous me surprenez.

— Je vous surprends?

Elle était exaspérée par cette insistance; puisqu'elle lui avait dit que ce mariage était impossible pourquoi s'obstinait-il à ne pas comprendre?

— Vous me surprenez, dit-elle, par votre insistance; il m'avait semblé que ce n'était pas votre habitude de tant parler.

Il eut un moment de stupéfaction douloureuse; mais tout d'un coup il se remit et ce fut presque gaiement, au moins avec un entrain nerveux, qu'il répliqua :

— C'est donc cela qui vous a déplu en moi? Vous ne voulez pas d'un mari sans volonté qui n'ose élever la voix ni devant sa mère, ni devant son précepteur? Eh bien, vous avez joliment raison.

— Vous trouvez? dit-elle.

— Si vous saviez comment j'ai été élevé, vous comprendriez cette réserve, ou si le mot ne vous paraît pas juste, cette timidité. C'est l'effet d'une habitude prise, non du caractère. Plusieurs fois j'ai voulu échapper à cette tutelle. Je n'ai pas pu. Mais si j'avais une femme pour me soutenir, elle me donnerait la force de résister. Je m'appuierais sur elle, elle me défendrait contre ma propre faiblesse qui, dans une certaine mesure, est faite de tendresse pour ma mère et de respect pour mon précepteur. Et puis, si vous avez peur de subir cette influence et cette autorité, rassurez-vous.

Comme elle ne répondait rien, écoutant curieusement ces explications qui étaient une révélation de ce caractère, il crut qu'il l'avait touchée, et il se fit presque gai :

— Croyez-bien que j'en ai assez de l'existence recluse. Ce n'est pas cette existence-là que je vous offre. Une fois libres nous nous amuserons, et rondement. Ce que vous voudrez, je le voudrai. Vous me donnerez des idées; les vôtres seront les miennes. Ni Cordes, ni Javerlhac, mais Paris, ou bien Vienne, ou bien l'Italie, tout m'est égal; vous serez maîtresse.

Elle secoua la tête.

— Vous ne me croyez pas? Je vous donne ma parole.

— Je vous crois; mais je vous ai dit que ce mariage était impossible et je ne peux que vous le répéter : je ne l'accepterai jamais.

XIII

Le jeune comte était resté si complètement abasourdi que Geneviève avait pu s'éloigner sans qu'il pensât à lui dire un mot.

Mais au déjeuner et pendant la promenade à la Commanderie de Vaour, il s'était largement rattrapé. Ni les interruptions de sa mère, ni les signes du père Élysée ne purent lui fermer les lèvres; évidemment il avait à cœur de montrer qu'il n'était pas muet et qu'il savait se corriger de ce qui déplaisait en lui.

— Vous voyez, semblait-il dire à Geneviève, quand je suis soutenu je résiste : quand vous serez ma femme ce sera bien autre chose; et vous la serez, n'est-ce pas? vous reviendrez sur ce que vous avez dit?

Au reste, au moment du départ pour retourner à Javerlhac, il voulut préciser ses sentiments et ses espérances mieux que par des regards, si éloquents qu'ils fussent, et saluant Geneviève pendant que Mme de Javerlhac et le père Élysée s'installaient dans la voiture, n'attendant plus que lui pour partir :

— Et rondement, dit-il, je vous en donne ma parole.

Le père Élysée, qui entendit ce mot, se méprit sur son sens.

— Nous ne sommes pas en retard, dit-il.

Et, en homme prudent, il ajouta :

— Il est inutile d'aller trop vite, c'est ainsi que les accidents arrivent.

Mais Geneviève ne pouvait pas se tromper : ce n'était pas de la façon de faire le chemin qu'il s'agissait, mais de celle d'arranger leur vie quand ils seraient mariés : « Nous nous amuserons, et rondement. »

Pauvre garçon ! Décidément il n'était pas le niais qu'elle avait cru tout d'abord, et elle l'eût plaint s'il n'y avait pas eu dans cette manière de comprendre l'affranchissement quelque chose qui la choquait. Mais que lui importait le comte de Javerlhac ? Opprimé ou échappé, elle n'avait pas à prendre souci de lui ; elle avait mieux à faire, d'autres idées dans l'esprit, d'autres émotions dans le cœur.

Comme elle avait été bien inspirée de jeter sa lettre à la poste ! Maintenant elle était libre et il allait arriver.

Serait-ce le quatrième jour, comme elle l'avait demandé ? Peut-être était-ce beaucoup d'exigence de l'espérer. Il pouvait avoir des empêchements : être retenu par son journal, par ses pièces ; enfin il pouvait ne s'être pas trouvé à Paris pour recevoir sa lettre. Elle ne devait donc pas s'inquiéter si elle ne le voyait pas au jour dit dans la prairie ; mais elle devait être à son poste, l'attendant.

Elle dormit peu, cette nuit-là, et lorsque vers minuit elle se réveilla, il lui fut impossible de retrouver le sommeil : il allait venir, elle allait le voir. Au lieu de trouver le temps long il passa si vite qu'elle faillit être en retard pour accompagner sa tante à la messe ; pour la première fois depuis son arrivée à Cordes, ce ne fut pas elle qui donna à manger à la *Gloriette*, les croûtes du dîner.

— Tu t'es endormie ? dit Mlle de Puylaurens.

Elle avait horreur du mensonge, et quand elle ne pouvait pas répondre sincèrement elle se taisait.

— Non, j'ai rêvé éveillée.

Et Mlle de Puylaurens, qui crut comprendre ce qu'elle avait rêvé, se mit à sourire, se disant que décidément les choses allaient bien, — ce qu'elle avait prévu d'ailleurs. Comment eût-il pu en être autrement ? N'étaient-ils pas faits l'un pour l'autre ?

Plongée dans son livre de messe, Geneviève continuait son rêve, lorsque son attention fut éveillée par un bruit de pas qui retentissait sur les dalles de l'église. Assurément ce n'était pas un habitant de la ville qui marchait ainsi avec cette lenteur et cette hésitation, s'arrêtant, se reprenant ; quand on arrivait en retard à la messe, on se hâtait discrètement.

Elle leva les yeux, et n'apercevant pas celui qui faisait ce bruit, elle tourna la tête à demi.

Lui ! C'était lui !

Elle reçut une telle secousse que son livre lui échappa des mains et tomba sur le prie-Dieu, d'où il roula sur les dalles avec un bruit argentin produit par le choc du fermoir et des coins sur les pierres, qui résonna dans toute l'église.

— T'endors-tu ? demanda Mlle de Puylaurens.

— Oh ! non, ma tante, non.

Mais Mlle de Puylaurens, un court moment distraite par ce tapage, était déjà toute à la messe.

Geneviève put de nouveau lever les yeux sur Faré, qui, ayant fait quelques pas en avant, ne se trouvait plus qu'à une courte distance, très occupé, en apparence, à étudier un détail d'architecture ; leurs regards s'unirent ; ils oublièrent tout, le lieu où ils se trouvaient, ceux qui les entouraient.

Un mot de Mlle de Puylaurens rappela Geneviève à elle.

— Tu as quelque chose, décidément.

— Mais non, ma tante, rien.

Heureusement, Faré avait vu le mouvement de Mlle de Puylaurens, et il avait repris sa marche, de sorte que, lorsque celle-ci regarda autour d'elle, ce qui ne lui était peut-être jamais arrivé, elle ne remarqua rien d'extraordinaire ; ce n'était pas la première fois qu'un promeneur, un curieux entrait dans l'église pendant l'office.

Après la messe, elles se rendirent, comme de coutume, à la maison de Guillaume de Puylaurens, et pendant que sa tante recevait au rez-de-chaussée les personnes qui avaient affaire à elle, Geneviève monta au premier étage et, ayant ouvert une des fenêtres géminées, elle se pencha en avant pour regarder dans la rue ; par ses lettres il devait savoir qu'elles venaient tous les matins dans cette maison, et bien certainement elle allait le voir passer.

En effet, il ne tarda par à arriver ; mais au lieu de passer, comme elle avait cru, il s'installa devant la maison et, tirant de sa poche un de ces petits albums recouverts en toile grise qui servent aux peintres en voyage pour prendre des croquis, il se mit à dessiner la maison, ou tout au moins à promener son crayon sur le papier, comme s'il dessinait. Mais, en réalité, ce n'était ni pour l'attique de cette curieuse façade qu'il avait des yeux, ni pour ses fenêtres en cintre trilobé, ni pour ses bas-reliefs, c'était pour l'apparition qui se montrait au milieu des vitraux sombres dans son cadre en pierre, légèrement penchée vers lui, souriante, tremblante, transfigurée par la joie.

Ils ne pouvaient point parler ; mais que se seraient-ils dit de plus que ce que leurs yeux exprimaient ? quelles paroles eussent eu plus d'éloquence que leurs regards ? qu'eussent-elles ajouté à leur bonheur ?

Malheureusement la rue n'était point déserte ; il passait des gens de temps en temps, d'autres étaient sur leurs portes ; et, quoique ce soit chose ordinaire à Cordes que de voir des artistes ou des antiquaires dessiner un des vieux hôtels ou un coin de rue pittoresque, on examinait curieusement ce jeune homme qui avait les yeux plus souvent levés sur la maison de Mlle de Puylaurens que baissés sur son papier, — ce qui était une étrange façon de faire un croquis ; alors on cherchait ce qui retenait si fixement son attention et l'on apercevait Geneviève.

Tant que ceux qui la regardaient furent des gens qui n'étaient pas en relation avec sa tante, elle ne s'inquiéta pas d'eux ; mais ayant vu venir le docteur Azéma, elle dut quitter la fenêtre ; après le médecin, ce fut le curé, alors elle dut la fermer. Cependant elle ne se retira pas ; mais, debout, derrière les vitraux, elle resta à le regarder. S'il pouvait à peine la distinguer, au moins il la savait là, et elle, de son côté, le voyait la tête levée vers elle, seulement elle le voyait tout en rose.

Elle ne quitta cette place que lorsqu'elle entendit sa tante l'appeler du bas de l'escalier ; alors elle rouvrit la fenêtre et, portant ses doigts à ses lèvres, lui envoya un baiser; puis elle descendit en courant.

— Où donc étais-tu ? demanda la tante.
— Dans la chambre de Guillaume de Puylaurens.
— Ah !

Et elle ne poussa pas son interrogatoire plus loin.

Quand elles sortirent, la rue était déserte ; Faré avait compris que Geneviève allait sortir avec sa tante, et il s'était retiré.

En descendant, Mlle de Puylaurens ne dit pas un mot, et il ne fut pas difficile de voir qu'elle était préoccupée, fâchée peut-être.

Soupçonnait-elle quelque chose ?

Ce qu'il y avait de terrible pour Geneviève dans cette question, c'était la crainte que sa tante, si elle avait des soupçons, ne la laissât pas sortir seule après le déjeuner.

Alors que ferait Ernest ? Que penserait-il ? Que n'imaginerait-il pas ?

A table, Mlle de Puylaurens fut aussi absorbée qu'elle l'avait été en voiture, et la voyant ainsi, Geneviève se disait qu'elle avait tout à craindre ; assurément elle ne pourrait pas sortir, et cette pensée la serrait si fort à la gorge qu'il lui était impossible de manger.

— Tu ne manges pas ? dit Mlle de Puylaurens.
— Mais si, ma tante.
— Mais non, ma nièce.

Quand elles passèrent dans le salon, Geneviève voulut se mettre au clavecin, mais sa tante l'arrêta.

— Est-ce que tu as la tête à faire de la musique ?
— Pourquoi ne l'aurais-je pas, ma tante ?
— Parce qu'elle est pleine d'autres idées.

Que savait-elle ? Il fallait être brave.

— Quelles idées, ma tante ?
— De rêveries, si tu aimes mieux. Tu me crois donc aveugle ? Celles qui ont fait rouler ton livre à l'église, celles qui t'ont fait t'enfermer dans la chambre de notre ancêtre.

Geneviève fut anéantie.

— Je suis fâchée, continua Mlle de Puylaurens, que tu aies été si distraite à l'église; mais cependant j'avoue que je suis heureuse de te voir penser à lui ainsi.

— A lui?

— Vas-tu me dire que ce n'est pas le jeune comte qui t'occupe? Je te préviens que tu ne me convaincras pas. Pense à lui, mon enfant; rêve de lui, et, si tu veux ta liberté, va te promener dans le jardin, je ne te retiens pas.

XIV

Il n'était que midi et demi; elle avait donc tout le temps de s'installer dans le bois de magnolias, puisqu'elle avait fixé leur rendez-vous à une heure seulement.

Mais, en combinant son projet, elle avait compté qu'ils auraient le terrible soleil auquel elle était habituée depuis son arrivée à Cordes, et voilà qu'au contraire le temps était couvert et que les gens qui devaient, selon ses prévisions, se mettre à l'abri au frais, pouvaient très bien rester dehors. On était au commencement de septembre, et il ne faisait plus cette série de jours ensoleillés pendant lesquels la campagne est à peu près déserte à midi. Comment n'avait-elle pas pensé à cela? Comment n'avait-elle pas pensé aussi qu'il pourrait pleuvoir?

C'était maintenant que les difficultés de son plan lui apparaissaient. Ne serait-il donc venu que pour qu'ils se vissent de loin?

Maintenant les joies de la matinée ne lui suffisaient plus; ils avaient tant de choses à se dire!

Elle avait hâté le pas, bien qu'elle fût certaine d'être en avance; mais, en arrivant sous les magnolias, elle l'aperçut dans la prairie, à la place même qu'elle lui avait indiquée, dessinant ou au moins ayant l'air de dessiner; trois gamins, les mains derrière le dos, l'entouraient, le regardant.

A un mouvement qu'il fit, levant son album en l'air, elle comprit qu'il l'avait vue et que dès lors elle n'avait plus qu'à attendre que les gamins fussent partis.

Mais s'en iraient-ils? Parviendrait-il à s'en débarrasser? La question était irritante et d'autant plus exaspérante, qu'elle n'apercevait personne aux alentours, et que, sans ces enfants, il pourrait déjà être près d'elle.

Elle s'était assise, non sur le banc placé sous les arbres, mais au bord même de la rivière, sur le mur qui était de plain-pied avec le jardin dont il soutenait les terres, et elle avait pris l'attitude de quelqu'un qui rêve en regardant couler l'eau ; mais par-dessous les grands bords de son chapeau de paille, elle suivait très bien ce qui se passait dans la prairie en face.

Ce fut ainsi qu'elle vit bientôt Ernest se lever et s'en aller. Il n'était pas difficile de deviner qu'il désespérait de se débarrasser de ses gamins et qu'il ne quittait la place que pour revenir aussitôt qu'il les aurait perdus.

Certainement la tactique était bonne; mais pendant ce temps personne ne surviendrait-il dans le jardin ou bien aux environs? Elle était dans un état d'impatience fiévreuse, d'exaltation qui ne lui permettait pas de raisonner; les secondes qui s'écoulaient lui duraient autant que des heures; le bruit des feuilles la faisait trembler.

Enfin elle le vit apparaître : il était seul; il descendit dans le lit de la rivière et, suivant son bord à sec, il fut près d'elle. Elle s'était levée.

— Geneviève! chère Geneviève!

— Enfin!

Et, séparés depuis trois mois, préparés à se voir, ils restèrent interdits pendant quelques instants, ne trouvant pas de paroles pour exprimer les élans qui leur montaient du cœur.

FARÉ A CORDES.

— Comme je vous retrouve belle! dit-il, comme le soleil, comme la vie de la campagne vous ont veloutée! Vous avez un éclat de carnation, une douceur...

— C'est la joie, dit-elle. Mon Dieu! que je suis heureuse de vous voir. Comme j'attendais ce moment-là! Enfin vous voilà, c'est vous.

Et pendant quelques secondes, elle le regarda, les yeux dans les yeux. Ce n'était plus comme le matin, à l'église ou dans la rue : une courte distance les séparait, la hauteur du mur au pied duquel il se tenait, le visage levé vers elle, tandis qu'elle se baissait vers lui. Il s'en fallait de peu qu'ils ne pussent se donner la main; mais l'imprudence qu'ils commettaient à s'entretenir ainsi en plein jour, dans ce lieu découvert, exposé à toutes les surprises, était déjà assez grande sans l'aggraver encore.

Tout à coup elle secoua la tête.

— Vous avez à me parler, dit-elle, que dois-je faire?

— Ce n'est pas pour cela que je suis venu.

— Pourtant...

— Est-ce donc pour cela que vous m'avez appelé?

— Pour vous voir.

— Et c'est pour vous voir, c'est pour vous regarder, c'est pour vous entendre, c'est pour être près de vous que je suis accouru aussitôt que vous m'avez écrit que je pouvais venir.

— Pour vous voir, c'est vrai, car je mourais d'être séparée de vous; mais aussi pour vous demander de me guider. Hâtons-nous, on peut arriver, vous interrompre, vous forcer à partir.

— Mais que voulez-vous que je vous dise quand je ne sais rien ni de votre tante ni des gens qui l'entourent? Et puis d'ailleurs n'ai-je pas pleine confiance en vous? Depuis notre séparation, j'ai souffert, cruellement souffert de cette séparation; mais je n'ai jamais eu une heure, une minute d'inquiétude. Ce n'est pas seulement parce que vous êtes belle que je vous ai aimée, chère Geneviève, parce que vous êtes au-dessus des autres femmes par votre talent et votre intelligence si extraordinaire dans une jeune fille de votre âge; — mais aussi parce que vous avez une âme honnête, un cœur bon, tendre et courageux.

— Oh! que je suis heureuse que vous me jugiez ainsi!

— C'est parce que j'ai deviné dans la charmante petite fille que vous étiez, enfant, la femme que vous êtes maintenant que l'amour est né dans mon cœur. Je ne pense pas à vous sans penser en même temps aux qualités de ce cœur, aux vertus de cette âme, et le doute ne m'effleure pas. Je ne pouvais pas prévoir combien de temps nous serions séparés, car ni vos lettres, que votre mère m'a toutes lues, ni ce que j'ai pu apprendre par votre père ne me renseignaient à ce sujet ; mais j'étais bien certain que si long que fût ce temps, je vous retrouverais ce que vous étiez à votre départ...

— Votre femme, interrompit-elle avec un doux sourire.

— Oui, ma petite Geneviève, ma femme ; c'est pour cela que ce que m'a appris votre lettre ne m'a pas tourmenté. N'est-il pas tout naturel que votre tante, qui maintenant a pu vous apprécier, veuille vous marier ? et n'est-il pas tout naturel aussi que ceux qui vous approchent veuillent vous épouser ?

— Oui, ma lettre, dit-elle, parlons-en de ma lettre. Ah ! si j'avais pu en recevoir une de vous me disant ce que vous faisiez, car celles de maman sont presque muettes sur vous. Ce qui me tourmentait ce n'était pas de me dire : « M'aime-t-il toujours ? » c'était de savoir où en étaient votre comédie et votre drame.

— On va les jouer d'ici quinze jours, *Chatelard* à l'Odéon, *Sylvie* au Gymnase ; la chose est sûre maintenant, les répétitions sont avancées, et il n'a fallu rien moins que votre lettre pour me les faire manquer aujourd'hui, et elles m'obligent à repartir aujourd'hui même.

— Si j'avais su.

— Heureusement vous ne saviez pas ! Vous m'avez appelé, je suis venu.

— Comme je vais trembler maintenant ! dans quelle angoisse je vais passer ces quinze jours ! J'aurais tant voulu être là, partager votre émotion, votre triomphe, car ce sera un triomphe !

— Oh ! un triomphe... Les comédiens ne sont pas contents.

— Ils n'y connaissent rien. C'est votre originalité qui les déroute ; vous n'aurez pas refait ce que font les autres. Mais ce sera un triomphe ; votre talent s'imposera. N'allez-vous pas douter de vous ? Et puis il faut que ce soit plus qu'un succès, il faut que ce soit un vrai triomphe. Ce n'est pas mon père seulement que nous avons à décider pour notre mariage, c'est ma tante aussi. Songez qu'elle veut me donner sa fortune, toute sa fortune, et me la donner en dot. Quelle affaire !

— Elle a déjà mis la guerre entre votre père, vos frères et votre belle-sœur, qui est dans un état d'exaspération folle contre vous.

— Est-ce ma faute ? Est-ce que j'y tiens, moi, à cette fortune qui est un nouvel obstacle entre nous ? C'est comme mon nom : qu'est-ce que cela me fait de m'appeler Geneviève de Mussidan et de descendre des Puylaurens ? J'aimerais bien mieux n'avoir ni héritage ni nom et me marier tout de suite. Est-ce qu'il y a pour moi autre chose dans la vie que notre amour ? Votre triomphe décidera mon père, et aussi ma tante... sans doute. Mais si vous saviez comme elle est pieuse et comme il sera difficile de lui faire accepter un homme de théâtre ! Il faudra que votre gloire emporte tout. Aussi, je vous en prie, le lendemain du jour où vous aurez été joué, que ce soit vous-même qui m'annonciez votre succès. Revenez, que je reçoive dans mes yeux l'éclat de votre triomphe.

— Je vous le promets.

— Jusque-là, ne craignez rien. J'ai dit au comte de Javerlhac que je ne serais jamais sa femme ; s'il revient, je le lui dirai encore, je le lui dirai jusqu'à ce qu'il le comprenne. Maintenant, partez ; vous m'avez mis dans le cœur la force, le courage et la joie.

Et elle fit un effort pour sourire, bien qu'il y eût des larmes dans ses yeux.

— Mais nous n'avons rien dit ! s'écria-t-il.

— Nous nous sommes vus ; n'est-ce pas tout ?

— Eh bien, laissez-moi vous regarder encore et vous emporter dans ce cadre de verdure qui me fera un souvenir tout parfumé de ces belles fleurs de magnolia.

Elle se mit à genoux, et, se penchant en avant, elle lui tendit la main qu'il prit et qu'il baisa sans vouloir la lâcher.

— Je vous en prie ! je vous en prie ! dit-elle.

A ce moment même, elle crut entendre un bruit de pas sur le sable.

— On vient, dit-elle à voix basse, partez !

Et, se relevant vivement, elle fit quelques pas en arrière, tandis qu'il s'éloignait en rasant le mur.

C'était Adélaïde qui arrivait. Elle vint jusqu'au mur ; mais Faré était déjà assez loin pour qu'elle ne pût le voir que de dos et pour qu'il fût impossible de dire s'il était venu devant le jardin de Mlle de Puylaurens ou s'il était resté devant la prairie.

Alors, se retournant, Adélaïde examina Geneviève avec une curiosité dans laquelle il y avait autant d'étonnement que de défiance.

XV

Ce qui, jusqu'à un certain point, rassura Geneviève, ce fut que déjà, plus d'une fois, elle avait vu la femme de chambre de sa tante lui tomber ainsi sur le dos avec ces regards fureteurs et ces manières inquiètes. Cependant elle n'avait jamais remarqué en elle autant d'étonnement et de défiance ; mais c'était probablement parce qu'elle se trouvait maintenant en danger qu'elle s'apercevait de ce qui, jusqu'à ce moment, ne l'avait pas frappée.

Quoi qu'il en fût, elle devait se tenir sur ses gardes et, pour sa prochaine entrevue avec Faré, prendre des précautions.

Le lendemain, bien qu'elle n'eût rien à faire sous les magnolias, elle voulut y revenir; ce serait un moyen de voir si l'espionnage d'Adélaïde continuait, et en même temps c'en serait un pour le dérouter. En ne trouvant jamais personne, cette vieille curieuse finirait par se fatiguer à la longue. N'étant plus dans les mêmes conditions que la veille, elle put donner toute son attention à ce qui se passait autour d'elle, et comme elle avait l'oreille fine elle ne tarda pas à entendre derrière elle un bruit de pas étouffés. Assise comme la veille, au bord du mur, elle n'eut garde de tourner la tête, et elle resta à regarder clapoter l'eau comme si elle prenait un plaisir extrême à cette contemplation. Le temps s'écoula, elle ne bougea pas; assurément on devait croire qu'elle attendait. Qui se lasserait la première ? Ce ne serait pas elle. Commodément installée à la place même où elle avait été si heureuse, pouvant rêver en toute liberté et se souvenir, elle n'avait pas de raison pour s'impatienter ou se lasser. Il ne devait pas en être de même pour Adélaïde, restée debout derrière un arbre où elle n'osait pas faire un mouvement. Cette idée de supplice qu'elle imposait à son espionne amusa Geneviève et lui suggéra la fantaisie de pousser la plaisanterie plus loin. De l'endroit où elle était embusquée, Adélaïde ne voyait rien de ce qui se passait au bas du mur, dans le lit à sec de la rivière; elle ne pouvait donc savoir s'il y avait quelqu'un de caché là que par les mouvements de celle qu'elle épiait.

Ce fut là-dessus que Geneviève disposa son plan.

Tout à coup elle se mit à parler à voix retenue en se penchant en avant, comme si elle s'adressait à quelqu'un placé en contrebas, et instantanément elle entendit un fracas derrière elle : Adélaïde qui sortait brusquement de sa cachette pour voir quel était celui qu'elle n'avait pu surprendre. Geneviève ne se retourna pas et continua de parler, mais sans qu'on pût distinguer ses paroles : une musique voilà tout.

Adélaïde arrivait au mur, où du coin de l'œil Geneviève, souriante, l'observait.

En voyant la mine désappointée et stupide de la femme de chambre, qui ne trouvait que des cailloux au bas du mur, Geneviève fut obligée de faire un effort pour ne pas éclater de rire.

— Je croyais que vous parliez, dit Adélaïde, qui perdit un peu la tête.

— Mais oui.

— A qui ?

— A personne... à moi...

— On ne parle pas ainsi.

— Mais au contraire, c'est mon habitude; c'est même pour cela que je viens ici. Cela m'amuse de parler à l'eau qui court, elle emporte ce que je lui dis et ne le répète à personne.

Puis s'enhardissant en voyant le désarroi qu'elle produisait dans l'esprit d'Adélaïde, elle ajouta :

— Vous croyiez donc que je parlais à quelqu'un ?

— Mais...

— A qui ?

— Justement, c'était justement ce que je me demandais.

— Est-ce qu'on se promène habituellement dans le lit desséché du Cérou ?

Furieuse, Adélaïde tourna sur ses talons et rentra au château, tandis que Geneviève se réjouissait en se disant : « Elle n'y reviendra pas, et dans quinze jours nous serons tranquilles. »

Elle ne se pressa pas de rentrer, riant en elle-même du bon tour qu'elle avait joué à Adélaïde. Quand elle revint elle trouva sa tante dans le fauteuil où elle l'avait laissée.

— Eh bien ! tu te plais au bord de la rivière ? dit Mlle de Puylaurens.

— Vous saviez donc que j'étais au bord de la rivière ? demanda Geneviève.

— C'est Adélaïde qui vient de me dire qu'elle t'a trouvée adressant des discours à l'eau qui court. Alors c'est comme cela que ça se passe avant de se marier ?

— Sans doute, ma tante.

— Rien ne peut m'être plus agréable que de voir que tu te rends à mon désir et que tu penses à M. de Javerlhac.

— Mais je ne pense pas à lui, ma tante.

— Comment ! tu ne penses pas à lui ?

— Oh ! pas du tout.

— Mais alors ?

— C'est-à-dire que je n'y pense pas comme vous l'entendez. Si je vous disais qu'il n'a pas occupé mes réflexions pendant que j'étais assise au bord de l'eau qui court, comme dit Mlle Adélaïde, je ne serais pas sincère.

— A la bonne heure.

— Oui, j'ai pensé à lui, beaucoup pensé à lui, m'efforçant d'apprécier les qualités que vous m'avez dit de chercher en lui et que j'ai cherchées, ma tante, mais sans les trouver ; de sorte que ce que je vous disais quand nous avons parlé de lui, je vous le répète aujourd'hui : il ne me plaît pas.

Mlle de Puylaurens fut stupéfaite, et elle resta un moment silencieuse :

— Tu ne le connais pas encore assez, dit-elle.

— Mais, ma tante, il me semble que ce n'est pas parce qu'on connaît quelqu'un qu'il vous plaît ou vous déplaît.

— Et pourquoi, alors ?

— Ah ! je ne sais pas. Il vous plaît parce qu'il vous plaît ; il vous déplaît de même, sans raison.

— C'est absurde.

— Peut-être ; mais enfin c'est ainsi, — au moins c'est ainsi pour moi. Pendant le temps que M. de Javerlhac a passé ici, j'ai fait ce que vous m'aviez demandé : je l'ai étudié, et de même que je vous ai dit très franchement que je le trouvais beau garçon, de même je vous dis aujourd'hui tout aussi franchement que je crois que c'est un bon garçon.

— Eh bien ?

— Eh bien, ce n'est pas parce qu'un homme est beau garçon et bon garçon qu'on l'épouse.

— Ah ! Et pourquoi l'épouse-t-on, je te prie ?

— Mais parce qu'on l'aime ; et je n'aime pas M. de Javerlhac, je ne l'aimerai jamais.

— C'est absurde.

— Oui, ma tante ; mais vous êtes trop bonne, trop juste, vous me témoignez trop d'affection pour vouloir que je devienne la femme d'un homme que je n'aime pas et ne peux pas aimer. Si vous tenez à me marier, ce n'est pas par amitié pour M. de Javerlhac, c'est par amitié, par tendresse par moi ; pour que je sois heureuse....

— Pour qu'on ne puisse pas gaspiller la fortune que je te laisserai.

— Eh bien, alors, vous ne tenez pas plus à M. de Javerlhac qu'à un autre ; c'est un mari que vous voulez me donner, un protecteur de votre fortune. M. de Javerlhac n'a pas certainement des qualités spéciales pour cet emploi, qu'un autre remplirait tout aussi bien que lui, puisqu'il suffit pour cela, si j'ai bien compris ce que vous m'avez expliqué, d'avoir le titre de mari ou plutôt que j'aie, moi, le titre de femme mariée.

— Les qualités spéciales de M. de Javerlhac, c'est sa naissance, c'est son éducation, c'est sa famille, c'est sa fortune ; enfin, c'est tout ce qui fait de lui un mari que toute fille raisonnable serait heureuse d'épouser.

— Ces qualités seraient sans doute décisives si je l'aimais ; mais comme je ne l'aime pas, elles n'existent pas pour moi.

— Peux-tu nier sa naissance ?

— Non.

— Sa fortune ?

— Non.

— L'honorabilité de sa famille, qui est à la tête de la noblesse du Midi ?

— Je ne nie rien, ma tante ; je dis seulement que tout cela, dans la personne de M. de Javerlhac, ne me touche pas.

— Alors, c'est du mariage que tu ne veux pas ?

— Non ; c'est du mari.

— S'il était vieux, s'il était laid, s'il était d'un rang au-dessous du tien, s'il t'avait vue sans émotion, si ce mariage était pour lui une affaire, je te comprendrais. Au contraire, vous semblez faits l'un pour l'autre, vous avez l'un et l'autre la jeunesse, l'un et l'autre la beauté ; son éducation, ses idées, ses principes peuvent inspirer toute confiance pour l'avenir ; il t'aime...

— Et moi je ne l'aime pas, interrompit Geneviève. Il n'y a que cela ; mais c'est quelque chose, c'est tout ; il a bien compris quand je le lui ai dit.

— Comment ! tu lui as dit ! Que lui as-tu dit ?

— Que notre mariage était impossible.

— Et qu'a-t-il répondu ?

— Que j'avais joliment raison de ne pas vouloir d'un mari sans volonté, qui n'ose élever la voix ni devant sa mère, ni devant son précepteur. Mais que quand il aurait une femme pour le soutenir, il résisterait ; qu'il en avait assez de l'existence recluse ; qu'une fois libres nous nous amuserions, et rondement, ni à Cordes, ni à Javerlhac, mais à Paris, ou bien à Vienne, où je voudrais, car je serais la maîtresse. Ce sont ses propres paroles que je vous rapporte, ma tante ; au reste, vous avez pu entendre que son dernier mot en partant a été pour me renouveler sa promesse : « Et rondement. »

Mlle de Puylaurens fut stupéfaite, tandis que Geneviève triomphait du coup qu'elle venait de porter au rival d'Ernest.

XVI

Les quinze jours qui devaient s'écouler avant la représentation des deux pièces de Faré furent d'autant plus longs à passer pour Geneviève qu'elle était sûre du succès. Chez elle c'était article de foi, et d'une foi que rien ne pouvait ébranler, ni la peur de l'inconnu, ni les inquiétudes de la solitude, ni même le souvenir de ce qu'il lui avait dit de la mauvaise impression des comédiens.

Alors elle pourrait parler et dire enfin à sa tante : « Vous voulez un mari; voici celui que j'aime. » Et comme M. de Javerlhac semblait fortement atteint par le coup qu'elle avait eu la chance de lui porter, ce n'était pas folie d'espérer que sa tante, bon gré, mal gré, accepterait ce mari.

Bien qu'Adélaïde dût être satisfaite de la leçon que sa curiosité lui avait value, Geneviève crut prudent de ne pas renoncer à sa promenade au bord de la rivière, et tous les jours elle la fit consciencieusement, non seulement après déjeuner, mais encore plusieurs fois par jour, le matin, avant de partir pour la messe, à midi, le soir, aussi souvent qu'elle eut un instant de liberté. De cette façon, Adélaïde serait déroutée sans doute et, comme sa surveillance devrait s'exercer du matin au soir, elle serait bien forcée à la fin de l'abandonner. Quinze jours de promenade la lasseraient.

Cependant ils s'écoulèrent ces quinze jours, coupés au milieu par une nouvelle visite de Mme de Javerlhac et de son fils, qui cette fois n'était pas accompagné du père Élysée.

Il sembla à Geneviève que sa tante se montrait moins bienveillante pour le jeune comte qu'elle ne l'avait été jusqu'alors, en tout cas moins disposée à le mettre en avant et lui adressant, au contraire, de temps en temps, certaines questions sur sa façon de comprendre la vie et d'arranger son avenir, qui l'embarrassaient fort, malgré le secours que sa mère lui apportait aussitôt.

Geneviève s'était trop bien trouvée de son premier entretien en tête-à-tête avec M. de Javerlhac pour ne pas tâcher d'en avoir un second, et comme de son côté il paraissait avoir le même désir qu'elle, l'occasion qu'ils cherchaient l'un et l'autre se rencontra assez facilement. Quand elle le vit se promener dans le jardin pendant que Mme de Javerlhac et Mlle de Puylaurens étaient enfermées ensemble, elle descendit et le rejoignit.

— Si vous saviez, dit-il en venant au-devant elle, comme je suis heureux de voir que vous ne me fuyez pas!

— Au contraire, je vous cherche.

— Oh! mademoiselle, s'écria-t-il en joignant les mains dans un élan d'enthousiasme : alors je puis espérer que vous avez réfléchi à ce que je vous ai dit?

— Beaucoup.

— Vous voyez que j'ai déjà commencé à réaliser ma promesse: Le père Élysée est resté au château, cela n'a pas été facile; mais je vous l'ai dit : quand je me sens soutenu, j'ai du courage; j'ai tenu bon, j'ai représenté à ma mère que je ne voulais pas avoir l'air d'un petit garçon qui ne peut pas faire deux pas sans son précepteur, et je l'ai emporté. Ce n'est que le commencement; vous en verrez bien d'autres. Je continue à venir avec ma mère, parce que, dans les conditions présentes, cela est plus convenable; mais cela changera aussi.

— Savez-vous que ce n'est peut-être pas là un bon moyen pour plaire à ma tante?

— Qu'est-ce que cela fait, pourvu que cela vous plaise?

— Cependant c'est ma tante qui est disposée à ce mariage, ce n'est pas moi.

— Je ne vais pas être assez naïf pour lui dire mes intentions.

— Mais je les lui ai dites, moi.

— Vous les lui avez dites?

— Sans doute.

— Vous lui avez dit qu'une fois mariés, nous ne resterions ni à Cordes ni à Javerlhac?

— Et qu'une fois libres nous nous amuserions rondement.

— On se dit ces choses-là entre soi, on ne les dit pas aux autres, s'écria-t-il avec un accent de colère et de reproche.

— Ma tante est une autre moi-même; j'aurais été coupable envers elle de ne pas lui apprendre quelle serait ma vie si ce mariage, qu'elle désirait pour m'avoir près d'elle, se réalisait.

— Mais cela l'aura exaspérée contre moi.

— Ma tante ne s'exaspère pas; cela l'a inquiétée, très sérieusement inquiétée.

— Alors vous l'avez donc fait exprès?

— Mais oui.

— Est-ce possible! Oh! mon Dieu!

Ce cri fut si douloureux, qu'il toucha Geneviève. Jusque-là elle avait mené cet entretien presque gaiement, en s'amusant de l'étonnement et de l'embarras de M. de Javerlhac. Mais ce n'était plus de l'étonnement, ce n'était plus de l'embarras, c'était un chagrin réel, une douleur sincère et profonde, dont elle ne pouvait plus rire.

Il souffrait, le pauvre garçon, non seulement dans son amour-propre, mais encore dans son cœur.

— Ne m'accusez pas de méchanceté, dit-elle. Si vous aviez voulu croire mes paroles quand je vous ai affirmé que ce mariage était impossible, je n'aurais pas répété notre entretien à ma tante. Vous vous retiriez de vous-même, je n'avais rien à dire. Mais vous avez persisté malgré tout.

— J'ai espéré... malgré tout.

— En partant, votre dernier mot a été une nouvelle affirmation de vos intentions; alors je me suis défendue.

— Mais je vous aime, mademoiselle! Était-ce un crime d'affirmer mon amour?

— Non, sans doute; mais puisque, malgré ce que je vous ai dit, vous persistiez dans votre projet, j'étais bien obligée de mon côté de persister dans ma résistance et d'employer pour cela les moyens qui s'offraient à moi; j'ai trouvé celui-là, je m'en suis servie.

— Je vous fais donc horreur?

— Je n'ai pas dit cela.

— Eh bien, alors?

— Pourquoi voulez-vous m'obliger à vous répéter ce que je vous ai dit : que je n'accepterais pour mari que l'homme que j'aimerais... et je ne vous aime point.

— Mais vous ne me connaissez pas. Laissez-moi vous voir souvent, et alors peut-être pourrai-je vous toucher, je ne dis pas par mes qualités et mes mérites, car je ne sais pas si j'en ai qui soient dignes de vous, mais par mon amour, que j'affirme, lui, et dont je sens la puissance à la douleur que j'éprouve en ce moment où se décide ma vie. De mérites, je n'en ai peut-être d'aucune sorte; mais, vous aimant comme je vous aime, j'aurai quelques-uns des vôtres, puisque ce que vous voudrez que je sois, je le serai, puisque ce que vous voudrez que je fasse, je le ferai. Je ne vous demande pas d'être ma femme demain ou dans quelques semaines, mais dans quelques mois, quand je me serai fait connaître.

Elle avait cru que c'était fini, et alors elle avait eu un mouvement de pitié; mais c'était par sa douleur qu'il l'avait émue; par son espoir, au contraire, il l'exaspérait.

— Il n'y a rien de personnel dans mon refus, dit-elle en l'interrompant; si je vous dis aujourd'hui, comme je vous l'ai déjà dit, que ce mariage est impossible, ce n'est pas parce que je m'imagine que vous manquez de telles ou telles qualités. Que vous les acquériez ou ne les acquériez pas, ces qualités, cela ne changera rien à mes dispositions.

— Mais si je touche votre cœur?

— Vous ne le toucherez point.

Il se débattait désespérément, et cependant s'efforçant de se contenir, sans laisser échapper un mot qui dix fois déjà lui était monté aux lèvres; mais il ne fut plus maître de sa volonté.

— Alors, vous aimez donc quelqu'un? s'écria-t-il.

Elle ne répondit pas; mais, un peu pâle, elle le regarda.

Devant ce regard il se troubla.

— Pardonnez-moi, dit-il. Le désespoir de vous trouver insensible m'a égaré. Je n'ai pas le droit de vous questionner. Ne voyez dans mes paroles qu'un cri de douleur.

Et il se tut, en proie à son émotion, que deux larmes qui roulaient dans ses yeux trahissaient.

Elle avait trop mal réussi en lui témoignant qu'elle compatissait à sa douleur pour oser lui montrer de nouveau de la sympathie. Il souffrait; sans doute cela était fâcheux; mais enfin, ce n'était pas sa faute à elle. Et puis, elle n'était pas libre; elle devait penser à Ernest et n'avoir qu'un souci : celui d'enlever tout espoir à M. de Javerlhac.

Après un moment de silence, il reprit, comme s'il se parlait à lui-même :

— Certainement j'ai été aveugle, dit-il. J'aurais dû voir que si vous refusiez si obstinément de m'entendre, c'est que votre cœur n'était pas libre. Je le comprends maintenant. Vous ne m'aimez pas, vous ne pouvez pas m'aimer, parce que...

Mais il ne prononça pas le mot qu'il avait sur les lèvres.

— Que voulez-vous, mademoiselle, reprit-il, j'ai cru ce qu'on m'a dit. Pouvais-je deviner la vérité? Je n'ai vu en vous qu'une jeune fille... adorable qui pouvait être ma femme. C'était un rêve. Ah! le réveil est dur.

Sa voix s'arrêta étouffée dans sa gorge serrée.

— Vous avez raison, mademoiselle, de m'enlever toute espérance, car plus je vous verrais, plus je vivrais près de vous, plus je vous aimerais, et dans quelques mois je souffrirais plus encore que je ne souffre aujourd'hui sans doute. Je ne vous verrai donc plus, et ces paroles sont les dernières que je vous adresse. Mais avant de quitter cette maison où je ne reviendrai jamais, je veux vous montrer quel était, quel est cet amour dont vous ne voulez pas, dont vous ne pouvez pas vouloir : je vais annoncer moi-même à Mlle de Puylaurens que je renonce à ce mariage.

— Vous ferez cela? s'écria-t-elle dans un trouble de joie qu'elle ne put pas dominer.

— Ah! mademoiselle! murmura-t-il.

Confuse de sa cruauté, elle lui tendit la main.

Il la prit, et, la serrant dans la sienne qui frémissait :

— Si vous pensez à moi, dites-vous que dans ce timide il y avait un passionné.

XVII

Ernest n'avait qu'à venir.

Et chaque jour elle se demandait si les représentations qu'elle attendait si impatiemment et avec tant d'angoisse ne seraient pas retardées. En tous cas elles n'auraient pas lieu toutes les deux le même soir, de sorte qu'elle devrait attendre après la seconde pour savoir, par lui, comment aurait marché la première. N'était-ce pas exaspérant? Et elle recommandait à sa mère de lui parler des pièces de Faré, et de lui répéter tout ce qu'on en disait, soit autour d'elle, soit dans les journaux. Sans doute cette insistance pouvait étonner son père, qui lisait toujours ses lettres; mais le temps des ménagements était passé. A ce qu'il eût maintenant des soupçons, il n'y avait plus de danger; ils l'habitueraient à l'idée qu'elle pouvait aimer Ernest, et même il était bon qu'il admît cette idée de façon à n'être pas renversé quand Ernest lui adresserait sa demande.

Car, de ce côté aussi, il y aurait des difficultés à vaincre ; des obstacles à écarter : l'orgueil du nom, l'ambition d'un grand mariage. Mais elle ne s'en inquiétait pas trop, s'imaginant que, quand ils pourraient s'appuyer sur la fortune de Mlle de Puylaurens, que celle-ci leur donnait en dot, cela emporterait tout. N'était-ce pas cette fortune que son père avait toujours poursuivie ? N'était-ce pas pour qu'elle la gagnât qu'il l'avait envoyée à Cordes ? Elle l'avait gagnée, cela méritait récompense sans doute, et la récompense qu'elle demandait, c'était Ernest. Elle ne voyait pas comment ni pourquoi les choses n'iraient pas ainsi. Puisque c'était à l'occasion de son mariage que sa tante lui assurait sa fortune, son père ne pouvait pas, quelles que fussent ses répugnances à accepter un gendre sans naissance, ne pas consentir à ce mariage. La gloire ne tient-elle pas lieu de naissance ?

Si Mme de Mussidan avait eu la liberté d'écrire ce qu'elle voulait, elle aurait donné à sa fille tous les détails que celle-ci lui demandait : mais, obligée de montrer ses lettres à son mari, qui les ponctuait, elle ne pouvait parler de Faré qu'avec une certaine réserve. Cependant elle put fixer les dates des représentations quand elle les connut. Celle de *Chatelard*, à l'Odéon, devait avoir lieu le samedi 15 septembre, et celle de *Sylvie* au Gymnase, le lundi 17.

En admettant le mieux il ne pouvait donc pas arriver à Cordes avant le mercredi matin, c'est-à-dire qu'elle avait quatre jours à attendre si la mère ne lui écrivait pas longuement le dimanche.

Elle mit tout son espoir dans cette lettre.

Quelle ne fut pas son émotion, le dimanche matin, en rentrant de la grand'messe, d'apercevoir sur sa serviette l'enveloppe bleue d'une dépêche télégraphique.

— Une dépêche, dit Mlle de Puylaurens, lis vite, mon enfant.

Elle avait déjà déchiré l'enveloppe et elle lisait :

« Très grand succès hier soir, un triomphe.

« MUSSIDAN. »

Mlle de Puylaurens, qui la regardait avec inquiétude, n'eut pas besoin de l'interroger pour être rassurée ; ce n'était point une mauvaise nouvelle qu'elle venait de recevoir : le bonheur illuminait son visage, la joie faisait tomber ses mains.

— Qu'as-tu, mais qu'as-tu donc? demanda Mlle de Puylaurens.

Elle tendit la dépêche à sa tante.

— Eh bien, quoi? demanda celle-ci ayant lu, un triomphe? C'est ton père, qui triomphe?

— C'est l'ami dont je vous ai parlé quelquefois, M. Faré, qui a eu hier soir une pièce en cinq actes et en vers jouée à l'Odéon avec le succès que dit cette dépêche.

— Ah!

Et, s'adressant à son valet de chambre :

— Buvat, faites donc servir.

Mais Geneviève, malgré ses efforts, ne put pas manger : la joie l'étouffait. Buvat, voyant cela, s'imagina qu'elle ne mangeait point parce que la côtelette qu'on lui avait servie était trop cuite; il en plaça une autre délicatement dans une assiette, et avec empressement il la lui apporta.

— Celle-ci est à point, murmura-t-il.

Mlle de Puylaurens suivait son idée :

— C'est ton père qui t'annonce ce triomphe? demanda-t-elle.

— Mon père, ou maman.

— Alors ils sont très liés avec lui? Vous le voyiez souvent?

— Nous allions chez sa mère presque tous les dimanches.

Là-dessus Mlle de Puylaurens se mit à manger d'un air absorbé.

Jusqu'à la fin du déjeuner il ne fut plus question de Faré, mais lorsqu'elles furent seules dans le salon, les questions recommencèrent :

— Qu'est-ce donc au juste que ce M. Faré, dont le succès te met dans un pareil émoi?

— C'est notre meilleur ami.

— Il y a longtemps que vous le connaissez?

— Il y a quatre ans.

— Comment l'avez-vous connu?

— Il était le camarade de nos voisins, nos amis, les Gueswiller; je l'ai connu chez eux. Si j'ai eu quelques succès, c'est à lui que je les dois. Non seulement il m'a fait des articles, mais encore il m'en a fait faire dans tous les journaux.

— Ah! c'est un journaliste?

— Il a commencé par être journaliste, pour vivre, pour faire vivre sa mère avec laquelle il demeure et...

Elle eut un moment d'hésitation; mais l'heure était venue de parler.

— ... Et qui est muette, dit-elle. Jamais fils n'a été aussi tendre pour sa mère; aussi bon, aussi dévoué, aussi courageux.

— C'est bien naturel.

— Chez lui la tendresse et le dévouement vont au delà de l'ordinaire. Et le courage aussi. Il ne s'est pas contenté d'être journaliste et de vivre tranquillement de ce qu'il gagnait dans les journaux; depuis trois ans il a donné ses nuits au travail, et en voici enfin le résultat, — ce triomphe de *Chatelard*, à l'Odéon.

— Ah! c'est *Chatelard*, le titre de cette pièce? Un épisode de la vie de Marie Stuart?

— Demain on joue de lui, au Gymnase, une comédie moderne, qui a pour titre *Sylvie*, et il a encore d'autres pièces toutes prêtes.

— Quel âge a-t-il?

— Vingt-six ans.

— C'est un beau garçon? demanda Mlle de Puylaurens d'un ton un peu railleur.

— Oh! oui, répondit Geneviève avec enthousiasme.

Elle aurait voulu que sa tante l'interrogeât toujours, car ce n'était pas seulement du bonheur pour elle de pouvoir enfin parler de lui, c'était encore un devoir qu'elle accomplissait; mais comme elle préparait ce qu'elle allait dire pour le bien montrer tel qu'elle voulait qu'on le vît:

— Eh bien! c'est assez sur ce Faré, dit Mlle Puylaurens.

Et il fallut qu'elle se tût.

Après *Sylvie*, elle reprendrait.

Comme sa tante avait ouvert un livre, elle en profita pour se promener dans le jardin. Ce n'était pas au moment où il allait arriver qu'elle devait renoncer à sa ruse. Et puis elle avait besoin d'être seule et de réfléchir.

Un triomphe! C'était un triomphe! C'était le mot dont elle s'était toujours servie en pensant à cette représentation; mais comme il prenait dans la dépêche de sa mère une tout autre importance que celle qu'il avait dans sa bouche! C'était un fait maintenant, une certitude, et non plus seulement une espérance.

Comment sa tante n'avait-elle pas été touchée de ce triomphe, alors qu'elle lui disait que c'était celui d'un ami, de leur meilleur ami ? Il y avait là quelque chose de caractéristique. Sans doute elle avait compris que ce meilleur ami était plus qu'un ami ; de là ses questions, de là aussi son air ironique quand elle avait demandé s'il était beau garçon.

Eh bien, s'il en était ainsi, tant mieux : elle serait préparée, et quand elle apprendrait que cet ami était un mari, elle ne serait pas surprise ; de lui elle savait déjà qu'il était un bon fils, un homme de courage et de volonté, un cœur tendre et dévoué, un esprit élevé, un grand écrivain, enfin qu'il était doué de toutes les qualités qu'elle lui avait données, et qu'il possédait vraiment.

Et certainement cette préparation ne serait pas inutile, car il était évident que Mlle de Puylaurens n'était point sympathique à ce journaliste qui écrivait des drames et des comédies. Elle aimait peu ces gens-là. Au ton de ses questions on pouvait juger ses sentiments pour ce beau garçon. Mais elle le voyait de loin ; elle ne savait pas ce qu'il était, et son opinion pour beaucoup était faite de préjugés. Quand elle saurait la vérité, quand elle le connaîtrait, quand elle pourrait apprécier ce qu'il y avait en lui de bonté et de tendresse de cœur, d'élévation d'esprit, de noblesse de caractère, ces préjugés s'effaceraient.

Si elle avait pu tout dire, elle les aurait déjà assurément ébranlés. Mais par bonheur elle n'avait plus longtemps à attendre. Encore trois jours, et elle pourrait librement parler. Et si sa tante voulait lui fermer la bouche en lui disant encore : « C'est assez sur ce M. Faré » ; elle pourrait répondre : « Non, ce n'est pas assez, car c'est lui que j'aime, lui qui sera mon mari ou je n'épouserai jamais personne. »

Et si sa tante tenait tant à la marier, il faudrait bien qu'elle l'acceptât.

Après tout, elle n'était pas si obstinée qu'on pouvait le croire dans ses idées, sa tante ; quand il le fallait, elle en changeait. Toute sa vie n'avait-elle pas été l'ennemie du mariage ? Et maintenant elle voulait la marier.

Son entêtement n'était pas celui d'une bête ; intelligente et bonne comme elle l'était, elle se laisserait gagner quand elle verrait que ce mari était fait pour le bonheur de sa nièce.

Il était impossible qu'elle ne fût pas touchée ; elle ne se rendait pas à la tendresse, elle cèderait à la nécessité.

Il pouvait donc venir, et comme *Sylvie* allait avoir sûrement la fortune qu'avait eue *Chatelard*, dans trois mois ils seraient mariés.

XVIII

Enfin le mercredi arriva.

Avant sept heures elle était prête pour partir à la messe, ayant presque l'espérance de l'y voir.

Mais cette espérance fut déçue; elle ne l'aperçut ni dans l'église ni devant la maison de Guillaume de Puylaurens. Et ce fut une inquiétude qui s'ajouta à l'impatience qui depuis trois jours l'enfiévrait.

Était-ce par prudence?

Était-ce parce que *Sylvie* n'avait pas encore été jouée ou bien parce qu'elle n'avait pas réussi? Mais quand cette pensée se présentait à son esprit, elle la repoussait aussitôt, comme si ce doute avait été un crime.

Il n'était pas venu parce qu'il n'avait pas cru devoir venir, et certainement les raisons qui l'avaient retenu étaient excellentes.

A une heure, il serait dans la prairie.

A midi et demi, elle put quitter sa tante et courir au bois de magnolias.

Il n'était pas encore arrivé; quoiqu'il ne fût pas l'heure, elle reçut un coup en ne le voyant pas à la place où elle l'avait aperçu la première fois, et dans sa confiance qu'il devait être là, elle vint jusqu'à la rivière, se disant qu'il était au bas du talus.

Il n'y avait personne.

Mais à courte distance, de l'autre côté, dans une touffe de roseaux, un gamin pêchait à la ligne. Elle l'avait déjà vu là plusieurs fois; elle ne le connaissait pas.

Elle s'assit et attendit sans se préoccuper de ce gamin; c'était bien à lui qu'elle pouvait penser vraiment!

Elle était là depuis cinq minutes à peine, l'oreille tendue, les yeux fixés sur la prairie, quand elle le vit apparaître.

Elle se leva; mais il l'avait vue, et de la main il lui avait fait un signe sur la signification duquel elle ne se méprit pas : ce n'était pas seulement le bonheur de la voir qu'il y avait dans cet élan, mais encore une joie complète.

En quelques secondes il fut près d'elle.

— Un triomphe? cria-t-elle avant qu'il fût arrivé.

— Un succès, dit-il.

— Un grand, un très grand succès?

— Très franc.

— Oh! que je suis fière!

— Et moi; que je suis heureux, puisque je vais être votre mari.

— Mon père était à vos premières?

— J'ai eu la chance de pouvoir lui offrir deux belles loges. Il a été un peu froid d'abord; mais au quatrième acte de *Chatelard*, il a commencé à applaudir et, à *Sylvie*, il a applaudi tout le temps; il a été même jusqu'à m'embrasser en public.

— Et maman?

— Oh! heureuse comme vous.

— Vous m'avez apporté les journaux?

— Votre maman a dû vous les envoyer.

— Que disent-ils?

— Vous savez ce qu'est le succès au théâtre : une folie contagieuse; ils sont tous partis pour la gloire.

— Pouvez-vous plaisanter!

— Voulez-vous que je me laisse affoler aussi? Si je suis si heureux de cette unanimité dans l'applaudissement, c'est pour vous, c'est parce qu'elle va forcer, je l'espère, les défenses qui s'opposaient à notre mariage.

— Oh! assurément; j'ai déjà préparé ma tante avec la dépêche de dimanche.

— Et qu'a-t-elle dit?

— Elle n'est guère bien disposée en faveur d'un journaliste et d'un homme de théâtre; mais *Sylvie* va achever ce que *Chatelard* a commencé. Comptez sur moi; ma tante m'aime trop tendrement pour ne pas me vouloir heureuse. Pour vous, pendant que j'agirai ici, obtenez le consentement de mon père, et dans deux mois je serai votre femme, car ma tante veut me marier tout de suite.

Elle parlait en le regardant, penchée vers lui, tandis qu'il se haussait vers elle; comme elle lui disait ces derniers mots, elle eut la sensation qu'on marchait au loin dans la prairie en face, et instinctivement elle leva les yeux : c'était Adélaïde qui arrivait, suivie du gamin occupé à pêcher quelques instants auparavant.

Geneviève n'eut pas besoin de réfléchir pour comprendre la situation : Adélaïde avait posté là ce gamin depuis plusieurs jours et celui-ci avait été la prévenir.

— Nous sommes surpris, dit-elle à mi-voix, voici la femme de chambre de ma tante qui nous espionne, elle arrive.

— Que voulez-vous que je fasse?

— Je ne sais pas.

— Pourquoi nous cacher?

— Parce que je voudrais prendre les devants auprès de ma tante.

— Est-ce le bon moyen?

— Je le crois.

— Comme toujours je ferai ce que vous voudrez.

Ils parlaient à voix précipitée, mais Adélaïde arrivait.

— Partez, dit-elle résolument, retournez à Paris, décidez mon père; c'est à moi de nous défendre ici. Vous ne pouvez rien sur ma tante, qui ne vous connaît pas.

Adélaïde n'était plus qu'à quelques pas de la rivière. Faré s'éloigna lentement, suivant le chemin par où il était venu.

Geneviève n'attendit pas qu'Adélaïde lui parlât; elle rentra sous les magnolias, et là, s'arrêtant appuyée à un arbre, car elle était tremblante, elle se demanda ce qu'elle devait faire.

Certainement ce n'était pas pour le plaisir de la surprendre qu'Adélaïde avait placé cet enfant en embuscade, elle avait une intention : la dénoncer à sa tante et exciter celle-ci contre elle.

Devait-elle attendre cela et paraître en coupable qui se défend ou qui nie?

Ni l'un ni l'autre de ces rôles ne pouvaient lui convenir.

Nier! Elle ne descendrait pas à un pareil moyen.

Se défendre? Elle ne se sentait pas coupable. Quel mal avait-elle fait? Ils s'aimaient, ils voulaient s'épouser, ils avaient le consentement de leurs mères.

On ne se défend pas quand on est dans ces conditions.

Sa résolution fut prise : elle se dirigea vers le château, où elle devancerait assurément Adélaïde, obligée de faire un détour.

Au moment de mettre la main sur le bouton de la porte du salon, elle s'arrêta, émue à la pensée de la responsabilité qu'elle prenait et du chagrin qu'elle allait causer à sa tante; mais son amour l'affermit.

Elle entra.

— Tu reviens déjà? dit Mlle de Puylaurens qui n'avait pas quitté son fauteuil.

Comme elle ne répondait pas, sa tante la regarda et la vit pâle, les lèvres frémissantes.

— Qu'as-tu, mon enfant?

— Une chose très grave, ma tante, la plus grave de ma vie : je viens de voir M. Faré.

— Où donc?

— Au bord de la rivière.

— Comment cela?

Elle hésita un moment, le cœur serré, puis, se décidant :

— Ma tante, je dois vous avouer que, quand je suis venue chez vous, j'étais fiancée à M. Faré...

— Fiancée! Comment fiancée! Par qui?

— Par ma mère, par sa mère.

— Et ton père?

— Nous attendions, pour lui parler de notre amour, comme j'attendais pour vous en parler à vous-même, que ses pièces eussent été jouées et qu'il eût une situation. *Sylvie,* sa seconde pièce, vient d'obtenir un succès égal à celui qu'a obtenu *Chatelard;* il est acclamé par tous, et par ce double début il s'est placé parmi les maîtres du théâtre. C'est pour m'annoncer ce succès qu'il est venu. Et c'est pour me demander à mon père qu'il retourne tout de suite à Paris.

Mlle de Puylaurens était stupéfaite et indignée, tellement abasourdie qu'elle ne comprenait pas.

— Tu savais donc qu'il devait venir? demanda-t-elle.

— Il est déjà venu il y a quinze jours!

— C'est lui qui t'a fait refuser M. de Javerlhac!

— Oui.

Comme les personnes qui sont jetées hors d'elles-mêmes, Mlle de Puylaurens allait d'une idée à une autre :

— Mais ta mère! demanda-t-elle, comment ta mère a-t-elle accepté ce mariage?

— Elle l'a accepté quand elle a vu notre amour.

— Elle n'a donc pas conscience de votre rang?

— Mon rang c'était d'être premier prix du Conservatoire et de gagner quelque argent en jouant dans les salons; il me semble qu'il n'était pas supérieur à celui de M. Faré.

Puis, sentant qu'elle venait de se placer sur un terrain favorable, elle continua avec plus d'assurance :

— Et si j'étais restée ce que j'étais alors, si je n'étais pas venue ici, si j'étais toujours la petite pianiste de Montmartre, le rang de M. Faré serait aujourd'hui bien au-dessus du mien.

Mlle de Puylaurens était trop raisonnable et trop juste pour n'être pas touchée de cet argument qui portait : il était certain que celle que ce Faré avait aimée ce n'était pas l'héritière de la fortune des Puylaurens, c'était la petite pianiste, et si cette pauvre pianiste avait su qu'elle hériterait un jour de cette fortune, sans doute elle aurait eu conscience de son rang. N'avait-elle pas elle-même une part de responsabilité dans cette situation?

Mais cette idée de mariage la blessait trop dans ses principes et dans ses espérances pour qu'elle se rendît.

— Je ne sais, dit-elle, ce que ton père répondra à M. Faré; mais, pour moi, je n'accepterai jamais ce mariage.

— Oh! ma tante...

Mais Mlle de Puylaurens lui coupa la parole.

— N'essaye pas de me fléchir, mon enfant, cela amènerait entre nous une lutte pénible qui n'aboutirait à rien. Tu me connais assez et tu es assez intelligente pour comprendre que tout en moi proteste contre un pareil mariage : mes croyances de chrétienne, ma naissance, mon éducation, mes idées, ma juste ambition pour toi, et aussi ma prévoyance, mon expérience de la vie; ce jeune homme peut avoir tous les mérites dont ton enthousiasme le pare, mais il a contre lui une chose terrible : son origine, il est fils d'une muette; et cette infirmité peut passer à ses enfants.

— Mais Mme Faré n'est pas née muette.

— Il suffit. Je demande à ton affection de ne pas insister. Tu m'as fait beaucoup de peine, et je ne suis pas en état de supporter une discussion.

Comme Geneviève sortait, elle rencontra Adélaïde qui semblait attendre le moment d'entrer dans le salon :

— Ce n'est pas la peine que vous dérangiez ma tante, dit-elle; ce que vous vouliez lui rapporter, je viens de le lui apprendre.

XIX

Faré n'avait pas perdu de temps pour reprendre le train, et il courait sur Paris en réfléchissant aux difficultés de leur situation, car s'il n'avait pas répondu à Geneviève lui disant : « Dans deux mois je serai votre femme, » il n'imaginait pas que les choses allaient marcher ainsi.

Il n'était pas du tout sûr que parce qu'il était l'auteur applaudi de *Chatelard* et de *Sylvie* M. de Mussidan allait être heureux de lui donner sa fille.

Et d'autre part, il semblait que précisément parce qu'il était l'auteur des pièces de théâtre, Mlle de Puylaurens ne devait pas être disposée à lui donner sa nièce.

A la vérité, ils pouvaient se passer du consentement de la tante s'ils avaient celui du père ; mais alors c'était une rupture avec Mlle de Puylaurens, ce qui serait un chagrin pour Geneviève.

Quant à lui, il se trouvait placé dans des conditions telles qu'il devait souhaiter cette rupture plus tôt que la craindre, car, en se fâchant avec sa nièce, Mlle de Puylaurens la déshériterait, et alors il devenait plus facile pour lui d'épouser Geneviève pauvre que Geneviève riche. Et ce qu'il voulait dans ce mariage, ce n'était pas la fortune, c'était sa chère petite Geneviève.

Le rôle que Geneviève lui avait réservé n'était donc pas aussi simple à remplir qu'elle semblait le croire, et il ne fallait l'aborder qu'avec prudence.

Ce fut à le composer qu'il employa le temps du voyage.

Il avait décidé que le mieux était de s'entendre tout d'abord avec Mme de Mussidan ; mais lorsque, dans ce but, il se présenta place Dancourt à une heure où jamais on ne trouvait le comte, il eut la mauvaise chance de rencontrer celui-ci dans l'escalier, sortant.

— Eh bien, vous êtes encore un joli garçon, vous ! dit M. de Mussidan d'un ton fâché.

Faré tomba des nues. Il avait quitté M. de Mussidan de belle humeur, fier du succès de *Chatelard* et de *Sylvie*, comme si les pièces étaient de lui, et il le retrouvait fâché. Que s'était-il passé ? Mme de Mussidan avait-elle fait une tentative malheureuse ?

Comme il regardait M. de Mussidan avec une curiosité inquiète, celui-ci continua :

— Vous êtes un lâcheur, tout simplement.

— Comment cela ?

— Je vous dis que vous êtes un lâcheur, mon jeune ami.

— Qu'ai-je donc fait ?

M. de Mussidan n'était pas homme à interrompre sa promenade pour son jeune ami ; il avait donc continué de descendre l'escalier accompagné de Faré. Arrivé sur le trottoir, il mit sa canne au port d'arme, cambra sa taille en effaçant les épaules de son air de vainqueur qui défiait les années, et ayant pris le bras de Faré, il continua :

— Je n'ai pas à vous dire, n'est-ce pas, que vous avez toujours été de mes amis ?

— Certes non, monsieur le comte, et je sais tout ce que je dois à votre bienveillance.

— Il suffit, ne me remerciez pas. C'était bien naturel. Du jour où je vous ai connu, j'ai vu tout de suite que vous iriez loin. Je ne me trompe pas sur les hommes qui ont quelque chose en eux ; sur les autres, sur les nullités, c'est différent ; mais quand un homme a une lueur en lui, je sais la distinguer. Je n'ai donc pas attendu votre succès pour reconnaître votre talent.

M. de Mussidan oubliait que, quinze jours auparavant, il raillait son jeune ami, sur « ses petites machines » qu'on ne voulait décidément pas jouer, ce dont il ne pouvait pas blâmer les directeurs, car s'embarquer avec deux grandes pièces d'un inconnu qui n'avait pas d'autres titres à faire valoir que d'être Gardénia, était bien imprudent ; mais Faré se garda de lui rappeler ces railleries.

— Ce talent, continua M. de Mussidan, je l'ai affirmé hautement, non seulement parce que j'avais foi en vous, mais encore parce que je vous aimais, et votre aventure c'était la mienne.

— Oh ! monsieur le comte, dit Faré, se laissant prendre à cette parole chaleureuse.

— Vous n'avez jamais douté de ma sympathie, je l'espère, et vous lisez trop bien dans le cœur humain pour n'avoir pas vu les sentiments d'affection paternelle pour vous que je portais dans le mien. Je vous ai quelquefois rudoyé, quelquefois raillé ; mais cela vous était utile.

Ils approchaient d'un bureau de tabac.

— Avez-vous un cigare ? demanda M. de Mussidan, s'interrompant.

— Non, mais je vais en prendre quelques-uns, si vous permettez.

Et, sans attendre cette permission, Faré entra dans le débit de tabac, d'où il ressortit la main pleine de beaux cigares qu'il tendit au comte ; celui-ci en choisit cinq ou six qu'il mit dans sa poche, puis en ayant allumé un, il continua :

— Je vous ai donc soutenu de toutes les manières et avant même qu'on jouât vos pièces, j'ai affirmé leur mérite ; vous auriez été mon fils que je n'aurais pas parlé de vous autrement. Cela m'a si bien posé pour votre ami que, vos pièces jouées, on m'a demandé à les voir, et quand je vous ai cherché pour vous prier de mettre quelques places à ma disposition, je ne vous ai point trouvé. Voilà pourquoi je vous accuse d'être un lâcheur.

— J'ai été obligé de faire un petit voyage ; mais maintenant me voici tout à vous.

— Alors c'est différent, vous êtes pardonné. Voici ce qu'il me faut.

Et pendant que M. de Mussidan lui expliquait ce qu'il lui fallait, ce qui fut assez long, Faré se demandait s'il ne devait point profiter des bonnes dispositions dans lesquelles il le trouvait pour risquer sa demande. Pourquoi ne seraient-elles pas sincères, ces assurances d'amitié? Sans doute, le succès de *Chatelard* et de *Sylvie* leur donnait un caractère particulier; mais n'avait-il pas lui-même justement mis ses espérances dans ce succès? Que gagnerait-il à attendre? La fortune lui semblait favorable en ce moment, il ne devait pas la laisser passer. Il se décida donc. Ils étaient sur le boulevard, où ils pouvaient s'entretenir à peu près librement.

— Je ne saurais vous dire, commença-t-il, combien je suis heureux de l'amitié que vous me témoignez!

— Elle est sincère, et si je vous ai traité autrefois en gamin, je vous considère maintenant comme un homme de grand talent, d'un talent que je suis fier d'avoir deviné quand personne encore ne le soupçonnait. Dans l'avenir glorieux qui s'ouvre devant vous, vous serez heureux de vous rappeler cela : vous pourrez vous dire que quand vous doutiez de vous-même, il y avait quelqu'un qui avait foi en vous, et que ce quelqu'un c'était le comte de Mussidan. Est-ce que, sans cette confiance, je vous aurais accueilli chez moi comme je l'ai fait...

Et s'arrêtant, il lui serra la main.

— ... En ami, en père.

Faré n'était plus assez jeune pour accepter naïvement tout ce que M. de Mussidan lui disait; mais, d'autre part, il n'était pas assez sceptique non plus pour n'en pas croire un seul mot. Évidemment, il y avait une part de vérité dans ces paroles chaleureuses, comme il y avait une part de sympathie sincère dans ces effusions. En ce moment, M. de Mussidan l'aimait réellement, et c'était ce qu'il pouvait désirer de mieux pour le succès de sa demande; il devait donc la présenter sans tourner davantage, — ce qu'il fit.

— Cette amitié, dit-il, et la confiance qu'elle vous inspire en mon avenir...

— Il sera superbe.

— ... Me décident à vous faire un aveu que je ne dois plus différer.

— Un aveu?

— J'aime depuis longtemps Mlle Geneviève...

— Geneviève!

— Et je vous la demande pour femme.

— Vous aimez ma fille, vous!

— Je l'aime!

— Et vous me la demandez, vous!

— Elle est d'âge à se marier.

— Et vous m'adressez cette demande ici, dans la rue!

— J'ai été entraîné par l'amitié que vous me témoigniez.

— Ah çà! est-ce que le succès vous a rendu fou?

Et M. de Mussidan l'examina avec un air de pitié.

— Voyons, mon cher garçon, ce n'est pas sérieusement, n'est-ce pas, que vous vous êtes imaginé que moi, comte de Mussidan, je pouvais vous donner ma fille à vous... Ernest Faré?

A une question ainsi posée, Faré ne pouvait répondre qu'en blessant M. de Mussidan dans son orgueil et sa vanité. Il se tut.

— Je ne veux pas vous humilier, continua M. de Mussidan d'un ton adouci; je laisse donc de côté cette considération que vous pèserez dans votre conscience; mais il en est une autre qui, sans doute, ne s'est pas présentée à votre esprit; celle que vous voudriez épouser n'est pas seulement la fille du comte de Mussidan, elle est encore la nièce et l'héritière de Mlle de Puylaurens, une vieille fille qui lui laissera une belle fortune.

Sur ce point, Faré pouvait reprendre:

— C'est pour elle que je l'aime, non pour sa fortune. Je ne vous demande pas de dot; je vais maintenant gagner assez pour lui assurer une position convenable, qui, je l'espère, ira en grandissant.

— Allons décidément, s'écria M. de Mussidan, vous êtes plus jeune que je ne croyais, et pourtant vous avez du talent.

— Mais, monsieur le comte...

— Restons-en là, je vous en prie. Je tâcherai d'oublier votre demande; vous, de votre côté, oubliez votre rêve. Au revoir.

Et, d'un geste plein de noblesse, M. de Mussidan arrêta Faré; puis il s'éloigna dignement.

Un moment abasourdi, Faré se mit en route pour remonter à Montmartre et voir Mme de Mussidan. Il la trouva chez elle et lui raconta ce qui venait de se passer.

— Pourquoi ne m'avez-vous pas fait part de votre projet? dit-elle tristement.

— Je le voulais; j'ai été entraîné.

— Ah! cette fortune de Mlle de Puylaurens, s'écria-t-elle, il est écrit qu'elle fera le malheur de toute la famille! Après le père et les fils, c'est la fille maintenant, c'est vous, c'est moi, dont depuis quinze ans elle a empoisonné la vie.

— Mais je n'en veux pas de cette fortune, et j'espère bien que Mlle de Puylaurens va renoncer à son idée de testament.

— Cela seul peut amener votre mariage, car tant que M. de Mussidan s'imaginera que sa fille, qui n'a que quinze ans, héritera demain de cette fortune, il ne la mariera pas; c'est à Cordes que votre mariage se décidera.

Ce cri lui avait échappé; elle s'arrêta, honteuse d'en avoir tant dit.

XX

Ce n'était pas seulement la discussion sur ce mariage que Mlle de Puylaurens ne pouvait pas supporter, ainsi qu'elle l'avait dit à Geneviève, c'était aussi, c'était surtout le mariage lui-même.

— Cette petite ! est-il possible !

A ce moment Adélaïde était entrée pour raconter ce qu'elle venait de voir; mais Mlle de Puylaurens ne lui avait pas même permis de commencer son récit.

— Ouvrez une fenêtre, avait-elle dit.

Une fenêtre ouverte était, au château, un fait tellement extraordinaire, qu'Adélaïde avait regardé sa maîtresse sans bouger, se demandant ce qu'elle devait faire.

— Vous n'entendez donc pas ce qu'on vous dit ? Ouvrez cette fenêtre.

— Mais il fait froid.

Ce n'était point l'habitude de Mlle de Puylaurens de parler sur ce ton à ses domestiques ; mais au contraire, toujours avec douceur et sans s'impatienter jamais.

Adélaïde obéit, indignée, mais, d'un autre côté, satisfaite de voir dans quel état de colère était sa maîtresse : — La petite payerait cela.

— Maintenant, laissez-moi, dit Mlle de Puylaurens ; si l'on vient pour me voir, je n'y suis pour personne.

Elle était dans un état d'émotion et d'anxiété qui rappelait les crises que M. de Mussidan avait si souvent provoquées au temps où elle espérait le sauver, et aussi celles qui s'étaient tant de fois répétées avec Sébastien et Frédéric. En serait-il donc de la fille comme il en avait été du père et des frères ? Était-il possible que cette enfant si douce, si tendre, d'une humeur si facile, d'une nature si droite, d'un cœur si bon et si généreux, fût perdue à jamais ?

La malédiction de Dieu s'abattrait donc ainsi successivement sur tous les membres de la famille ?

Et pendant plusieurs heures elle était restée accablée, insensible à ce qui se passait autour d'elle, suivant sa pensée ou plutôt allant d'une idée à une autre fiévreusement, sans pouvoir s'arrêter à rien de précis.

Ce fut un sentiment de froid très vif qui la rappela à la réalité des choses matérielles ; elle était glacée, avec des frissons et un claquement de dents.

Elle alla fermer la fenêtre, puis elle sonna pour qu'on allumât le feu qui était toujours attisé dans la cheminée.

Ce fut Geneviève qui entra.

— Vous avez besoin de quelque chose, ma tante ?

— Je voudrais du feu ; j'ai froid.

Geneviève l'alluma elle-même et il ne tarda pas à flamber, car c'était une des précautions de Mlle de Puylaurens d'avoir dans ses bûchers des provisions de bois sec pour plusieurs années à l'avance.

Mais les frissons et les claquements de dents ne cessèrent point, malgré la chaleur qui ne tarda pas à emplir le salon, et malgré la flamme qui frappait en plein Mlle de Puylaurens assise en face de la cheminée.

— VOUS AVEZ BESOIN DE QUELQUE CHOSE, MA TANTE? (P. 504).

— Je vais vous préparer une tasse de tisane bien chaude, dit Geneviève.

— Je veux bien, mon enfant, j'ai pris un mauvais froid.

La tasse de tisane ne fut pas plus efficace que ne l'avait été la flamme de la cheminée ; tremblant toujours, Mlle de Puylaurens voulut se mettre au lit, et elle envoya chercher le docteur Azéma, qui arriva aussitôt.

Il se fit expliquer comment ce refroidissement s'était produit, et elle lui raconta les choses sans rien cacher : à la suite d'une violente contrariété, elle avait éprouvé un étouffement ; pour respirer elle avait fait ouvrir une fenêtre ; puis, sans penser que par cette fenêtre le froid entrait, elle était restée plusieurs heures à réfléchir, et c'était un violent frisson qui l'avait rappelée à elle.

— Puis-je vous demander la cause de cette contrariété ?

Elle l'avait dite, car le docteur était plus qu'un médecin pour elle, un vieil ami. Et une fois en train, elle s'était laissée aller à son désespoir.

— Comprenez-vous, docteur, une enfant en qui j'avais tant d'espérances, un homme de théâtre !

Mais à son grand étonnement, le docteur n'avait pas dit comme elle.

— Homme de théâtre ! homme de théâtre ! Ce n'est pas un comédien, et d'ailleurs l'Église n'a-t-elle pas fait un saint d'un comédien ; Corneille a écrit *Polyeucte*.

— N'allez-vous pas l'excuser !

— Avant de le condamner, il me semble qu'il faudrait savoir quel est au juste ce jeune homme ; les journaux font le plus grand éloge de ses pièces.

— Êtes-vous donc d'accord avec elle ?

— Je vous donne ma parole qu'elle ne m'a jamais parlé de lui.

Lorsqu'il se retira, après avoir fait son ordonnance pour la nuit, ce fut lui qui parla de Faré à Geneviève postée dans le vestibule où elle l'attendait inquiète, se demandant quelle part de responsabilité lui incombait dans cette crise.

— Comment trouvez-vous ma tante ?

— Pas bien, le froid est si dangereux pour elle ; enfin nous verrons demain matin.

— C'est bien le froid, n'est-ce pas, qui est la cause de ce malaise ?

— Le froid et aussi l'émotion très vive que vous lui avez causée.

— Vous savez...

— Elle m'a tout dit ; maintenant si, de votre côté, vous voulez faire comme elle, je pourrai peut-être vous servir; quand deux mères désirent un mariage, il me semble qu'il doit avoir le bon droit pour lui.

Elle n'était pas en situation de refuser un appui ainsi offert ; d'ailleurs le docteur Azéma s'était toujours montré de ses amis ; enfin comment n'aurait-elle pas été heureuse de parler de celui qu'elle aimait ?

— Comptez sur moi, dit-il, lorsqu'elle fut arrivée au bout de son récit ; demain je plaiderai votre cause et la sienne ; il m'inspire une vive sympathie ; il est charmant...

— Si vous saviez...

— J'espère que je saurai. Rentrez près de votre tante et soignez-la bien.

Le surlendemain, Mlle de Puylaurens avait une fluxion de poitrine, et son état était assez caractérisé pour que le médecin ne pût pas la lui cacher. D'ailleurs, c'était la cinquième, et elle savait à ne pas se laisser tromper quelle était la symptomatologie de cette maladie, comme disent les médecins.

Ce fut elle-même qui l'annonça au docteur Azéma lorsque, le matin, il lui fit la première visite :

— Je crois que j'ai une fluxion de poitrine, mon cher docteur.

— Pouvez-vous dire cela !

— J'en suis sûre. Je le sens, je m'y connais.

— Après examen, le médecin déclara que c'était, en effet, une fluxion de poitrine, mais qu'elle était très légère et qu'elle ne présenterait aucune gravité.

— Enfin, je peux mourir.

— Mais non.

— Vous savez bien que la mort n'a en soi rien d'effrayant pour une chrétienne. Ce qui m'épouvante, c'est la pensée de ce qu'il adviendra de cette pauvre enfant.

— Il est évident que mieux aurait valu qu'elle fût mariée.
— Elle ne l'est pas.
— Pourquoi ne la mariez-vous pas?
— En aurais-je le temps ?
— Si vous acceptiez celui qu'elle aime.
— Ce n'est pas possible.
— Avant de dire : « ce n'est pas possible » ne faudrait-il pas le connaître ?
— Ce que je sais de lui suffit.

Le médecin n'osa pas insister : mais, en sortant du château, il monta au presbytère et mit le curé au courant de ce qui se passait.

— Les scrupules de Mlle de Puylaurens me paraissent légitimes, dit celui-ci.

— Peut-être le sont-ils en effet jusqu'à un certain point ; mais l'avenir de cette enfant doit, il me semble, passer avant tout. Mlle de Puylaurens est gravement malade, elle peut mourir ; sans doute elle peut guérir aussi, mais enfin elle est en danger. Qu'elle meure, que deviendra la fortune qu'elle laisse à Geneviève et qui sera administrée par M. de Mussidan?

— Cela est effrayant. Pourquoi n'a-t-elle pas épousé M. le comte de Javerlhac, un si bon jeune homme !

— Parce qu'elle en aime un autre. Et c'est justement cet amour qui l'empêchera de se marier si ce n'est pas avec ce garçon; beaucoup de talent, vous savez, un avenir superbe.

— Fâcheuse affaire.

— Si vous interveniez, mon cher doyen, à nous deux nous déciderions sans doute Mlle de Puylaurens. Voulez-vous que cette fortune soit gaspillée, que ce château soit vendu, que ce musée soit dispersé? Mariée à Ernest Faré, la petite Geneviève garderait tout cela ; elle continuerait toutes les générosités, les charités de sa tante.

— Encore faudrait-il savoir ce qu'est ce M. Faré, dit le doyen, ébranlé par ce plaidoyer chaleureux.

— Il faut nous hâter.

— On pourrait écrire.

— Écrire !

— Télégraphier et tâcher d'avoir sur lui des renseignements précis puisés à une source qui inspire toute confiance.

— N'avez-vous pas à Paris quelqu'un à qui vous pourriez vous adresser ?

— Oui, je connais des personnes sûres.

— Eh bien, télégraphiez ; nous sommes trop les amis de Mlle de Puylaurens pour ne pas la défendre, elle et sa fortune ; c'est à nous d'agir pour elle et de lui faire une violence dont elle nous saura gré plus tard, si elle réchappe. En tout cas, c'est notre devoir. Et j'ajoute que nous devons bien cela à cette chère petite, si bonne, si bien faite pour remplacer sa tante.

— Il est vrai qu'à sa naissance elle a été bénie du Seigneur.

— Eh bien alors, télégraphiez.

— De ce pas je vais au télégraphe ; en revenant je m'agenouillerai à l'autel de la très sainte Vierge pour lui demander le rétablissement de la santé de notre digne amie.

— Moi, je vais faire préparer un bon vésicatoire de quinze centimètres et je redescends le lui poser moi-même.

— Espérez-vous la sauver, mon bon ami ?

— Soixante-dix ans, vous savez, c'est là le grave ; enfin agissons comme si nous devions la perdre.

XXI

La réponse des « personnes sûres » ne se fit pas attendre; elle arriva dès le lendemain :

« Au point de vue du monde, excellent jeune homme; vie honnête et régulière; bon fils, grand travailleur, bel avenir. »

— Vous voyez, dit le docteur Azéma, quand le doyen lui communiqua cette dépêche.

— Oui, sans doute; mais vous voyez aussi : « Au point de vue du monde. »

— Quand il sera votre paroissien, vous en ferez un excellent jeune homme au point de vue chrétien : si nous avions le temps de choisir, je comprendrais vos scrupules; mais ce temps, nous ne l'avons pas. Hâtons-nous de faire faire le contrat de mariage; je ne réponds de rien.

Le curé se rendit à ces raisons; il connaissait M. de Mussidan et ses fils, et il avait à leur égard les mêmes craintes que Mlle de Puylaurens.

— Descendons au château, dit le médecin, qui ne voulut pas le laisser à ses hésitations, Mlle de Puylaurens est déjà ébranlée, vous enlèverez ses dernières défenses.

— C'est bien grave un mariage. Quelle responsabilité nous prenons, mon bon ami !

— Et celle que nous prendrions en laissant cette fortune tomber aux mains de M. de Mussidan, ne serait-elle pas grave aussi?

— Sans doute.

— Voulez-vous que cette chère enfant soit réduite à la misère?

— Pourquoi n'a-t-elle pas voulu du comte de Javerlhac?

Le médecin avait dit vrai; Mlle de Puylaurens était déjà ébranlée : la peur de la mort, dont elle sentait la main glacée sur ses épaules, sa tendresse pour Geneviève, son horreur pour M. de Mussidan, les hallucinations de la fièvre, les paroles de son médecin, la faiblesse de la maladie, les torts qu'elle se reprochait d'avoir eus envers cette enfant, tout se réunissait et se heurtait en elle pour la troubler. Les choses en seraient-elles là, si elle avait élevé Geneviève et si, au lieu de se fâcher des sottes lettres de M. de Mussidan, elle avait persisté dans ses intentions premières?

Quand le doyen vint la voir avec le médecin et qu'après le départ de celui-ci il resta seul avec elle, elle lui fit part de ses inquiétudes et de ses remords.

— Certainement, certainement, dit le curé, tout cela est terrible; cependant, si le jeune homme offrait des garanties...

— Vous aussi, monsieur le doyen?

— J'ai beaucoup réfléchi, beaucoup pensé à vous, à vos tourments, à vos espérances, et aussi à la chère enfant, et j'ai envoyé une dépêche à Paris pour qu'on fît une enquête sur ce jeune homme; oh! une enquête discrète, sans que vous paraissiez en rien, et voici la réponse que je viens de recevoir.

Il lut la dépêche en glissant vivement sur la restriction des premiers mots et en insistant au contraire sur les derniers : « Vie honnête, bon fils, grand travailleur. »

Bien que Mlle de Puylaurens fût absorbée par la fièvre et surtout par la difficulté de respirer qui la rendait anxieuse, elle avait toute sa raison et elle ne laissa point passer les premiers mots sans les remarquer.

— Au point de vue du monde, dit-elle.

— Sans doute, mais c'est déjà beaucoup.

— Vous me conseillez donc ce mariage ?

— Je vous conseille... je vous conseille...

Le curé eut un moment d'hésitation qui le fit rougir et presque aussitôt pâlir, tant son émotion était forte. Il n'aimait pas à donner des conseils... « parce que, vous comprenez... » et il ne pouvait pas se décider à les donner sous une forme aussi affirmative, par oui ou par non.

— S'il est une affaire grave, dit-il, c'est le mariage d'une jeune fille; son bonheur dans le présent, son salut dans l'avenir, le repos de sa famille, tout cela est à considérer, à peser. Avant de donner un conseil il faut donc s'entourer de garanties. Cependant pour ce qui est de ce jeune homme, et dans les circonstances présentes, il semble que... en présence de cette dépêche... et, d'autre part, en considérant vos justes préoccupations, il semble que... oui, je n'hésite pas à le dire, le mieux serait peut-être d'accepter ce mariage.

Puis, effrayé de sa hardiesse, il ajouta :

— C'est surtout à votre santé que je pense; je suis sûr que si vous aviez la tranquillité de l'esprit, cela contribuerait pour beaucoup à votre rétablissement; enfin, réfléchissez, bien souvent la maladie donne une grande lucidité à la pensée.

Et satisfait d'avoir accompli son devoir sans s'être avancé au point de se compromettre, il se retira laissant Mlle de Puylaurens de plus en plus tourmentée.

Et le terrible c'est qu'elle n'avait pas le temps de réfléchir comme le doyen lui conseillait; la lucidité, que la maladie lui donnait, ne lui montrait qu'une chose et toujours la même : M. de Mussidan d'un côté, Sébastien et Frédéric de l'autre assaillant Geneviève pour la dépouiller. Et cette vision, elle ne pouvait pas l'écarter; qu'elle fût éveillée, qu'elle s'endormît, elle revoyait le père et les fils mendiant l'argent de cette petite comme ils lui avaient si souvent mendié le sien, à elle, en pleurant, en menaçant, en jouant toutes les comédies auxquelles elle s'était laissé prendre.

Qu'elle mourût, et la pauvre enfant restait exposée à leurs assauts, sans défense, car jamais son père, tant que durerait pour lui l'autorité paternelle, ne lui donnerait son consentement pour qu'elle se mariât; il faudrait donc qu'elle vécût harcelée, isolée, pour finir ruinée.

Non, cela n'était pas possible, ni digne, ni honnête, ni chrétien.

Pendant qu'elle raisonnait ainsi, à moitié assise sur son lit, la tête élevée, Geneviève se tenait dans la chambre, auprès d'une fenêtre, immobile, silencieuse sur sa chaise, attentive, et toute prête à arriver au moindre signe.

— Mon enfant, dit-elle.

Geneviève se leva vivement et accourut auprès du lit.

— Vous avez besoin de quelque chose, ma tante?

— Assieds-toi là et écoute-moi.

Quand elle se fut assise sur une chaise basse faisant face à la fenêtre, Mlle de Puylaurens la regarda assez longtemps sans parler.

Puis d'une voix attendrie :

— Tu l'aimes donc bien?

Par le docteur Azéma, Geneviève connaissait les hésitations de sa tante, et quand elle restait recueillie dans son coin ce qu'elle se demandait, c'était à quoi elles aboutiraient.

Ce mot la souleva de joie; prenant la main de sa tante, elle l'embrassa :

— Oh! si je l'aime! s'écria-t-elle.

— Eh bien, télégraphie-lui de venir.

— Vous consentez?

— Je ne peux pas faire ton malheur; il me semble que dans cette maladie il y a comme un avertissement du ciel.

Mais Geneviève n'écoutait plus :

— Je vais envoyer Buvat, dit-elle, ce sera plus sûr.

— Avant il faut faire la dépêche; écris-la, je vais te la dicter.

En un tour de main Geneviève fut prête; mais il fallut un certain temps avant que Mlle de Puylaurens, prise d'un accès de toux, pût parler; enfin, la suffocation passée elle dicta :

« Ma tante consent; venez vite; mais avant voyez mon père et qu'il vous donne son consentement par-devant notaire. »

— Mais il doit l'avoir, ce consentement, dit Geneviève, il est retourné à Paris pour le demander.
— Ta mère ne t'a pas écrit que ton père l'avait donné?
— Non, pas encore.
Puis changeant de sujet, Geneviève dit :
— Ne puis-je pas ajouter un mot sur votre santé?
— Garde-t'en bien. As-tu écrit à ta mère que j'étais malade?
— Non, pas encore, c'est aujourd'hui mon jour.
— Eh bien, ne lui en dis rien ; cela est très important.
Au coup de sonnette de Geneviève, ce fut Adélaïde qui entra.
— Envoyez-moi Buvat, dit Mlle de Puylaurens.
Le vieux valet de chambre arriva presque aussitôt.
— Portez cette dépêche au télégraphe, dit Mlle de Puylaurens, hâtez-vous ; ne parlez à personne de son contenu.
Il était trois heures quand Buvat déposa cette dépêche au bureau de Cordes ; à quatre heures elle parvenait à Faré au moment où il allait descendre à Paris. Il courut place Dancourt où, comme il l'espérait, il trouva Mme de Mussidan seule, travaillant, tandis que le comte se promenait noblement sous les arbres au feuillage jaunissant des Champs-Élysées.
— Voici une dépêche que je reçois de Geneviève, dit-il.
Et il la lut.
— Hélas! dit Mme de Mussidan avec désespoir.
— Vous ne croyez pas qu'elle décide M. de Mussidan.
— Il y a une chose que cette dépêche ne dit pas, c'est que Mlle de Puylaurens, atteinte d'une fluxion de poitrine, est en danger de mort.
— Vous avez reçu une lettre de Geneviève?
— Geneviève ne parle pas de cette maladie ; mais M. de Mussidan a reçu ce matin une lettre de Ceydoux, son homme de confiance à Cordes, lui annonçant cette nouvelle qui est pour lui d'un intérêt capital. Vous savez qu'il a toute sa vie visé la fortune de Mlle de Puylaurens ; ce n'est pas au moment où il va l'avoir entre les mains, ne serait-ce que comme administrateur, qu'il va la lâcher. Il faut comprendre cela.
— Je ne le comprends que trop.
— Cette mort de Mlle de Puylaurens serait un grand malheur pour vous, mes pauvres enfants ; ce serait une fatalité, car j'espé-

rais avoir un moyen pour amener M. de Mussidan à consentir à votre mariage; tandis que maintenant je ne peux rien. Que faire contre un rêve caressé pendant vingt ans, au moment même où il semble prêt à se réaliser?

Faré avait trop réfléchi à cette situation pour ne pas sentir combien Mme de Mussidan avait raison, et il commençait aussi à trop bien connaître M. de Mussidan pour se flatter que des considérations de sentiment et de famille auraient de l'influence sur lui; et cependant il devait se conformer à la dépêche de Geneviève.

— Je dois risquer une nouvelle demande, dit-il.

— Assurément; M. de Mussidan rentrera vers six heures, attendez-le.

XXII

Un peu avant six heures M. de Mussidan rentra, et en apercevant Faré il montra plutôt de la satisfaction que du mécontentement.

— Bonjour, mon jeune ami, dit-il en lui tendant la main ; comment va la location ?

— Très bien.

— Enchanté. Je vous l'ai dit, jeune ami : grand succès.

Mais ce n'était pas pour entendre parler du succès de ses pièces que Faré avait attendu M. de Mussidan ; il tira de sa poche la dépêche de Geneviève :

— Voici une dépêche que je viens de recevoir, dit-il.

— De qui cette dépêche ?

— De Mlle Geneviève.

M. de Mussidan, qui s'était assis dans le seul fauteuil qui restât à peu près solide sur ses quatre pieds et qu'on réservait à son usage exclusif, se leva d'un bond.

— Comment! s'écria-t-il, vous êtes en correspondance avec ma fille !

Et se tournant vers sa femme avec indignation :

— Vous saviez cela, vous, madame ?

— Il s'agit d'une dépêche, dit-elle timidement.

— Quelle est cette distinction casuistique ? Une dépêche, une lettre, qu'importe ? Et vous le tolériez, vous l'encouragiez, peut-être, madame !

Mme de Mussidan ne répondit pas, ce qui était sa manière la plus ordinaire de répondre.

Faré voulut venir à son secours :

— Si vous vouliez prendre connaissance de cette dépêche, dit-il, vous verriez qu'il a fallu des circonstances impérieuses pour qu'elle me soit envoyée.

— Il n'y a pas de circonstances impérieuses contre l'honneur.

Quand M. de Mussidan avait trouvé une maxime de ce genre, il se calmait aussitôt, comme si sa responsabilité était du même coup dégagée.

— Voyons cette dépêche, dit-il au bout d'un certain temps.

Il la lut; puis en silence il regarda sa femme et Faré comme deux complices qu'il voulait accabler.

— Alors, s'écria-t-il, c'est pour me conduire chez un notaire où je donnerai mon consentement à votre mariage que vous venez me chercher ?

— Mais...

M. de Mussidan lui coupa la parole :

— Eh bien, je vous répète ce que je vous ai déjà dit : « Vous êtes jeune, plus que jeune. » Vous me prenez donc pour une girouette de vous imaginer que j'ai changé depuis notre dernier entretien ?

— Ce sont les circonstances qui ont changé.

— Je n'aime pas qu'on parle toujours des circonstances; mais enfin, puisque ce mot vous plaît, je vous répondrai que si elles ont changé pour vous, elles ont changé pour moi aussi. Quand vous m'avez demandé la main de ma fille, vous vous êtes adressé à moi naïvement, sous l'influence d'un sentiment sincère, sans réflexion ; et je vous ai répondu, malgré ma surprise, en ayant égard à cela. Mais aujourd'hui il ne s'agit plus de naïveté ni de sincérité. Cette dépêche est un outrage, un outrage voulu, prémédité...

— Elle est de Geneviève! s'écria Faré, interrompant malgré lui.

— Elle est écrite par Geneviève, c'est possible; mais elle est dictée par cette vieille coquine, sa tante, Mlle de Puylaurens, j'en suis sûr comme si je l'avais vue, comme si je l'avais entendue; et c'est là ce qui constitue l'outrage. Vous savez ou vous ne savez pas que cette vieille folle est mourante, et, dans sa méchanceté diabolique, elle voudrait soustraire ma fille à mon autorité paternelle en la mariant. Comprenez-vous mon indignation?

Ce que Faré comprenait, c'est que M. de Mussidan, ne voulant pas lui donner les raisons vraies qui le faisaient refuser son consentement, lui jouait une scène de dignité et, comme on dit dans un certain monde, « la lui faisait à l'autorité paternelle »; mais cela justement rendait sa situation plus difficile encore, puisqu'il ne pouvait pas laisser voir qu'il n'était pas dupe de ce noble langage auquel il devait répondre sérieusement.

— Je ne comprends qu'une chose, dit-il, c'est que Mlle de Puylaurens, dans sa tendresse pour Mlle Geneviève, s'est laissé toucher, et que, malgré sa fierté nobiliaire, malgré l'ambition que sa fortune pouvait justement lui inspirer, elle a consenti à m'accepter, moi qu'elle ne connaît pas.

— Et c'est justement cela qui prouve que ce consentement qu'elle donne *in extremis*, est dirigé contre moi; si elle vous connaissait, je comprendrais, jusqu'à un certain point, qu'elle eût été entraînée...

— Elle l'a été par son affection pour sa nièce.

— Elle l'a été par sa haine pour son neveu; je sais ce que je dis, moi qui la connais depuis cinquante ans. Elle a voulu me déshonorer, m'abaisser, et je serais un lâche, je ne serais pas un père digne de ce titre si je m'inclinais devant une pareille volonté. Vous n'aurez pas plus mon consentement aujourd'hui que vous ne l'avez eu l'autre jour. Et même vous l'aurez moins, car, pour que je vous le refuse, il y a aujourd'hui des raisons qui n'existaient pas l'autre jour.

— Mais, l'autre jour, j'étais seul; aujourd'hui votre fille se joint à moi. La repousserez-vous comme vous m'avez repoussé?...

— Ils s'aiment, interrompit Mme de Mussidan.

— Taisez-vous, madame, c'est au chef de la famille de parler. Ce n'est ni elle ni vous que je repousse aujourd'hui, c'est Mlle de Puylaurens.

Faré devait employer tous les moyens et ne négliger aucun de ceux qui pouvaient porter : insensible à l'affection et à la tendresse paternelle, ce père ne se laisserait-il pas toucher par l'intérêt ?

— Peut-être, dit-il, Mlle de Puylaurens, déçue dans son idée de mariage, changera-t-elle ses dispositions ; cela n'est-il pas possible si elle est la femme que vous dites ?

— Croyez-vous donc que moi je sois homme à céder à des raisons d'intérêt ? ce serait alors que je mériterais le mépris dont elle veut me charger.

Que dire ?

Cependant Faré allait continuer ; mais, sur un signe de Mme de Mussidan, il se tut, comprenant qu'elle voulait intervenir dans ce débat et qu'elle ne pouvait pas le faire devant lui.

— Allez-vous-en, semblait-elle dire, maintenant laissez-moi agir.

Elle était trop prudente, trop dévouée pour qu'il n'eût pas confiance en elle, il se leva.

M. de Mussidan lui tendit la main :

— Au revoir, dit-il.

Dans la rue, Faré se demanda s'il devait répondre tout de suite à Geneviève ou attendre au lendemain pour lui dire en même temps ce que Mme de Mussidan avait obtenu ; mais, après réflexion, il lui sembla que, si Mlle de Puylaurens était dans l'état désespéré que disait M. de Mussidan, les avantages qu'il y avait à ne pas attendre le lendemain l'emportaient sur les inconvénients, et il entra dans un bureau où il déposa cette dépêche :

« Votre père vient de me refuser ; votre mère fait une nouvelle tentative. Attendons à demain. »

Après le départ de Faré, Mme de Mussidan était restée silencieuse et son mari, qui craignait quelque prière de sa part, avait été satisfait de son attitude.

— Elle n'ose pas, s'était-il dit.

Cependant, s'il l'avait examinée, il aurait remarqué qu'elle était dans un état de trouble extraordinaire, pâle, tremblant à ce point qu'elle s'y prenait à plusieurs fois pour piquer son aiguille.

— Je suis bien aise que Faré soit parti, dit-elle enfin d'une voix rauque.

— Moi aussi, car il m'ennuyait à la fin.

— Ses instances cependant étaient bien naturelles, car il aime passionnément Geneviève et elle lui rend son amour; vous n'avez pas réfléchi, je pense, à ce qu'ils vont souffrir?

— Que voulez-vous que j'y fasse?

— Que vous leur épargniez ces souffrances en leur donnant votre consentement.

— Alors vous aussi vous trouvez que je dois m'humilier devant Mlle de Puylaurens?

— Ce n'est pas sérieusement que vous me dites cela?

— Parce que?

Elle hésita un moment et pâlit plus encore.

— Parce que vous savez bien que je ne crois pas aux raisons que vous avez données à Faré pour justifier votre refus.

— Vous ne croyez pas, vous...

Il la regarda de son air terrible; mais elle ne baissa pas les yeux et ne courba pas le dos, comme elle en avait l'habitude devant ses colères.

Ne voulant pas paraître démonté, bien qu'il le fût jusqu'à un certain point :

— Alors que vous permettez-vous de croire? demanda-t-il d'un ton de défi.

— Je crois que, comptant sur la mort prochaine de Mlle de Puylaurens, vous voulez jouir de la fortune qu'elle laissera sans doute à Geneviève.

Du coup, M. de Mussidan fut interloqué ; mais il se remit assez vite :

— Eh bien, quand cela serait, n'est-ce pas la loi qui me donne la jouissance de cette fortune? En réalité n'est-elle pas la mienne, cette fortune, et dois-je la donner à M. Faré?

— Il ne la demande pas.

— Non, mais il la prendrait volontiers. Comment êtes-vous si réservée pour admettre une pensée d'intérêt chez les autres, et si peu pour la soupçonner chez votre mari?

— Parce que je n'ai en vue que le bonheur de ma fille.

— Il faudrait aussi avoir en vue l'honneur de votre mari, que vous oubliez.

— Je parle en mère en ce moment, non en femme.

— Beaucoup trop en mère, pas assez en femme.

— A qui la faute ? N'est-ce pas mon devoir de défendre cette enfant que je vois sacrifiée à l'argent ?

— Qui vous donne l'audace de me parler ainsi ?

— Mon amour pour ma fille que rien ne fait taire et qui vous parlera ainsi tant que vous n'aurez pas senti toute la cruauté, toute l'injustice de votre refus, et qui, si vous ne le sentez pas, ne reculera devant rien.

— Que voulez-vous dire avec vos sottes menaces ?

— Croyez-vous que si Mlle de Puylaurens savait que vous refusez votre consentement parce que vous croyez qu'elle doit mourir dans quelques jours, elle ne trouverait pas moyen d'assurer sa fortune à Geneviève sans que vous puissiez en toucher jamais un sou ?

— Elle n'oserait pas.

— Si cela n'est pas possible, croyez-vous qu'elle hésiterait dans ce cas à déshériter Geneviève ?

— Est-ce donc vous qui feriez déshériter votre fille ?

— Que m'importe qu'elle soit pauvre pourvu qu'elle soit heureuse !

— Vous êtes folle.

XXIII

La dépêche que Faré avait déposée à Paris le soir n'arriva à Cordes que le lendemain matin et ne fut remise à Geneviève qu'à neuf heures.

En s'éveillant, Mlle de Puylaurens, qui avait passé une nuit moins mauvaise que la veille, avait demandé si cette dépêche était arrivée, et, sur la réponse négative de Geneviève, elle avait manifesté une certaine impatience.

— Je voudrais tant avoir une certitude tout de suite!

Par ce mot on pouvait juger quelles étaient ses craintes.

Enfin Buvat monta la dépêche à Geneviève qui ne quittait pas la chambre de sa tante.

— Lis vite.

Elles restèrent l'une et l'autre sans parole, ne se regardant pas, Geneviève tournée vers la fenêtre pour cacher ses larmes.

Un temps assez long s'écoula ainsi; ce fut Mlle de Puylaurens qui se remit la première.

— Il ne faut pas désespérer, dit-elle, si j'avais été sage j'aurais prévu ce qui arrive.

— Vous comptez sur maman.

— Non, mon enfant, car ta mère, je le crains bien, ne pourra pas grand'chose; je compte sur moi.

— Comment?

— Il faut que je consulte mes amis, car malheureusement je n'ai pas la tête à moi. Toute la nuit j'ai eu la sensation que j'étais tombée à l'eau dans la Gironde, à Pauillac, et que je m'étais cramponnée à une bouée, que le flux et le reflux faisaient tournoyer; ma tête tourne donc encore. Mais, quoi qu'il en soit, j'ai vaguement conscience qu'il y a quelque chose à faire; seulement il faut que je m'entoure de conseils. Tu vas écrire un mot au doyen, au docteur et au notaire Lacaze pour les prier de venir tout de suite, et tu enverras Buvat les chercher.

— Oui, ma tante.

Et pendant que Geneviève écrivait, Mlle de Puylaurens ajouta :

— Tu recommanderas qu'on dise à tout le monde que je vais mieux, beaucoup mieux; dis-le toi-même.

— Mais c'est vrai, ma tante.

— C'est vrai; c'est vrai; est-ce si vrai que cela?

Ce fut le docteur Azéma, rencontré par Buvat dans les environs du château, qui arriva le premier; lorsqu'il entra dans la chambre, Geneviève sortit.

— Vous sentez-vous donc plus mal? demanda-t-il vivement, en venant au lit.

— Mieux, beaucoup mieux, guérie.

Un accès de toux suivi d'un étouffement lui coupa la parole.

Quand elle eut repris sa respiration et un peu de calme, elle continua :

— Il faut qu'on me croie en voie de guérison, et je compte sur vous pour cela.

— Que voulez-vous dire?

Elle lui tendit la dépêche.

— Il perd donc la tête, M. de Mussidan! dit le docteur, après avoir lu.

— Au contraire, il calcule, et très bien. Il y a quelqu'un ici qui certainement le tient au courant de ma santé.

Le docteur le connaissait, ce quelqu'un, mais il se garda bien de le nommer.

— Ce quelqu'un, poursuivit Mlle de Puylaurens, lui a écrit que j'étais malade, mourante peut-être, et M. de Mussidan, se voyant à la veille de mettre la main sur ma fortune, refuse de consentir à un mariage qui ruinerait ses espérances coupables. Qu'il apprenne maintenant que je vais mieux et que par conséquent la réalisation de ses espérances se trouve indéfiniment retardée, et peut-être consentira-t-il à nous donner ou plutôt à nous vendre son consentement.

— Sans aucun doute.

— Qui m'aurait dit que je me donnerais tant de peine pour faire réussir ce mariage dont je ne voulais pas moi-même il y a quelques jours. Mais pour qu'il réussisse, il me faut du temps, et voilà pourquoi je vous ai fait appeler. Combien de jours me donnez-vous?

— Comment, combien de jours? C'est combien d'années que vous voulez dire.

— Je vous en prie, mon ami, répondez-moi franchement, je ne suis pas une femme sans courage, et si je tremble en ce moment, ce n'est pas pour moi, c'est pour l'avenir de cette enfant. Le médecin ne doit-il donc pas dire la vérité à un malade qui regarde la mort en face!

— Je vous jure que s'il ne survient pas de complications, qui d'ailleurs ne paraissent pas probables, j'espère vous sauver; seulement ce que je vous demande, ce que j'exige, c'est que vous ne vous fatiguiez pas; cela pourrait être grave.

— Encore quelques mots au doyen et à M. Lacaze et je vous obéis; vous comprenez qu'avant de nous lancer dans ces ruses et ces mensonges, j'ai besoin de consulter mon directeur.

— Est-ce là des mensonges?

— Il le dira. S'il les permet, j'ai aussi des instructions à donner au notaire.

— Enfin parlez le moins possible; je reviendrai bientôt voir comment vous avez supporté ces fatigues.

Comme le docteur Azéma remontait à Cordes, il croisa Ceydoux qui descendait. C'était son habitude de le saluer sèchement et de le tenir à distance; mais ce jour-là, il l'aborda. Cependant il ne lui parla pas le premier de Mlle de Puylaurens, certain qu'il n'avait qu'à attendre.

— Est-ce que vous avez beaucoup de malades dans ce quartier? demanda Ceydoux.

— J'en ai eu; je n'en ai plus, dit-il d'un air affligé.

— Est-ce que Mlle de Puylaurens est morte? s'écria Ceydoux tombant dans le piège qui lui était tendu.

— Morte, Mlle de Puylaurens! Qui diable a pu vous donner cette idée?

— N'est-elle pas malade?

— Elle l'a été; elle est guérie.

— Je croyais qu'elle avait une fluxion de poitrine.

— Elle avait cru qu'elle était menacée d'une fluxion de poitrine, mais ce n'était qu'un simple rhume comme elle en a souvent. Les vieilles filles ne meurent pas ainsi; on ne peut pas les tuer, même quand on est leur médecin.

Et il s'éloigna en riant, se disant que ses paroles ne seraient pas perdues, et, paroles de médecin, elles avaient de l'importance; avant le soir, elles courraient vers Paris.

La conférence qui eut lieu entre Mlle de Puylaurens et son directeur ne fut pas longue, et lorsque le notaire Lacaze arriva à son tour, il fut reçu aussitôt.

Il s'attendait à trouver sa cliente mourante; au contraire, il la trouva souriante.

— Croyez-vous donc que je vous appelais pour faire mon testament? dit Mlle de Puylaurens en voyant son air étonné. C'est d'un mariage qu'il s'agit; M. le doyen va vous expliquer ce que j'attends de votre ministère.

Et le curé donna ces explications.

— Une lettre à écrire, dit-il, à votre collègue M^e Le Genest de la Crochardière, notaire à Paris. Mlle de Puylaurens désire marier sa petite-fille, Mlle Geneviève de Mussidan, avec un jeune homme de grand avenir dont vous avez lu le nom certainement en ces derniers temps : M. Ernest Faré.

— L'auteur de ces deux pièces qui viennent d'obtenir un si beau succès?

— Précisément. Pour cela, il nous faut le consentement de M. le comte de Mussidan, consentement que Mlle de Puylaurens, par suite de sa rupture avec son neveu M. de Mussidan, ne peut pas demander elle-même, mais qu'elle prie M⁰ Le Genest de la Crochardière d'obtenir. Pour cela, il devra représenter à M. de Mussidan qu'en vue de ce mariage, et par contrat, c'est-à-dire d'une façon irrévocable, Mlle de Puylaurens fait donation à sa nièce de toute sa fortune, mais à la charge par Mlle de Mussidan, devenue Mme Faré, de servir à son père une rente viagère de douze mille francs, et à ses deux frères une rente viagère de six mille francs à chacun d'eux. De plus, M⁰ Le Genest de la Crochardière versera à M. le comte de Mussidan, le jour même où celui-ci signera le consentement du mariage, une somme de vingt mille francs. Telles sont bien vos intentions, n'est-ce pas mademoiselle?

— Parfaitement, répondit Mlle de Puylaurens; cependant je vous prie d'ajouter encore quelles considérations morales le notaire de Paris devra faire valoir auprès de M. de Mussidan pour trancher les hésitations de celui-ci, s'il en éprouve.

— J'y arrive.

— Avant tout, je vous prie de me laisser noter les points principaux de la proposition, dit le notaire.

Et prenant son portefeuille il écrivit :

— Douze mille francs de rente viagère au père, six mille francs de rente viagère à chacun des frères.

Puis s'adressant au doyen :

— Je vous écoute, monsieur le doyen.

Celui-ci continua :

— Le point sur lequel M⁰ Le Genest de la Crochardière devra insister, car il est décisif, est celui-ci : jamais Mlle de Puylaurens ne consentira à ce que M. de Mussidan mette la main sur sa fortune, de sorte que si ce mariage ne se réalisait pas comme elle le désire, elle déshériterait sa nièce de peur d'être surprise par la mort, et elle ne l'instituerait sa légataire universelle que le jour où Mlle de Mussidan serait d'âge à échapper à l'autorité paternelle. Vous rendrez cela clair, n'est-ce pas ?

— Parfaitement; M. de Mussidan consent au mariage, dans ce cas Mlle de Puylaurens institue sa nièce légataire universelle ; au contraire, M. de Mussidan refuse, dans ce cas Mlle de Puylaurens, par précaution et par un testament en quelque sorte provisoire, institue un autre légataire.

— Très bien, dit le doyen.

— Vous pouvez supprimer « en quelque sorte », dit Mlle de Puylaurens, c'est tout à fait provisoire qu'il faut dire maintenant, car j'espère bien en avoir rappelé et pour longtemps.

Elle se souleva à demi, avec effort, mais en souriant cependant de façon à bien montrer qu'elle en avait rappelé, comme elle disait et que maintenant elle était guérie.

Et le doyen, qui savait ce que ce sourire courageux cachait de souffrances et d'angoisses, se moucha avec affectation pour que le notaire ne surprît pas son attendrissement.

— Je vais vous signer un chèque de vingt mille francs, dit-elle.

— Ne vous pressez pas, mademoiselle, répondit le notaire. Je vais, si vous le permettez, écrire ma lettre à M^e Le Genest de la Crochardière ici même, afin de vous la soumettre.

— M. le curé va vous conduire dans mon cabinet. Je vous serai reconnaissante de dire à M^e Le Genest de la Crochardière que je le prie, au lieu d'appeler M. de Mussidan à son étude, d'aller le trouver et de ne rien négliger pour obtenir ce consentement.

Et tandis que le doyen sortait avec le notaire, elle s'abandonna, épuisée par les efforts qu'elle venait de faire.

Vivrait-elle assez ?

XXIV

Il était dix heures du matin quand, le lendemain, Mme de Mussidan remit à son mari, encore au lit, la lettre que Ceydoux avait écrite après avoir rencontré le docteur Azéma.

— Voici une lettre, dit M. de Mussidan en reconnaissant l'écriture, qui m'annonce sans doute la mort de cette vieille folle.

Et il déchira l'enveloppe d'une main tremblante.

Ce n'était pas l'habitude de Mme de Mussidan de rester auprès de son mari pendant qu'il lisait ses lettres; que lui importait à elle, qui se tenait en dehors de ses calculs et de ses espérances? mais, ce jour-là, une lettre de Ceydoux était un événement trop grave pour qu'elle n'attendît pas qu'elle fût ouverte.

Aux premières lignes elle vit son mari lever le poing avec fureur.

— Comprend-on ! s'écria-t-il.

Il était évident qu'elle n'avait pas besoin de l'interroger et qu'il parlerait tout seul.

— Elle en réchappe encore, dit-il lorsqu'il fut arrivé au bout de la lettre ; un simple rhume et non une fluxion de poitrine, comme on l'avait dit. Elle est en si bon état, qu'elle se prépare à partir pour Toulouse. Elle ne crèvera jamais !

M°¹ᵉ de Mussidan se remit au travail, pleine d'espérance. Ce rétablissement était providentiel ; en voyant M¹¹ᵉ de Puylaurens guérie, son mari n'aurait plus les mêmes raisons pour s'opposer au mariage de Geneviève.

Comme elle réfléchissait aux conséquences heureuses qui allaient tout naturellement résulter de cette guérison, on sonna à la porte. Elle alla ouvrir et se trouva en face d'un monsieur tout de noir habillé, cravaté de blanc, au visage rasé, qui la salua cérémonieusement.

— M. le comte de Mussidan est-il chez lui ?
— Oui, monsieur.
— Voulez-vous bien le faire prévenir que Mᵉ Le Genest de la Crochardière, notaire, lui demande quelques instants d'entretien pour une affaire importante.

Comme elle aurait voulu interroger ce notaire qui apportait sûrement des propositions de M¹¹ᵉ de Puylaurens ! Mais elle n'osa pas, et elle le fit entrer dans le salon.

Pour rien au monde M. de Mussidan ne se serait montré à un étranger au saut du lit, même quand cet étranger n'était qu'un simple notaire ; Mᵉ Le Genest de la Crochardière eut donc une longue station à faire devant le portrait de Dubufe, avant de voir paraître l'original.

Enfin, la porte de la chambre s'ouvrit et M. de Mussidan s'avança lentement avec son grand air.

Ce n'était pas la première fois qu'ils se trouvaient en présence, et ils se connaissaient bien : M. de Mussidan détestait le notaire, et le notaire méprisait M. de Mussidan ; aussi leur abord manqua-t-il de cordialité.

— C'est de la part de M¹¹ᵉ de Puylaurens que j'ai l'honneur de vous faire cette visite, dit le notaire, pour vous communiquer une lettre que mon collègue de Cordes m'a écrite sous sa dictée.

— Elle ne peut plus écrire, M¹¹ᵉ de Puylaurens ? demanda M. de Mussidan, se cramponnant malgré tout à son espérance.

— Comme il s'agit d'une affaire, elle charge ses hommes

— JE N'AI PAS DE CONSEIL A VOUS DONNER (P. 533).

d'affaires de la traiter ; ne soyez donc pas inquiet de sa santé, qui est très bonne présentement, me dit mon collègue. Au reste, voici la lettre.

Et il la lut.

En entendant parler du consentement qu'on lui demandait, M. de Mussidan secoua la tête, mais sans interrompre ; à l'offre de douze mille francs de rente viagère il fit une moue dédaigneuse et son regard ne s'alluma que lorsqu'il fut question des vingt mille francs qu'on devait lui verser contre la signature de l'acte de consentement au mariage.

Comme le notaire lisait lentement, faisant une pause après chaque mot important, il voyait l'effet que produisait sa lecture. Ce fut ainsi qu'au passage où il était dit que, si le consentement n'était pas donné, Mlle de Puylaurens déshériterait sa nièce de peur d'être surprise par la mort, il vit M. de Mussidan se lever violemment, s'écriant :

— La coquine ! la folle !

Mais le notaire l'interrompit froidement :

— Je vous ferai remarquer, monsieur le comte, que je représente Mlle de Puylaurens, ma cliente, pour qui je n'ai que des sentiments de vénération ; toute injure qui s'adresse à elle s'adresse à moi. Nous ne faisons pas du sentiment, nous traitons une affaire, et elle est des plus simples. Si vous me signez le consentement au mariage que j'ai fait préparer et que voici, je vous remets à l'instant les vingt mille francs que j'ai apportés.

Il les tira de la poche de sa redingote et les montra en les froissant, de façon à ce que la vue et le bruit agissent en même temps, car il connaissait cette double puissance, le notaire, et il n'était pas homme à la sacrifier en s'adressant à un personnage tel que le comte de Mussidan.

A un tremblement de mains de M. de Mussidan, qui trahissait une impatience inconsciente, il vit que l'effet qu'il attendait était produit ; alors lentement il remit la liasse dans sa poche et boutonna sa redingote avec soin.

Il fit une pause assez longue ; puis, voyant les sentiments contradictoires qui agitaient M. de Mussidan, en vieux notaire qu'il était, habitué aux hypocrisies de la conscience, il lui tendit adroitement la perche :

— Je n'ai pas de conseil à vous donner, dit-il.
— Et pourquoi donc?
— N'étant pas votre notaire...
— Vous êtes notaire, monsieur, c'est-à-dire homme d'honneur et de bon conseil, cela suffit.
— Si vous l'exigez...
— Je vous en prie.
— Eh bien, le conseil que je vous donnerais, ce serait d'accepter cet arrangement, et cela non seulement dans votre intérêt, mais encore dans celui de vos fils qu'il ne faut pas oublier.
— J'y pense, j'y pense beaucoup.

Si M. de Mussidan pensait à ses fils, il pensait aussi au marquis d'Arlanzon qui venait d'épouser une jeune comédienne. A qui marier Geneviève maintenant? Où lui trouver un grand mariage?

Pendant ce temps le notaire continuait.
— Sans doute, si Mlle de Puylaurens était mourante, la situation changerait; mais elle ne l'est pas ou plutôt elle l'est comme elle l'a été depuis trente ans, comme elle le sera pendant trente ans encore peut-être. Voltaire n'a-t-il pas été à l'agonie pendant quatre-vingt-quatre ans?
— C'est à mes fils que je pense; la fortune leur a été contraire.
— Cette rente viagère leur permettrait de se retourner.
— Allons, cette considération l'emporte.

L'affaire fut vite conclue, la signature donnée; et, la liasse de billets de banque comptée, elle disparut dans la poche de M. de Mussidan.

Le notaire parti, M. de Mussidan passa dans sa chambre où il acheva de s'habiller; puis, au lieu de se mettre à table pour déjeuner, il annonça à sa femme qu'il sortait.

Elle voulut le questionner, mais il ne répondit pas :
— Ce soir, dit-il.

Sur la place il remit à un commissionnaire, qui stationnait là, sa carte sur laquelle il avait écrit au crayon : « Venez tout de suite déjeuner avec moi au Café Anglais », et il lui recommanda de la porter en courant rue Girardon, à M. Ernest Faré en personne.

Cela fait, il descendit au boulevard, fier, superbe, ne pensant qu'aux billets de banque qui craquaient dans la poche de sa redingote lorsqu'il se redressait en faisant des effets de torse. Le présent était tout, le passé, l'avenir rien; et le présent c'était vingt mille francs en poche.

En attendant l'arrivée de Faré il employa son temps à dresser son menu; des huîtres d'Ostende (il y avait longtemps qu'il n'en avait mangé) et une bouteille de Château-Yquem d'une grande année pour les arroser, une belle truite, un caneton rôti, un chaufroix de caille, des légumes; des fruits, pêches, raisins, Château-Laffitte et Clos-Vougeot.

Cela l'occupa si agréablement que Faré, en entrant dans le petit salon où il s'était installé, le surprit.

— Déjà !

Faré accourait pour parler, non pour déjeuner, sentant bien que si M. de Mussidan l'invitait, c'était pour lui annoncer quelque chose de décisif; mais il fallut qu'avant tout il fît honneur au menu : aux huîtres, aux vins, au poisson, au rôti, au gibier, et ce fut seulement quand le dessert fut servi que M. de Mussidan, posant son coude sur la table, aborda ce qu'il avait à dire.

— Eh bien ! oui, mon cher enfant, oui... vous avez vaincu.

Bien que ces paroles parussent claires, Faré n'osa pas se livrer à son espoir.

— Mon amour pour ma fille, continua M. de Mussidan, mon estime, mon affection pour vous l'emportent... Je vous la donne.

Se levant d'un bond, Faré prit les deux mains de M. de Mussidan et longuement il les lui serra.

— Oui, mon cher enfant, dit M. de Mussidan, oui, remerciez-moi ; vous ne saurez jamais la grandeur du sacrifice que j'accomplis.

Le mot n'était pas poli, mais Faré ne laissa pas paraître qu'il en fût blessé.

— Bien entendu, continua M. de Mussidan, je ne me place qu'au point de vue moral, mes idées, mes principes, je dirai même mes ambitions, et j'en avais de grandes ; je ne parle pas de la question d'intérêt, qui cependant a une certaine importance ; mais pense-t-on à l'intérêt quand il s'agit de ses enfants ?

— Les enfants y pensent, eux.

— Supposons que je ne vous donne pas mon consentement et que Mlle de Puylaurens meure dans quelques jours (et avec elle c'est une probabilité), je jouis pendant trois ans du revenu de la fortune qu'elle a laissée à ma fille ; total : quatre cent cinquante mille francs ; c'est ma dot. Je regrette, mon cher enfant, de ne pas pouvoir vous en offrir une plus grosse.

Cela fut dit d'un air dégagé et désintéressé.

— Croyez que je saurai le reconnaître.

— Oh! on dit cela avant, mais après...

— Mais quand on prend un engagement formel.

— Ne parlons pas de cela.

— Au contraire, c'est un devoir pour moi d'en parler en ce moment; je vous ai dit que je voulais Geneviève sans fortune; je vous le répète maintenant, et cette dot que vous me donnez pourrait être la base de mon engagement.

— Allons donc, cela n'est pas sérieux.

— Rien n'est plus sérieux, et je vous donne ma parole de le remplir religieusement.

— Votre parole?

— Ma parole d'honneur.

M. de Mussidan le prit dans ses bras et l'embrassa.

— Maintenant, mon cher fils, venez annoncer votre mariage à votre belle-mère, et ce soir, partez pour Cordes.

Puis avec des larmes dans la voix :

— Vous allez voir ma fille. Vous êtes bien heureux; je vous envie.

XXV

Mlle de Puylaurens avait exigé que, pour fixer la date du mariage, on ne tînt compte que des délais imposés par la loi, et non de sa maladie. Si elle était guérie, elle assisterait à la cérémonie : si elle ne l'était point, elle resterait dans sa chambre ; si elle était morte, le mariage aurait lieu quand même à la date convenue.

Sur ce dernier point, elle avait tenu à un engagement formel, à une promesse solennelle de Geneviève et de Faré, en donnant à celui-ci les raisons pour lesquelles il fallait que leur mariage ne fût pas retardé même d'une heure.

Bien que Faré arrivât dans des conditions difficiles, ou peut-être parce qu'il arrivait dans ces conditions, il avait su lui plaire, et tout de suite il lui avait inspiré des sentiments de confiance et de sympathie : aussi s'était-elle expliquée franchement avec lui sur le compte de M. de Mussidan.

— Vous avez tout à craindre de lui, vous n'avez rien à en

espérer. Si je mourais avant le mariage, il serait homme à revenir sur son consentement donné, soit pour vous le refuser, soit pour le vendre très cher.

Heureusement, rien ne faisait craindre qu'elle dût mourir de sa fluxion de poitrine, qui, comme celles qu'elle avait déjà eues, avait été assez bénigne et suivait une marche régulière sans fâcheuses complications.

— C'est un fameux médicament que la satisfaction morale, disait le docteur Azéma en constatant l'amélioration qui se produisait entre ses visites.

Cependant cette satisfaction n'était point complète pour Mlle de Puylaurens.

Assurément, elle était heureuse d'arracher Geneviève à son père, et, puisqu'elle était contrainte d'accepter un mari autre que celui qu'elle voulait tout d'abord, elle était heureuse aussi que ce mari imposé eût les qualités qu'elle reconnaissait à Faré.

Mais, d'autre part, la célébration même du mariage serait pour elle une source de contrariétés qui, à l'avance, l'affectaient vivement. Ainsi elle allait être obligée non seulement de se trouver en face de M. de Mussidan, mais encore de le recevoir chez elle, et la pensée seule de ce contact l'enfiévrait. Que serait la réalité quand elle devrait lui parler, l'écouter ? En même temps il lui faudrait recevoir aussi Mme de Mussidan et Mme Faré, car elle ne pouvait pas imposer à ces enfants le sacrifice de se marier sans leurs parents. Sans doute, il n'y avait aucune comparaison à établir entre l'horreur que lui inspirait M. de Mussidan et l'ennui que lui causeraient ces deux mères ; mais enfin que son sentiment fût juste ou non, qu'il fût ou ne fût pas engendré par l'orgueil, il n'en était pas moins vrai qu'elle aurait voulu ne pas les connaître.

C'était là, pour elle, un réel tourment dont elle se plaignait sans cesse, non à Geneviève ni à Faré, mais à ses confidents ordinaires, le médecin et le curé.

— Pourquoi ne logeriez-vous pas vos hôtes dans la maison de Guillaume de Puylaurens comme vous y avez logé le fiancé ? dit celui-ci. M. de Mussidan, il me semble, ne pourrait être qu'honoré d'habiter la maison de son ancêtre, et si, le jour du mariage, vous n'étiez pas assez bien pour recevoir, vous seriez dispensée de sa visite.

— Vous me sauvez, mon cher doyen.

Les invitations à M. et Mme de Mussidan, ainsi qu'à Mme Faré étant parties, Mlle de Puylaurens n'eut plus d'ennui qu'à propos de celles que Geneviève aurait voulu qu'on adressât à ses deux frères et à Clara; mais sur ce point rien ne put la fléchir.

— Que je les laisse revenir ici, dit-elle avec une franchise qu'elle ne pouvait montrer quand il s'agissait de M. de Mussidan, et ils n'en sortiront plus; ils me harcèleront du matin au soir et me tueront.

Devant ce refus formel, Geneviève n'avait pu qu'écrire à ses frères et à sa belle-sœur pour s'excuser, ce qu'elle avait fait affectueusement.

Les choses étant ainsi arrangées, Mlle de Puylaurens n'avait plus ou à s'occuper que de la toilette de Geneviève et du déjeuner qu'elle offrirait à ses invités.

Comme il paraissait à peu près certain qu'elle ne pourrait pas quitter sa chambre le jour du mariage et que d'ailleurs le moyen d'éviter M. de Mussidan, que lui avait proposé le curé, pesait inconsciemment sur ses résolutions, il avait été décidé que ce serait dans la grande salle de la maison de Guillaume de Puylaurens qu'on servirait le déjeuner.

Pour la toilette, pressée par le temps, elle s'était adressée à la couturière de Toulouse qui avait déjà habillé Geneviève, pour lui commander la robe de mariée et des toilettes de voyage.

— Ce ne sera peut-être pas la perfection d'élégance d'une grande couturière parisienne, avait-elle dit à sa nièce, mais les dentelles que j'ai à te donner, couvriront tout.

Et elle lui avait offert pour son voile et sa robe un vrai trésor en vieux point d'Alençon, pieusement gardé depuis de longues années, car elle n'était pas femme à porter ses dentelles, Mlle de Puylaurens.

En même temps qu'elle faisait ouvrir ses coffres par Geneviève, elle en faisait tirer aussi ses écrins ou plutôt ceux dont elle avait hérité, car elle n'avait jamais acheté, ni jamais mis un bijou; et il y avait là en pierreries une fortune.

Elle gardait le plus qu'elle pouvait Geneviève et Faré dans sa chambre, pour les faire parler et surtout pour apprendre à connaître celui à qui elle donnait sa nièce; et dans ces entretiens on avait agité la question du voyage de noces. Où se ferait-il? L'Espagne avait été choisie. Et cela à la grande satisfaction de Mlle de Puylaurens, qui voyait Geneviève et son mari partir pour Toulouse, tandis que M. de Mussidan et les mères partaient pour Paris.

— Puisque j'ai poussé à l'Espagne, dit-elle, il est juste que je me charge de vos frais de voyage ; voici votre bourse, mes enfants. Je voulais y mettre vingt-cinq mille francs, mais je me trouve un peu gênée, et je les partage par moitié entre vous et les pauvres. Vous me reviendrez plus tôt, voilà tout.

Geneviève avait fait un signe à Faré, tandis que, de son côté, il lui faisait le même.

— Eh bien! qu'avez-vous donc? avait demandé Mlle de Puylaurens.

— C'est que, répondit Geneviève avec un sourire de confusion, je ne sais plus comment vous exprimer ma reconnaissance ; je lui disais de trouver des mots, et lui me le disait en même temps.

Ce n'était pas seulement du bonheur de ses enfants que Mlle de Puylaurens avait souci; elle n'oubliait personne. C'était la croyance du pays que l'archevêque viendrait bénir le mariage, et le curé en était malade.

— Préparez-vous votre allocution, monsieur le doyen? lui demanda un jour Mlle de Puylaurens.

— C'est donc moi qui les marie?

— Vous me connaissez bien mal si vous avez pu croire sérieusement que je ferais cette injure à notre amitié.

Il approchait, le jour du mariage; on y touchait. M. et Mme de Mussidan devaient arriver la veille seulement avec Mme Faré; mais le matin de ce jour on reçut une dépêche de celle-ci annonçant qu'à son grand regret, elle n'était pas en état d'entreprendre ce voyage; mais, qu'à l'heure de la cérémonie elle assisterait à la messe dans l'église de Montmartre et prierait pour ses enfants. Ce fut un soulagement pour Mlle de Puylaurens, mais en même temps un attendrissement :

— Pauvre brave femme de mère! se dit-elle, et elle se reprocha son orgueil.

A la fin du déjeuner, qu'on servait dans la chambre de Mlle de Puylaurens, Buvat remit à Faré une lettre qu'on venait d'apporter, et celui-ci, en la lisant, laissa échapper un mouvement de surprise;

puis aussitôt qu'on se leva de table, il annonça qu'il avait besoin d'aller à Cordes.

Il y avait à peine une heure qu'il était parti, quand Adélaïde, entrant, fit un signe furtif à Geneviève pour lui demander de sortir.

— C'est une dame qui veut parler à mademoiselle, elle est dans le salon bleu.

Geneviève était surprise ; mais elle le fut bien plus quand, dans cette dame, elle reconnut sa belle-sœur Clara, éplorée, affolée.

— Oui, moi ! s'écria la vicomtesse, moi qui me cache dans cette maison. Mais je ne viens pas te reprocher ton habileté. Tu as réussi, c'est bien. Je viens pour que tu nous sauves, ma petite sœur.

Une histoire terrible : Sébastien avait eu l'imprudence de signer des billets d'un nom qui n'était pas tout à fait le sien ; si elle ne lui reportait pas dix mille francs il était perdu ; elle venait les demander à Geneviève.

— Je ne les ai pas.

— Tu as les bijoux de notre tante ; confie-les moi ; je ferai remplacer quelques perles par des fausses, personne ne s'en apercevra.

— Jamais !

— Laisseras-tu déshonorer ton frère ! Je n'aurais pas cru que la fortune devait te sécher le cœur.

Geneviève pensa à la bourse de voyage que sa tante lui avait donnée et qu'elle avait serrée dans sa chambre.

— Je reviens, dit-elle.

Mais dans le vestibule, elle rencontra Faré.

— C'est un bonheur de vous trouver, dit celui-ci. Voulez-vous me permettre de disposer de la bourse de voyage que votre tante vous a donnée, j'en aurais besoin pour venir en aide à votre frère Frédéric.

Enfin et après avoir longtemps couru après la fortune, c'est-à-dire après la fondation d'un cercle, Frédéric était à la veille de voir ses espérances réalisées ; un cercle splendide rue Royale qui lui ferait gagner plus de trois cent mille francs par an ; il avait pour président un ancien ministre, pour vice-président un député, pour secrétaire un journaliste influent, il ne lui manquait que vingt mille francs pour son premier apport.

Alors, à son tour, elle lui raconta la fâcheuse affaire de Sébastien, et ils décidèrent de partager la bourse entre eux par moitié. Clara fut furieuse, et Frédéric ne cacha pas à son beau-frère le mépris qu'une pareille lésinerie lui inspirait.

Quand M. de Mussidan arriva le soir avec sa femme et avec Lutan, qui devait être un des témoins de Faré, il voulut bien prendre pour une attention l'arrangement qui le faisait habiter la maison de Guillaume de Puylaurens.

— Et puis je ne suis pas fâché de ne pas voir cette vieille folle, dit-il tout bas à Faré.

Le lendemain, pendant la cérémonie, il fut superbe dans l'élégante toilette qu'il avait commandée pour cette circonstance, — celle même de son portrait de Dubufe ; on n'avait jamais vu à Cordes un père aussi décoratif. Après le mariage il fit à ses invités les honneurs de sa maison avec une bonne grâce parfaite.

Entraîné dans les histoires de sa gloire, il ne s'aperçut même pas que sa femme, sa fille et son gendre quittaient la table, car Mlle de Puylaurens, qui n'avait pas voulu qu'à son bonheur se mêlât un remords, avait dit à Geneviève de lui amener sa mère.

En se trouvant seule en wagon dans les bras de son mari, Geneviève souriante lui dit :

— Où allons-nous ?

— A Toulouse.

— Et puis après, maintenant que nous n'avons plus notre bourse de voyage ?

— Je vais me faire envoyer de l'argent.

— J'ai une idée.

— C'est la mienne alors.

— Si au lieu d'aller en Espagne, nous allions tout simplement à Saint-Firmin, qui est un petit village de la forêt de Chantilly, où mon père m'a menée une fois. Nous pourrions prendre votre mère et la mienne avec nous. Elles seraient si heureuses ! Et nous nous promènerions seuls toute la journée dans la forêt.

Un long baiser fut sa réponse.

— Et notre tante ? dit Faré.

— Ah! notre tante? Elle est si bonne qu'elle passe sa vie à accepter ce qu'elle ne voulait pas.

Le lendemain, au lieu de prendre la route d'Espagne, ils prirent celle de Paris.

Au moment de monter en wagon Faré acheta un journal, ce qui fit faire la moue à Geneviève.

— Simplement pour voir le temps qu'il fait à Paris, dit-il, si les théâtres sont pleins ou s'ils sont vides.

Mais ceux dont le nom est souvent cité dans les journaux ont un œil spécial pour le trouver où qu'il soit. A peine Faré avait-il ouvert son journal :

— Tiens, dit-il en mettant le doigt sur un article pour le montrer à sa femme, on parle de notre mariage, et, juste retour des choses d'ici-bas, on l'annonce dans la forme ridicule que j'employais pour annoncer celui des autres.

FIN

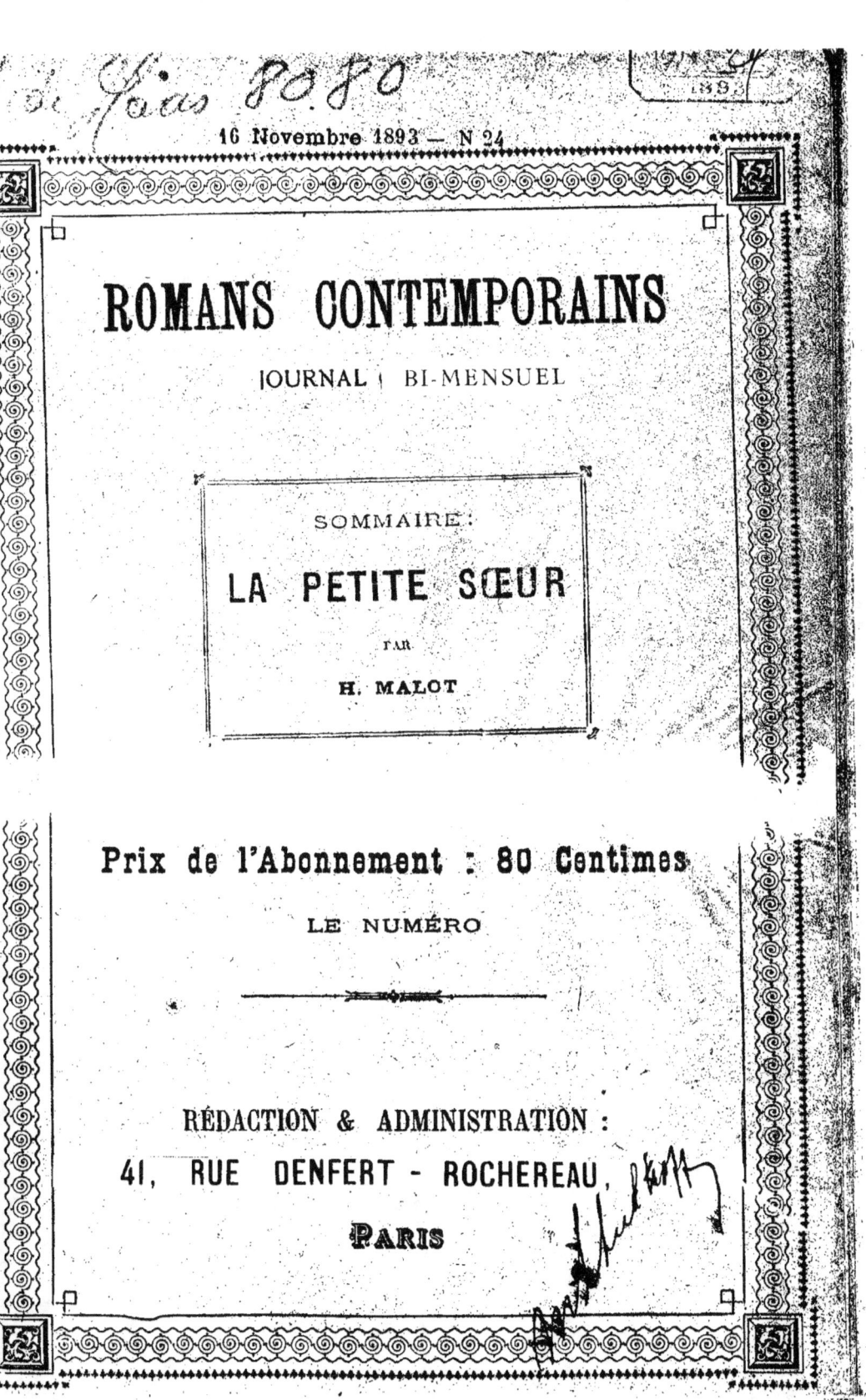

16 Novembre 1893 — N 24

ROMANS CONTEMPORAINS

JOURNAL BI-MENSUEL

SOMMAIRE :

LA PETITE SŒUR

PAR

H. MALOT

Prix de l'Abonnement : 80 Centimes

LE NUMÉRO

RÉDACTION & ADMINISTRATION :
41, RUE DENFERT - ROCHEREAU
PARIS

1 Décembre 1893 — N 25

ROMANS CONTEMPORAINS

JOURNAL BI-MENSUEL

SOMMAIRE :

LA PETITE SŒUR

PAR

H. MALOT

Prix de l'Abonnement : 80 Centimes

LE NUMÉRO

RÉDACTION & ADMINISTRATION :

134, FAUBOURG POISSONNIÈRE, 134

PARIS

16 Décembre 1893 — N°26

ROMANS CONTEMPORAINS

JOURNAL BI-MENSUEL

SOMMAIRE :

LA PETITE SŒUR

PAR

H. MALOT

Prix de l'Abonnement : 80 Centimes

LE NUMÉRO

RÉDACTION & ADMINISTRATION :

184, FAUBOURG POISSONNIÈRE, 184

PARIS

1 Janvier 1894 — N 27

ROMANS CONTEMPORAINS

JOURNAL BI-MENSUEL

SOMMAIRE :

LA PETITE SŒUR

PAR

H. MALOT

Prix de l'Abonnement : 80 Centimes

LE NUMÉRO

RÉDACTION & ADMINISTRATION :

41, RUE DENFERT-ROCHEREAU,

PARIS

16 Janvier 1894 — N 28

ROMANS CONTEMPORAINS

JOURNAL BI-MENSUEL

SOMMAIRE :

LA PETITE SŒUR

PAR

H. MALOT

Prix de l'Abonnement : 80 Centimes

LE NUMÉRO

RÉDACTION & ADMINISTRATION :
41, RUE DENFERT - ROCHEREAU, 41
Paris

1 Février 1894 — N 29

ROMANS CONTEMPORAINS

JOURNAL BI-MENSUEL

SOMMAIRE :

LA PETITE SŒUR

PAR

H. MALOT

Prix de l'Abonnement : 80 Centimes

LE NUMÉRO

RÉDACTION & ADMINISTRATION :

41, RUE DENFERT-ROCHEREAU, 41

PARIS

16 Février 1894 — N 30

ROMANS CONTEMPORAINS

JOURNAL BI-MENSUEL

SOMMAIRE :

LA PETITE SŒUR

PAR

H. MALOT

Prix de l'Abonnement : 80 Centimes

LE NUMÉRO

RÉDACTION & ADMINISTRATION :

41, RUE DENFERT-ROCHEREAU, 41

PARIS

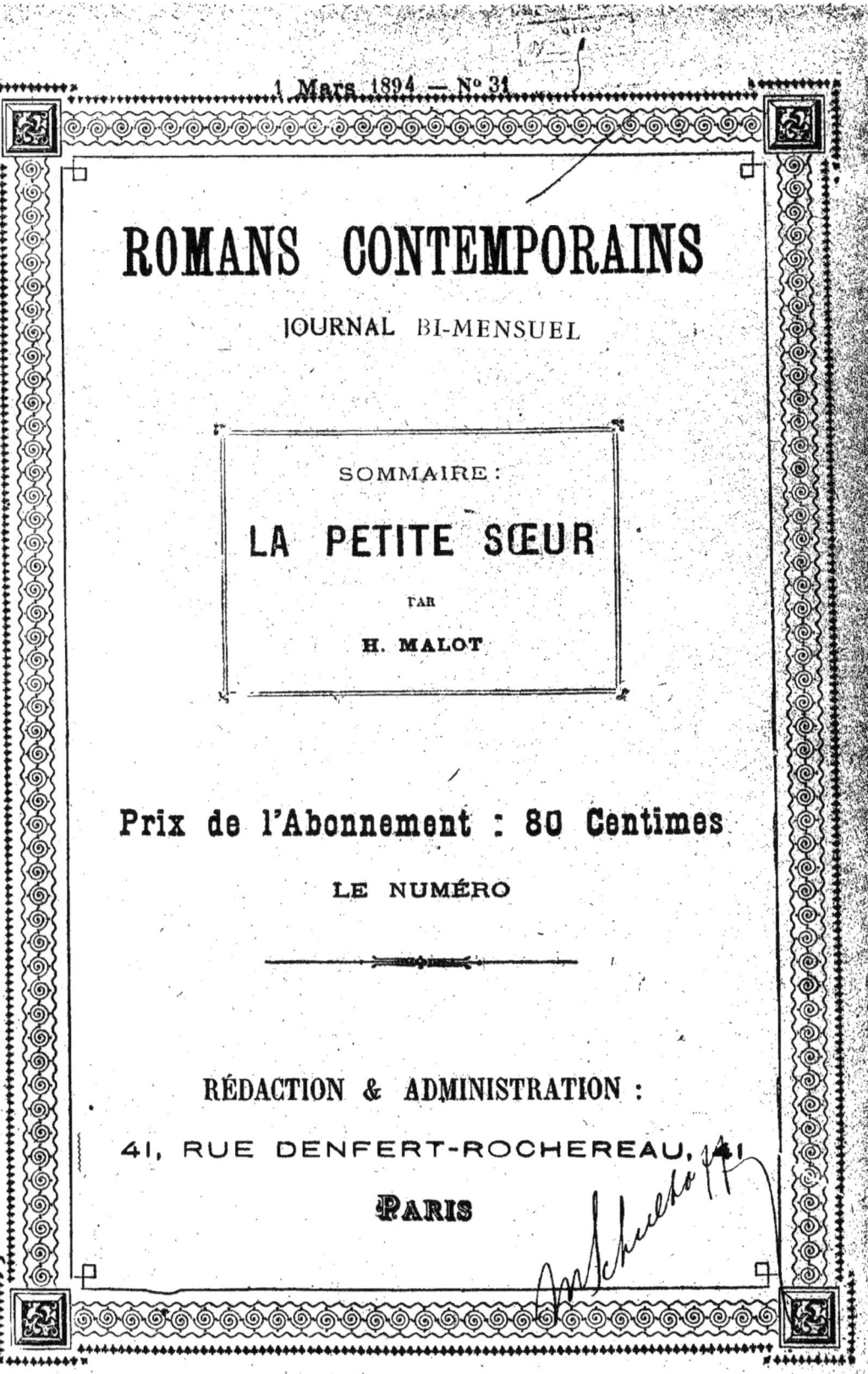

16 Mars 1894 — N° 32

ROMANS CONTEMPORAINS

JOURNAL BI-MENSUEL

SOMMAIRE :

LA PETITE SŒUR

PAR

H. MALOT

Prix de l'Abonnement : 80 Centimes

LE NUMÉRO

RÉDACTION ET ADMINISTRATION :

41, RUE DENFERT-ROCHEREAU, 41

(Anciennement, 134, Faubourg Poissonnière)

PARIS

1 Avril 1894 — N° 33

ROMANS CONTEMPORAINS

JOURNAL BI-MENSUEL

SOMMAIRE :

LA PETITE SŒUR

PAR

H. MALOT

Prix de l'Abonnement : 80 Centimes

LE NUMÉRO

RÉDACTION & ADMINISTRATION :

41, RUE DENFERT-ROCHEREAU, 41

PARIS

Imprimeur-Gérant, M. SCHULHOFF, 134, Faubourg-Poissonnière, Paris.

Imprimeur-Gérant. M. SCHULHOFF, 134, Faubourg-Poissonnière, Paris.

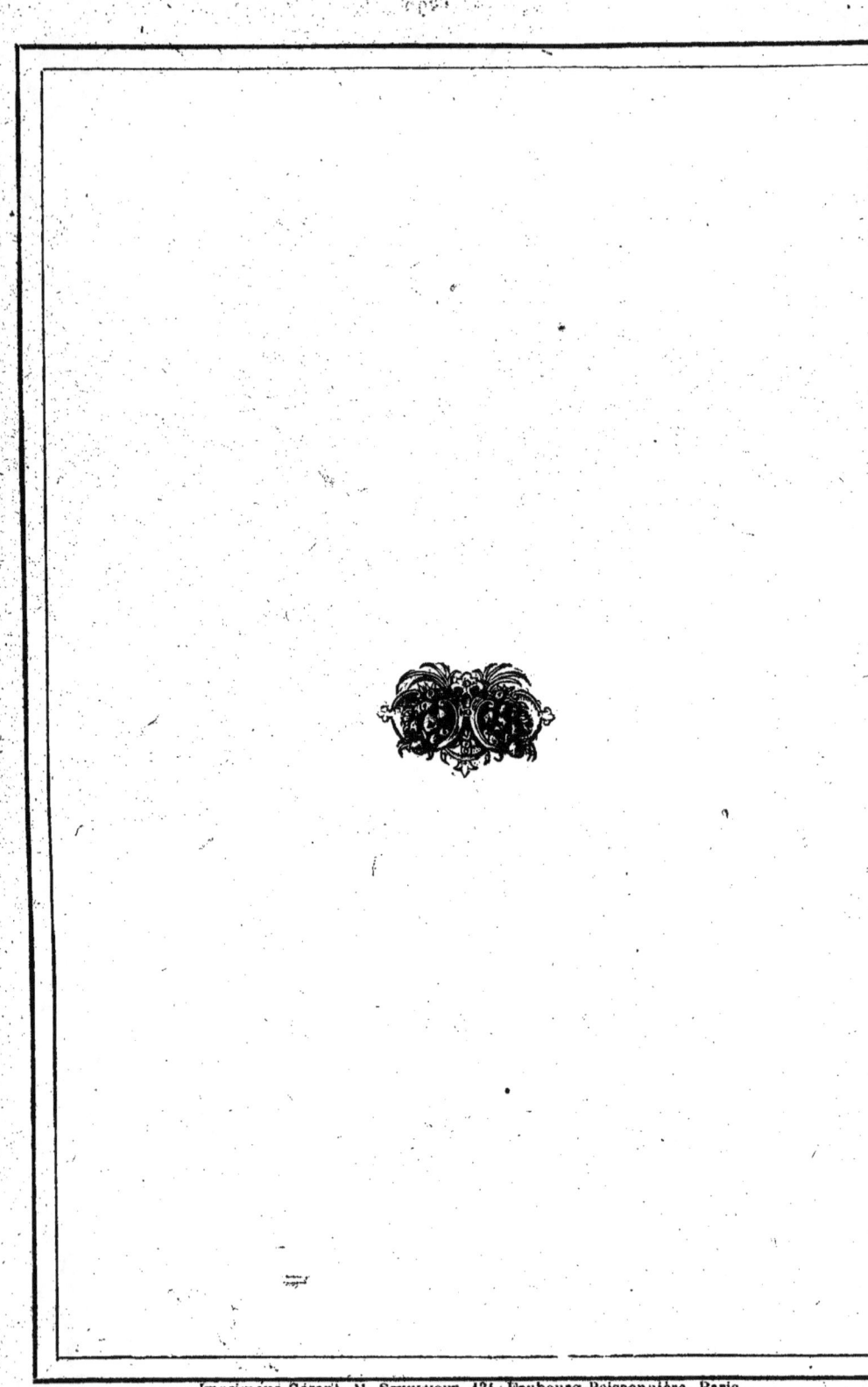

Imprimeur-Gérant. M. SCHULHOFF, 134, Faubourg-Poissonnière, Paris.

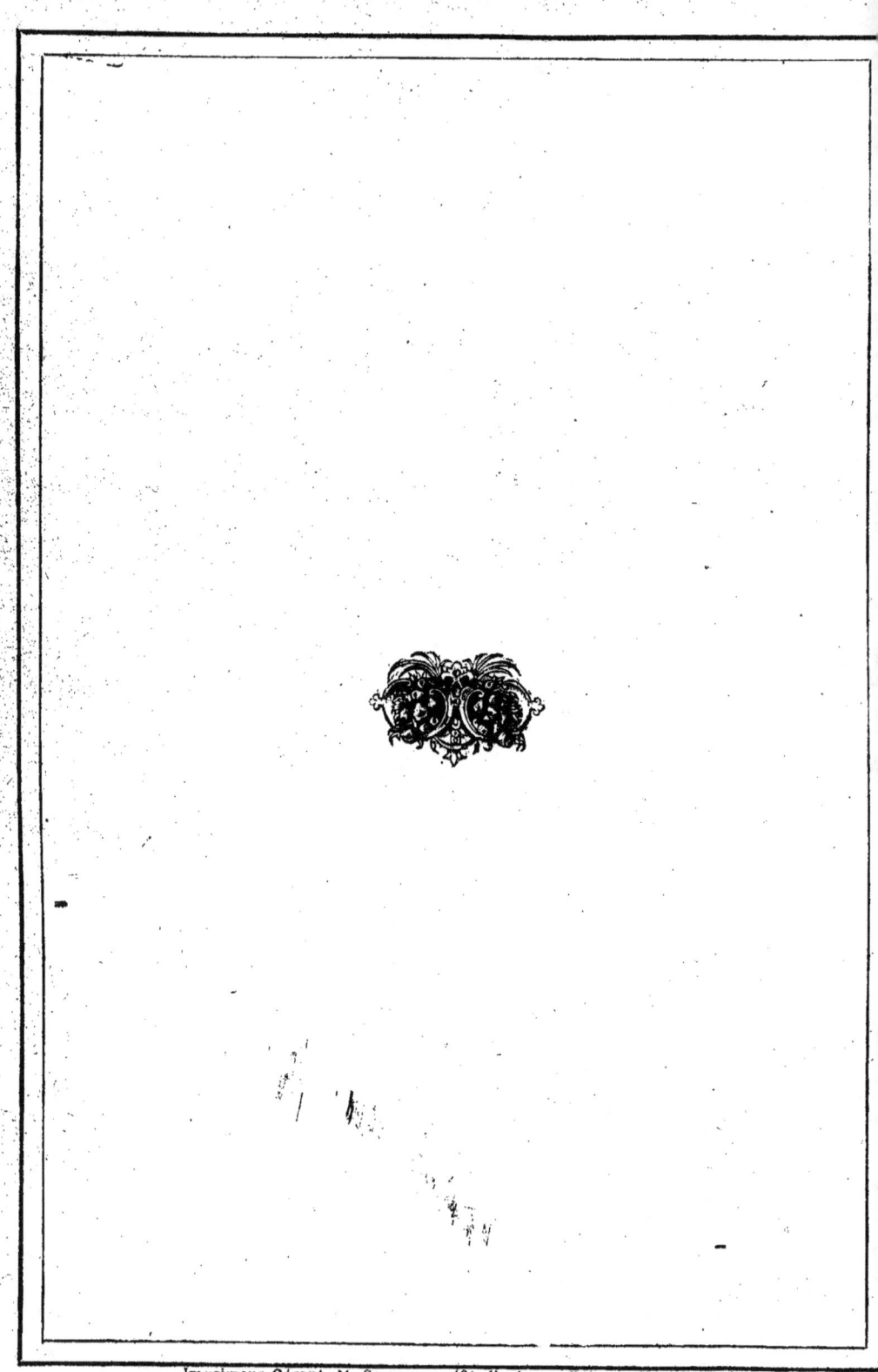

Imprimeur-Gérant. M. SCHULHOFF, 134, Faubourg-Poissonnière, Paris.

Imprimeur-Gérant. M. Schulhoff, 134, Faubourg-Poissonnière, Paris.

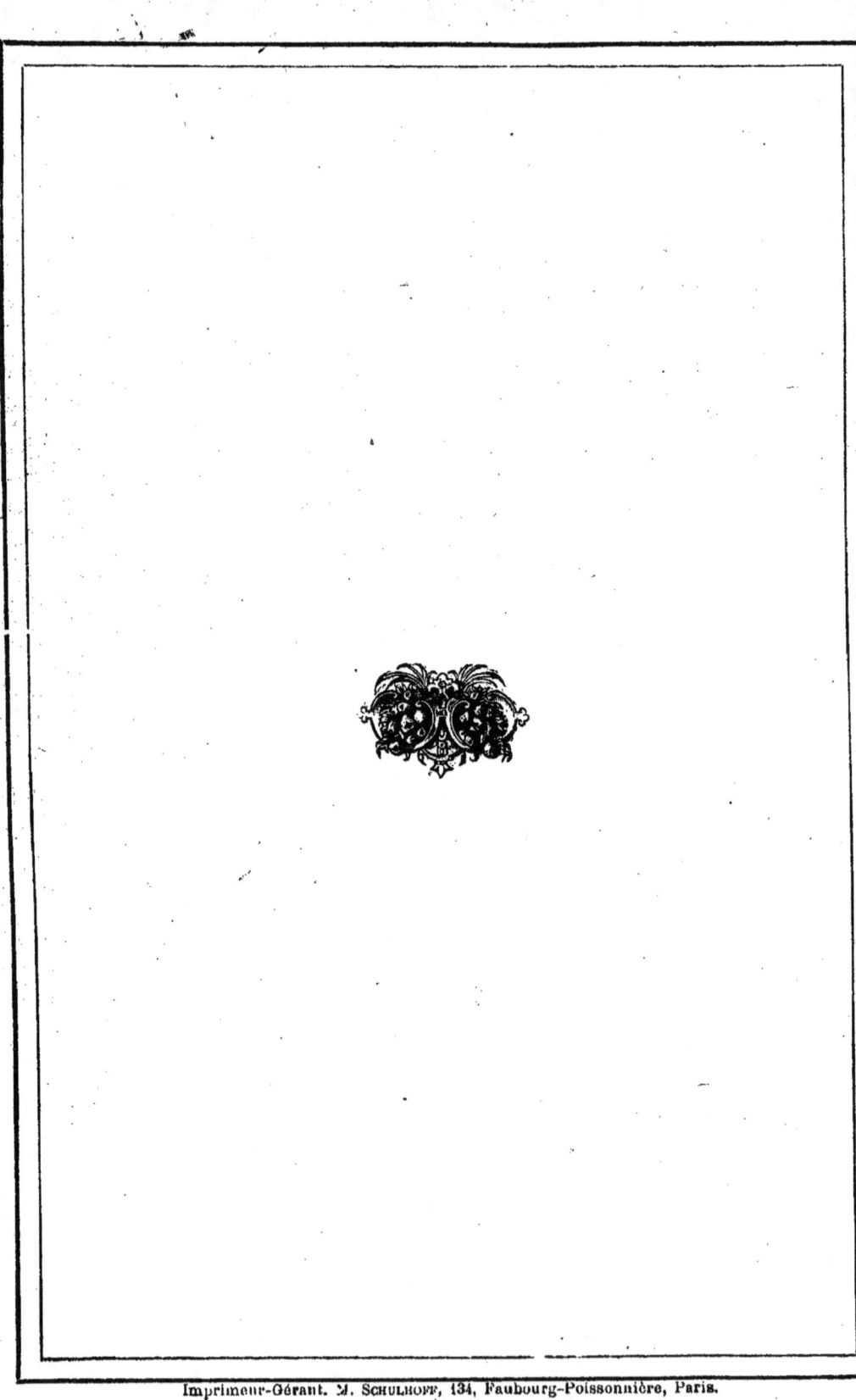

Imprimeur-Gérant. M. SCHULHOFF, 134, Faubourg-Poissonnière, Paris.

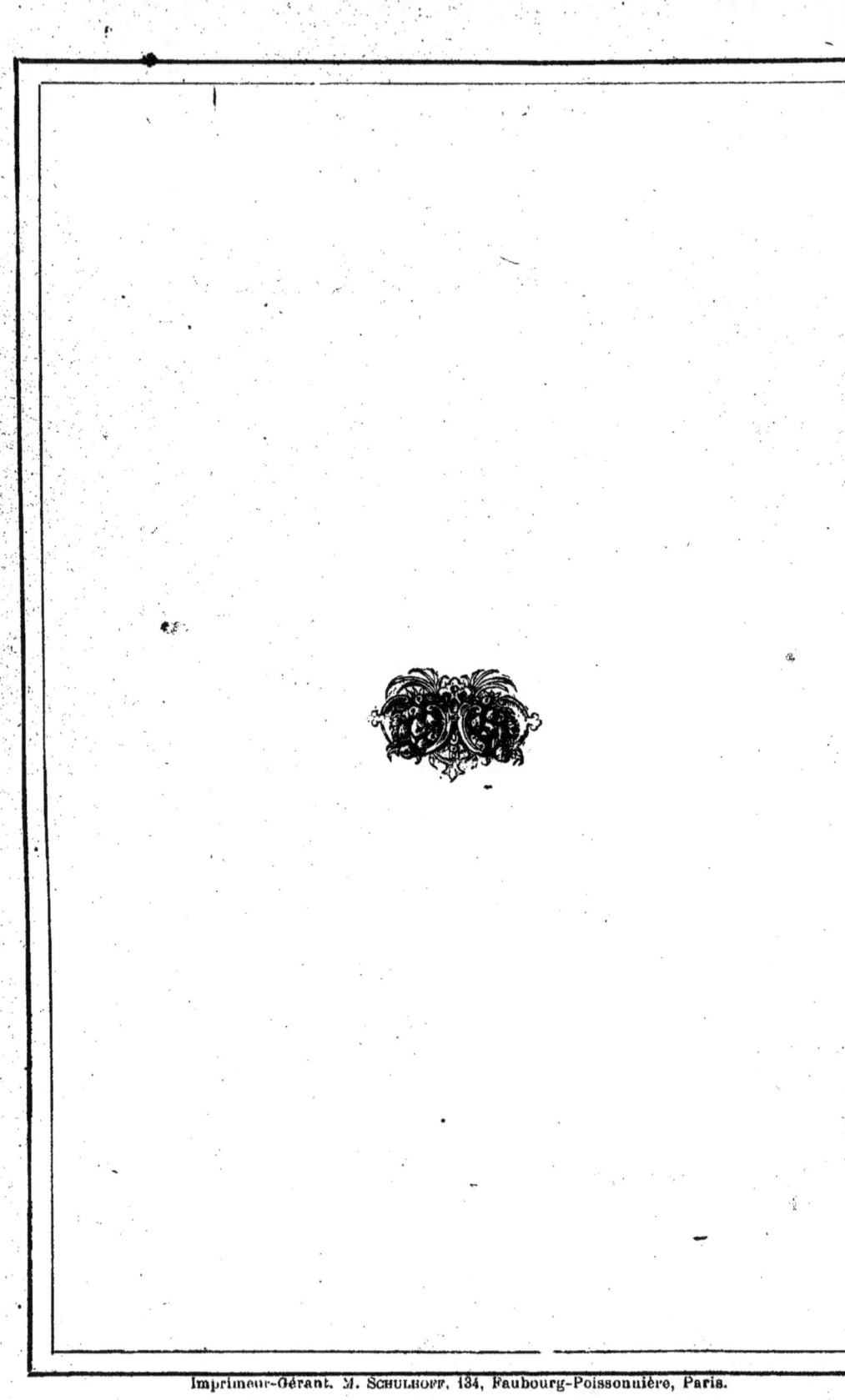

Imprimeur-Gérant, M. SCHULHOFF, 134, Faubourg-Poissonnière, Paris.

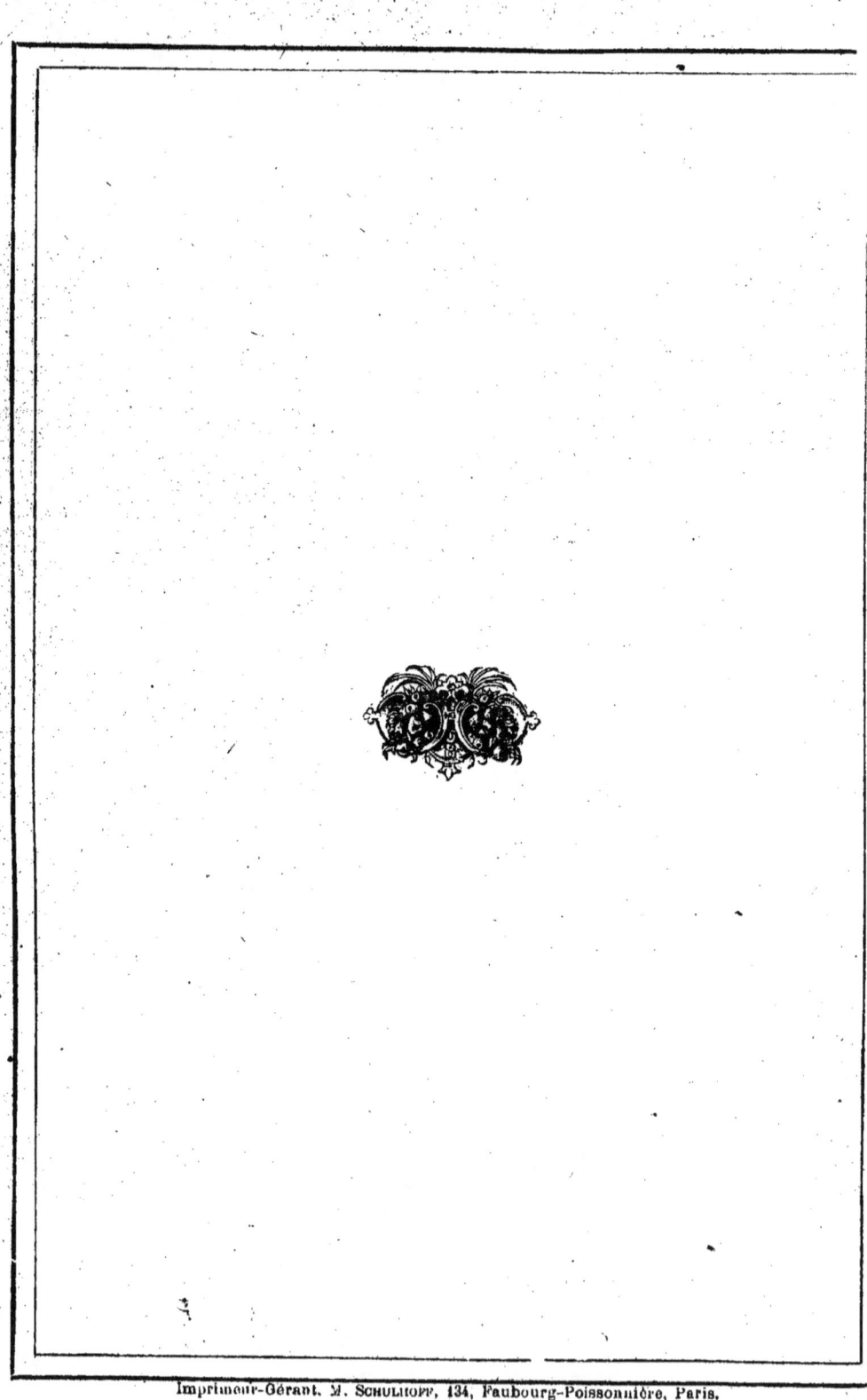

Imprimeur-Gérant, M. SCHULHOFF, 134, Faubourg-Poissonnière, Paris.

Imprimeur-Gérant, M. SCHULHOFF, 134, Faubourg-Poissonnière, Paris.

41, RUE DENFERT-ROCHEREAU, 41

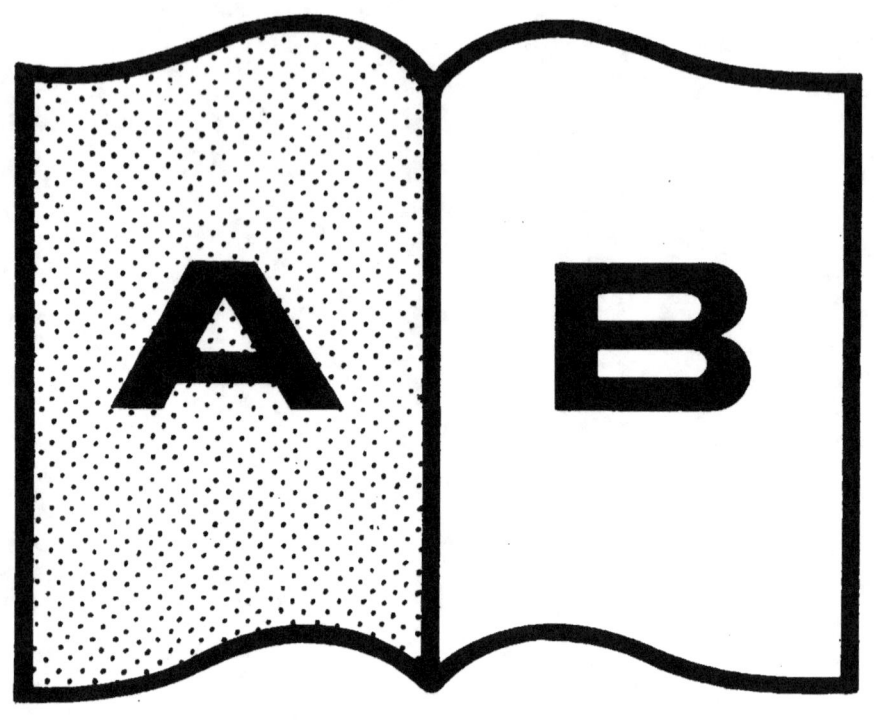

Contraste insuffisant

NF Z 43-120-14

www.ingramcontent.com/pod-product-compliance
Lightning Source LLC
Chambersburg PA
CBHW070409230426
43665CB00012B/1307